景印香港新亞研究所

新亞學報

第一至三十卷

第十二冊・第六卷・第二期

總策畫　林慶彰　劉楚華

主　編　翟志成

景印香港新亞研究所《新亞學報》（第一至三十卷）

總策畫　林慶彰　劉楚華

主　編　翟志成

編輯委員　卜永堅　李金強　李學銘
吳　明　何冠環　何廣棪
張宏生　張　健　黃敏浩
劉楚華　鄭宗義　譚景輝

編輯顧問　王汎森　白先勇　杜維明
李明輝　何漢威　柯嘉豪（John H. Kieschnick）
科大衛（David Faure）
信廣來　洪長泰　梁元生
張玉法　張洪年　陳永發
陳　來　陳祖武　黃一農

景印本・編輯小組

景印香港新亞研究所《新亞學報》第十二冊

第六卷・第二期　目　次

新亞學報

第六卷 第二期

新亞研究所

本學報由美國哈佛燕京學社贈資印行特此誌謝

新亞研究所

目錄

景印本・第六卷・第二期

新亞學報編輯畧例

（一）本刊宗旨專重研究中國學術，以登載有關中國歷史、文學、哲學、教育、社會、民族、藝術、宗教、禮俗等各項研究性的論文爲限。

（二）本刊由新亞研究所主持編纂，外稿亦所歡迎。

（三）本刊年出兩期，以每年二月八月爲發行期。

（四）本刊文稿每篇以五萬字爲限；其篇幅過長者，當另出專刊。

（五）本刊所載各篇，其版權及繙譯權，均歸本研究所。

秦漢以後天命思想之發展

唐君毅

著者自注：本文續拙著先秦思想中之天命觀（見新亞學報二卷二期）而作。

秦漢以後天命思想之發展

一　導論。

先秦思想之言天命，始於詩書中之言天命靡常，天之降命於人與否，隨人之德而定之說。歷春秋時代對命之思想，而有孔子之知命，墨子之非命，孟子之立命，莊子之安命，老子之復命，荀子之制命。至晚周及秦之學者，乃合性命爲一名，而以人性承天之本命以至於命之思想盛。此時亦有五帝德之思想說興，而有人間之帝王奉天之符命，依五帝德而代興之陰陽家之說。此說旋與儒家思想合流，爲漢儒之所持。漢儒之董仲舒，更申論帝王受命及人受天命之義，爲公羊家之所發揮，復爲東漢諸儒會議之所論定，而見於白虎通諸書。此畧似周初人王受命之思想之再現。專自個人言，漢儒復有正命、遭命、隨命之說。三命之義連於吉凶禍福，亦與詩書言命之連於吉凶禍福者相似。及王充，乃謂此漢儒所言之天人感應，祥瑞災異及帝王受命之說爲無據，而三命之說亦不免於自相矛盾；乃轉而純就自然之氣稟與所遇之外境，以言人之壽命命祿遭遇幸偶，而別命之吉凶、祿之盛衰等，於性之善惡之外。而其言命，乃畧近荀子之以天爲自然之天，以節遇言命之說。列子書出於魏晉，其言命乃以無命之者爲命，與郭象同以人當下之所遇言命。而郭象之言命，則申莊而異於莊。是皆道家之流。自佛家東來，又傳入宿業言命之說。唯識家以業報種子言命根，而傳統言命之思想之流，乃若斷若續。逮於宋儒，而周程張朱，乃改而於氣稟之壽命祿命及所遇之命之外，專就天道天理之流行而賦於人者，以重申中庸所謂天命之謂性之義。陸王起而言心卽理卽性，乃歸於天命之流行與本心良知天理之流行之不可二。王學之徒如羅近溪王龍溪，更喜言卽性卽命。至王船山則又大天而思之，言天命之日降而無已，以上契於詩書言天命維新之旨；復言人性之亦隨命日降而日生。下及淸儒，戴東原、焦循、則又唯以「限制」「不可以人力轉移者」言命。阮元復更謂詩書中所謂命，皆爲與吉凶禍福相關之祿命，而言命之思想，乃歸於偪促猥瑣。自茲以後，而明以前之學者言命之思想之豐富而多端，遂更爲人所忽視。此上所述乃秦漢以來中國言命思想之發展之大較。其間似同而異，似異而同之處，固待於分疏，而此諸言命之思想如何發展之跡相，亦須連各時代之思想之他方面，乃能暢申其義，故草此文，以補拙著先秦思想中之天命觀之發展一文之闕。

二　五德終始說中之帝王受命之三涵義。

吾今首當論者，爲晚周秦漢之際，五德終始說中之帝王受命說之涵義。此說倡自騶衍，而其書已佚。然據呂覽月令，史記孟子荀卿列傳，史記封禪書，大戴禮，孔子家語及淮南子等書，猶可考見其言「五德轉移，符應若茲」（史記孟荀列傳語），「五行相次轉用事」（史記封禪書如淳注語）之大旨。世之學者，類能道之。而本吾人之見以觀，則此說在根本上爲宗教性兼政治性的，乃無疑義。其原蓋是由殷周之際以來，潛存於民間之王者必受天命而王之思想之復蘇。然五德終始之說與殷周之際之天命觀之不同，則在此中有五帝代興之說，而非只有一昊天上帝降新命於新王。此五帝說之興起，或初由當時之有齊秦之東西二帝，乃漸有此天上之東南西北中央之五帝之說。蓋又以東南西北，爲春夏秋冬四時中，日之出沒所偏之方向，而此五帝之德，卽首與運於四時中之五行之德，五行之色彩如青白赤黑黃等，亦互相配合。人間之帝王，應天上之五帝之德之一而興之後，繼起之人王，卽當依五行之序，而另應五帝之一德以興。帝王爲政之道，所尙之色彩，及所立之種種制度，亦自當依五行之次序而轉變。爲此五德終始之說者，卽本之以論天地剖判以來，唐虞夏商周歷代政治之道與制度之代易，以及當今主運符應之所存。然此中五行之次序，究竟爲一相尅之次序，或相生之次序，又當今之人王應在天上之何帝，則有不同之說。如史記始皇紀，謂「秦政剛毅戾深，事皆決於法，然後合於五德之數」。索隱注曰：「水主陰，陰刑德」，則秦乃以周爲火德，而自謂應水德以勝之。然漢之張蒼，又以漢應水德以勝周火。賈誼、公孫臣，乃主漢應土德勝秦水。此皆依騶衍之「五行之次，從所不勝，虞土、夏木、殷金、周火」（淮南子齊俗訓）之說以爲論，亦卽依五行相尅之次序以爲論者也。然後之劉向，又改而主依五行相生之次序，以言五德之轉移。而王莽乃本之以受漢之禪，又自謂是土德，乃改漢爲火德，以符火生土之序。後漢之光武，亦信此五德之說，以赤符自稱火德，而繼王莽以起，謂「天心可革可禪」。此中，以五行之相尅或相生爲序，謂當今之人王，應在天上何帝之德以興，因與實際上之政治權力之爭，互相夾雜，固多穿鑿附會之論。然觀此數百年中之帝王，皆必托諸此五德終始之說，乃能自固其王位，而聚訟之多又若此；則想見此時代人宗教思想之篤，正無殊於同於一時期之耶穌降世之數百年中之西方人。此時在印度，亦卽大乘佛教，與印度各派之宗教哲學大盛之時代。人類東西之思想之步履，蓋有其不謀而合者在。玆更分別一論此五德終始說中帝王受命之宗教的及哲學的涵義於下。

五德終始說中言帝王受命之第一涵義，蓋爲此中只有一中央之上帝，或大一之神，而無唯一之上帝。五帝分主四方與中央，以分旺於四時，又各有其德，以爲各時代之人之所法。是見此四方上帝之權能，皆爲有限，兼受時間空間之規定，而其德亦皆不能無偏至。中央之帝，雖通於四方，爲主於四時，獨具中和之信德，亦未嘗以是而足以統屬四帝，而具全能全德，乃仍只爲五帝之一。此便不同於猶太所傳之上帝之爲唯一無二，全知全能全善，遍一切時間空間而自在者。而天上之帝德，是否爲人王所法，有其時運，則上帝亦有隱退拱默之時，如帝王之失時，則當禪位於繼起之君。依此義，王者與天上之上帝，皆不能於世間把持不放，知進而不知退，如亢陽之往而不知返也。

此五德終始說之帝王受命之思想之第二涵義，爲帝王之受命，必有符徵。由天之降災異，以示前代人主之當退；由天之降祥瑞，以示後代人主之當興。天所降災異之種類，與前代人王之失德之事類相應；天所降祥瑞之種類，亦與當興之人王之事類相應。天之示人王以災異也，初則意在譴告，使自知其失德，而自求補過；及其德既衰，乃降祥瑞，以預言明王之代起。此則與殷周之際，文王受命，乃由「帝謂文王」直接受命之說不同。謂自古已有河出圖洛出書爲受命之符之說，此蓋本後起之思想而逆推之言。詩書所載，固只言天帝之直接命令人王。此乃與西方、印度所謂上帝之直接啓示於人，而與人交談之說無殊，而爲一古代各民族的共有之一宗教思想之形態。此種上帝與人直接交談之思想，乃表示人與上帝間之一精神的親密性，及對於語言本身之重視。然人王之自言其承受天命，是否確有其事，無客觀上之勘驗，則人亦可不信。近如洪秀全之自言受上帝之命，而楊秀清亦言上帝另又有命，即歸於相爭是也。依漢人之符命之說，則天所降之災異祥瑞，皆爲一客觀自然界之存在，人皆可知其爲實有者。此中之問題，唯在對災異祥瑞之應在何人，人之解釋，不能無爭。故又有天發神讖之以較確定之文字，寫在自然界之物之上或傳於人口之預言。要之，此自降在客觀自然界之災異祥瑞，及寫在客觀自然界物上，而傳於人口之預言文字，以見天意之思想；乃代表一更重天意之客觀表現之思想傾向，亦即使上帝之意旨，更見爲一公開之意旨，而非只與一人竊竊私語者也。

此五德終始說之帝王受命思想之第三涵義，是天上之帝德依五行之序，而爲人王所法時，此帝德乃有確定之內容者。如五帝以五行相生之序而代興，則當今人主行政之德，當順此相生之序，由前代人王之行政之德，加以引繹而出。如五帝以五行相尅之序而代興，則當今人王行政之德，亦當順此相尅之序，以矯前代政治之敝。溯殷周之際，言王者受命，未嘗先確定帝王當修何德，如何立政建制，王者乃先自修德而後天命從之。此實不同於此五德終始之說，謂天上之五帝之一當令，乃自有其德與色等，爲人王所當法之說。周初之詩書中亦未言文王之德敎，乃由依五行相生之序，以承湯之德而有；復未言文王之德敎，唯以尅商紂之敗德而成。此亦不同於此五德終始之說中受命之帝之修德立政建制，皆有一確定的對前代之歷史之使命，人王須一方對具某一德天帝負責，一方對必然之歷史使命負責之說矣。

三　帝王受命之思想，與孔孟言命之不同，及儒家思想在晚周後之一發展。

五德終始說中帝王受命之說，除與殷周之際帝王受命之說，同爲依於一天帝與人王，其德能相感之思想外，復根據一更廣泛之人德動天之思想。此所謂人德動天，乃人德能實際的動天，而天亦有其在自然界所表現之災異祥瑞，以爲回應；進而使其他人民，亦歸往當興之明王，而對其德既衰之君，離之而去，或對之革命，以使眞有王者之德者，必得其位。此與西方之耶穌有爲萬王之王之德，而不欲爲萬王之王，乃自謂其國在天上不在地下者，固不同其形態；而與孔孟之思想，亦不同其形態。因孔孟固未嘗言有德者必邀天祐，以使其有位也。依孔孟之教，有德是人自己之事，能否行道，則有命存。天命所存，固非人所能必。故孔子曰：「道之將行也歟，命也；道之將廢也歟，命也。」孟子曰：「求之有道，得之有命。」又曰：「天下有達尊三，爵一，德一，齒一」，則有齒德者，亦不賴乎有爵而後尊。依孔孟之教，無論命之如何，人皆有自盡其道者在。此卽能知命而立命者之所爲。後荀子亦以此義言「君子盡其在己者，而不慕其在天者」。其謂「從天而頌之，孰與制天命而用之」，卽言人不當求諸天，而只當在節遇之命中，自盡其人事，以制立天人之分也。是孔孟荀皆未嘗有天必能使賢者在位聖者爲王而降符命，以使民歸往之思想也。漢人謂孔子亦嘗受命，而嘆鳳鳥不至，河不出圖，符命未至，故只得爲素王作春秋，以寄其新王之理想。此實漢人之視孔子如此。依吾人之意以觀孔子之嘆，蓋只爲感慨其不見用之辭，未必卽欲爲王。若謂孔子信符命，此與孔子未嘗以聖與仁自居之謙德固不合，而與孔子之不信德必與位相連，而惟務自盡其道之精神，亦不合。孟子言堯舜禹之禪讓，乃由「堯薦舜於天」，「舜薦禹於天」，則文王直接受命之說，蓋尙非其所取。孟子曰：「匹夫而有天下，德必若舜禹，而又有天下薦之者，故仲尼不有天下。」無薦之於天者，人不能自欲有天下。故依孟子之言，孔子亦不能自居素王也。然孟子雖言舜以堯薦，禹以舜薦而天與以天下，然又謂此「天與之」非「諄諄然命之」，則非上帝直接命令之說矣。孟子唯由人民之歸往舜禹，以見天命之寄在舜禹，而此「天與」亦卽無異「民歸往」之別名，固無先降符命於自然之說。而孟子之言五百年必有王者興，又嘆由孔子至於今百餘年，尙未有王者起，亦非卽信五百年之王者必易德而王，如五德終始之說也。荀子又斥子思孟子之言五行，謂「天行有常，不爲堯存，不爲桀亡」，其不信五行說，固其所也。總而言之，此五德終始中之帝王受命之說，明與孔孟荀諸儒之言天命，初實不相干也。

然儒者所傳謂出於子思之中庸，其成書蓋晚於孟荀，則有「大德必得其名，必得其位，必得其壽，大德必受命」之言。此雖所以贊文王，亦代表中庸之一思想。此思想如何自孔孟之思想中發展而出，則殊堪探究。竊以爲此當溯原於儒者重德之教，以賢者不必有位有爵之思想既確立，而德尊之義卽確立。孟子又有人之盡心知性存心養性，卽能知天事天之思想。荀子亦有人與天地參之思想。由此引申，卽爲中庸之言聖人與天地之道，皆同此一誠，而聖德實可參贊天地之化育，與天德共流行之義。緣是卽更可連帶湧現一種崇高之思想，卽：此自然宇宙之法則，當服從道德宇宙之法則，而自然宇宙亦當順聖德之形著變化，而在實際上爲其所感動之思想。中庸謂「國家將興，必有禎祥，國家將亡，必有妖孽；見於蓍龜，動於四體」此雖非必如陰陽家之迷信，然依中庸言天與人及萬物，既同此一道，同此一誠，人有至誠之德而能盡人性物性，則固未嘗不可既實際感動他人，亦實際感動其他自然事物。循此思想，則宜有大德者亦必可使其自然生命延長，使他人加以擁戴而「必得其名，必得其位，必得其壽」之信仰。此信仰，雖原不必能實證，然亦人相信天人同一道一誠，及聖德與天德共流行之後，原可連帶湧出之一思想。不能只以其言德必得爵位，與孔孟之言初不類，卽不視爲儒家思想之一發展也。此正如歐陽修所疑之易傳，重乾坤富有日新之盛德大業，不諱言利，謂崇高莫大乎富貴，皆同爲「以充德於內者必形於外，而主乎外，而重此充實之美」之精神之表現。蓋大德之必得其名，其位，其壽，亦見一充實之美者也。中庸易傳之思想，因重天之「道」與鬼神之「道」，而不重天帝與鬼神之人格性，固與五德終始說之重五德之表現於變服色易法制，及天所降祥瑞災異之言，不同其類，然亦未嘗不見同一「重德之表現於外」之時代精神。而兩漢之儒學之與陰陽家之合流者，多流於穿鑿附會之論，亦皆由重此人德之表現於外，以與天德之表現於外者，處處強求一一相應而來者也。

四　董仲舒之天人關係論及受命論。

漢人言天人感應王者受命之思想，最能成一大系統者，不能不推董仲舒。董氏不言五德終始，而只言文質代勝，及三正三統，以論歷史之變，故亦無五帝之論，而唯言一天。其所謂天，爲萬物之本原或元。然其天雖表現於氣或陰陽二氣與五行，而天之自身實爲一天帝，或今所謂人格神。其言「以仁愛人，以義正我」，尙德重教而緩刑罰，言「正其誼而不謀其利，修其理不急其功，」（對膠西王。下一語漢書作明其道不計其功）雖純爲儒者精神；然其重天志，「屈民而伸君，屈君而申天」，則與孔孟之無意於屈民者不同。而其卽天之「愛」「利」，以見天之仁義之德，則就其用語以觀，實多取墨者之言。其申天之人格性，如言天爲百神之大君，人之曾祖父，亦實近墨者，而與孔孟之重天道不重天之人格性者不同。至董子之言仁爲天心，言天之實有其愛惡喜怒哀樂之情，表現於寒暑與春夏秋冬，而重天之情感之順四時而流行，又與儒者重心重情感之精神爲近。其不只如墨子、詩書及西方之舊約之言天帝之悅惡喜怒，純對人事之善惡而發；則使人覺此天之情感，乃是在一自然秩序中自動自發以流行者。而人在四時之中，亦無時不與一有情之天帝相覿面；人亦得於自然之四時之神氣之運中，隨時見天之情感意志。故曰「春氣愛，秋氣嚴，夏氣樂，冬氣哀；愛氣以生物，嚴氣以成功，樂氣以養生，哀氣以喪終，天之志也。」又曰「春氣暖者，天之所以愛而生之；秋氣淸者，天之所以嚴而成之；夏氣溫者，天之所以樂而養之；冬氣寒者，天之所以哀而藏之。」凡此諸語，吾人皆不能只視爲譬喩之言，而是董子實相信一人格神，於春則愛萬物之生，於夏則樂萬物之得養，於秋則嚴萬物而成之，於冬則似殺萬物，亦天之哀矜萬物而收藏之於密；合以見此天與萬物之無閒相依，而悲喜相關，其情之遍運於四時，未嘗有一息之或已。又因此天之喜怒哀樂之情，復卽表現於四時之氣，接於吾人形體之處。其情乃不只爲人心之所知，亦人之形體之所感，而未嘗與人之形體一日相離。吾人今日因去古已遠，人罕能信天帝之存在；教徒之信之者，則所信者又多爲超越在上或只與人心深處相接之上帝，於四時之氣運，恒只以自然現象觀之；故於此類之言，難相契應。然實則吾人若眞能信此天帝卽於四時之氣中，以其情志與人之身心相接，實亦宗教信仰之至美者。而詩人之於四時見天心之來復，於春見天之喜氣洋溢，於秋見「天地爲愁，草木淒悲」者，其於此意，尙畧相近也。

董仲舒既言天心、天志、天情之見於四時之神氣，又言天之神氣卽運於天之形體。此上下四方之空閑，及其中之日月山川，卽天帝之形體所在也。然此又非如西方超神論之上帝，遍在於一切時空中之說，亦非西方泛神論者之於一花一草皆見上帝之說；而是謂此整個之自然界，合爲一天帝形體之構造。吾人之形體，卽在此天帝之形體之構造中，而與之大體相類似，以直立於天地間。故曰「人有三百六十節，偶天之數也；形體骨肉，偶地之厚也；上有耳目，日月之象也；體有空竅理脈，川谷之象也；首坌而圓，象天容也；髮，象星辰也；……鼻口呼吸，風氣也；

腹胞實虛，象百物也。」（人副天數）至於吾人情志之表現於其喜怒哀樂之運，人之仁義之德，見於其愛人正己之事，又與天之情志相應答，與天之仁義同道而同德。夫然，故董仲舒之言人之受命於天，與人王之受命於天，亦卽要在由天生人原使之上類於天處，由天志天德之仁義化爲人之仁義，由天之四時之運中之喜怒哀樂，化爲人之行事中之喜怒哀樂，由天之形體化爲人之形體等等處說。故春秋繁露爲人者天曰：「人之形體化天數（天之結構之各部份之數）而成；人之血氣，化天志而仁；人之德行，化天理而義；人之好惡，化天之暖凊；人之喜怒，化天之寒暑；人之受命，化天之四時。人生有喜怒哀樂之答。喜，春之答也；怒，夏之答也；哀，秋之答也；樂，冬之答也。」此中言人之受命，卽見於人之能以其喜怒哀樂，與天之春夏秋冬相應答中。此「答天之出四時，」卽所以「忠其受於天者」。原彼天之出四時也，春夏秋冬自運，而天之慶賞刑罰及於物。「慶爲春，賞爲夏，刑爲秋，罰爲冬。」（四時之副）。故可言「春者，天之和也；夏者，天之德也；秋者，天之平也；冬者，天之威也。」然天之四時之序，必先春夏而後秋冬，必先和然後發德，必先平然後發威。（威德所生）亦卽「先愛而後嚴，樂生而哀終」。（陽尊陰卑）卽「先陽而後陰，先德而後刑。」故人之爲政，亦當先德而後刑，先慶賞而後刑罰，知「不和不可以發慶賞之德，不平不可以發刑罰之威」；而天之喜怒哀樂，又有其時、有其節、而後順；故明王亦當自知其喜樂哀怒之節。（陽尊陰卑）而「正喜以當春，正怒以當秋，正樂以當夏，正哀以當冬……以取天之道。」（陽尊陰卑）又天志天意以仁爲本，爲「無窮極之仁」，「仁之美者在於天」，故「人之受命於天也」，亦卽當「取於天而仁也」（王道通三）由上所論，故知董子之言人受命於天，而忠於所受，卽法天之四時之運中之情以爲情，以天意天志爲人之意志，取天之仁道仁德以爲其道其德，以使人之情、之志、之知、之行，皆上合於天。此中，人之所受於天，原是此天情、天志、天道、天德之見於天之神氣之運，而命於人者；人忠於所受，卽能上合於天。此則不同於必受天所降之符命，然後能受命，及天直接以言告人，而人受命之說矣。故董子謂人之於天也，乃「以道受命」。（順命）而董子之言受命，亦初不限於人王。唯以王者爲天子，故更當由受天命而忠於所受。除天子受命於天，人亦皆可受命於人、故曰：「諸侯受命於天子，子受命於父，臣受命於君，妻受命於夫。諸所受命者，其尊皆天，雖謂之受命於天亦可。」（順命）則人之直接以「言受命於人」「以民隨君，以君隨天」，卽爲人之間接受命於天，不同於只言帝王之直接受天命之說矣。而董仲舒之言人能受天命，乃由天之情、之志、之道、之德，其通過於四時之神氣之運，而見於人之前者，原爲人之耳目之所接之故；則此乃是自天在自然世界之種種表現，以知天命而受之之說；又與五德終始之說之以天命見於自然界之祥瑞符命者，其意趣無殊。故董子於符瑞一篇，亦以春秋之西狩獲麟爲受命之符也。

至於董子對人性與天命之關係，固亦嘗以人性爲人之所受命於天者。其玉杯篇謂「人受命於天，有善善惡惡之性」，卽謂此性乃人受命於天而有。此性能善善惡惡，似爲一至善者。然通董子言性命者以觀，則此所謂善善惡惡之性，仍只是一不能自顯之質。而此性亦不足以見天命之眞。故其於深察名號篇專論性之問題時，終於謂「民受未能善之性於天」。（深察名號）必再「受成性之教於王」，而後善。董子唯於此「立王以善之」，謂之曰「此天意也」。王者乃「承天意以成民之性爲任者也」。（皆見深察名號篇）王者之承天意，是王者受命而忠於所受之一事，而言民之受未能善之性於天，則只言及受性，而未言此卽爲受命。故其賢良對策三曰「天令之謂命，命非聖人不行；質樸之謂性，性非教化不成；人欲之謂情，情非度制不節。是故王者上謹於承天意，以順命也；下務明教化民，以成性也；正法度之宜，別上下之序，以防欲也。」是則更證明其主張唯聖王乃能眞受天命之說。一般人民之性，惟待王者之教化而成，待王者之法度而節，卽皆不能直受天命矣。夫然，故董子之言天命與人性之關係，與中庸天命之謂性之言，及宋儒天所賦爲命，人受之爲性之說，仍不相同。此後二者乃言天於生人之初，卽賦予其內部之性。此賦予其內部之性，乃天之內命，亦如大戴禮之所謂本命。而董子之言天命，則初不卽指此人性，而只爲在人之上，而由天志天意，以下降於人，以爲人所知所受者，則只當說是一天之上命。在人之祭祀之際，人「致其中心之誠，盡敬潔之道，以接至尊」之時，因「祭之爲言，際也，祭然後能見不見……然後能知天命鬼神，」；（祭義）此時固可說有一人與天命鬼神之相契接。然天既不以言受命，則人於此仍不知天之「以道受命」之道之內容。欲知此道之內容，仍將再求之於天之情、之志、之德、之道、之表現於四時之氣運者，以知之。此若非因在漢人之宗教心情下，原視此耳目所見之天地，卽上帝之形體，此天地中之神氣之運，卽天情天道天志之直接表現，而可直由之以知天命，受天命；則此董子受命之說，既不必以符命爲憑，又無天直接對人之言語足據，復非於天賦人以性處，言其卽天命之所在，蓋難得其解矣。是皆唯待於吾人側身二千年之上，以想像古人之心情，方可實契其義。後人以宋儒之言性命之說，或中庸天命之說，及其他言命之說，推測董子之意，則皆失之遠矣。

然董子之重由四時之氣之運以知天道，而以道受天命之說，實又尚非只重此天道之直接表現於自然者之謂。而是意在由此天道之表現於自然者，以直探天之元，而正天之端。董子曰：「元者猶原也，爲萬物之本。人之元在焉。安在乎？乃在乎天地之前。故人雖生元氣，及奉天，不得與天元，本天元命，而共違其所爲也。」（重政）此卽見天之元，乃深於一般之神氣與天地之形者。董子之言元氣，乃指此元之氣，非卽氣之原始者，而謂之元氣也。然此爲天地與氣之原之「元」爲何物，此卽爲百神之大君之天神也。董子曰：「君者元也，原也」。（深察名號）「君人者國之主」。（立元神）是萬物之元者，萬物之大君，亦萬物之大始。此即與西方所謂主宰宇宙之上帝無殊。而董子之言春秋之道，在「以元之深，正天之端；以天之端，正王之政；以王之政，正諸侯之即位；以諸侯之即位，正竟內之政。」是即謂欲正王之政，賴於由天之一切外表之表現，以達於此一切表現之端始，而直達於元之深。必如此而後君人者，乃得於此「立元神」。董子於離合根曰：「天高其位，而下其施，藏其形而見其光。高其位，所以爲尊也；下其施，所以爲仁也；藏其形，所以神；見其光，所以爲明。故爲人主者，法天之行，是故內深藏以爲神，外博觀以爲明。」立元神篇又曰：「爲人君者，謹本詳始，敬小愼微，志如死灰，形如委衣，安精養神，寂寞無爲；休形無見影，揜聲無出響；虛心下士，觀來察往；謀於衆賢，考求衆人；得其心，徧見其情；……是謂開闔。」又曰：「不見不聞，是謂冥昬；能冥則明，能昬則彰。能明則昬，是謂神人。」此其言立元神之道，實大類於道家之言。故以深藏爲觀照之資，以闔爲開之本。而此亦即人君之所賴以達於天元之深，而見其元之即在此天地之前之天元中者。惟然，故人君之能奉天命，亦即在其能探天元，而本天元之命，以不違此天元之所爲。此所謂「本天元之命」，亦即於此元之深，見天之端之正。天之端者天之仁，天之生物之端，而未有不正者也。此依一年而言，則見於春。故於春之始之第一月，名曰正月。天之生物，於此見其端之正；而王者之爲政，則於觀天之生物之始於正月，即當自知其應法天之生物之仁，以自正其端。春秋變一爲元，而曰元年。元年即天元之年，年屬於天元之謂也。春秋又變一月爲正月，曰「春王正月」。王正月者，王者必依天元之端之正，以自正其始其端也。由此觀之，則董子之所謂王者之本天之元命，以西方之語釋之，亦即王者之本至尊、至深、至神、至明之上帝之創始萬物之意志，爲其一切意志之始端，以自正之謂。此則純爲依於一高度之由下以達上之宗教心情，而再由上以澈下，所成之政治思想，爲西方所未有。其言雖本於詩書中原有之敬天愛民之義，與孔孟之以仁心爲政治之本之意；然其取墨子之言，以說此天之人格性，取道家之言，以說上達天元之道，則明是攝墨道之思想，而融鑄之，以使此人君爲天帝與人民之中介，而亦昔之學者所未及者也。

由於董子之言人之奉天元之命，賴於人之直探天之元之深，元之端；故董子於天之氣或陰陽之氣之偏而失正，變而失常，或天所示之變異或災異，並不直視爲皆足以表現天之深，而見天之端者。蓋此實只宜視爲依於此端，此始、此本而生之末；而依元之深，天亦將自矯其偏而反之正，以使陰陽和而四時順者也。故人於此災異災變之來，自一方面說，人固不當以此滅其對天之虔敬，仍當順受而知自反。如春秋繁露奉本篇曰：「夫流深者其水不測，尊至者其敬無窮。是故天之所加，雖爲災害猶承而大之。」此言人不當以災害而減對天之虔敬也。其隨本消息又曰：「顏淵死，子曰天喪予，子路死，子曰天祝予，西狩獲麟曰吾道窮，吾道窮，三年身隨而卒階。此而觀天命成敗，聖人知之，有所不能救命矣。」此卽意謂天命之逆來，聖人仍只有順受也。董子雖「惡夫推天命推災異之象於前，然後圖安危禍亂於後者，謂非春秋之所甚貴也。」然亦謂當災異之來，人當「省天譴而畏天威：明善心以反道。」（二端）此卽人當藉天譴以自反之意也。然在另一方面，則董子於天之水旱，亦視爲陰陽之變，而人亦當自表其請之怒之之情，以正陰陽之序。此亦非不尊天不敬天之謂。因此陰陽之變，皆依天之端而生之末，非天之元天之端之所在也。故其精華篇曰：「大旱者，陽滅陰也，尊厭卑也，……請之而已。……大水者，陰滅陽也，卑勝尊也，……逆節也，故鳴鼓而攻之，朱絲而脅之，爲其不義也，亦春秋之不畏强禦也。故變天地之位，正陰陽之序，直行其道，不忘其難，義之至也。是故脅嚴社而不爲不敬，出天王而不爲不尊，上辭父之命而不爲不承……」是見董子亦非於一切陰陽之變，皆主加以順受，而人之直行其道，求變天地之位，正陰陽之序，不忘其力之有所不及，而或不免於難，如上所謂聖人之有所不能救命者，正爲人之尊奉天命之最高表現。以此陰陽之變，原非天之深、天之端之所存；辭此陰陽之變之命，而正陰陽之序，正所以上契於元之深，天之端，而奉天元之命也。奉天元之命，而逆此陰陽之變之命，不免於難，乃不得自救於此命之中，正所以承順此天元之命也。此則與孔子之言知命之旨，既於道之不行，視爲命之所在，而仍栖栖皇皇以求行道，復不忘道窮之義，未嘗不相通也。

至於董子之言，人之奉天命而行，又可實感動天者，則在其秉深信同類相動之義。孔孟荀之思想中，蓋尚未見有此義。所謂同類相動者，卽謂人之形體情志，原與天之形體情志相類，則天能感人，人亦能感天。此同類相動之原則，易傳已發之。故曰「水流濕，火就燥，……物各從其類也。」而董子之同類篇又曰：「百物去其所與異，而從其所與同，故氣同則會聲，比則應其驗，皦然也。試調琴瑟而錯之，鼓其宮而他宮應之，鼓其商而他商應之。五音比而自鳴，非有神，其數然也。美事召美類，惡事召惡類，類之相應而起也。如馬鳴而馬應之，牛鳴而牛應之。…帝王之將興也，其美祥亦先見；其亡也，妖孽亦先見。物固以類相召也。善惡皆有所從來，以爲命，莫知其處。天有陰陽，人亦有陰陽。…欲致雨，則動陰以起陰；欲止雨，則動陽以起陽。故致雨而非神也，而疑於神者。其疑於神者，其理微妙也。…相動無形，則謂之自然。其實非自然也，有使之然者矣。物固有實使之，其使之無形。……」

依上所引，可見依董子意，同類相應爲物之自然之大法，亦物之互相「使然」之大法。物之美惡以類應，而有所從來，卽以爲命。此命卽同類之物之相命，而相動也。董子卽以此言災祥之所以起，及人之所以能致雨與致雨止等等，在天人之際能以事相感之故。此實又與天之直降災祥以見天之賞罰之說有異。世之宗教思想，言天之以災祥爲賞罰，皆謂天先有一善惡之標準，而見人之善者則賞之，惡者則罰之。然於天之何以必有此賞罰，則或由此天之欲貫徹其善之意志以說之，或由天之原與人訂有契約，而人違悖之以說之，如西方宗教之言是也。墨子天志篇於此問題，則又以天與人之交互相待關係以說之。謂人爲惡，則人爲天之所不欲，故天亦將爲人之所不欲，而降禍災以爲罰；人爲善，則人爲天之所欲，故天亦爲人之所欲，而降福以爲賞。至於騶衍之五德終始之說中，其天人能相感應之理由安在，則今不能詳考。然此上所陳之二說，實皆與董子之言有別。董子固未言此災祥之生，直由天之賞罰，而董子所謂天之慶賞刑罰之見於春夏秋冬者，乃與其自然之喜怒哀樂相連，而非因人之善惡而起者也。董子之天，固以其情志與道，示之於人，而足以感人，人亦可於茲受天命，然天亦無必貫徹其意志之心，並本此以爲賞罰之基之意也。董子復無以天之賞或罰，由於人之爲天之所欲或不欲之說。董子言天有志，而不言天有欲於人也。依董子上文之旨觀之，董子實乃視天與人，雖有大小之別，人亦只位於天中；然由此二者之形體結構之相似，情志之相同，於是天人之關係，除人之始乃由天生外，在人生以後言，即只爲一同類之關係。依同類之關係，而人之惡事召天之妖孽，人之美事召天之美祥，即只如人之行爲與天之共振，如音聲之相共振之類。此共振，即天人相與使然，若自然而不知其所以然之命之一端。以共振言天人之感應，與災祥之所自生，乃天人間一平行的「相與使然」之關係。此與上述之天之意志之必欲貫徹於人，而以災祥爲賞罰之說，爲一以上徹下之說；及以人與天訂約，而人違天之約遂罰人，或「人爲天之所不欲，則天亦爲人所不欲」中之天與人，爲一天人相對，以信約相守，以欲求相需之說，固皆不可等而觀之也。是見董子之宗教性之天人感應之思想，亦實有其特色在也。

五　漢人三命之說之即人之命祿以言命

漢人之言人王之受命而忠於所受之事，與天人之感應，而相與使然之理，莫詳於董子。董子以後，歷劉向劉歆，至東漢之班彪，而著王命論，仍謂天命在乎應天順人，亦有符瑞可徵。而由西漢至東漢，漢儒言命之一最流行之說，則爲三命之說。此乃直就人以言命之說，而見於諸緯，趙岐之孟子注，白虎通及論衡等書者。白虎通固薈諸儒之討論而成者也。孔氏正義引孝經援神契曰：「命有三科，有受命以任慶，有遭命以謫暴，有隨命以督行。受命謂年壽也，遭命謂行善而遇凶也，隨命謂隨其善惡而報之。」白虎通壽命篇亦曰：「命者，何謂也？人之壽也，天命以使生者也。命有三科以記驗：有壽命以保度，有遭命以遇暴，有隨命以應行。壽命者，上命也。若言文王受命唯中身，享國五十年。隨命者，隨行爲命，若言怠棄三正，天用勦絕其命矣。又欲使民，務仁立義，無滔天，滔天則司命舉過，用言以弊之。遭命者，逢世殘賊，若上逢亂君，下必災變暴至，夭絕人命。沙鹿崩於受色是也。冉伯牛危行正言，而遭惡疾，孔子曰：命矣夫，斯人也，而有斯疾也，斯人也，而有斯疾也。」趙岐孟子盡心篇，莫非命也注曰：「命有三名。行善得善曰受命，行善得惡曰遭命，行惡得惡曰隨命。」而論衡命義篇謂：「三傳同說命有三：一曰正命，二曰隨命，三曰遭命。正命謂本稟已得者也。性善習善，故不假操行以求福，而吉自至，故曰正命。隨命者，戳力操行，而吉福至，縱情施欲而凶禍到，故曰隨命。」陳立白虎通疏證又兼舉孔疏所引何氏膏肓之言，謂「此三命說，諸傳之說皆同。惟趙岐所言隨命微異，當以此及緯說爲正」云。

今按此三命之分，其第一種如上文所謂壽命或受命或正命，乃專指人之受天生，而自然爲善，亦自然得福壽，善福一致而皆正者說。此乃純由天所致。隨命則爲由人自己善惡之行爲而召致者。此乃人生以後所自致。此中趙岐與白虎通只言行惡得惡（禍）而不及於行善得善（福），自不如王充所言能兼賅二者之備。至於遭命則當指「與人自己善惡之行爲不相應」之禍福之遭逢，卽不由人所自致，而純由外致者。其中於行善而得禍之一種之外，亦應兼有行惡而得福之一種，方爲備足。而諸書只舉行善得惡一種，亦爲不備也。

此三命之分，乃依於個人之德行之原於天生或人爲，及其與年壽禍福之關係，而作之分類。簡言之，卽依德行與命祿之關係而作之分類。而趙岐之注孟子，卽全本此三命或命祿之義，以釋孟子所謂命。然此三命之命或命祿之命，固非直指天之敎命之命，亦非如宋儒之只就人之德性，以言天之所賦於人者之命；復非以自然之生命爲命之說，而與詩書中之不言遭命不分正命與隨命者，亦不同。此三命之說，重在由人之德行之爲天生或人成，及與年壽禍福之關聯，以言人之命，卽包涵一求兼此數者以看命之綜合的觀點。然此三命之分，又實非謂行爲之善惡與禍福，有必然之關係，故又有隨命遭命之分。唯此中謂有天生而善而必得福者，則似肯定凡天生而善者之必得福壽，而又不同於中庸之言大德之「必得其名，必得其壽」，之未指定此大德之是否天生者。此卽見漢儒重視天降之聖人之思想。漢人固重視聖人之爲天生。如白虎通論聖人，終於謂「聖人所以能獨見前睹，與神通精者，蓋皆天所生也。」何氏公羊成公八年傳注，謂「聖人受命，皆天所生，謂之天子」，天旣生聖人，亦同時降之以福壽。是見天仍能依一福德俱備之原則，以生聖人者。而人之自成其德者，則不能使其福與德必相俱。此乃出於一尊天之降命而卑人之修德之思想，而與孔孟儒者之傳，皆重學而知之之精神不同。上述之董仲舒，固未嘗言聖人之必不能由學而成。然此重視天降之聖人，則與董仲舒之尊天之宗教性的心情與唯王者能受天命之思想，互相應合者也。

六 王充之自然之命論及性之善惡與命之吉凶之分別論。

漢儒之致疑於三命之說，及帝王受命天人相感之說，而表示一劃時代之言命之思想者，爲王充。王充既不信天爲一人格之神，亦不信如蟣虱之處於天地間之人，其行事能感動此自然之天地；乃於一切天人感應之說，皆視爲無徵。其言人之命，亦復將人之善惡與禍福之遭遇，截然劃分爲兩事。然復不否認人有强弱壽夭之命，及帝王之享國與事業，有其自然之命。此則非依天意天志天命而說，唯是依帝王之氣稟及自然之時運而說。此卽將以前之儒者之思想，加以一徹底由下翻上之旋轉，而開魏晉學者之言命者也。

王充之否認天爲一人格神之說，初只就感覺經驗以立論，而就天之形體之無耳目口鼻，以證天之非人格神。此論證以西方哲學觀之，殊爲可笑。然此亦實由漢儒嘗就天之形體之類人，以謂天爲人格神而來。故王充亦卽問天之耳目口鼻等安在，以斥天爲一人格神之說。而董仲舒之由天之神氣之運行，以見天情天志天道之說，依王充之純本感覺經驗之立場以觀之，亦卽只有此氣之運行，而更無其他。故王充有天卽自然之氣之說。人生天地間，卽本此自然之氣以爲氣，而人身才七尺，其所稟於天地之氣者，至少而有限；則謂天有意眷顧此「在天地如蟣虱之在身」之人，而人能以其德其事之感動上天，自決無是理。此卽同於今日之自然主義與一般科學家之觀點。王充此論在當時，雖頗特出，而亦不厭其詳，以申論其意。然在今日觀之，則極爲易解，而無待一一加以詳述者也。

王充既不言天命及天人感應之說，故其言命，皆屬人命。彼又疑漢儒三命之說之連善惡與禍福以言命之論，並以善惡之問題，屬諸人性與人之才智，而唯以稟氣之强弱，及於外所觸値等，屬之於命。其氣壽篇曰：「凡人稟命有二品。一曰所當觸値之命，二曰彊弱壽夭之命。所當觸値，謂兵燒壓溺也；彊壽弱夭，謂稟氣渥薄也。」所當觸値之命，此乃原於外。彼又謂「兵燒壓溺遭，以所稟爲命，未必有審期也。」未有審期，即不能審其期而不能期必。而於彊弱壽夭之命，則謂其爲必然而必有。「夫稟氣彊，則其體彊，體彊則其命長；氣薄則其體弱，體弱則命短……」而「人之無所遭遇，虛居困劣，短氣而死，此稟之薄，用之竭也。」王充又謂人所稟之强弱壽夭之命，必有表候於體。此即人之骨相。王充有骨相篇之作，謂人察此表候，即可以知命。知命，即知其强弱壽夭之命。此外，王充於他篇復言人尚有先天的貧富貴賤之命。是則連於稟氣之强弱壽夭，而義又不同。王充在命義篇於富貴貧賤之命復言：「有命、有祿、有遭遇、有幸偶。命者、富貴貧賤也；祿者，盛衰興廢也；遭者，遭逢非常變；幸者，謂遭觸得善惡。（此所遭善惡非道德上之義，乃如今所謂好運壞運之類。）獲罪得脫，幸也；無罪見拘，不幸也。偶也，謂事君也。（此即謂遇不遇知己者之問題。）遭遇幸偶，或與命祿並，或與命祿離。」此中命屬先天，祿爲命之表現之盛衰，遭遇之變屬於外境。命祿之盛衰與遭遇之變之大小，乃一力量之較量關係。幸偶則純指人間之遇合而說。合此數者，以決定人實際上之富貴貧賤之情形。富貴貧賤之命與祿，合名祿命。以祿命與人之壽命較，則壽命又勝祿命；以一人之命與國命較，則國命又勝人命。蓋人之壽命，純由人稟氣自身之强弱以定，而無象在天。人之富貴之命，則由得衆星之精，而在天有其象，在地有其吉驗，初由外決定。又人之有其命者，尙須看其祿之盛衰，與遭逢幸偶之如何，此亦由外決定，不只屬於人之自身。故壽命勝祿命也。至於國命勝個人之命者，即羣體之命勝個人之命之謂。故有「兵敗羣卒一時俱死」之事。凡此等等，皆王充所許加分別。而其言壽命、祿命，與所遭觸值之命，亦合而爲三。然此三者間，則無必然之關聯。而其以命應在天星，又別命於祿與遭遇幸偶之外，蓋卽同後世言星命之術數者之別命於運之說。惟王充雖言壽命由氣之强弱定，然於人以養氣之功，而增益其氣，以延其壽之事，亦未嘗否認其可能，而此亦固無礙於壽命由氣之强弱決定之說也。

王充之言命之更一要義，則爲別性之善惡於命。自人之生而言，「人生受性則受命矣，性命俱稟，同時並得，非先稟性，然後稟命也。」無形篇又謂：「用氣爲性，性成命定。」此言性命皆同原於氣，而一時俱備。然性與命之義又異。王充言性，又連才智而說。故命祿篇謂「臨事智愚，操行淸濁，性與才也」。而人之性及才智乃屬於一組之事，其善惡，與祿命壽命及遭遇等之吉凶屬於另一組之事，乃無必然之關係者。故彼於命義篇，又雜舉行惡者禍不至，行善値遭命之禍，以言隨命之說不驗，並與遭命之說相衝突。而曰：「言隨命，則無遭命，言遭命則無隨命，儒者三命之說，意何所定？」乃歸於曰：「性與命異，或性善而命凶，或性惡而命吉。操行善惡者，性也；禍福吉凶者，命也。或行善而得禍，是性善而命凶；或行惡而得福，是性惡而命吉。性自有善惡，命自有吉凶。孟子曰，求之有道，得之有命。性善乃能求；命善乃能得之。」（命義）至於漢儒之所謂正命如文武之生而性命當富貴，亦非以其性善而富貴必與之俱，而是其生性之自始，卽連於一必富貴之命之故。此則其在命義篇，另行自立其三命三性之說中之正命以言之。王充另行自立之三命三性之說，雖仍存正命隨命遭命之名，乃皆是自人之初稟氣時之命與性之狀態上說，而與漢儒之言隨命遭命，皆自後天言者大不同。故其於初生之氣稟上言三命三性，仍是將性與命分別說，固不謂命之富貴與否，及性之善惡之間，有必然之關係也。

何以人之性命同時俱稟而性命又不同？此則原於善惡與吉凶之兩範疇之原非同一。人之善惡，定於行爲之方向，而吉凶乃行爲之成果。人之有某行爲之方向者，不必有某行爲之成果。其是否有此成果，常言係於其自己生命力之强弱，與人緣之輔佐。此卽王充所謂稟氣之强，而得衆星之精，與逢遇幸偶，以成其富貴之謂也。然此與人之開始一點之行爲方向之爲善或惡，卽操行之爲清或濁，才智之能否辨是非等，皆無必然之關聯。此方向之善惡等，乃王充所謂屬人之「求之」之事，而非屬於人之「得之」之事也。求之在先，得之在後。如何求，依其先之性，是否得，依其後之命。王充之「用氣爲性，性成命定」，其文亦有性先命後之序。而此以人之先如何求之，與後之如何得之，以辨性與命之不同其義，卽見性之善惡，純屬於人最初之生命活動之方向之性質；而命之强弱富貴吉凶，則由向此方向繼續去用氣之力量質量之量之所決定。故性與命之原於人之稟氣於天固同，而此所稟之氣之質力之量，與此氣如何用之方向及性之善惡，則又不同。此卽今所謂價値意義與存在意義之不同也。王充既辨性之善惡之有三品，又言命之有富貴、壽夭、吉凶。壽夭依於氣之强弱，富貴依於星氣，吉凶兼依於逢遇，此三者又不必相涵。於是人之不同形態之性，與不同之命與逢遇之配合，遂可極其複雜。而漢儒三命之說中之正命隨命之說，皆意在以性之善惡與命之吉凶相連而說，則不特與遭命之說相違，抑亦過於簡單矣。

王充之別性於命與逢遇，可使操行清潔者，安於求之有道，而不妄冀得之之命，此實上契於孔孟之教。而其著養性之書，兼言「閉明塞聰，愛精自保，庶冀性命可延，斯須不老」。（自行篇）則又下同於後之道教言性命雙修，以求長生之說。然王充於此，唯言斯須不老，未言長生不死。而依其書道虛篇又斥神仙之說，則又不同道教之論矣。

七　列子力命論之無命之命論。

然王充既著養性之書，以求性命之延，則亦未嘗不信人力能多少改變其初稟之命。人力之畢竟能勝天者有幾何，原爲古今人類共有之一問題。而將人之力與命相對而論，以言其得失之數，則列子有力命篇。列子一書，乃由張湛自其外家所傳出，近人或謂卽其所僞作。然張旣注其書，亦不能定其卽其僞作。如爲其所僞作，則其注旣兼引郭象向秀語，似宜列於下節論郭象一段之後。若非其僞作，則宜視爲古之道家言之一結集。唯其書旣初未見於世，晉張湛始傳之，則其在思想史上之意義，仍可說是始於此時代。觀列子之言命與郭象之言命，義多同，而又出現於同一之時代；然其是否相影響，則未可定。唯列子之力命篇之言賞罰，則又與上文諸節之義特相關。故今先下節之論郭象者而論之，亦未嘗不可也。

列子力命篇設「力」「命」二者相對辯，然此命又明非一能制物之命，亦非如王充之所謂由自然之氣所決定之命，此實另一形態之「命」觀，宜先取與王充之言命者對照而說之。

列子力命篇之言曰：

「力曰：『若如若言，我固無功於物，而物若此邪？此則若之所制邪？』命曰：『旣謂之命，奈何有制之者耶？朕直言而推之，曲而任之，自壽自夭，自窮自達，自貴自賤，自富自貧，朕豈能識之哉？朕豈能識之哉？可以生而生，天福也；可以死而死，天福也；可以生而不生，天罰也；可以死而不死，天罰也。可以生，可以死，得生得死者有矣；不可以生，不可以死，或生或死者有矣。生生死死，非物非我，皆命也。智之所無奈何。故曰窈然無際，天道自會，漠然無分，天道自運。」又曰：

「不知所以然而然，命也。今昏昏昧昧，紛紛若若，隨所爲，日去月來，孰能知其故，皆命也。夫信命者亡壽夭，信理者亡是非，信心者亡逆順，信性者亡安危，則謂之都亡所信，都亡所不信。至人之居若死，動若械，亦不知所以居，亦不知所以不居，亦不知所以動，亦不知所以不動……隨時動，隨時止，智不能知也。信命者，於彼我無二心。……」

觀此列子之言命，可見其明純屬於道家之系統。此與董仲舒言命，乃有一天爲發命令者，王充之言命，有一自然之氣或骨相星相爲定命者，卽全不同其說。列子此處所言之命，乃無一切制物之義者。故卽一切事物之自壽自夭，自窮自達，而直以推之，曲以任之，卽是此命之所爲。則命實無物，物亦無命之者，命惟是一切事物之自推自任而更無命之者之別名。而由此以言禍福，順一切可以生而生，可以死而死，皆是福，則非董子王充以死夭爲禍之說也。至謂可以生而不生，可以死而不死，爲天罰；則此所言者，應非自事物之本身上說，而是自吾人之觀念上說。卽於可以生者不直任之生，可以死者不直任之死，而不肯順之，以自作滯礙，卽天對吾人之罰也。故天罰原於吾人自於生死作滯礙之想，而不在生死。此猶莊子之所謂天刑，乃原於人心之自結而不知解。此所謂天賞天罰，亦實無天之賞罰之事之可言。而天賞天罰之不同，只是人心之能任順生死，而無滯礙無心結，與不能任順而自作滯礙有心結者之不同。人能不謂此爲物之所爲，或我之所爲，則心結去而滯礙亡，而任順生生死死之自會自運而自然，卽任命也。此非以吾人之智，觀此生生死死，而謂另有命之者，另有其所以然之謂也。故曰「不知其所以然而然，孰知其故，命也。」去一切「所以然」與「故」之觀念，則於死生壽夭，皆只有直就其「若此」而觀，而死若其死，生若其生，壽若其壽，夭若其夭，而不將死生壽夭對舉，加以比較，謂此是彼非，此順彼逆，此安彼危，方爲信命。故曰「信命者無壽夭，信理者無是非，信心者亡順逆，信性者亡安危」。而此「信」亦實只是任順，實無一定之所信，而亦無一定之所不信。此卽於「居與不居」，「動與靜」，皆亡其「所以」，而於彼我無二心也。而總此所云，則正不外謂人惟能知無「所以命之者」「爲故者」之想念，無「相對相反者」之辨別，無物我之分，而只觀「若此」者之自會自運，卽知命。此亦卽於運之行之於前者，卽視爲命之說，知運則知命，而運之中只有「若此」，實無運者。不知此運，則不知命。而此卽運以知命之說，亦卽知莫之命者爲知命之說，以無命之者爲命之說也。而王弼郭象之注老注莊，則更暢論無爲，自然，莫之令，不爲主之旨，而任萬物之自化獨化。此皆以不命不令忘命爲教。惟王弼書未嘗直以不命無命爲命。郭象於莊子之言命者，則幾皆以「遇」加以解釋，此與列子之言命與遇合一者同，亦有以無命之者爲命之旨。今案王充已言逢遇，然仍別命與遇。魏明帝時李蕭遠作運命論，乃重在以運與遇言命，謂人事之離合，皆「不識其所以合離」，爲「神明之道」。而列子與郭象，則純以遇言命矣。今當更論郭象之言於下節。

八　郭象之卽遇言命論。

郭象注莊，明多有以當下之適然之遇，釋莊子之所謂命之言。如其注莊子德充符「死生存亡，窮達貧富，賢與不肖，毁譽饑渴寒暑，是事之變，命之行也。」一段曰：

故人之有生，非誤有也；生之所有，非妄有也。天地雖大，萬物雖多，然吾之所遇，適在於是。……故凡所不遇，弗能遇也；其所遇，弗能不遇也。凡所不爲，弗能爲也；其所爲，弗能不爲也。故付之而自當矣。

此以人之遇其所遇，不遇其所不遇，爲其所爲，不爲其所不爲，卽是事之變命之行。其是否合莊子本意，可暫不討論。然要之，此卽是於人之遇其所遇，不遇其所不遇，不更求所以命之者主之者，之一當下斯須之命。亦卽就人所遇者之爲若此，而還其若此，自當所當，而付之自當之命。由此以言命，則只須人之於物，能有感覺而有所接，卽已是命。故「吾命有在外者也」注曰：「人之生，必外有接物之命，非如瓦石，止於形質也。」而人於此所接者，亦唯當直就若此而觀其若此，更不必求其原因或故。故於則陽篇「復命搖作」又注曰：「搖者自搖，作者自作，莫不復命。」此皆難言卽莊子本文之意。復命固可如老子之謂歸根爲復命，乃返於其根之意，而非復於其自己之義也。而依郭象意，人若不能直就若此者之自運，以與之俱往，而不免於有結滯，則不可言達命。故列御寇「達大命者隨」注曰：「泯然與化俱往也。」又於「達小命者遭」注曰：「每在節上，往乃悟也。」此莊子之言大命小命，其原意應爲於命之大者，則惟有隨之，於小命者，則遭逢之而已。此言亦爲一種隨命與遭命之分。而郭注則以達大命爲大達命或眞達命，故能與化俱往，而達小命爲小達命，或尚未能眞達命者，故滯結於節上，必往而後悟。此皆意在應合其心目中所謂命以爲釋。

此外莊子寓言篇曰：「莫知其所終，若之何其無命也；莫知其所始，若之何其有命也。」依原文文理，此命應涵始終之義。以有始而莫知其始因，故不可言命之者爲何；以莫知其終而必有終，故不可言無歸向之命。此所謂有命無命之問，即問有無命之者爲始，或有無一定之歸向之命。此乃兩難之問，而郭象之釋，乃於前者曰：「理必自終，不由於知，非命如何？」又於後語注曰：「不知其所以然而然謂之命，似若有意也，故又遣命之名，以明其自爾。」則二言爲二層次之說。前者言自終卽是命，後者言自終者，不知所以然而然，卽只是自爾，而命之名亦遣。此正由於郭象於適然之遇，不求其始因與後果，而視如自化自爾，卽以無前因後果之命爲命，而解莊子本文，以屈就其說之證也。

此列子與郭象之言命之論，其大不同於五德終始說及董仲舒之言天命者，乃在此後二者所言者，皆宗教性之天帝之命，而爲人事之因者。至其言之異於王充者，則在王充所言者爲自然之氣稟之命，而近乎科學家所謂自然之原因者。而列子郭象所言之命，則只是一當下斯須人之所遇之一「若此」。此有賴於人之截斷其所遇者之前因後果，而只觀其自爾自化而自然。此自然，非如董仲舒王充所謂有使然之者，而有所自而然之自然，實是無所自而自然之義。此則爲純粹藝術性，審美性，直覺性之當下之境界或境相，而唯待人之直下與之冥一而無問者。而此境界境相之爲命，唯有自人當下於外有如此如此之所遇上說。此所遇是此所遇，而非所不遇。卽是一當下之定然，當下之一理。此定然之理不可移，故可謂之爲一命。然此所謂所遇爲所遇，非所不遇，只原自對此所遇者之如其所如，若其所若之一純觀照，固未嘗謂此所遇者之必爲吾人之所遇，而「可繫而在」；亦未嘗有能繫吾與彼之關係，以使吾必有此遇之命之者，或「原因」或「故」在也。此所謂命，正由無吾人通常所謂爲因爲果之命而顯，故吾人謂之爲以無命之者爲命之說。卽無命之者而只見「物之自化自生自然而獨化，而如此如此」，此卽是命。而人欲達於此義，全賴吾人之心能從「爲當下之境之因果始終者之想念」中，直下有一解脫；而亦更不思此當下之境之有其所寄托，而具力質氣之實體，如一般所謂外物或我之類。因如有所寄託之具力質氣之實體，即有能爲其因其果者，而此境即可繫而在，實有能命之者，與歸向之處矣。故人於此，必須將此因果與實體之想念，皆絕除淨盡。而此境之無命之者，無歸向處，乃直呈於前，而心可與之冥會，以游外弘內矣。人心既自此因果實體之想念解脫，則此心亦即以虛呈此境爲事，更不受其他想念之牽掛。而此境與心，既不相繫，則心亦能與境，俱化俱運矣。此即見一藝術性之觀照之自由性與自在性；而爲魏晉人之藝術性之心靈所同趣。王羲之蘭亭序所謂「當其欣於所遇，暫得於己，快然自足，曾不知老之將至。」亦此心境之一描述也。

九　附論郭象與莊子言命之異同

然郭象之以此意注莊以釋莊子之言命，是否眞與莊子之本文之意，或莊子之精神全相契合，則吾不能無疑。上文已畧及其與原文之文句不相應處。吾人觀莊子之於命，實遠較郭象更能以一嚴肅之心情處之，便知莊子之所以謂命，並非直指一當下斯須之所遇，或與化冥合之境。莊子曰：「子之事親，命也；不可解於心。知其不可奈何，而安之若命，德之至也。」此其於命，明有一嚴肅莊重之感。而其大宗師篇之末述子桑既病，子輿往視之一段，曰：「至子桑之門，則若歌若哭，鼓琴曰：『父邪！母邪！天乎！人乎！』有不任其聲，而趨舉其詩焉。子輿入曰：『子之歌詩，何故若是？』曰：『吾思夫使我至此極者，而弗得也！父母豈欲吾貧哉！天無私覆，地無私載，天地豈私貧我哉！求其爲之者，而不得也，然而至此極者，命也夫！』」此段文極愴涼感慨之致。其歸於命，乃更以極嚴肅而超拔之心情出之。而郭注於此則曰：「言物皆自然，無爲之者也。」此則全然不關痛癢，惟務釋莊以就己意之浮泛語。而此外凡莊子之言涉及性情處，郭注類以無情之言，輕描淡寫而過，讀之令人掃興。而人於此卽皆可直覺郭象與莊子之不同。然此不同究在何處，則未易言。然今就二人言命之處觀之，則蓋頗有可說者在。

吾首當說者，是欣於所遇而與化無不冥之境，在吾人閒居無事之時，固亦若得之甚易。然實則眞在死生得喪之際，對君親致命之時，謂人眞能齊生死得喪，而無哀樂與內熱，則實至難之事。莊子於大宗師託子桑曰：「死生亦大矣」，「天地豈私貧我哉」；於人間世托孔子曰：「子之事親，命也，不可解於心；君臣之義，無所逃於天地之間。」秋水篇於孔子畏於匡之際，託孔子曰：「知窮之有命，知通之有時，臨大難而不懼者，聖人之勇也。」凡此等之言，皆同見一對命之嚴肅感。此嚴肅感之生，乃原於此悅生惡死望得惡喪之情，及致命君親之意，實深植根於人心，亦非必卽一觀念之結滯，人不可輕言能於此蕩然無執。而莊子卽於此先肯定一「不可解而無可奈何，唯有安之若命」之命在。此命非董子之天之命，亦非王充之自然之命，而當爲吾人今所謂存在於生命之內部，而爲吾人所不得不負擔之命。此吾人所不得不負擔之命，其根乃非只內在於當下之此心，而實具有一超越之意義者。而此卽其與古所謂命，皆原由命令之義引申而來，先秦諸家以及董子王充所謂命，皆具有超越當下所遇之超越義者，互相契合處。而莊子言命，就其文句而觀，亦爲涵一命之者，或歸向之所之義，而恒類於實有一命；遂不似郭象列子言無命之者之命，只由自化自然獨化說來者之空靈而自在，亦卽緣於此。

吾人如識得莊子之於命有一嚴肅感，乃感此命之爲吾人生命之負擔，便知莊子之言安命知命；乃有一特殊之意義。吾人可說莊子確嚮往一「死生亦大矣，而不得與之變，雖天地覆墜，亦將不與之遺」，或「大澤焚而不能熱，河漢沍而不能潦，疾雷破山風振海，而不能驚」之精神境界；而人之達此境界，又非有求於外如升天之類，而是芒然直往，以游於變化之途而與化爲一，而此卽與天地精神相往來之境界。在此境界中，就人對其當下斯須所遇者之態度而言，亦當是如郭象所謂觀此所遇者之自爾、自然、自化、獨化。而郭象亦可謂更能知莊子所嚮慕之此境，而依理以說之。然實則此境，在莊子之眞實生活與眞實心情中，則未必能達。此則由於其兼實感命之嚴肅性之故。而郭象之言，反似能達者，則由其在生活上並不眞求達此境界，亦並未正視此命之嚴肅性，唯對此境界之本身作一虛擬的理解之故。而人眞欲在生活上求達此境界，亦未有不轉而對此命之嚴肅性先求正視者也。此亦卽莊子之言此境界，雖似不如郭象之透澈而圓熟，而莊子之心情在實際上又居於一更高之層面之理由。在此莊子之心情中，彼實一面嚮往於眞人之不知悅生惡死，忘是非忘得喪，而拔於哀樂之外之境。然一面則又深感上所謂「死生亦大矣」，「子之事親」之「不可解於心」，「君臣之義」之「無所逃」，以及人生之「樂未畢也，悲又繼之，悲之來無不能禦，其去不能止」，而不能無哀樂。莊子之言忘是非，亦未嘗不深感世間人於是非之難忘。故唯有說「吾與汝妄言之，汝亦妄聽之。」此卽莊子之言所以多跌宕，而極恢詭變化之能事之眞正理由所在。觀郭象之言，其所狀之心情，如平流之水，所遇而皆適；而觀莊子之言所狀之心情，則如波譎如雲詭。波譎原於水激於石，雲詭由於氣蕩於山。此山此石，卽所以喻諸欲其可解，而感其不可解，欲其止而感其不能止，欲其忘而竟不能忘，之死生哀樂等之命所在也。吾人今謂莊子之心情，長在此中翻騰矛盾，亦未嘗不可。而此矛盾之終不成矛盾者，則不特因莊子之理想之眞人之境界，可無此死生哀樂之可言；而是莊子更有一知命安命之勝義，卽於其不能解者，卽不求必解爲解。故於子之事親，君臣之義之不可解於心無可奈何者，莊子卽以安之爲解。安之爲解者，「順其不得已，行事之情而忘其身」，是卽承受此命，而亦自超於此命之上之謂也。此如水流之遇石，無待於決石而去，而唯自乘於石之上，以流行，而亦不見此石。此方爲莊子人間世之言「乘物以游心，託不得已以養中」，由安命而致命之實義。乘物者，乘乎物之上，非如郭象於此所注之「謂寄物以爲意」。托不得已者，知此中有不得已者在；「致命」者，能知命而又能安命之結果；而此托不得已而安命，亦卽「德之至」。此中皆有旣肯定命，而超越命之義在。其與儒家所言只有毫釐之差。卽莊子於此乃只視爲不得已，如其得已，亦斯已耳。而儒者則視爲義之所當爲，卽得已亦將使之不已耳。循此所說，以觀莊子於死生哀樂與是非，亦皆同有此安命之義。故於哀樂之不能止者，卽知其不能止；則誦詩若歌若哭，謂「天乎地乎，父乎母乎，」可也；念悠悠天地而歎：「父母豈欲吾貧哉，天地豈欲私貧我哉，」亦可也。使我至此極者，命也；誦詩而若歌若哭，亦命也；不能已於歎，亦命也。而任乎此命之行，不知其所始，不知其所終，則又自拔於此命之上矣。則吾人可學郭象語曰：「此亦爲有命與無命，相與爲一冥。」此卽莊子之問：「若之何其有命也，若之何其無命也。」而無答之故也。

至於莊子之齊物論由以明、兩行、葆光、物化，以拔乎成心之是非之上，而合物我，以及其他如逍遙遊之言無待，養生主之言神遇，德充符之忘形，大宗師之言聖人之道、聖人之才，應帝王之言立乎不測，游乎無有……之類，則皆所以寄莊子之正面之所懷。其義誠大矣，其智誠高矣。然人不忘其成心之是非奈何？人於莊子之此一切所言之義，皆冥然罔覺，如在昏夢，而不能相契，又奈何？則莊子亦唯有曰：「吾與汝妄言之，汝亦妄聽之，」如上所引及；又唯有曰：「有大覺然後知大夢也！」而莊子亦不能自言其自外於此夢，故又曰：「予謂若夢，亦夢也。」於此弔詭，莊子再曰：「萬世之後而一遇大聖，知其解者，是旦暮遇之也。」知人之或將疑其妄，卽姑自認爲妄；

知言不能免於妄，而又不能免於言；此依上文之義以論，亦無可奈何而安之若命也。知有覺而在夢，不能不謂，「若夢而予亦夢」，命也。陳此弔詭而不可解，只有待之於萬世之後一遇大聖，以解此大可解，亦無可奈何之命也。然果萬世之後有知其解者，則亦如遇之於今日之旦暮。則有待於萬世，亦卽同於無待。此皆謂必安於無可奈何而不得已之命，然後眞能通乎命，而非命之所能限。此如江水於瞿塘灩澦之險，無可奈何，然必浮天淵以安流，而後可言出三峽後，平流順進之一境。此卽喻必須眞有感於命之嚴肅義，而如莊子之安命者，乃有莊子所嚮往之與化同游等義，足資郭象之發揮，以成其於當下斯須所遇者，皆視爲自爾獨化於玄冥而無迹者，而以無命之者爲命之論。此卽郭象之思想，所以亦可稱爲莊子之進一步之發展之故。而其以無命之者爲命之論，亦實有灑脫空靈之美，而最足以補漢儒言命者皆自質實處立論之偏。然於莊子之乘乎不得已之命以安命之義，則郭象蓋未之或知。故其言或歸於只狀一一之自爾獨化之靜理，而不見妙道之行於孟浪之言。如未游瞿塘灩澦者，未見江水於跌宕中之安流，而只以江水之平流順進，而自謂歎觀止矣。此則郭象之所以終不及莊子者也。然人於其異於莊子及不及莊子之處不明，則其與列子之言命，爲一劃時代之言命之新說之所在，亦不能有確知，故附論之於此。

十　佛家之以業識言命根論及范縝之撥無因果論

魏晉以後，自列子郭象之無命之者爲命之說出，而秦漢以來之言命之說，達於一最高之發展，亦不能更有所進。然人於其自身之命運，必感種種之問題，則終古而皆然。而魏晉人之藝術性之心靈，雖極其灑脫而空靈，亦極其飄忽而無寄。蓋人之欣於所遇，而暫得於己之境，誠如王羲之之所言，當「情隨事遷」之際，則終不能無感慨，而於「死生之大」，不能無痛，於不能自己之命之行，仍覺「莫或使之，而若或使之」也。此時適有佛學之東來，於人之生命之來源，另作一深入之反省。此卽溯吾人今生之原於前世，而人亦將再有其後世之說。運乎此人生之三世者，卽人生之業識。業識自成一因果不斷之相續流，無始以來未嘗斷絕；而人未成佛之際，亦終無解脫之一日者。此卽實是一人生之命運所在，亦束縛人生之無始而未終之一鎖鍊所在。此鎖鍊不在人之意識之表，而在其生命之底層。如千尋鐵鎖之在江底，以束縛一切往來之船舶。人知此業識之鎖鍊之束縛其自身，則必求超越於世間之生生死死之輪廻之上，而嚮往於得畢竟大解脫之境。此卽寂滅寂淨之涅槃。魏晉人於感其人生之無寄之後，賢智之士，乃紛紛爲此佛法之所吸引。本佛法以觀列子與郭象之玄言，則其言雖美，而其義亦未嘗不與佛家之言有相契會之處，然根本精神則大不相同。此卽略如郭與莊之不同，在有無對生命存在之嚴肅感之別。而佛家對生命存在之嚴肅感，又過於莊子，以其所負擔之業識之流，乃確知其自無始而來，確知其在吾人之生命存在之底；而莊子尙只感一行乎不得已之命，而未確知其來處也。故以佛法與當時之玄言較，則後者唯足資淸談玩賞，而前者則能攝引人之深心，人乃皆欲由以此求其安身立命之道。此盛衰之勢旣形，後之爲玄言者，亦多自託於佛。當佛教盛於南北朝之際，其在中國學術界所引起之大辯論，則有所謂神滅不滅之辯。此所謂神滅不滅之問題，亦卽由漢以及魏晉之命之一問題，所引申推擴而出。在佛教徒觀之，此問題亦卽此神識或業識之因果，是否能歷死生而不斷之問題。而在當時之非佛教徒如范縝，則由形神之是否能分離上措思。而非佛徒之范縝，所以討論此問題，又由其言當前之人生富貴貧賤之命運之問題而起者也。

據弘明集所載：「范縝初在齊世，與武帝同爲竟陵王子良賓客。子良精信釋教，而縝盛稱無佛。子良問曰：『君不信因果，世間何得有富貴？何得有貧賤？』縝答曰：『人之生譬如一樹花，同發一枝，俱開一蒂。隨風而墜，自有拂簾幌，墜於茵席之上，自有關籬牆，落於溷糞之側。墜茵席者，殿下是也。落糞溷者，下官是也。貴賤雖復殊途，因果竟在何處？』……縝退論其理，著神滅論，……此論出，……子良集僧難之。」是即此辯論之始原。而此一大辯論，亦即純由范縝不信因果所決定之命，而只信中國所傳之命而起者也。范縝之言人生如一樹花，俱發於一枝，則亦可有一切人生同原於一自然之氣化之義，此即通於王充之說。其喻人生之有富貴貧賤之別，如花之隨風而墜，此風可指人之逢遇，亦可喻人所稟得之自然之氣，此亦與王充之言相通。然自此同一風吹，而或墜茵席或墜糞溷處看，亦可說皆是自然自爾，如郭象之所說。而本范縝之言，以遮撥佛家之因果，亦未嘗不可遮撥一切因果，而只就花之如此墜茵席，如此墜糞溷，以觀人之如此貧，如此富，如此貴，如此賤；而不見更有主之者命之者，亦不見其有任何必然之歸向之所，是又即同於列子郭象之純以適然之遇爲命之思想矣。今推范縝之著神滅論之意，則觀其言：「人之生也，資氣於天，稟形於地，是以形銷於下，氣滅於上。」實則同王充之言人稟天地之形氣以生，亦與之俱化之說。然其言形與質與知，三者乃俱時而在，其形異者質亦異，而知亦異，亦俱生而俱滅，而更無留滯；又謂宗廟郊祀，皆聖人之教迹，不可執爲蹄筌；則又皆近乎列子郭象之言化而忘迹之論矣。

自南北朝以後，中國有道教思想之興，道家之言性命雙修，其對命自有一大套思想。然大體言之，其所謂命，乃以壽命之命爲主。唯吾於道教之思想所知者亦不多，茲姑從畧。

至於佛家之業識因果之論，雖可說是中國傳統之命論之一擴大與引申，以及於生前死後與意識之底層者；然因其自有一套名辭，以說此中之義，故今可不多及。而佛家用命之一名辭，則初只取其傳統舊義中之指壽命之一義爲主。小乘俱舍論謂實有命根體，卽壽命，能持煖及識。然大乘之法相唯識論，則謂命根只爲所謂不相應行法之一，而爲一假立之名，卽依其他實有者而立名者。此實有者，卽此八識之種子，能使人生在一期之內，色心相續者。此所謂命根，依八識之種子而假立。此八識之種子，則由衆生之無始以來業習之熏習而生，而成熟，並能決定吾人一生壽命之長短，與此一生壽命中之物質、生理、及心理活動之方式，及吾人所生之世界之境相者。故此命根所關聯之世界，實至大而至廣。而王充所說之自然世界與董子所言之天之氣命之一切表現，亦皆包涵於此世界中。唯王充所謂骨體與初禀之氣，決定人之性命之說，董子對所謂天之元之本身之論，則非佛家所能承認；於董子所謂天帝與五帝終始說中之五帝，佛家亦只至多視爲吾人所生之世界中諸天之一而已。此其不同也。

十一　宋代理學家之卽理言命與別命於遇之說

宋儒之言命，其中諸理學家如周程張邵朱之說，在大體上爲相類者。將此諸人之言，合而觀其與以前學者言命之異同，則此諸儒之所謂天命性命，乃以天道天理爲本，而非如漢儒之多以帶人格神之性質之天帝、天神、天元或天之元氣，爲天命之本。諸儒不似王充之以人所禀於自然之氣，爲人之壽命祿命之本，復不如漢人之三命之說，重此人之祿命與人之德行之關係之討論。諸儒多將性命之命與其他之命，分別而論。橫渠伊川又將人之命之所在，與人之所遇者，分別而論。朱子雖不重命與遇之別，而以命攝遇，亦不同於魏晉之列子及郭象之卽遇言命之說。諸儒以天道天理爲性命之原，而天道天理之所在，亦人道與人之性理所在，故窮理盡性以至命，爲當然之事。此又不同莊子之言安命致命，只爲行乎不得已，或行乎不知其所以然之自然之說。至於諸儒之言天命與人之性命，乃直就當前現有的天人之關係以爲論。則又不同於佛家唯識宗之言命根，乃依於一潛隱之業識，而意在以之貫通於三世之流轉者。吾人今畧將此諸儒之言命與上列諸說，對勘而論，則已可見此諸儒之所謂天命與性命之思想，爲中國言命思想中之一新形態矣。

此諸儒之言天命，乃直本天道天理而說，此與漢儒董仲舒與王充之說，較相類似。因後者亦言天地之道，自然之道與「以道受命」也。其中之界限，唯在董仲舒，乃以天之道本於天志天情，而直接表現於天之陰陽四時之氣，以顯爲對人之天命；而人之奉此天命，亦在透過此天道天命之表現於四時之氣者，以上達於元之深，與天之端。王充所謂自然之道，即純屬於此自然之氣，而人之壽命命祿，則爲此人所稟氣之强弱，與是否得衆星之精之所決定。至人性之善惡與人之德行，則不屬於命之範圍內。而此宋代諸儒，所謂天理天道，則上不直說之爲之一天神天帝之天志天情中之道之理，而下又非只爲屬於自然之氣；而如正位居體於董子之天帝與王充之自然之氣之中間一層次，而貫通所謂天之元氣與自然之氣之中之道之理，而爲人之一切善行之原者。諸儒中如程朱視此道此理即帝即天，以攝董子天帝之人格性而泯化之，而朱子注經，（註）尤處處於天於命，皆以理或道言之，此亦有如西方基督教思想，可以太初有道之道攝上帝也。

註：於此可舉二例，如：朱子注論語獲罪於天，曰：天即理也。又語類八十一釋帝命文王，曰：文王要恁地便是理合如此，便是帝命也。

此諸儒之所謂天道天理，自其本身言，實只是一道一理。謂之爲天道天理，乃就此理之爲一統體性的提挈造化，而無所不在之大公之道之理而言。（註）此道此理，就其自身言，實無形質，而爲形而上者。然又同時爲行於氣之中，爲一切氣依之而運行變化，以生生不已者。故爲一生生之性理，而非一般所謂事物之形式定律之理。而所謂天命，亦非即自人物之氣依天之氣而生，以使人物得有其性理處說。故所謂天命，實即人物之依此大公之道之理而生，而同時即具之以爲性之別名。或此天道天理之既生此人物，而再自居於此人物之內之別名。此即可說爲天以此理賦之人物，爲其所稟得，而人物受之以爲性。性之在人而顯於心，亦同時顯爲人之內在的道德命令。此命，乃命吾人如何順道順理而行，以成德之命。故與富貴貧賤之祿命之命，固截然不同，而即與人受生之初之氣質之清濁智慧，或王充所謂生性稟得之善惡，亦全不同其義。此乃「人之所以處此所遭遇之富貴貧賤，而變化其初生之氣質」之性理之命。在宋儒中，最重言氣者如橫渠，亦力辨此命與遇及氣稟之不同。故曰「命稟於性，遇乃適然焉。人一己百，人十己千，然有不至，猶難語性，可以言氣。行同報異，猶難語命，可以言遇。」（乾稱篇）而依此義以觀漢儒之所謂天對人王所降之命，或董子之所謂天命之行於四時五行者，漢人三命說中之正命遭命隨命之命，王充之所謂初稟之性與命及生後之偶會，郭象列子所謂以遇爲命之命，佛家所謂依於業識能定三世之命根；皆無一不兼屬於氣或氣質與遇，亦無足以當此所謂命；而皆爲人求立命時，所當加以變化，或只視爲適然之所遇，而藉之以自立其命者矣。故張子又曰：「天所性者，通極於道，氣之昏明，不足以蔽之；天所命者，通極於性，遇之吉凶，不足以戕之。」而此所謂立命之義，雖張橫渠最喜言之，然實亦諸理學家，共許之義，而迥出於漢晉以來言命之論之上者。此諸儒於氣與道理之關係，雖容所見不同，固皆是即道即理以言性命，而皆言窮理盡性即以至於命者也。

十二　濂溪之即性即命論，與橫渠之變化氣質以立命論

至於吾人如今欲對周張程朱之言之不同處，畧加分別，則可說周濂溪、張橫渠，皆重言天道，而未特言天理爲心之性。周濂溪之天道即一誠道，乾元之道，此道即太極，亦即萬物依之而生生不已，而又能自立於其所生之萬物中之道。故其通書首章曰：「誠者聖人之本，大哉乾元，萬物資始，誠之原也。乾道變化，各正性命，誠斯立焉。純粹至善者也。故曰一陰一陽之謂道，繼之者善也，成之者性也。元亨誠之通，利貞誠之復。大哉易也，性命之原乎。」此言誠之爲乾元，爲萬物所資始，並未言誠爲一天帝。此誠只是一道。由萬物之資始於此，即只此誠道爲萬物化生之原。萬物依此道而化生，此道亦即內在其中，而立於其中，是亦即萬物之性命之所以正。此處周子言性命之合爲一名，即所以表示一物之性，乃原於此道之自立於其中，而如命此物之當依此道而生者。此道爲一切一陰一陽，一動一靜之相繼變化之道，亦一切物之生生不已而相繼之本原所在。故此道於此「相繼」中見其善，而物則由此道之自立於其中，而有其性命，以成其所以爲物。此物之性，亦其命，亦即此道。此即宋代諸理學家言性命之道之基本形態也。

至於張橫渠與周子，則其言畧有不同。此要在橫渠之將天道連於氣化而論，以成一氣化之道。橫渠所謂氣，不同於王充之所謂自然之氣或漢儒之所謂元氣陰陽之氣者，則在橫渠之氣以太虛爲體，而以清通善感爲性，故不如王

註：如語類九十六，性以賦於我而言，天以公共道理而言。

充等所言之氣之質實。橫渠之氣，既清通而善感，而天乃有其由二氣相感以生人物之神化之道。然只此天道之生人物，尚非卽是天命。唯當人物由天之氣之凝聚以生，此天道卽復內在於人，以爲人之性，方見天之既分其氣以成人之氣質，而賦之以此性，而亦命之以有此性。故此橫渠之言天命與濂溪之言性命之不同，唯是濂溪言性命，只直就誠道之原自天而立於人，人賴之以成聖處說。故性命只是一道。而在張橫渠之言，則多一氣爲媒介，而於人物之分於天之氣以有其氣質，而又有其天性處，言天命人以有此性。此中，人之氣質之清通而善感處，乃人之性之所以爲人之性之所在。此清通善感之性，表現爲其氣之靈，而人乃有心。人有心而有知覺，以感物而生情，人盡其知，以周知萬物之理，充達其情，以兼成人己，兼立人己，而有仁義禮智諸德。此皆待人心之能自盡其清通善感之性而後能。人之盡性，亦卽所以立人道而合天道，而將此天道之賦於人者，加以樹立。此之謂立命。人能由窮理以大其心知，盡性立命，至於變化其所受於天之氣之質，以達一無滯礙之境，而義精仁熟，則可上契於天之神化，而至於命矣。由此而張橫渠之重窮理、盡性、立命、至命之次第，卽可謂由其兼言人之稟受氣質於天，故不可不重次第之變化氣質之工夫而來。此則亦由於周濂溪之言多渾約，故只及於人之立其人道之誠以合天道，立人極以配太極爲止，而不及橫渠之精思之密，力踐之篤，而重思爲工夫之次第之故也。

吾人於此復須知橫渠之言立命，至命，皆是循人之自己窮理盡性之事而來，故與董子言人受天命而法天道之說，全然不同。董子未嘗肯定人之受生於天，卽稟得此天之道以爲性，及此性之皆能由人心加以自盡；故必言人性之待教於王而後善。橫渠則肯定人之稟天之道以爲性，而人皆有心以自盡其性，以自成其爲聖賢。故董子思想中，只有奉天命、承天命、法天命之事，而無由窮理、盡性、以立命、至命，以體天之神化，而使人實與天合德之事也。

此則原於橫渠雖言天之道屬於氣化，人之道亦待人之在變化氣質，使之淸通無礙，而連於神化之修養歷程中，逐步加以踐履；然在人踐履此道之時，其心知之中，却只有此純粹之道，更無其他之夾雜。此道亦唯由人之大心以知之，而非耳目之所接。此便與董子之將天道與天之形體及陰陽四時之氣直接相混，以呈於吾人之感覺之前者，大不同其說。亦唯以在張子之學中，此道爲純粹之一道，乃必待人之踐履，方能實現之於吾人之此身心中；故此踐履之事，亦卽人之所以繼天之功，得成爲乾坤之孝子者。此孝子亦非如董仲舒之人，唯以奉天命爲事，而是眞對天地繼志述事，以續之於萬世之孝子。故人可爲天地立心。言人爲天地立心，卽謂人之受於天地者，只是此道，人欲盡其天地之性，立其心於天地之間，以成天地間之心，而爲天地立心，唯由人之踐履此道，而後能也。橫渠之言立心，亦猶言立命。人之立命，卽由人之立心而有之事也。人之爲天地立心，爲生民立命，皆原自人在其踐履此道之歷程中，其心目中只見此道，只知此道，更無其他任何夾雜而來。至於人之踐履之實事，固必依於氣，然此氣乃相從於此心之知道，而行道或踐履此道，以成德之事而至；吾人固不能直依於此氣以行道成德，而盡性立命也。若直接依氣以行道成德，則如橫渠所謂「德不勝氣，性命於氣」，非「德勝其氣，性命於德」矣。吾人能識取此義，則知橫渠之言道，雖恒連於氣，然決不同於漢儒之說。而就其言踐道之事，初亦當只見此道知此道，更無其他之任何夾雜而論，實與程朱言命之主旨無殊。人之踐道之事，卽人之立命之事，而橫渠之言立命，乃面對純粹之道而立命，亦與程朱無殊者也。

十三　程子之窮理盡性卽至命論與天命及外所遇之命。

至於吾人如欲進以言程朱之言命與橫渠之言命之不同，則此正在程朱因更有見於人在踐履之歷程中，唯以道或理爲心知之所對，故進而以此道此理之本身，爲眞正之形而上者。橫渠有以道屬於氣化之論，而明道伊川則有直以天道或天理爲氣之所以生生之本之說。此在伊川，尤爲顯著。此正由於人之行道踐理而立命之事，旣當唯見此理此道，以使吾人之心氣相從而至，則宇宙之道之理，亦卽足爲萬物之生生與氣化流行之本，而此天道天理，亦不須更有所屬。吾人之性，卽天道天理之在人者，亦卽天所命於吾人者之所在。於是此中之性命之關係，卽更爲直接，而亦可說「性」與「命」二者，只是由兩方看之觀點之不同，而有之名辭。同此一理一道，自其由屬於天者，以屬於人言，曰天命。自此屬於人者，亦屬於天言，曰天性。而此中之天，並非實有一物，如上帝或元氣，實只所以表示此理此道之爲一公的理公的道而已。此卽不同於橫渠之言，是從「天由其氣化以生人，人有其氣，而以天之道爲性」說來，中間之多一「氣」爲轉折者；而是就天道天理之直貫於人，以爲人性，卽見天道天理之流行之在人之說。而此亦是直就天命之理，以謂之爲性之說。故程子謂「在天爲命，在人爲性，在義爲理，主於身爲心，其實一也。」由此而程子之言踐形盡性之工夫，亦卽可不須如張子之分窮理盡性至命爲三事（註）；因此三事之可分，原是自氣之知理踐理之歷程或人之次第上合於天之歷程上說者也。今直自理上道上說，則自不可分此三事，而只須說此理此道之在人曰性，自天曰命斯可矣。此卽程子之所以言「窮理盡性以至於命。三事一時並了，元無次序」（遺書二上）而謂「天人本不二，不必言合。」（遺書六謂此爲明道語）也。程子言致知與主敬之工夫，亦即一面知理，而一面以理涵養此心之雙管齊下之工夫。此所以盡人之性，亦即所以立天之命也。茲畧舉數言以證。此諸言，大皆出諸伊川，初蓋本諸明道，而二人對此問題，蓋亦無根本上之不同之可言也。

遺書二十一曰：理也，性也，命也，三者未嘗有異。窮理則盡性，盡性則知天命矣。天命猶天道也；以其用而言之則謂之命。命者造化之迹也。遺書二上曰：

天降是於下，萬物流行，各正性命者，是所謂理也；循其性（一作性命）而不失，所謂道也。遺書二十五曰：稱性之善謂之道，道與性一也。……性之本謂之命，性之自然者謂之天，自性之有形者謂之心，自性之有動者謂之情；凡此數者，皆一也。又伊川文集五與呂大臨論中書曰：

「在天曰命，在人曰性，循性曰道。」又遺書二上及遺書十六外書十一，皆記伊川言窮理、盡性、至命三者爲一事之言。遺書二上伊川評及橫渠之言曰：

「理則須窮，性則須盡，命則不可窮與盡，只是至於命也。橫渠昔嘗譬命是源，窮理與盡性，如穿渠引源。然則渠與源是兩物，後來此議必改來。」

此即見伊川與橫渠之異，唯在橫渠言命與性，有渠與源之別。此則正由橫渠之言天之命人以性，未能直接自天人之一理一道說，中間多了上文所謂一氣之轉折，便顯見天命與人性之間，如有一距離而來。故命與性有源與渠之

註：按邵康節皇極經世觀物篇謂；「理者窮之而後可知也……性者盡之而後可知也……命者至之而後可知也，此三知者天下之眞知也」以此三者爲三事，是知程子之以三者爲一事，乃不同於張，亦不可於邵之新說也。

別，由盡性窮理到至命，不能無次第，不能言三者一時俱了也。然此中之別，實只在一間，不能謂橫渠卽無以天之道之理之賦於人，卽爲人之性之意也。

二程言命，除直以天命人性，皆不外一道一理之外，亦言及貴賤壽夭與人之所遇之爲命與氣稟之性。此則非直指道之流行而言之命，亦非卽理卽道之性。伊川於此，亦分別甚淸楚。如其言曰「在天曰命，在人曰性，貴賤壽夭，命也；仁義禮智，亦命也。」（遺書二十四伊川語）此貴賤壽夭與所遇之命，伊川雖亦許其爲人之能否盡天命者之一報應。（如其遺書十五，卽謂知天命遵天理必受命，得其應也。……天之報應，皆如影響，得其報者，是常理也；不得其報，非常理也，）然君子則只求知天命遵天理，以爲其義之所當爲，而不求其報。故謂「君子有義有命。求之有命，求在外者也。聖人則唯有義而無命。」此所謂無命，乃指其心中全無求於在外之命而言，非謂其心中無天命，因行義卽遵天命也。故其經說卷一言：「順乎理，樂天，安其分，知命也。順理安分，故無所憂。」遺書十一言：「聖人樂天則不須言知命，知命者，知有命而任之爾……命者所以輔義，則何庸斷之以命哉。」此亦指求在外之命而言。故下文旋卽繼之曰：「夫聖人之知天命，卽異乎此。」又其經說卷六謂：「子謂顏淵曰：用之則行，舍之則藏，唯我與爾有是夫。用舍無所預於己，安於所遇者也。或曰然則知命矣夫，曰安所遇者，命不足道也。君子知有命，故言必曰命。然而安之不以命，知求無益於得而不求者，非能不求者也……。」此中之命，亦指求在外之命而言。然人能知此命，進而安於所遇，則賴於人之只見義，只求順理，而不見命。只見義只求順理者，卽知天命。唯知此天命，乃眞能自然不求於外，用舍無所預於己，而安於所遇之命。則此二命之義之不同，亦可見矣（註）。

此外對於非「卽道卽理卽天命之性」之性，則程子視之爲稟受之性。故遺書二十四曰：「生之謂性，止訓所稟受也。天命之謂性，此言性之理也。此人之稟受之性，「蔽有淺深，故別爲昏明；稟有多寡，故分爲强柔。蔽有淺深，故爲昏明；蔽有開塞，故爲人物。稟有多寡，故爲强柔；稟有偏正，故爲人物。」（程氏經說八）此稟受之性之不同，乃本於人與物及人與人之氣質之異，此不同於天命之謂性之性，乃人物之所同，亦無論人之氣質爲昏爲明，爲强爲柔，皆得而自盡者。故程子之言天命與性之關係，有直就天命與性之同卽此理此道，以言天命之卽性；而人之窮理盡性，卽義之所在,而使人得至命者。亦有在外,非人之義之所在，而爲「人之窮理盡性者所當知之而安之」之命，如所遇之富貴貧賤之命。又有依於氣之昏明强柔而有之稟受之性，而爲人盡其天命之性所當加以變化之性。故有天命卽性者，此純以理道而言之上天之命與內在之性也。有天命而非性者，此天命之在外而不在內者。亦有性而非卽天命者，此天命之性之雜於氣質者。此天命之性之雜於氣質，乃由人之所稟之氣之有厚薄等而來。此所稟之氣之有厚薄等，亦可說由天之所命。此應爲命之又一義。程子嘗以之釋孟子所謂「仁之於父母也……聖人之於天道也」下所謂「命也」之命。然程子之言，多只說此爲性。其所重者，乃在別天命之謂性之命，與貴賤壽夭之命，於稟受之性，不重在說此稟受之亦爲命。重說此者，乃後之朱子也。

註：遺書二上「異教之說，其盛如此，其久又如是，亦須是有命，然吾輩不謂之命也。」此一命，亦指人之外之所遇之命言。儒者求行道而外所遇者，乃異教之盛，欲其不盛，亦是求在外者也。伊川於此蓋謂吾輩當只求順理以知天命。而不去管此異教之盛不盛，故曰不謂之命也。

十四　朱子對天命流行之分疏，及其以理氣分三命之論。

朱子之言命，在根本觀念上，與二程亦無不同。唯朱子承二程之學，而又再結合之於周濂溪之太極圖說通書與張橫渠言氣之思想，故於天命之自身之流行，又多一方面之分疏。如其太極圖說注曰：「太極之有動靜，是天命之流行也。所謂一陰一陽之謂道，誠者聖人之本，物之終始而命之道也。其動也，誠之通也，繼之者善，萬物之所資以始也；其靜也，誠之復也，成之者性，萬物各正其性命也。動極而靜，靜極而動，一動一靜，互爲其根。天命之所以流行而不已也。動而生陽，靜而生陰，分陰分陽，兩儀立焉，分之所以一定而不移也。」此注即綰合周子太極圖說通書，與中庸易傳之言與程子之言，以說太極之動靜之見於天命之流行者。其將天命之流行，分爲動靜二面看，即較二程之渾言一天命之流行，多一分疏。由此分疏，天命亦宛然成一單獨之論題。萬物之各正性命，唯在誠之復處說，不在誠之通處說。在誠之通處，只可言萬物之所資以始，而尚不可言萬物之各正其性命。此即在概念上，將天道自身之創始萬物之一動，與萬物自身之受此道以正性命之一靜，分出一界限。而天道之自身，與其賦而命於人物，亦可說有一界限。如天道爲體，此命即只其用之一端。故朱子語類五記朱子曰：「理（即道）者天之體，命者理之用」。由此中之動靜體用之概念上之分別，而天道對人性之超越義，亦由茲以顯。是見朱子之言，較近於橫渠之分天道人性爲上下層之意。此道即理。故朱子言理亦重理之超越義，而言理先氣後。此理之在人即性，而朱子之言性，亦不同於此性表見於氣所生之情，及爲氣之靈而能知此理之心；遂對心、情、性、三者之異，亦一一加以分疏。此皆原自於其對天命之流行之動靜先有此一分疏而來。此便與二程之直下謂天命於人之此道此理卽性者，有毫厘之別。而其注中庸天命之謂性之一語曰：「天以陰陽五行，化生萬物，氣以成形，而理亦賦焉，命猶令也。於是人物之生，因各得其所賦之理，以爲健順五常之德，所謂性也。」此亦爲兼攝橫渠重陰陽之氣之旨，以言天之化生人物，而後人物有其性之層次的講法，以使人增加一對天之超越於人物之上之超越義之了悟；而不同於二程之言「卽理卽道卽天命卽性」之上下通貫說者之直截者。然此亦只因朱子之多一層對天命流行一概念分疏使然，非朱子以天道與人性相隔絕，不以在人之性卽在天之道之理，而否認二程之所謂天命之謂性之謂也。因將天命流行在概念上分爲動靜二面看，亦原無不可。此中之眞正問題，在朱子之由攝取横渠重氣之意，而偏在卽氣之靈以言心，乃未能卽心之理與道以言心，遂未能同時重此心之超越義，以貫通於具超越義之天道天理，進以見此人之性，與天命天道之直接相貫。此當於下段畧及之。然尅就對天道與人性之一問題本身而言，則朱子之在第一步將天命之流行分爲兩面，又於天道人性間劃出一界限，固未爲不可。而此亦無礙於進一步之言此人性之卽天命之性，更無礙於進一步之言本心卽理卽天道，如象山陽明之說也。

朱子除於太極圖說注中，論及天道與性命外，其於中庸孟子之言性命處，加以解釋之言，亦甚多。然大皆同於程子之意。朱子除以中庸天命之謂性，爲直就理道言，乃「從源頭說」者外；復由攝取横渠重氣之旨之故，而喜自氣說一切富貴、壽夭、智愚、賢不肖之命，皆天所命。如謂「稟得精英之氣，便爲聖賢，便是得理之全，理之正。稟得清明者，便是英爽，稟得敦厚者便溫和，稟得清高者便貴，稟得豐厚者便富，稟得久長者便壽，稟得衰頽薄濁者，便爲愚不肖，爲貧賤」。（語類卷四）此是總說命兼原於理氣。如分而言之，則朱子講孟子盡心章，便於此上所謂專以理以道言之第一義之命外，另指出口之於味，耳之於聲，目之於色之有品節限制，（四書注）以釋孟子之「性也有命焉」一語之命，謂爲合理與氣而言之第二義之命。蓋五者之欲，固是人性，然有命分，此卽屬於貧富貴賤死生壽夭一類之命。此外再於「仁之於父子，義之於君臣，命也，有性焉。」一段，謂此命專指氣而言，此性字卽指理言。是卽成爲第三義之命。朱子又謂「大凡淸濁厚薄之稟，皆命也，所造之有淺深，所遇之有應與不應，皆由厚薄淸濁之分」。（語類六十一）朱子又或稱之爲屬於淸濁偏正，智愚賢不肖之命，此卽分疏此第三義之命之意義者也。

對上述之第三義之命，程子未多及，朱子則特加以重視。並指其爲專以氣言，以與專以理言者及理氣合言者，加以分別。程子於此之不重此第三義之命，乃由吾人上節所謂程子言天命，大皆直自道理而言之故。朱子之重此第三義之命，謂此氣質之稟，亦是天所命，則原自朱子之言人之有其天命之性，原是先由天以陰陽五行之氣化生萬物，「氣以成形」而後「理亦具焉」之故。緣此而人之稟得此理，乃自始是在稟得陰陽五行之氣之錯雜中，稟得此理。換言之，亦卽是在天所與人之此氣質中，稟得此理。故此理在氣質中，所成之氣質之性，亦卽天命之流行之表現，而此氣質之稟，亦自當在此義上，說爲天之所命矣。故語類卷四曰：「天命之謂性之命，是純乎理言之，然天之所命，畢竟皆不離乎氣。」又曰：「如有天命之性，便有氣質，若以天命之性爲根於心，則氣質之性，又安頓於何處？……喜怒哀樂未發之時，只是渾然，所謂氣質之性，亦皆在其中。」又載：「問孟子言性善，伊川說是極本窮原之性。然中庸所謂天命之謂性，不知是極本窮原之性，是氣質之性？曰天之所命；何嘗有異，正緣氣質不同，便有不相似處，故孔子謂之相近。孟子恐人謂性元來不相似，遂於氣質內，挑出天之所命說與人，道性無有不善，卽子思所謂「天命之謂性也」。又曰：「天命與氣質，亦相衮，才有天命，便有氣質……天命之性本未嘗偏，氣質所稟，却有偏處」。「天非氣無以命於人，人非氣無以受天命。」凡此之言，固亦本於程子之兼言天命之性與人之氣質之稟受而來。然程子則多只將此二者並舉而分別之，於天命之性理，乃直下以之與天之道之理，相貫而說。專自此相貫處看，儘可以性理直貫天理天道而統於一心，並不必須連氣質之稟受，去看此稟受之亦爲天之所命也。陸王之思想，亦卽可由此義開出。而朱子則重此人之由天命以有其性，必透過氣以說之義，故曰「天非氣無以命於人，人非氣無以受天命。」則人只能於受得天之氣處，受天命，亦卽人是先受天之氣，乃得受天之理以爲性，而人受此天之氣與性理之全，方爲人所受之天命之全矣。故朱子之觀「萬物之一原」，亦須兼觀其「理同而氣異」之處，而觀「萬物之異體」更重觀其氣之清濁通塞，而所表現之「理絕不同」之處。由朱子必透過氣以說人所受之天命之全，而程子純就性理與天理天道之直貫以言天命之謂性之義，在朱子系統中，亦反因之而不顯矣。

因朱子之必合理氣以言命，故亦不分命與遇之別，於正命與非正命，同謂之命。故曰「桎梏而死，換做非命不得，蓋緣當時稟得乖戾之氣便有此；然不得謂之正命，不必去生枝節，說命說遇說同說異也。」（語類四十一）又謂「仲尼不遇，在天非正命，在仲尼爲正命」。（語類六十）仲尼不遇，在仲尼爲正命者，以其進以禮，退以義，行義而命無不正也。然尅就天之使仲尼不遇言，則理初不當如此，乃世運之氣使之然，故非正命。然此仍當說是仲尼之命，不可如張程之只視爲遇，此皆因朱子之重合理氣言命而來者也。

要之宋代理學之傳，其言天命與性之問題，至程朱而確立天理天道之爲天之氣化流行之本，確立天命之流行亦卽天理之流行於氣之中，及性卽理之義。而一切天地萬物之創生之事，皆爲此理此道之流行於氣之中之表現，而屬於程朱所謂天命之流行之一端。此天命之流行，則無論直貫於人，爲人之性，或連於人所稟賦得陰陽五行之氣，以貫於人爲人之性，要皆爲以天命人性爲內在的相貫，而人之自盡其性即可同時自主的立上天之命而至命者。此即大不同於漢晉以來之學者之言天命者，或爲秦漢儒者所謂天之帝之降命，或爲王充所謂自然之氣所決定之祿命壽命，或爲郭象列子之所遇之外命，或爲佛家之所謂前生所決定之業命，皆非人所能自主自立之命者矣。

十五　陸王一系之天命之流行與本心良知天理之流行義。

至於宋明儒學之陸象山王陽明一系之發展，更有進於朱子之所言者，則在朱子之言人心，乃在人之氣之靈上說，而人之受氣，則依於天命；由此而其所謂心，雖能知理而具理，然其地位仍在天命之流行之下一層次上，而理對人之氣與心，乃特呈一超越義。而此中之關鍵，則在朱子未能扣緊二程之窮理即盡性盡心而至命，心理性命之直接相貫而爲一之義，而加以措思之故。如自此措思，便應將心之連於氣義，暫放在一旁，尤不宜以氣看心，兼說心爲氣之靈；更宜以理看心而將心上提，以平齊於理，而說此心爲與理爲一之心，此理爲心之理。此即陸象山所以於一般所謂不必合理之一般之人心之上，更指出本心之存在，而謂此本心與理不二，更無天理之能外於此本心之說。此其高明固過於朱子也。象山屢言天地與人爲三極，三極同具此理。故天地萬物森然於此心之前，則其理，亦即同於此心之此理。人能踐此心此理者爲聖人，而吾人之此心，又可遙念千百世以上以下，以及東西南北海之聖人，知其心同理同；則一切人與聖人，亦同此心此理。由是而人之踐此心此理之份內事，亦即踐宇宙內事，而非只是一上承一超越之天命之事。此中人如說此天命有超越義，則人之本心亦具此超越義，而與之平齊。故象山言，「天之所以命我，不殊於天，須是放教規模廣大。」（全書卷三十五）又嘗論易繫傳語曰：「一陰一陽之謂道，乃泛言天地萬物，皆具此陰陽（之道）也；繼之者善也，乃獨歸之於人，成之者性也，又復歸之於天，天命之謂性也。」（全書卷三十五）此解不必合易傳本義，亦明與朱子不同。其意仍在謂天地萬物與人合爲三極，人繼天之事，亦可歸之於天，視爲天命之性之完成，則天命不在人之繼之之事之外，亦可知矣。

王陽明承陸子之學，乃就本心之昭靈不昧，而知善知惡好善惡惡，而名之爲良知。良知卽本心，亦卽天理。由此而所謂天命之流行，亦卽在良知之知善知惡而好善惡惡，以及爲善去惡之事之流行之中。此與象山之不單言天理之流行者不同，而是攝朱子之天理之流行，於良知之流行之中，亦卽攝之於陸子當說而未說之本心之流行之中。於是，此良知天理之流行，應卽天命之流行。陽明於此與朱子之不同，則在其答顧東橋書之評論朱子之釋孟子盡心章一段，最可見之。按朱子於盡心知性知天，存心養性事天，及夭壽不貳，修身以俟以立命之三事中，以第一事爲學者之事，第二事爲賢人之事，第三事爲聖人之事。而陽明則適與之相反，謂第一事爲聖人之事，第二事爲賢人之事，第三事乃學者之事。今按，依朱子之系統，以天命在人之心性之上，自必以第三事爲聖人之事；因聖人方能上達天命也。而依陽明，則所謂俟命者，「若曰死生夭壽，皆有定命，吾但一心爲善，修吾之身，以俟天命而已」。此俟天命而視之爲超越在上者，應爲最低之一階段，卽學者之事也。陽明又言存心養性以事天者，「雖與天爲二，然已眞知天命之所在，但唯恭敬奉承之而已耳。」此卽言能眞知天命而不免視之爲二，乃上一層之賢人之事也。至於盡心知性知天，所以爲最高一階段之聖人之事者，則陽明曰：「知天之知，如知州知縣之知，知州則一州之事，知縣則一縣之事，皆己事也。到此階段，與天爲一，更不言俟命立命」。正以與天命爲一，而無天命之可立可俟之故也。故陽明之罕言天命者，正以其意是：人能致其良知而存天理卽知天；知天而良知天理之流行，卽天命之流行之故也。夫然，而陽明之所謂致良知存天理之事，亦卽皆所以見天命之於穆不已之事。故謂「人心之戒懼之念是活潑之地，此是天機之不息，所謂維天之命，於穆不已。」（傳習錄卷三）如謂天理爲性，良知爲心，則此性之所在，卽心之所在，心之所在，亦卽天命帝命之所在。此卽成就一心學之最高之發展，而將以前諸儒之天命之論，皆攝於一充塞天地之良知之靈明中，而皆不能溢乎其外矣。

王學之徒承陽明之說，由此遂更多有卽良知之靈明或人之德性與良知良能中，見天命之流行之論。其中王龍溪之言「一念靈明，從混沌立根基，專而直，翕而闢，從此生天生地，生人生萬物，是謂大生廣生，生生而未嘗息也。乾坤動靜，神智往來，天地有盡而我無盡，聖人有爲而我無爲，冥權密運，不尸其功。……」龍溪此言，實無異謂乾坤之大生廣生之不息，或昔賢所謂天命之流行者，皆在此一念之靈明中矣。再如羅近溪亦同有卽人之德性良心以見天命之言。此如其講君子之道費而隱曰：「費是說乾坤生化之廣大，隱是說生不徒生，而存諸中者，生生而莫量，化不徒化，而蘊諸內者，化化而無方。……君子尊德性，是尊此個德性；敬畏天命者，是敬畏此個天命。……大人之所以不失赤子良心者，是不失此個赤子良心。後世道術無傳，於天命之性，漫然莫解，便把吾人日常恒性，全不看上眼界，全不著在心胸……而不加尊奉敬畏。」近溪卽人之良知良能而論之曰「此簡易率直以爲知，不須人思慮，却是陽明發越，而天命之照耀也。其能不須人學習，却是陽和充盈，而天命之活潑也。故性不徒性，而爲天命之謂性也。」（皆見盱　直詮卷一）此皆直下卽人之德性良心良知良能，而見天命之流行卽在此中之論，而其言之直截，實爲昔所未有者也。

十六　王船山之命日降與無定命義及立命者之死而不亡義。

王船山生於明末，不滿於陽明之思想，而重回到橫渠之說。此蓋原於王學之徒，或不免株守一良知之孤明，未能本之以觀天地之大，萬物之衆，以應歷史之變，人事之繁。吾人今固可不說，爲致良知之學者其弊必至於此，因眞知良知之充塞天地，亦當進而卽天地萬物以致其良知，如梨州之言盈天地皆心，亦可有其博聞之學是也。然在當時，則實際上王學之徒之樂簡易者，確有徒守一良知之孤明，以爲自逸自肆之計者。此卽船山所以於陽明之學加以深惡痛絕，而有其「希張橫渠之正學」，重氣化流行之論，以教人卽氣見道，卽器見理，而大此心之量之論也。船山之言氣化之流行，不只自自然宇宙之變言，乃擴之爲一觀人事歷史之變之思想，氣化之流行，往來不窮，由此而命無前定，性非限於初生，故船山有命日降性日生之說。如曰：「昊天曰明，及爾出王，昊天曰旦，及爾游衍。出王游衍之頃，天日臨之，天日命之，人日受之。命之自天，命之爲性，成之者性，天初生之幾，生後之積，俱有之也。父母未生以前，今日是也。」（尙書引義卷三太甲一）又曰：「夫一陰一陽之始，方繼乎善，初成乎性，天人授受往來之際，正此生理爲之初始，故推吾之所自生，而贊其德曰元。成性而還，凝命在躬，元德紹而仁之名乃立。天理日流，初終無間，亦且日生於人之心。惟嗜欲薄而心牖開，則資始之元亦日新，而與心遇，非但在始生之俄頃」。（外傳卷一乾）而人亦時當謀所以「自致其德命，而不自困於吉凶之命」。（外傳三困卦）天命之流行於歷史之變，亦不可言常型，而實行乎不測。如讀通鑑論卷一第一篇曰：「秦以私天下之心，而罷侯置守，而天假其私，以行其大公。（謂廢封建私其子孫也）存乎神者之不測，有如是夫。」觀船山所謂天命之日降，亦即可謂之爲一新型之「以無一定之命之者或歸向之命」爲命之說，遙若與郭象莊子之言相照應。然郭象之無命之者之命，唯限於斯須所遇者之自然自爾；莊子之安命，唯安於不得已；而船山之言無定命之命，則直指客觀宇宙歷史之大化，闔闢之不已，往來之不窮而說。故人須知「川流之速，其逝者可見，其返而生者，不可見也；百昌之榮，其盛者可知，其從而消者，不可知也。雖耳目之限，爲幽明之隔，豈足知大化之神乎？大化之神，不疾而速，不行而至，……一闔一闢之謂變，往來不窮之謂通。」（周易外傳卷六說卦傳）人能知大化流行中闔闢之不已，往來之不窮，則知死亦生之大造。」（外傳卷二無妄）「萬法歸一，則一之所歸，舍萬法其誰哉？」（外傳卷六繫辭下傳第五章）一旣還歸萬法，則吾人於萬法之道之理，皆不可忽，當知器之各有道，事之各有理。故船山惡乎只求知統類之理，而忘器物與事之分殊之理者，尤惡乎執一器一物一事之理，以觀他事他物他器者。故曰「有即事以窮理，毋立理以限事」也。而人於歷史之變，則當知「先王以人文化成天下，則言道者與道爲體，言物者與物爲體，必沉潛以觀化，涵泳以得情，各稱其經緯，曲盡其隱微。」（尚書引義卷六畢命）「道無方以位物之有方，道無體以成事之有體。」（讀通鑑論敍論）方能範圍天下而不過，而人之知命、立命、至命之道，乃在能「執常以迎變，要變以知常」，而變者又非往而不返，乃往來不窮，而通乎道。故以一人之生而論，則壽命雖有限，亦有死而不亡者存。人亡之後，形骸雖化，而其神氣或精神，仍往來於天地，不可言斷滅。而聖人之逝也，亦即以精神「公之來世與羣生」，則亦非佛家之輪廻之說。夫然，故人能知命者，即生爲生民立命，沒而不特遺愛長在人間，實則其神氣或精神，亦生生而未嘗不壽。此却非神仙家之煉氣存形以爲壽之說；而是人之能盡其道以立命者，其精神原可大往大來於天地間之故。此則中國先哲即氣化之流行，以言生人之立命至命之思想之一極致，而非橫渠之所能及者也。

註：關於船山之言死而不亡義，詳見拙著王船山之人道論（學原二卷二期）

十七　戴東原焦循之以限於所分及不可轉移趨避者爲命之說及阮元之性命古訓之陋。

至於船山以後之清儒之言命者，則可姑以戴東原與焦循阮元爲代表。三人皆本古訓以言命，而實則皆只重命之一義。如戴東原本大戴禮記「分於道謂之命」之言，而謂「限於所分曰命」，（原善上）以「有所限而不可踰」（孟子字義疏證性字條）釋孟子所謂性也有命焉。於其答彭紹升書，更謂「凡命之爲言，如命之東，卽不得而西，皆有數以限之，非受命者所得而踰。命數之命，限於受命之初；教命之命……盡職而已。則同屬命之限也」。焦循除作易通釋，就易之書中之命爲之詁釋外；其孟子正義釋孟子盡心章，性也有命焉一段，亦明引戴氏之言而歸於以天所限爲命。又作知命解上下二篇，（雕菰集卷九）謂「屬於天者爲命，故於己可轉移趨避者，不可一概而皆委之於命」。又曰：「聖人以己之命而隨諸天，而以天下之命任之己」，「於是天下之命，自聖人而造」云云。其以不可轉移趨避者爲命，亦正同戴氏以限於所分者爲命之說。則聖人所能造者，卽非命。此與戴氏，皆只知有限制者爲命，未受限制者卽非命，而不知古人所謂天命之不已，天命之流行，皆涵卽限制而超限制之義。而戴氏亦謂「人之得天也，雖亦限於所分，而人能全乎天德。」（亦見答彭紹升書）能全天德，豈受限制之謂哉。其疏證又解孟子命也有性焉句曰：「仁義禮智之懿，不能盡人如一，限於初生，所謂命也，而皆可以擴而充之，則人之性也。」人既有性以擴充仁義禮智之懿，則限於初生之謂何？至宋儒所謂立命，更明非立限制之義。郭象列子所謂命，亦無命之者，或一定之歸向爲限制。至於殷周以來，以及秦漢儒者所謂受天命，王充所謂由氣稟以定之命，以及戴氏所舉之教命，亦皆重在言此中之天之所命與氣稟所定者或教命中，其正面積極之內容之爲何；而不重在言其能限制人，而使人不能轉移趨避之義。以命只爲限制不能轉移趨避者，乃專從反面消極的方面，看命之使人不能如何，則於各種言命之思想，所陳之關於命之正面積極之內容者，皆可不加以理會矣。至於阮元之著性命古訓，乃唯據詩書中所謂命，皆與祿連以爲說。其說之無當於詩書中之義，吾已於先秦天命觀一文駁之。即其言之有當於詩書中之古義者，亦只詩書中命之思想之一端，不可將命之此一義，概盡一切命之思想也。觀戴焦阮三氏論命之言之局促，以之較昔賢言命之思想之精微博大，則不能不謂清人對此類之問題，已陷於空前之「哲學的貧困」，不特未能於義理深入，即了解昔賢之言之工夫，皆相距甚遠。而今人聞命之名，亦即意謂其即指命定，乃多以命之一辭只同西方所謂Fate之義，或亦視爲純只表一消極之限制義者，此蓋皆由清之學者罕能知命而來，亦可嘆矣。

十八 結論，總述中國思想之言命，及五命之觀念。

綜觀秦漢以來之天命論，如本文所述，皆承吾昔所論先秦天命觀而發展。在詩書中之天命觀，乃天直接以言命有德之人王，而人王卽以其德繼此天命。此初爲一宗教性的自上下垂，而人自下上承之原始形態之天命觀。緣此思想之發展，而有春秋時代以命涵預定之思想，則爲一以前定後之天命觀。再發展爲壽命之命，及以義爲命之命，則爲卽人之生命或其心中之義之所存，以見天命之所在之思想之始。更發展爲以天命爲民之動作威儀之則，則爲天普泛的示民以教命之思想之始。至於孔子之知命，則由春秋時代之卽義言命之思想，更向上發展，而於義之所在，皆視爲天命之所在；於一切若爲人之限制之命之所在，皆視爲人之自盡其義之地，以增益其對天命之畏敬者。而墨子之非命，則爲對預定義之命之限制，加以反對，以使人得自盡其義，而努力以從事者。孟子之立命，則是由人之盡心知性，以使人所受於外之限制，見其「莫非命也」，而亦見其莫非人之順受其正面盡心知性之地者。莊子安命，則是於一切無可奈何之限制，皆初以不得已之情，安之若命，而繼卽加以超拔，而不見此命之爲限制，以使人自己之生命之變與命之流行，合一無間，而遂其性命之情者也。

此上諸家中，孔子之命，初爲天命之上命，或亦爲所遇之外命，而孔子又卽此外命之所在，以見爲我之義之所在，而皆見爲天命之上命之所在。孟子之命，多指外命。而孟子於外命之所在，又卽視爲人之盡心知性之事之所在，乃言行義以立命。行義以立命由內，而人於外命，皆可順受其正，則外命皆統於內之行義以立命之中矣。墨子之命乃純爲外命。人之行義者，必非此外命。是以內之義非外之命也。莊子之命，初乃指人處無可奈何之境，而有無可奈何之情而言，此是外命而兼爲內命。然此內命，非如孟子所言之爲人之所當立，而爲人所當先加以承受而安之，繼則當越之而過，以使此命轉成爲流行於人心之下之下命者。及其由相安而相忘，與人之生命並流而無間，則在莊子外篇名之爲一整個的性命之情。至於後之荀子，言節遇謂之命，則此是就人與其所接者相遇，而交相制限處言命。此中，命限人，人亦能制命；則命來自外，亦兼制自內。此可稱爲位居內外之交，或內外之相對關係中之中命。於此如偏重在人之制命之一方面，則可成墨子之非命；如重在人之安於所遇方面，則成莊子之安命；如視此節遇所在，卽人之義之所在，上之天命所在，則爲孔子之知命；又如視此節遇所在，卽人之盡心知性以順受正命，而自立其命之所在，則爲孟子之立命。然荀子則尅就此內外之交而指之爲命。言人能制命，亦有節限存焉。則四者皆非，只宜稱之爲「中命」。至於老子之復命，卽復於一形而上之莫之命之道。易傳、中庸、樂記，所言之由盡性而至命，或溯性之原於天道太一或天命之思想，亦皆是由人之生命以反溯至其生命之本，或由人之性以反溯至性之原，卽以此本原所在爲道爲天命之所在之思想。此可稱爲由人之生命與人性，以溯原於上命之思想，而與周初詩書中之言天命之下垂，而人繼之之思想，遙相對映者也。

至秦漢以後之帝王受命之說，則又爲將上述之人性之本原之天或太一天道，更直視爲人格神或周初之天帝而理解之，以再復蘇周初之天降命人王之思想。此中之有五帝德之運行於四時五方及不同之朝代，則無異周初之上帝之分化其自身爲五帝，以分別運行於時空，而成爲依時節方位，以降命於下土者。此中五帝之降命，憑符瑞不憑直接之語言，則使自然界之事物，亦爲五帝降命之所。董仲舒之再收歸於一天帝，而於其運行於四時五方之際，隨處表其天情天志，則爲兼綜「天帝爲一」及「五帝德之運行於時空」之二者。而董氏之天志天情之透過陰陽五行之氣與天地之形而表現，則使整個自然界皆爲天帝之降命之所，而人之以其耳目，與天地日月寒暑溫凊之氣相接，皆卽與天志天情天命相接。然此要皆仍是天之上命之下垂之一形態之思想也。至於王充之廢天帝而純就人於自然之氣之所稟，以言人之性命之原，而又重此氣稟與人之所遭遇者，對人生之事之決定性；則使此原位於人之下之自然之氣，轉而成能命人者。此可稱之一下命。而王充之定命論，又可稱爲春秋時代原已有之以預定爲命之思想，又一新形態之表現。五德終始說中，言天上之五帝，依一定之次序，以命人王，此中亦有一義上之預定。而王充之以自然之氣稟，能預定人之命，亦卽將天上之上命之預定，翻轉爲地下之下命之預定之思想也。

至於魏晋之列子與郭象之以遇言命，則原出莊子而又合乎荀子以節遇言命之義，亦通於漢儒所謂遭命及王充所謂逢遇之命者。此列子郭象之以遇言命，乃唯指人當下之所遇爲命。此命乃在內與外相遇之交，應亦稱爲中命。然列子郭象之視此所遇者，皆自生而獨化，如無過去無未來，只純屬現在，而此現在卽我之所遇，亦與我無間而冥合爲一者。故可不成我之凝。此命亦無與人交相制限之義。則與荀子所謂節遇謂之命之義不同，亦不得於此言制命，復非同於莊子之所視爲一無可奈何而求安之之命者也。

若乎佛家之言業命，則非由吾人當生所見之自然所定之命，亦非爲此自然之主宰之天帝所定之命，而是由前生之業以決定今生之報，今生之業以決定來生之報之命。然此命依業而成，亦依業而改。故雖有定，而亦吾人之所自定。而此業命之所寄，在意識之下之阿賴耶識，而非一般之人智之所及；遂使此業命之觀念，特顯一超當生超現世之一神祕之色彩。然又實非難理解。此可稱爲純依一切有情之三世之行爲之因果性，而有之內在的決定性之命。然因在前生者，果可在今生，因在今生者，果可在後世；故此命對有情之三世言，爲自定而內在，而對有情之一世言，則亦爲他定之命與定他之命，則亦可說爲外在之命。此業命之說，原不屬於中國固有言命之思想之流，而謂之純內命純外命皆可者也。

至於宋代周程張朱之言天命之謂性之命，則亦由溯人生人性之原而立之說。其初實同於中庸易傳之溯性之原於命。而其特色，則在確立天之所以爲天，只在其道其理，而不在其中之自然之氣，亦不直謂其爲一人格神或上帝，而攝帝與天之觀念，於天道天理之中。依此而人之受天命，卽受此道此理以爲性，而此天命之賦於人爲性，卽如「道命」「理命」之由上以下貫，以爲內在於人之「性命」。故此天命亦卽兼爲上命與內命。至陸王之徒，言本心良知卽天理，在上之天命，卽攝在人之性命中，而上命卽內命，內命卽上命。至王船山，則又由此而言人之所遇於外之外命，或在上之天命，其流行於自然之化及歷史之變者，與吾人之內命，未嘗不共流行，故命日降而性日生，而發揮爲此人之內命，卽上承天命，外通外命之說。淸人戴東原焦循，乃純就此外命之爲命，以言命爲限制之義，則無異荀子言命之思想之再現。然却無荀子所言之制命之莊嚴義，其價値蓋唯在不踰命之限制，以安分而自靖耳。

此上所陳，乃綜攝拙著之先秦之天命觀之發展，與此文之大義，而標之以上命、內命、中命、外命、下命之五命之名，以論中國數千年言命之思想之大畧。是望學者之先通觀其異同之際，發展之迹，而默識之於一心，以見其言雖多端，然要不外往來於本文所謂五命之間；乃於命或敬之、繼之、畏之、或知之、非之、安之，或立之、復之、至之，或順五帝之命之序，或奉天之元命，或觀氣稟之命之不齊，或隨所遇之命而自得，或知宿業以受報，或窮理盡性以至命，或證天命之於穆不已於一心，或立命於大往大來之大化，或不踰命之限制以自靖。學者能知諸說之相反相成，相因相救者何在，則亦可以得中國先哲言命之旨矣。

五十二年十一月卅日

元魏北齊北周政權下漢人勢力之推移

蘇慶彬

目錄

五、元魏盛極轉衰下漢人勢力之消長

（一）洛陽政權之腐化與漢臣之趨附權倖

（二）洛陽與北鎮衝突下漢人地方勢力之滋長

六、東魏北齊政權下之漢人

（一）高歡崛興之背景

（二）中州士人之重用

（三）胡漢種族歧視下漢人勢力之挫敗

七、西魏北周政權下之漢人

（一）賀拔岳入關與北鎮漢人勢力之提升

（二）關隴漢人勢力之高張

（三）宇文氏之興革與漢儒關係

八、附表

（一）元魏歷朝胡漢將相比較表

（二）元魏歷朝胡漢刺史比較表

九、結論

一　緒　言

自永嘉之亂，晉室南遷，中原遂淪於諸胡之手，至鮮卑拓拔氏，始統一北方。當時漢人不克南渡者，處於異族政權之下，不得不與之合作，尤以高門大族，率多團結民衆以圖存。而鮮卑諸主，自知其文化落後，不足以統制漢人，由是互爲利用。溯元魏初世，其軍隊多屬鮮卑，或爲降服諸胡人，惟朝中重臣，自太祖拓拔珪已相繼擢用漢人。逮顯祖、高祖，漢人勢力更爲高張，羽林宿衛，亦漸雜用漢人。至北齊、北周，不僅朝廷政要多委漢人，至於軍隊主體，亦轉以漢人爲主。此時北土之華裔，已操握政治重柄，淸人王夫之嘗論曰：「宇文邕之政，洋溢簡册，若駕漢文景而上之，及其沒也，甫三年，楊氏取其國若掇」。考楊氏非有殊功於當世，如大臣韋孝寬、楊惠、李德林、高熲、李穆等，翕然奉楊氏而願爲効死，其得國之易，似非僅宇文氏之殘暴所致，亦非楊氏徒以后父之尊，可一舉而轉周祚，蓋其與漢人勢力之日大，不無關係也。

時賢對鮮卑之漢化，與北朝制度創設之淵源，或其政制之內容，皆有詳盡之陳述，至於漢人在鮮卑政權下勢力之推移，罕有詳論。本文之旨，欲從元魏、北齊、北周之政權所實施之政策中，以窺漢人地位之轉變，以說明漢族勢力推移關鍵之所在，藉此闡述隋文楊堅得國之背景。

二　拓拔氏崛興迄太祖立國與漢人之關係

一　昭成以前與漢人之關係

自晉永嘉以後，匈奴、鮮卑、羌、氐，羯諸族皆馳騁中原，其後諸族相次衰敗。鮮卑拓拔氏，崛起塞北，諸族悉爲所兼幷，遂與劉宋成爲南北對峙之局。

拓拔氏之先世，魏書序紀所載，上溯於皇帝，以華裔之後自託，此與其漢化有關。蓋拓拔氏實東胡族之一支，世居塞北廣漠之野，純爲游牧民族。魏書序紀云：

至成帝諱毛立，聰明武畧，遠近所推，統國三十六，大姓九十九，威振北方，莫不率服。

此爲魏書記拓拔崛起之始。於此亦可見拓拔氏，實自兼幷北方諸族後始成爲一强大部族。從毛立經十餘傳而至始祖力微，其部族曾一度潰散，後諸舊部卒咸來歸，力微遂遷於定襄之盛樂。鑑於匈奴之抄掠政策不足爲法，始與（曹）魏和親，並遣子沙漠汗質於魏，留居洛陽，自是交聘往來。

沙漠汗留居中國，歷十餘年，時魏晉禪代，力微年事已高，求子歸國以繼其位。魏書卷一序紀云：

聞帝（沙漠汗）歸大悅，使諸部大人詣陰館迎之。酒酣，帝仰視飛鳥，謂諸部大人曰：我爲汝曹取之，援彈飛丸，應弦而落。時國俗無彈，衆咸大驚，乃相謂曰：太子風采被服，同於南夏，兼奇術絕世，若繼國統，變易舊俗，吾等必不得志，不若在國諸子習本淳樸，咸以為然。且離間素行，乃謀危害，並先馳還。始祖問曰：我子既歷他國進德如何？皆對曰：太子才藝非常，引空弓而落飛鳥，是以得晉人異法怪術，亂國害民之兆。

從此段之記述，力微實欲以沙漠汗繼承大統，以革鮮卑之故俗。其後沙漠汗被殺，足證當時之拓拔氏，僅以太子一人之力而推行漢化絕不可能，此與同時匈奴劉氏，及鮮卑慕容氏諸部族久居中土深受漢化者迥然不同。沙漠汗之死，可謂拓拔氏欲慕漢化之挫折。

力微死後，歷傳悉（章帝）、綽（平帝）、弗（思帝）、祿官（昭帝）。祿官以國分為三部，使沙漠汗子猗㐌（桓帝）與弟猗盧（穆帝）分統代郡之參合陂、與定襄之盛樂。控弦四十餘萬，國勢復盛，並與晉和好。時值中原大亂，晉并州刺史劉琨，正與劉、石相抗，欲引拓拔氏為援，請晉室封猗盧為代公，猗盧不僅得晉室之封號，復得馬邑、陰館、樓煩、繁時、崞五縣之地，遂得晉人之依附。魏書卷二三衞操傳云：

衞操字德元，代人也，通俠有才畧，晉征北將軍衞瓘以操為牙將，數使於國（拓拔氏），頗自結託。始祖（力微）崩後，與從子雄及宗室、鄉親姬澹等十數人同共歸國。說桓（猗㐌）穆（猗盧）二帝招納晉人，附者稍衆，桓帝嘉之，以為輔相，任以國事。

同卷莫含傳云：

莫含，鴈門繁人也，家世貨殖，貲累巨萬，劉琨為并州，辟含從事。含居近塞下，常往來國中，穆帝愛其才器，善待之。

衞操之附拓拔氏，且率其鄉親同往，當時隨操歸附者有衞懃、衞崇、衞青、衞沉、段繁、王發、范班、賈慶、賈循、李壹、郭乳等皆有封號。由於衞操、莫含等之歸附而深得君主之重任，卒招鮮卑諸部族大人之忌，遂引起新舊勢力之爭。魏書卷二三衞操傳附衞雄、姬澹傳云：

雄、澹……衞操卒後，俱爲左右輔相。六脩（猗盧長子）之逆，國內大亂，新舊猜嫌，迭相誅戮，雄、澹並爲羣情所附，欲謀南歸，言於衆曰：聞諸舊人，忌新人悍戰，欲盡殺之，吾等不早爲計，恐無種矣。晉人及烏丸驚懼，皆曰：死生隨二將軍。於是雄、澹與劉琨任子遵率烏丸、晉人數萬衆而叛。

按衞雄、姬澹諸人率晉人南歸，名爲因六脩之逆，實則受鮮卑舊勢力之排斥。考魏書、北史諸宗室傳，皆謂六脩之叛，一、由於猗盧少子比延有寵，欲以爲後，六脩出居新平城而黜其母；二、六脩有驊騮駿馬，猗盧欲取之以給比延；三、六脩來朝，猗盧又命拜比延，六脩不從。並無提及所謂新舊猜嫌之事，今從衞雄、姬澹傳中所云，可見六脩之亂，實不盡上擧之三項理由，蓋猗盧大量招納晉人，且委以重任，必招鮮卑舊人之反對。故六脩之亂，實爲胡漢之衝突。經此一變，漢人在拓拔氏部族政權下復遭挫折，此後至昭成什翼犍興起，漢人始重得參豫拓拔氏之政權。

在猗㐌、猗盧之世，雖有晉人歸附，惟影響於拓拔氏之政權者有限，其漢化之程度，亦遠不及劉、石，及慕容諸族。故其政制風尚，仍具有部族統治之色彩。魏書卷一一一刑罰志云：

魏初禮俗純朴，刑禁疏簡。宣帝（推寅）南遷，復置四部大人，坐王庭決辭訟，以言語約束，刻契記事，無囹圄之法，諸犯罪者，皆臨時決遣，神元（力微）因循，亡所革易。

又同書序紀云：

先是國俗寬簡，民未知禁，至是（穆帝時）明刑峻法，諸部民多以違命得罪，凡後期者，皆舉部戮之，或有家室相携，而赴死所。

此見拓拔氏至猗盧時，仍無法律，不脫爲一種部族之統治。又同卷云：

昭成建國二年，當死者聽其家獻馬以贖。犯大逆者，親族男女無少長皆斬……民相殺者，聽與死家馬牛四十頭，及送葬物以平之，無繫訊連逮之坐。

從昭成什翼犍時所定犯罪當死之贖金，以馬牛牲口爲主，可知其仍不脫爲一游牧社會。至於當時官制之設置與命名，更見拓拔氏在當時所受漢化之微淺。魏書卷一一三官氏志云：

初（道武時）欲法古純質，每於朝廷定官號，多不依周漢舊名，或取諸身；或取諸物；或以民事，皆擬遠古雲鳥之義。諸曹走使，謂之鳧鴨、取飛之迅疾。以伺察者爲候官，謂之白鷺，取其延頸遠望。自餘之官，義皆類此，咸有比況。

從上述，可見拓拔氏在昭成以前之情況，其能建立一較爲健全之政治制度，則有待於昭成與太祖拓拔珪之擢用代北之漢人。

二　太祖皇朝之建立與漢人之貢獻

什翼犍卽位以後，勢力南漸，於是與漢人接觸益繁，國家規模亦賴此稍備。魏書卷一一三官氏志云：

魏氏世居玄朔，遠統□臣，掌事立司，各有官秩。及交南夏，亦頗改搬。昭成之卽王位，已命燕鳳爲右長史，許謙爲郎中令矣。餘官雜號，多同於晉朝。

什翼犍即位，又重新用漢人，在太祖時之漢臣，頗多得其引納。此與什翼犍之曾留質於鄴有關。北史卷一五高涼王孤傳云：

烈帝之前元年，國有內難，昭成如襄國，後烈帝臨崩，顧命迎立昭成，羣臣咸以新有大故，昭成來未可果宜……不如孤之寬和……孤不肯，乃自詣鄴迎請，身留爲質，石季龍義而從之。

什翼犍在未即位前，質於石虎，留居中土歷十餘，知其已受漢化，故能任用漢人也。至其孫拓拔珪之復興，繼什翼犍政策，延用漢人。且是時拓拔氏勢力不斷南移，欲統治中夏，非任用漢人不可，當時代北之士，多被羅致。魏書卷二四燕鳳傳云：

燕鳳字子章，代人也。好學，博綜經史，明習陰陽讖諱，昭成素聞其名，使人以禮迎致之。

又同卷許謙傳云：

許謙字元遜，代人也。少有文才，善天文圖讖之學，建國時將家歸附。

又同卷張袞傳云：

張袞字洪龍，上谷沮陽人也。祖翼，遼東太守，父卓，昌黎太守。袞初爲郡五官椽，純厚篤實，好學有文才，太祖爲代王，選左長史，從太祖征蠕蠕。

又同書卷二八李栗傳云：

李栗，鴈門人也。昭成時，父祖入國。少辨捷，有才能，兼有將畧，初隨太祖幸賀蘭部……太祖愛其藝能。

又同卷張黎傳云：

張黎，鴈門平原人也。善書計，太祖知待之。

又同書卷三〇王建云：

王建，廣寧人也。祖姑爲平文后，……建少尙公主。登國初，爲外朝大人，與和跋等十三人迭典庶事，參議計謀。太祖幸濡源，……從征諸國。

計太祖珪所任用之漢人，或博綜經史；或有文才；或善天文、書計之學。時太祖草創，皆賴漢臣之策劃，其後由於軍事之勝利，更有志於統一北方，由於張袞諸人之薦引，對於漢儒更爲禮遇。

逮太祖破燕之後，拓拔氏重用漢人，更爲積極，當時漢人被擢用者大增，通鑑卷一〇八晉紀云：

魏王珪擇燕臣之有才用者，代郡太守廣川賈閏、閏從弟驃騎長史昌黎太守彝，太史郎晁崇等留之。

鮮卑慕容氏，立國多賴漢人，故其漢化至深，漢人投附者亦至多，拓拔氏既下燕，仕燕之漢人遂被擢用。魏書卷二太祖紀云：

帝初拓中原，留心慰納，諸士大夫詣軍門者，無少長，皆引入賜見，存問周悉，人得自盡，苟有微能，咸蒙擢用。

其影響於拓拔氏至大者莫若清河崔氏。魏書卷二四崔玄伯傳云：

崔玄伯，清河東武城人……魏司空林六世孫也。祖悅，仕石虎，官至司徒左長史關內侯。父潛，仕慕容暐，爲黃門侍郎，並有才學之稱。玄伯少有儁才，……堅亡，避難於齊、魯之間……慕容垂以爲吏部侍郎……玄伯……立身雅正，與世不羣，雖在兵亂，猶勵志篤學。……太祖征慕容寶，次於常山，玄伯棄郡東走海濱，太祖素聞其名，遣騎追求執送於軍門，引見與語，悅之，與爲黃門侍郎。

在昭成太祖之際，漢臣多爲代人，逮太祖定鼎中原，始用中州高門大族，故清河崔氏之被羅致，實爲拓拔氏漢化一大進步。此外鄧淵亦被引用。魏書卷二四鄧淵傳云：

鄧淵字彥海，安定人也。祖羌，苻堅車騎將軍，父翼……垂（慕容）乃用爲建武將軍，河間太守，尚書左丞……淵……博覽經書，長於易筮，太祖定中原，擢爲著作郎。

拓拔珪不僅對中州儒生重視，其對典籍亦頗留心，魏書卷三三李先傳云：

先……苻堅尚書郎，後慕容永聞其名，迎爲謀主，……皇始初，先於井陘歸順，太祖問先曰：卿何國人？先曰：臣本趙郡平棘人。太祖曰：朕聞中山土廣民殷，信爾以不？先曰：臣少官長安，仍事長子，後乃還鄉，觀望民士，實自殷廣。又問先曰：朕聞長子中有李先者，卿其是乎？……太祖又問曰：卿祖父及身，悉歷何官？先對曰：臣大父重晉，平陽太守，大將軍右司馬。父樊、石虎樂安太守，左中郎將……太祖曰：卿既宿士，屢歷名官，經學所通，何者爲先？對曰：臣才識愚闇，少習經史，年荒廢忘，十猶通六……太祖又問先曰：天下何書最善？可以益人神智？先對曰：唯有經書，三皇五帝治化之典，可以補皇者神智。又問曰：天下書籍凡幾何？朕欲集之，如何可備。對曰：伏羲創制，帝王相承，以至於今，世傳國記天文祕緯不可計數，陛下誠欲集之，嚴制天下諸州郡縣，搜索備送，主之所好，集亦不難。太祖於是班制天下，經籍稍集。

又魏書卷八四梁越云：

梁越……好學，博綜經傳……太祖以其謹厚，舉動可則……授皇子經書，太宗卽祚，以師傅之恩賜爵。

又同卷儒林傳序云：

太祖初定中原，雖日不暇給，始建都邑，便以經術爲先，立太學，置五經博士，員生千餘人。天興二年春，增國子太學生員三千……文武兼用，毓才成務。

又魏書卷二太祖紀云：

皇始元年，幷州平，初建臺省，置百官，封公侯、將軍、刺史、太守、尚書郎已下，悉用文人。

此所謂文人，當指漢人言，可見此時，漢人地位之逐步提高。

自太祖重用中州士族後，其對拓拔氏政權貢獻至大者，一議國號。通鑑卷一一〇晉紀云：

魏王珪命羣臣議國號，皆曰：周秦以前，皆自諸侯升爲天子，因以其國爲天下號，漢氏以來，皆無尺土之資，我國家百世相承，開基代北，遂撫方夏，今宜以代爲號。黃門侍郎崔宏曰：昔商人不常厥居，故兩稱殷、商。代雖舊邦，其命維新，登國之初，已更曰魏，夫魏者，大名，神州之上國也，宜稱魏如故，珪從之。

二制官制。通鑑同卷云：

魏王珪命尚書吏部郎鄧淵立官制，協音律，儀曹郎清河董謐制禮儀，三公郎王德定律令，太史令晁崇考天象，吏部尚書崔宏（字孝伯）總而裁之。以爲永式。

綜觀拔拓氏政權，在什翼犍以前，僅賴其強悍之武力，迨克燕之後，政治興革，皆仗漢人。且在太祖禮待儒生下，中州儒統，得以復萌，此亦有賴於代郡諸生之薦引，與中士人之努力，使拓拔氏政權中，漢人日漸增加，奠定拓拔氏漢化之基礎。

三 世祖統一北方後漢人勢力之抬頭

一 獎勵農桑政策對漢人之影響

拓拔氏原出塞北游牧民族，其政治雖受漢人之影響而有所興革，至於經濟、社會不克卒然改變，但求適應統治此一中原地區，則不能不採取一種融和政策，故南齊書卷五七魏虜傳云：

佛狸（拓拔燾）以來，稍僭華風，胡風國俗，雜相揉亂。

此可說明拓拔氏統一中原以後所產生之現象，而拓拔氏亦早了解當時之情勢，不能盡夷中原耕地以爲牧場，亦不能實施其以往之擄掠政策。乃將鮮卑游牧社會，採取分土定居政策，使其部民亦從事農業生產，而促使胡漢兩民族之融和。拓拔氏之使諸部分土定居，與獎勵農桑，在太祖時已逐漸施行，魏書卷一一三官氏志云：

凡此四方諸部，歲時朝貢。登國初，太祖散諸部落，始同爲編民。

又北史卷八〇賀訥傳云：

其先世爲君長……四方附國者數十部……訥從道武平中原，拜安遠將軍。其後散離諸部，分土定居，不聽遷徙，其君長大人，皆爲編戶。

分遣以後，幷授予牛田。北史卷一五秦王翰傳云：

翰……子儀，徙封東平公，命督屯田於河北，自五原至稒陽塞外，分農耕，大得人心。

拓拔珪不僅使其本部部民從事農業，更使山東州民，徙於代都以從事農作。通鑑卷一一〇晉紀云：

魏王珪發中山，拓山東六州吏民、雜夷十餘萬口以實代。

又云：

魏主珪如繁時宮，給新徙民田及牛。

從此兩段記載，可知拓拔珪時，有意推移山東之農業於代都，以加强代北之農業發展，而使新徙之民，有各種之便利。其後又用崔宏議，自以土德王，徙六州二十二郡守宰、豪傑二千餘家於代都，東至代郡，西及善無，南極陰館，北盡參合，皆爲畿內，其外四方、四維、置八部帥以監之，其職在勸農耕。拓拔珪一面使山東之民徙於代北以從事於農耕外；一面又使鮮卑之部民內徙，使其從事於農業，魏書卷二太祖紀云：

天興元年二月，詔給內徙民耕牛，計口授田。

同書卷三太宗紀云：

奚斤等破越倍尼部落於跋那山西，……徙二萬餘家於大寧，計口授田。

又通鑑卷一一七晉紀云：

乃簡國人尤貧者詣山東三州就食，遣左部尚書代人周幾帥衆鎮魯口以安集之。嗣（太宗）躬耕藉田，且命有司勸課農桑，明年，大熟，民遂富安。

從太祖、太宗以來所施行之政策，不僅使鮮卑部民與漢人漸趨融和於農業社會，且能收富足之效。故世祖統一北方，對於獎勵農桑，更趨於積極。通鑑卷一二四宋紀云：

太子（晃）課民稼穡，使無牛者借人牛以耕種，而爲之芸田以償之，凡耕種二十二畝而芸七畝，大畧以是爲率。使民各標姓名於田首，以知其勤惰……於是墾田大增。

其鼓勵農桑，不但計口授田，立借耕牛之法，及定其勤惰之標準，皆有具體之方法，此外更遣派使者巡行諸州，以察農桑。世祖紀下云：

太平眞君四年，今復民貲賦三年，其田租歲輸如常，牧守之徒，各勵精爲治，勸課農桑，不得妄有徵發。

飭令牧守勸課農桑，已爲世祖時之急務。而此一措施，至高祖時，法令更爲嚴峻。通鑑卷一三三宋紀云：

魏詔守令勸課農事，同部之內，貧富相通，家有牛，通借無者，若不從詔一門終身不仕。

蓋拓拔氏對於鮮卑諸部，散離其部長大人，皆同編戶，不失爲一重大之設施，其目的，本求爲統治中夏一長久之計劃，惟此一政策實施以後，無疑使漢人之地位提高，亦卽使鮮卑統治者之部民，與漢人同處一地位下爲編民，享受同一待遇，不若以往被征服者之盡爲奴隸矣。

二　中原世族在世祖統治下之情態

中原區域，歷經戰亂，州民多受飢寒之迫，轉輾流徙，田園家室，多爲豪宗強族占奪，是故民多蔭附，由是強宗大族，儼然如古之諸侯，得以與拓拔氏相抗衡，魏書卷五三李安世傳云：

竊見州郡之民，年儉流移……豪室強族，肆其侵畧，遠認魏晉之家，近引親舊之驗。

由於州民之流徙，使豪宗强族得以擴展其勢力。又當時高門大族，每在戰亂之際，糾集宗親互爲相助。北史卷三三李靈傳云：

顯甫豪俠知名，集諸李數千家於殷州西山，開李魚川方五六十里居之，顯甫爲其宗主。

又通典卷三食貨志引宋孝王關東風俗通云：

瀛、冀諸劉，淸河張、宋，幷州王氏，濮陽侯族，諸如此輩，一宗近將萬室，煙火連接，比屋而居。

此見當時，州郡流徙之情狀，因而庇護於高門豪族之下，或爲部曲；或爲佃客，因以逃避官役。魏書卷四一李冲傳云：

民多隱冒，五十、三十家方爲一戶。

又同書卷一一〇食貨志云：

魏初不立三長，故民多蔭附，蔭附者皆無官役，强豪征斂，倍於公賦。

當時豪强與蔭附之關係，此不詳論，至少一般高門大族得藉其社會地位，以與拓拔氏之政權相抗。世祖亦深悟欲統治此一區域，不得不羈縻豪宗大族，透過他們之關係以統治中國。此一政策，在太宗時已進行。魏書卷三太祖紀云：

詔分遣使者巡求儁逸，其豪門强族爲州閭所推者，及有文武才幹，臨疑能決，或有先賢世冑、德行淸美，學優義博，可爲人師者，各令詣京師，當隨才叙用，以贊庶務。

此在太祖時，僅以「詣軍門者蒙擢用」，至此則由朝廷頒發詔令，遣使訪尋。至世祖時，對於廣納中原之高門大族，使其參與政事，更爲積極。魏書卷四世祖紀云：

> 詔曰，頃逆命縱逸，方夏未寧，戎車屢駕，不遑休息……方將偃武修文，遵太平之化，理廢職，舉逸民，拔起幽窮，延登儁乂，昧旦思求，想遇師輔，雖殷宗之夢板築，罔以加也。訪諸有司，咸稱范陽盧玄、博陵崔綽，趙郡李靈，河間邢潁，渤海高允，廣平游雅，太原張偉等，皆賢儁之冑，冠冕州邦，有羽儀之用……勑州郡以禮發遣，遂徵玄等。及州郡所所遣，至者數百人，皆差次敘用。

考世祖當時所徵引之高門大族應命者，除上述諸人外，可考者，尚有廣甯燕崇、常陟。渤海高毗、李欽。博陵許堪。京兆杜銓、韋閬。趙郡李詵、李遐。范陽祖邁、祖侃。中山劉策。常山許琛。西河宋宣。燕郡劉遐。渤海高濟。鴈門李熙，博陵崔建。西河宋愔。長樂潘天符、杜熙。中山張綱。上谷張誕。鴈門王道雅、閔弼。中山郎苗。上谷侯辯。趙郡呂季才。（見魏書高允傳）在當時被徵延之高門大族，或爲州刺史、郡守，然率多司理文職，自是漢人之進入仕途，大爲激增。根據統計（見後附表），州刺史，在太宗朝胡人幾占百分九十七點九。而漢人則占百分之二點一。至世祖時，胡人降至百分之五十九，而漢人則增至百分之四十點一。至於中央相職，太宗時胡人占百分之八十六點三，漢人占百分之十三點七。世祖時，胡人占百分之七五點三，而漢人則增至百分之二十四點七。可見漢人之勢力，不論在中央與地方上，均見提升。

在漢人勢力激增下，卒招鮮卑勳貴之忌，此時足以代表高門大族者，即爲清河崔浩。崔浩父宏，於太祖時頗受寵信。玄復受寵於太宗、世祖，魏書卷三五崔浩傳云：

> 崔浩字伯淵……少好文學，博覽經史，玄象百家之言，無不關綜，研精義理，時人莫及……太宗初，拜博士

祭酒。……太宗好陰陽術數，聞浩說易及洪範五行，善之，因命浩筮吉凶，參觀天文，考定疑惑，浩綜覈天人之際，舉其綱紀，諸所處決，多有實驗。恒與軍國大謀，甚爲寵密。……詔軍國書記，盡關於浩。……浩明識天文，好觀星變，常置金銀銅鋌酢器中，令青夜有所見，即以鋌畫紙作字，以記其異。世祖每幸浩第，多問以異事，或倉卒不及束帶，進疏食不暇精美，世祖爲舉匕首，或立嘗而旋，其見寵如此。於是引浩入臥內，加侍中特進撫軍大將，左光祿大夫，賞謀謨之功。

按浩之受寵，一由於乃父功勳，二由其學與帝同好，其要者崔氏又爲北州冠族，故其禮遇特隆，世祖之政，多浩主謀。浩傳又云：

至世祖卽位，左右忌浩正直，共排毀之，世祖雖知其能，不免羣議，故出浩以公第。

故崔浩之被疏遠，實出自鮮卑諸勳貴之壓力。魏書卷三八王慧龍傳云：

初崔浩弟恬聞慧龍王氏子，以女妻之，浩旣婚姻，及見慧龍曰：信王家兒也，王氏世齇鼻，江東謂之齇王，慧龍鼻大。浩曰：眞貴種矣，數向諸公稱其美，司徒長孫嵩聞之不悅，言於世祖，以其歎服南人，則有訕鄙國化之意。世祖怒，召浩責之，浩免冠陳謝，得釋。

從此段之記述，胡漢君臣，仍存有種姓之見。魏書卷二七穆崇傳附壽傳云：

恭宗（晃）監國，壽與崔浩等輔政，人皆敬浩，壽獨淩之，又自恃位任，以爲人莫己及，謂其子師曰：但令吾兒及我，亦足勝人，不須苦敎之。

按崔浩與穆壽同輔政，人多敬浩，而穆氏驕橫狂妄，遇諸父兄弟，有如僕隸，夫婦並坐共食，令諸父餕餘，其自矜無禮如此（壽傳語）。又浩在當時，似頗欲拉攏中原士族，與鮮卑政權相抗衡，考崔浩於魏廷中，對於軍國之事，多主北征罕主南伐。又如太宗欲遷都鄴，而浩力爭，爲形勢之不許。北史卷三〇盧玄傳云：

外兄司徒浩，每與言，輒嘆曰：對子眞（玄字）使我懷古之情更深。浩大欲齊整人倫，分明姓族，玄曰：創制立事，各有其時，樂爲此者，詎幾人也，宜三思，浩當時雖無以異之，竟不納，浩敗亦由此。

據玄傳所云「懷古之情更深」又曰「浩大欲齊整人倫，分明姓族」，又謂「創制立事，各有其時」，深味之，皆足以使人深省。更有一事足以使人知浩之用心者，魏書卷三一高允傳云：

初崔浩薦冀、定、相、幽、幷五州士人數十人，各起家爲郡守，景穆謂浩曰：先召之人亦州郡選也，在職已久，勤勞未合，今可先補前召外任郡縣，以新召者爲郎吏。又守令宰人，宜使更事者，浩固爭而遣之。允聞之，謂東宮博士管恬曰：崔公其不免乎，苟逞其非而校勝於上，何以能濟。

從上述諸端觀之，崔浩在魏朝，其政敵中雖間有漢人（如李順），但大部分爲鮮卑之勳貴或王室。故其廣延諸州郡守其用心逾明。又觀浩之被殺，盡侮辱之能事，自宰司被戮，未有如浩之甚者。又坐罪連累者，清河崔氏無遠近，范陽盧氏，太原郭氏，河東柳氏，亦盡夷族，此皆爲北州冠族，拓拔氏毅然誅之，非徒爲修史之罪可知矣。故崔氏之死，實爲胡漢民族相衝突之結果。

於時漢人被重用者除崔浩外，如李順，亦不得善終。

自浩被誅，在拓拔氏政權下之漢人，已無崔浩之剛直，魏書卷五三李孝伯傳云：

孝伯少傳父業，博綜羣言，美風儀，動有法度，世祖見而異之……加建威將軍，委以軍國機密，甚見親寵，謀謨切祕，時人莫能知也……自崔浩誅後，軍國之謀，咸出孝伯，世祖寵眷，有亞於浩，亦以宰輔遇之，獻替補闕，其迹不見，時人莫得知也。

此外有高允，亦爲魏主所寵任。魏書卷四八高允傳云：

高宗（濬）重允不名，……高宗崩，顯祖（弘）居諒闇，乙渾等擅朝命，謀危社稷，文明后誅之，引允禁中，參決大政……自高宗迄於顯祖，軍國書檄多允文也……允事五帝，出入三省，五十餘年。

此外有高閭，亦頗受禮遇，魏書卷五四高閭傳云：

高閭……早孤，少好學，博綜經史，文才儁偉，下筆成章……司徒崔浩見而奇之……文明太后臨朝誅渾，引閭與中書令高允入於禁內，參決大政。

此外，尚有李訢。魏書卷四六李訢傳云：

訢，范陽人也……爲中書學生，世祖幸中書學，見而異之……高宗卽位，以舊恩親寵，遷儀曹尚書領中祕書……訢既寵於顯祖，參決軍國大議，兼典選舉，權傾內外，百寮莫不曲節以事之。

鑑於崔浩之被誅，漢人仕於魏廷者，不無畏懼之情。觀李存伯傳所云「謀漠切祕、時人莫能知」。又云「獻替補闕，其迹不見，時人莫得知」。讀此可悟當時漢人，頗受鮮卑權貴之掣肘，偶一不愼，則獲闔門之誅。高允之所以能歷事五朝，光寵四世，終享百齡，以其聞浩崔之言，而謂東宮博士之語（見上引），則可見其人頗知時機。又以其謀立高宗，頗有殊勳，不蒙褒異，而終身不言，則其謹愼可知。其後高閭、李訢等之尊寵，皆待文明太后之擅政。（文明太后爲漢人）。

世祖以來，中原士族，欲連結以與拓拔氏相抗衡，自崔浩被誅，知時勢已無可爲，然欲申中華王道正統之意尙未泯滅。故高、李退而推崇儒學。北史卷三一高允傳云：

> 允表請制大郡立博士二人，助教四人、學生一百人。次郡立博士二人，助教二人、學生八十人。中郡立博士一人，助教二人，學生六十人。下郡立博士一人，助教一人，學生四十人。其博士取博聞經典，履行忠淸，堪爲人師者，年限四十以上，助教亦與博士同，年限四十以上，若道業夙成，才任教授，不拘年齒。學生取郡中淸望，人行脩謹，堪束脩名教者，先盡高門，次及中第，帝從之。郡國立學，自此始也。

又魏書卷四六李訢傳云：

> 訢上疏求立學校，曰，臣聞至治之隆，非文德無以經綸王道太平之美，非良才無以光贊皇化。是以昔之明主，建庠序於京畿，立學官於郡邑，教國子弟，習其道藝，然後選其俊異，以爲造士。今聖治欽明道隆，三五九服之民，咸仰德化，而所在州土，學校未立，臣雖不敏，誠願備之，使後生聞雅頌之音，幼觀覩經教之本。臣昔蒙恩寵，長管中祕書時，課修學有成立之人，髦俊之士，已蒙進用，今重荷榮遇顯任，方岳思闡帝猷，光宣於外，自到以來，訪諸文學舊德已老，後生未進，歲首所貢，雖依制遣，對問之日，懼不克堪。臣愚欲仰先典於州郡治所，各立學官，使士望之流，冠冕之冑，就而受業，庶必有成，其經藝通明者，貢之王府，則郁郁之文，於是不墜。書奏，顯祖從之。

魏之立學，始於太祖，然僅限於京師，州郡立學，則始於高允之議，州郡立學，更能使漢人進入仕途，所謂「其經藝通明者，貢之王府」，此不失爲漢胡勢力一大推移。與崔浩之强納郡吏以圖擴展漢人之力量更爲有效。

四　高祖南遷與漢人勢力之提升

一　經濟中心之轉移

自太祖以來，實施散離諸部，分土定居，計口授田，勸課農桑，頗有收效。唯鮮卑故習，尚未能猝改，不樂南遷者，仍保持其游牧生活。至世祖所開拓之新土，亦有劃爲牧地。魏書卷一一〇食貨志云：

世祖之平統萬、定秦隴，以河西水草善，乃以爲牧地，畜產滋息，馬至二百餘萬匹，橐駝將半之，牛羊則無數。高祖卽位以後，復以河陽爲牧場，恒置戎馬十萬匹，以擬京師軍警之備。每歲自河西徙於并州，以漸南轉，欲其習水土而無死傷也，而河西之牧彌滋矣。

其原因，一爲適應鮮卑故習，二爲保存軍事需要，在世祖時，臣民請寬農田之事往往有之。魏書卷二八古弼傳云：

上谷民上書言苑囿過度，民無田業，乞減大半以賜貧人，弼覽見之，入欲陳奏……世祖奇弼公直，皆可其所奏，以丐百姓。

又魏書卷四八高允傳云：

是時多禁封良田，又京師遊食者衆，允因言曰，臣少也賤，所知唯田，請言農事……世祖善之，遂除田禁，悉以授民。

可見在世祖時，所劃牧地仍多，高允、古弼然後有請廢除田禁之議。復有一事足以說明至世祖時，非絕對倚賴農業。通鑑卷一二五云：

魏羣臣初聞有宋師，言於魏主，請遣兵救緣河穀帛，魏主曰，馬今未肥，天時尚熱，出速無功，若兵來不止，且還陰山避之，國人本著羊皮袴，何用綿帛。

此所謂國人本著羊皮袴，不用綿帛，足見拓拔氏生活之背景。再觀崔浩之阻太宗遷都於鄴，正足以反映當時之情況。魏書卷三五崔浩傳云：

神瑞二年，秋穀不登，太史令王亮、蘇坦……勸太宗遷都。……浩與特進周澹言於太宗曰……東州之人，常謂國家居廣漠之地，民畜無算，號稱牛毛之衆，……今居北方，假令山東有變，輕騎南出，燿威桑梓之中，誰知多少，百姓見之，望塵震服，此是國家威制諸夏之長策也。至春草生，乳酪將出，兼有菜果，足接來秋。

從崔浩之言，可見當時在拓牧氏統治下，農業與畜牧存。惟拓拔氏在極力鼓勵農業之下，農業之進展遠勝於畜牧，在世祖時已有此現象。魏書卷四世祖紀云：

始光二年，五月，詔天下十家發大牛一頭，運粟塞上。

此可見塞北需要南方之粟米供應，其次可知經濟中心已不在塞北，而漸漸轉移至中原，使魏廷不得不仗賴中原區域之供養。魏書卷七七成淹傳云：

朕以恒代無運漕之路，故京邑民貧，今移都伊洛，欲通運四方，而黃河急峻，人皆難涉，我因此行，必須乘流，所以開百姓之心。

可見高祖之遷都洛陽，亦爲時勢所趨，求以省運輸之困難。而中原之農業，已爲拓拔氏立國根本，又可於元暉上書論政見之。北史卷十五常山王遵傳云：

暉上書論政……河北數州，國之基本，飢荒多年，戶口流散，方今境上，兵復徵發，卽如此日，何易舉動，愚謂數年以來，唯宜靜邊，以息召役，安人勸農，惠此中夏……國之資儲，唯藉河北。

從世祖迄高祖，魏王室之仗賴中原漢人，已非昔日可比，經顯祖之擴展，版圖日增，青、兗、冀、徐諸州，爲中國富庶之區，是時亦歸拓拔氏所有，故孝文之遷都，與當時之經濟日漸南移，有莫大關係，此亦足以反映漢人地位之日益重要。

在朝廷對黃河流域之農業供養日益需要下，對於中原高門大民族庇護下之耕民，皆無官役，强豪征斂，倍於公賦，上下不得其利，於是均田制度之推行，遂乘時而生。此一制度除提高耕民之地位外，尤要者，則絕豪門强宗之蔭冒，使租收盡歸於朝廷。

均田之制，始議於李安世，魏書卷五三李安世傳云：

時民困飢流，豪右多有占奪，安世上疏曰：臣聞量地劃野，經國大式，邑地相參，致治之本，井稅之興，其來日久，田萊之數，制之以限，蓋欲使土不曠功，民罔力游力，雄擅之家，不獨膏腴之美，單陋之夫，亦有頃畝之分，所以恤彼貧微，抑茲貧欲，同富約之不均，一齊於編戶。見州郡之民，或因年儉流移，棄賣田宅，漂居異鄉，事涉數世。三長旣立，始分舊墟，廬井荒毀，桑榆改植，事已歷遠，易生假冒，强宗豪族，肆其侵凌，遠認魏晉之家，近引魏晉之驗，又年載稍久，鄉老所惑，羣證雖多，莫可取據，各附親知，互有長短，兩證徒具，聽者猶疑，爭訟遷延，連紀不判。良疇委而不開，柔桑枯而不採。僥倖之徒，興繁多之獄作。欲令家豐歲儲，人給資用，其可得乎？愚謂今雖桑井難復，宜更均量，審其徑術，分藝有準。力業相稱，細民獲資生之利，豪右靡餘地之盈，則無私之澤，乃播均於兆庶，如阜如山，可有積於此戶矣。又所爭之田，宜限年斷，事久難明，悉歸今主，然後虛妄之民，絕望於覬覦，守分之士，永免於凌奪矣，高祖深納之，後之均田之制，起於此矣。

李氏建議中，可見當時中原久經喪亂後所產生之流弊，在豪强把持下，一般佃農或蔭戶，朝廷無法征收租稅，而均田制之施行，則使朝廷與耕民均獲其利，惟均田制之推行，必須有縝密之戶口調查，此與當時三長制度有關。三長之設立，始議於李冲。魏書卷五三李冲傳云：

舊無三長，惟立宗主督護，所以民多隱冒，五十三十家方爲一方，冲以三正治民，所由來遠，於是創立三長之制，而上之文明太后，覽而稱善。……太后曰，立三長，則課有常準，賦有恒分，苞蔭之戶可出，僥倖之人可止……遂立三長，公私便之。

李冲所議之三長制，爲當時一大改革，史稱公私便之，卽在豪强苞蔭之私戶皆被搜查，使賦稅皆歸朝廷。其次則耕戶之租調減輕，當時持反對意見者，多爲中原故家大族。魏書李冲傳云：

創三長之制……文明太后……引見公卿議之，中書令鄭羲、祕書令高祐等曰：冲求立三長者，乃欲混天下一法，言似可用，事實難行。羲又曰：不信臣言，但試行之，事敗之後，當知愚言之不謬。

鄭、高之言，實代表中州强宗大族之利益而言，而魏廷爲緩和中州大族之反對，故在均田制度實施時，雖剝奪其蔭冒之戶，至於奴婢受田與良民相等，而所調亦甚少，八奴婢始當一夫一婦之調，此乃朝廷優禮大族之證。

綜言之，孝文時所推行之三長制，均田制，雖解決中州農業社會中之各項流弊，實際上，在此種制度下隨之而分置州郡，使拓拔氏之政體，從氏族封建而變爲郡縣一統，在此制度下，漢人之官吏必然增加，無疑漢人勢力亦隨之而增長。

二　中原世族社會地位對拓拔氏政權之影響

在世祖世，雖極力拉攏中原士族子弟參豫政權，而對於中州世族之態度，尚不甚尊重，偶有差失，闔門誅戮者亦不鮮，故世家大族對於魏室權貴，亦常有輕侮之心。至孝文世，情勢漸改，孝文禮故家大族，以圖穩定其政治地位，此與太武帝時已大變，亦足促使漢人在拓拔氏政權下之高張。

中州世家大族之所以能存在，有其文化、經濟，各方面之條件作背景，當時兵權，政權雖操於胡人之手，猶不足以動搖其地位。此時拓拔氏之政權，既多倚賴漢人，孝文深知欲穩定其政權，不得不連結中州之世族，通鑑卷一四〇齊紀云：

魏主（孝文）雅重門族，以范陽盧敏，清河崔玄伯，滎陽鄭羲，太原王瓊四姓，衣冠所推，咸納其女以充後宮。隴西李冲以才識見任，當朝貴重，所結姻婕，莫非清望，帝以其女爲夫人。

此四姓，爲衣冠所推，又隴西李氏亦爲隴西冠族，足知孝文之與當世大族連親，全出於一種統治政策。更有一事足以證明孝文之用心者，魏書卷二一上咸陽王禧傳云：

於時王國舍人，應取八族及淸脩之門。禧取任城王隸戶爲之，深爲高祖所責。詔曰：夫婚姻之義，曩葉攸崇，求賢擇偶，綿代斯愼，故剛柔著於易經，鵲巢著於詩典……然則婚姻者，合二姓之好，結他族之親，上以示宗廟，下以繼後世，必敬愼重正而後觀之，夫婦既親，然後父子君臣禮義忠孝於斯備矣……以此年爲六弟娉室，長弟咸陽王禧，可娉故潁川太守隴西李輔女，次弟河南王幹，可娉故中散代郡穆明樂女，次弟廣陵王羽，可娉驃騎諮議參軍滎陽鄭平城女，次弟潁川王雍，可娉故中書博士范陽盧神寶女，次弟始平王勰，可娉廷尉卿隴西李冲女，季弟北海王詳，可娉吏部郎中滎陽鄭懿女。

綜觀孝文爲六弟娉娶，除代郡穆氏爲鮮卑八大貴族之一之外，餘皆爲中州之高門世族。此外，更將宗室諸公主擇配高門。於此孝文帝之用心益明。

然魏主欲連結當世高門世族，必先提高其王室及諸勳貴之地位。通鑑一四〇齊紀云：

詔黃門郎司徒左長史宋弁諸州士族，多所升降。又詔以代人先無姓族，雖功賢之胤，無異寒賤，故宦達者位極公卿，其功衰之親，仍居猥任，其穆、陸、賀、劉、樓、于、嵇、尉八姓，自太祖已降，勳著當世，位盡王公，灼然可知者，且下司州，吏部，勿充猥官，一同四姓(盧、崔、鄭、王)。自此以外，應班士流者，尋續別敕，其舊爲部落大人，而皇始已來，三世官給事已上，及品登王公者爲姓。若本非大人，而皇始已來三世官在尙書已下，及品登王公者亦爲姓。其大人之後而官不顯者爲族，若本非大人而官顯者亦爲族。凡此姓族，皆應審覈，勿容僞冒。令司空穆亮，尙書陸琇等詳定，務令平允。

山東大姓，以崔、盧、李、鄭爲大，關中則以韋、裴、柳、楊、杜爲首，而鮮卑及諸胡，除拓拔氏外，則有代北八姓。孝文一面提高諸勳貴之社會地位與中原大族相等，另一面又無形中將漢人之政治地位提高。觀其詔令所云「且下司州、吏部、勿充猥官，一同四姓。」可見孝文之意識中，已先承認中原高門大族之地位，而鮮卑所以同之，亦比附而已。孝文之雅重門第政策，頗得中原士族之讚許。魏書卷二四崔僧淵傳云：

蕭鸞乃遺其族兄惠景遺僧淵書，說入國之屈，規令改圖。僧淵復書曰：主上（指高祖）之爲人也，無幽不照，無世不存，仁者無遠不及，博則無典。……帝基惟新中壤，宅臨伊域，三光起重輝之照，庶物蒙再化之始。分氏定族，料甲乙之科，班官命爵，清九流之貫，禮俗之叙，粲然復興，河洛之間，重隆周道，巷歌邑頌，朝熙門穆，濟濟之盛，非可備陳矣。

當時北州士族遂得大量參豫政事，九品中正之典選人物，亦多爲世族弟子。魏書卷五七崔挺傳云：

諸州中正，本在論人，高祖將辨天下氏族，仍亦訪定。

當時官品之高卑，以家牒爲斷，或以婚姻爲升降。魏書卷二七穆崇傳云：

高祖初定氏族，欲以弼（崇玄孫）爲國子助教，辭曰：我先臣以來，蒙恩累世，比校徒流、實用慙屈，高祖曰：朕欲敦勵胄子，故屈卿光之，白玉投泥，豈能相活，弼曰：旣遇明時，恥沈泥滓。會司州牧咸陽王入，高祖謂禧曰，朕與卿作州都，舉一主簿，卽命弼謁之。

又魏書卷六十韓麒麟附顯宗傳云：

朝廷每選擧士人，則校其一婚一宦，以爲升降。

在高祖之重視門第下，士族子第，不屈於卑官，故中正所銓，但存門第（世宗詔）朝廷貢才，只求其文，不取其理，察孝廉，唯論章句，不及治道。立中正，不考人才、行業，空辨氏族高下（劉景安語），此爲孝文重門第之結果。至於一般寒士，雖有過人之才，亦難上進。時朝臣中如李冲等常陳朝廷用人，應不拘門限，其他諸臣亦反覆陳意見，魏書卷六〇韓麒麟傳附顯宗傳云：

> 高祖曾詔諸官曰：自近代以來，高卑出身，恒有常分，朕意一以爲可復，以爲不可宜相與量之。李冲對曰：未審上古已來，置官列位，爲欲爲膏粱兒地，爲欲益治贊時。高祖曰：俱欲爲治，冲曰：若欲爲治，陛下今日何爲尊崇門品，不有拔才之詔。高祖曰：苟有殊人之伎，不患不知，然君子之門，假使無當世之用者，要是德行純篤，朕是用之。冲曰：傅巖、呂望豈可以門見舉。高祖曰：如此濟世者，希曠代有一兩人耳。冲謂諸卿士曰：適欲請諸賢救之，秘書令李彪曰：師旅寡少，未足爲援，意有所懷，不敢盡言於聖日，陛下欲專以門地，不審魯之三卿，孰若四科，高祖曰：猶如向解。顯宗進曰：陛下光宅洛邑，百禮唯新，國之興否，指此一選，臣既學識浮淺，不能援引古今，以證此議，且以國事論之，不審中秘書監令之子必爲秘書郎，頃來爲監令者，子皆可爲不？高祖曰：卿何不論當世膏腴爲監令者。顯宗曰：陛下以爲物不可類，不應以貴承貴，以賤襲賤。高祖曰：若有高明卓爾，才具儁出者，朕亦不出此例。

從上述諸臣議論，知當時人物多拘於門地，羣臣以爲欲求治國，不應專崇門品，而高祖之意亦頗堅決。魏書卷九劉昶傳云：

> 昶朝於京師，高祖臨光極堂大選，高祖曰：朝因月旦，欲評祖典。夫典者爲國大綱，治民之柄，君能好典則國治，不能則國亂。我國家昔在恒代，隨時制作，非通世之長典，故自夏及秋，親議條例，或言唯能是寄，

不必拘門，朕以爲不爾，何者，當今之世，仰祖質朴，清濁同流，混齊一等，君子小人，名品無別，此殊爲不可。我今八族以上，士人品第有九，九品之外，小人之官復有七等，若苟有其人，可起家爲三公，正恐賢才難得，不可止一人渾我典制。

孝文之所以如此重視門第，實際上亦有其用心，觀其推崇代北八族，即欲抬高其社會地位，比諸山東、關中之著姓，其意乃欲利用胡漢大族扶掖元魏之統治權。若專以才能取士，則鮮卑及諸胡之參豫朝政，更恐不及漢人之多，而漢人在政治上之地位且日益增長，孝文用心可謂良苦。然而亦不能遏止漢人勢力之膨脹。

三　中原世族相矜門地之原因

由於孝文帝在經濟上依賴漢人，在政治上更借重中原世家大族之社會地位，使胡漢勢力逐漸轉移。若順此一形勢發展，本足以轉移拓拔氏之政權，其所以不能者，除軍權仍操於胡人外（見所附統計表），仕於朝者漢人，鑑於崔浩之禍，不無戒心。魏書卷六四郭祚傳云：

太和以前，朝法尤峻，貴臣蹉跌，便致誅夷。李冲之用事也，欽祚識幹，薦爲左丞，又兼黃門，意便滿足，每以孤門往經崔氏之禍，常慮危亡，苦自陳挹，辭色懇然，發於誠至。冲謂之曰：人生有運，非可避也，但當明白，當官何所顧畏。

按郭祚爲當代高門，亦爲孝文遷都洛陽，推行漢化政策之謀臣，而其心情，仍懷有怖懼，此足以代表一般士人之心理。於是高門大族，若非標榜相結，則互矜門地，魏書卷四七盧淵傳云：

淵與僕射李沖特相友善，沖重淵門風，淵祗沖才官，故結爲婚姻，往來親密，至於淵荷高祖意遇，頗亦由沖。

又同書卷五六鄭羲傳云：

羲……滎陽開封人……及李沖貴寵，與羲姻好，乃就家徵爲中書令。

又同書卷六四張彝傳云：

彝……與盧淵、李安民等結爲親友，往來朝會，常相追隨，淵爲主客令，安民與彝並爲散令，彝少而豪放，出入殿庭，步眄高上，無所顧忌。

又同書卷七一裴叔業傳附魏丞祖傳云：

衣冠之士，預叔業勳者，安定皇甫先，北地梁祐，淸河崔高客，天水閻慶胤、河東柳僧習等。

又同書卷六九袁翻傳云：

陳郡項人也，父宣……隨文秀入國，而大將軍劉昶每提引之，言是其外祖淑之近親，令與其府諮議參軍袁濟爲宗。

在孝文重用中州故家大族之下，而產生兩種現象，一互聯婚姻，或有出於微族而攀附高門，如李彪之附李沖，藉其薦引，此種現象，屢見於史傳。二則互矜門地以自高。魏書卷六三宋弁傳云：

時大選內外羣官，幷定四海士族，弁專參銓量之任，事多稱旨，然好言人之陰短，高門大族，意所不便者，弁因毀之，至於舊族淪滯人非可忌者，又申達之。弁又爲本州中正，姓族所降抑，爲時人所怨。

又云：

弁性好矜伐，自許膏腴，高祖以郭祚晉魏名門，從容謂弁曰：卿固應推郭祚之門也，弁笑曰：臣家未肯推祚。高祖曰：卿漢魏以來，既無高官，又無儁秀，何得不推，弁曰：臣清素自立，要爾不推侍臣。出後，高祖謂彭城王勰曰：弁人身良自不惡，乃復以門戶自矜，殊爲可怪。

又同卷六四郭祚傳云：

初、高祖之置中正，從容謂祚曰：并州中正，卿故應推王瓊也。祚退謂密友曰：瓊眞僞今自未辨，我家何爲滅之，然主上直信李冲吹噓之說耳。

北方高門大族，在孝文大量擢用後，雖然逐漸掌握政權，如李冲，劉昶、王叡、馮熙、游明根、王肅，宋弁諸人，均歷任顯職，惟在孝文特重門第之政策下，致使中州士族，皆斤斤於互矜門地，更甚於夷夏之辨，故漢臣於洛陽政權中，轉趨於腐化，於此不無關係也。

五　元魏盛極轉衰下漢人勢力之消長

一　洛陽政權之腐化與漢臣之趨附權倖

高祖遷都洛陽與其推行漢化政策，可謂拓拔氏政權中一大革新，然而此次之改革，僅能獲得中原士族之支持，如淸河崔光，廣平程靈糾，太原郭祚，尤以隴西李冲，爲主持孝文帝漢化之主要人物。由於漢化之急迫，更惹起鮮卑勳貴之反對。是時鮮卑權貴，除于氏一族支持孝文之漢化外，如穆泰，陸叡、元丕，甚至太子恂均持反對立場，進而發生叛變，雖被平服，而禍根依然潛伏，孝文崩後，洛陽胡漢權貴沈醉於物質生活中，更促使洛陽政權之瓦解。世宗卽位，尙能勉强支持，其後權柄握於胡后之手。而隨孝文遷都之權貴，更驕橫貪暴，日益腐化，其著者如咸陽王禧、趙郡王幹、廣陵王羽、高陽王雍、北海王詳（上均見魏書卷二一上詳傳）。在孝文諸弟中，除彭城王勰外，皆恃貴驕暴。此外諸宗室親貴如京兆王愉（魏書卷二二愉傳）、京兆王繼（同書卷一六黎傳），安南王熙（同書卷一九下楨傳）章武王融（同卷太洛傳），安定王願平（同卷休傳）安樂王詮（同書二〇長樂傳）、河間王琛（同卷若傳）諸人。在中朝者，賣官鬻爵，賄賂公行，如元暉之賣官，皆有價目。在州郡者，則貪殘受賄。而孝文所班爵祿俸給，亦不能遏止其貪暴之風。

魏之宗親既多貪殘賄賂，或相傾軋，而權臣亦乘機而起，世宗高肇專擅。魏書卷八三下高肇傳云：

時順皇后崩，世議言肇所爲……肇又潛殺彭城王勰，由是朝野側目，咸畏惡之，因此專權與奪任己，……肇既當衡軸，每事任己，本無學識，動違禮度，好改先朝舊制，出情妄作，減削封秩，抑黜勳人，由是怨聲盈路矣。

高肇憑其外戚關係，加以咸陽王禧之之無事構逆，通鑑卷一四四記其事云謂「帝以禧無故而反，由是益疏忌宗室」。世宗崩後，于忠有迎立肅宗之功，由是專權。魏書卷三一于栗磾附忠傳云：

肅宗卽位，與門下議，以肅宗幼年未親機政……忠既居門下，又總禁衛，遂秉朝政，權傾一時。……忠既擅權，欲以惠澤自固，乃悉歸所減之祿，職人進位一級……郭祚有師傅舊恩，裴植擁地入國，忠並矯詔殺之……王公以下，畏之累跡……自此之後，詔命生殺，皆出於忠。

蓋高祖南遷，忠於帝者，于氏一族而已，故其能總禁旅，亦非無因。于忠之後，復有元乂劉騰之擅權。魏書卷九四劉騰傳云：

元乂以騰爲司空……天下咸苦患之。

又魏書卷一六元乂傳云：

乂……自後專綜機要……自是天下遂亂矣。

在劉騰、元乂之專擅下，魏政衰敗，百姓困窮，人人思亂。

是時漢人之參與政事者雖多，而忠耿正直者少，自郭祚、裴植之被于忠誣殺，事於朝者，頗多趨炎附勢，以求庇護於權倖之下。通鑑卷一五〇梁紀云：

初，宋維父弁常曰，維性疏險，必敗吾家，李崇、郭祚、游肇亦曰：伯緒（維字）終傾宋氏，若得殺身，幸矣，維阿附元乂，超遷至洛州刺史。

又云：

前幽州刺史盧同，坐乂黨除名。

又云：

初，鄭羲之兄孫儼，爲司徒胡國珍行參軍，私得幸於太后，人未之知……中書舍人樂安徐紇、粗有文學，先以諂事趙脩……後還，復除中書舍人。又諂事清河王懌……出爲鴈門太守。還洛，復諂事元乂。

又云：

先是（崔）孝芬坐元乂黨與盧同等俱除名。

又魏書卷六七崔光傳云：

靈太后臨朝之後，光累表遜位，于忠擅權，光依附之。

又通鑑卷一五〇梁紀云：

詔徵崔暹繫廷尉，暹以女妓、田園賂元乂，卒得不坐。

宋維爲廣平宋弁子，盧同爲范陽盧玄族孫，鄭儼爲榮陽鄭羲之兄孫，崔孝芬爲博陵崔挺子，此皆當時北州冠族，皆趨炎附勢以事權倖，可見當時故家世族之事於魏朝之情態。茲再舉楊椿之言，益知漢人之情狀。魏書卷五八楊椿傳云：

我家入魏，始卽爲上客，給田宅，賜奴婢，馬牛羊，遂成富室。自爾至今二十年，二千石方伯不絕，祿恤甚多，至於姻親知故，吉凶之際，必厚加贈禭，來往賓僚，必以酒肉飲食，是故親姻無憾焉……北朝法嚴，太和初，吾兄弟三人，並居內職，兄在高祖左右，吾與津在文明皇后左右，於時口敕責諸內官，十日仰密得一事，不列便大瞋嫌，諸人多有依敕密列者，亦有太后高祖中間傳言構間者，吾兄弟自相誡曰，今忝二聖近臣母子其難，宜深愼之，又列人事，亦何容易，縱被瞋責，愼勿輕言，十餘年中，不嘗言一人罪過，答曰，臣等非不聞人言，正恐不審仰誤聖德，是以不敢言於後，終以不言蒙賞……汝等脫若萬一時主知遇，宜深愼言論，不可輕論人惡也。吾自惟文武才藝門望姻援不勝他人，一旦登侍中尚書、四歷公卿，爲刺史光祿大夫，儀同開府，司徒太保，津今復爲司空者，正由忠貞小謹愼，口不嘗論人過，無貴無賤，待之以禮，是故至此矣。

楊氏爲華陰大族，當時人物之盛，舉世莫及，觀椿傳所言，雖爲訓誨其家人之語，而其處朝之取悅時主，獵取功名利祿之情態吐露無遺。而孝文帝之推行漢化政策，雖提高漢人之地位，而漢人反而趨於墮落，無怪盧、鄭、崔、宋諸高門弟子之依附權臣，此誠爲漢人勢力推移中之一厄運也。

二　洛陽與北鎭衝突下漢人地方勢力之滋長

孝文帝之漢化政策，似乎過於重視中央政治之興革，與促使入居中土之鮮卑及諸胡漢化之一途。至於北鎭所遺留下之鮮卑故習，均未及加以注意，不惟無所改善，且在遷都以後，在重文輕武政策下，北鎭府戶備受歧視，終於發生衝突，而此一衝突，時人頗歸咎於孝文之重用漢人，廣陽王深所謂「僕射李冲，當官任事，涼州土人，悉免斷役」。而北鎮之府戶則如同奴隸，此種情形已引起鮮卑舊人之不滿。

孝文以前，六鎮府戶，頗受重視。魏書卷八八良吏傳云：

> 魏初，擁節分符，多出豐沛。

拓拔氏之兵權，多操於諸部大人之手，至於統一北方以後，仍多操於鮮卑勳貴，漢人罕得預焉（參閱附表）。中期以後始變。北齊書卷二三魏蘭根傳云：

> 蘭根……說崇（李崇）曰，緣邊諸鎮，控攝長遠，昔時初置，地廣人稀，或徵發中原强宗子弟，或國之肺腑，寄以爪牙。中年以來，有司乖實，號曰府戶，役同斷役，官婚班齒，致失清流，而本宗舊類，各居榮顯，顧瞻彼此，理當憤怨……宜改鎮立州，分置郡縣。凡是府戶，悉免爲民，入仕次叙，一准其舊，文武兼用，威恩並施。

從魏氏之言，可見鮮卑族留居北土者役同斷養，遷居伊洛者，則各榮顯，清濁判然。又魏書卷一八廣陽王深傳云：

> 邊豎構逆，以成紛梗，其所由來，非一朝也。昔皇始以移防爲重，盛簡親賢，擁麾作鎮，配以高門子弟，以死防遏，不但不廢仕宦，至乃偏得復除，當時人物，忻慕爲之。及大和在歷，僕射李冲，當官任事，涼州土人，悉免斷役，豐沛舊門，仍防邊戍，自非得罪當世，莫肯與之爲伍。征鎮驅使，但爲虞候白直，一生推移，不過軍主。然其往世房分，留京者得上品通官，在鎮者便爲清流所隔。或投彼有北，以禦魑魅，多復投胡鄉，乃峻邊兵之格，鎮人浮遊在外，皆聽流兵捉之，於是少年不得從師，長者不得遊宦，獨爲匪人，言者

流涕。

孝文之推行漢化，使其本出一族之鮮卑人，變爲處於兩種不同情態之社會，留京者得上品通官，留代者則爲淸流所隔，仕宦之不平，加以飢饉之威脅，卒成邊鎮之禍。

從孝文漢化所造成之另一影響，卽爲軍事上普遍腐化，玆引時人所論以見其梗概。魏書卷七二路思令傳云：

思令乃上疏曰：……竊以比年以來，將帥多是貴寵子孫，軍幢統領，亦皆故義託附，貴戚子弟未經戎役，至於御杯躍馬，志逸氣浮，軒眉攘腕，便以攻戰自許。及臨大敵，怖懼交懷，雄圖銳氣，一朝頓盡，乃令羸弱在前以當銳，强壯在後以安身。兼復器械不精，進止不集，任羊質之將，驅不陳之兵，當負險之衆，敵數戰之虜，欲令不敗，豈可得哉？是以兵知必敗，始集而先逃。將又怖敵，遷延而不進，國家便謂官號未滿，重爵屢加，復疑賞賚之輕，金帛日賜，帑藏空虛……生民損耗。

又同書卷六九袁翻傳云：

自比緣邊州郡，官至便登，疆埸統戍，階當卽用，或値穢德凡人，或遇貪家惡子，不識字民溫恤之方，唯知重役殘忍之法，廣開戍邏，多置帥領，或用其卽左右姻親，或受人財貨請屬，皆無防寇賊之心。惟有通商聚斂之意，其勇力之兵，驅令抄掠，若値强敵，爲奴虜，如有執獲，奪爲已富。

又同書卷七七辛雄傳云：

自秦隴逆節，將歷數年……凡在戍役，數十萬人，三方師衆，敗多勝少，跡其所由，不明賞罰故也。陛下欲天下之早平，愍征夫之勤悴，乃降明詔，賞不移時，然兵將之勳，歷稔不決，亡軍之卒，晏然在家。致令節士無所勸慕，庸人無所威攝，進而擊賊，死交而賞賒，退而逃散，身全而無罪，此其所以望敵奔沮，不肯進力者矣。

又同卷高謙之傳云：

上疏曰……自正光以來，邊城屢擾，命將出師，相繼於路，軍費戎資，委輸不絕，至如弓格賞募，咸有出身，槊刺斬首，又蒙階級。故四方壯士，願征者多，各各爲己，公私兩利，若使軍帥得人，勳賞不失其實，則何賊不平，何征不捷也。諸守帥或非其才，多遣親者，妄稱入募，別倩他人引弓格，虛受征官，身不赴陣，惟遣奴客充數而已。對寇臨敵，曾不彎弓，則是王爵虛加，征夫多闕，賊虜何可殄除，忠貞何以勸誡也。且近習侍臣，戚屬朝士，請託官曹，擅作威福，如有清貞奉法不回者，咸共譖毀，橫受罪罰，在朝顧望，誰肯申聞。

按孝文以後軍事上之腐化，促成元魏衰敗之原因，此一趨勢，於孝文時，咸陽王禧已指出，惟是時朝廷未加以注意耳。魏書卷二一上咸陽王禧傳云：

禧表曰：國朝偃武崇文，偏捨來久，州鎮兵人，或有雄勇，不閑武藝，今取歲暮之暇，番上之日，訓其兵法，弓矢干稍，三分竝教，使人閑其能，臨事無闕。

元禧之言，誠爲改善拓拔氏軍事頹敗之辦法。其後西魏之府兵制度，亦與此法相似。

不僅州郡鎮兵漸趨腐敗，而駐守京師之羽林虎賁，亦受朝士抑制，既無升遷，又不得入仕途，遂羣起騷動。魏書卷六四張彝傳云：

第二子仲禹上封事，求銓別選格，排抑武人，不使預在清品，由是衆口喧喧，謗讟盈路，立榜大巷，剋期會集，屠害其家，彝殊無畏避之意，父子安然。神龜二年二月，羽林虎賁幾將千人，相率至尚書省詬罵，求其長子尚書郎始均，不獲，以瓦石擊打公門，上下畏懼，莫敢討抑。遂便持火虜掠道中薪蒿，以杖石爲兵器，直造其第，曳彝堂下，捶辱極意，唱呼嗷嗷，焚其屋宇，始均、仲禹當時踰北垣而走，始均救回其父，拜伏羣小，以請父命，羽林等就加毆擊，生投之於煙火之中，及得屍骸，不復可識，唯以髻中小釵爲驗，仲禹傷重走免，彝僅有餘命，……遠近聞見，莫不惋駭……彝遂卒……官爲收掩羽林凶强者八人斬之，不能窮誅羣豎，即爲大赦以安衆心。有識者知國紀之將墜矣。

羽林虎賁之干擾尚書省，並公然殺害朝官，朝廷不能制，其後崔亮即制停年格，以撫慰武人，自是洛陽政府已瀕於潰敗之邊緣。

按六鎭之亂，起於肅宗正光五年，沃鎭野民破六韓拔陵之殺戍主。旋高平鎭民赫連恩等推舉勅勒酋長胡琛，兵陷高平鎭。其後六鎭降戶就食河北，柔然鎭兵杜洛周復叛於上谷，葛榮與懷朔鎭兵鮮于脩禮又起兵定州。一時叛兵逾十餘萬。葛榮先後擊敗章武王融，廣陽王深，並擄元孚，兵勢獨盛，未幾又兼幷洛周、脩禮，率兵南下，滏口一戰，敗於秀容爾朱榮，百萬之衆，一朝瓦解。此外秦隴万俟醜奴之亂，亦爲爾朱大光、賀拔岳所平。

爾朱榮既平各地之叛亂，於是率衆渡河，沉胡后等於河，復殺百官王公卿士二千餘人，史稱「河陰之難」，自是朝廷爲之一空，洛陽漢化之政權頓受摧敗，漢臣亦不得免，由是政柄遂操於羯胡爾朱氏之手。

其時中朝漢人之勢力雖受挫殘，而值得注意者，由是以來，漢人在地方上之勢力轉見增强。如高謙之所陳，

「四方壯士，願征者多，各各爲己，公私兩利」。時人已洞悉地方力量之不可侮，且六鎭降戶中，已有中原強宗弟子，或有犯罪配六鎭之漢人。故通鑑卷一四九梁紀云：

沃野鎭民破六韓拔陵聚衆反，殺鎭將，改元眞王，諸鎭華夷之民，往往響應。

於此足以證明當時之反叛，並非全屬六鎭之胡人，而漢人亦多參與，此等漢人，因久習胡風，率多強悍善戰，在拓拔氏衰微之際，漢人之地方勢力，亦乘時滋長，此誠爲漢人勢力推移一大關鍵。亦可謂胡漢勢力轉移之劃分時期。

六　東魏北齊政權下之漢人

一　高歡崛興之背景

自爾朱榮率衆南下，專制朝政，拓拔氏政權如同傀儡，握兵者多爲塞北部落酋長，重鎭亦多爲爾朱宗親所盤據。逮榮被殺，其侄爾朱兆復制朝政，兆性殘暴，爲高歡所滅，由是朝政又落高氏之手。

高歡爲胡化極深之漢人。北齊書卷一神武紀云：

神武皇帝，姓高名歡，字賀六渾，渤海蓨人也，六世祖隱，晉玄菟太守。隱生慶，慶生泰，慶生湖，三世仕慕容氏。及慕容寶敗，國亂，湖率衆歸魏，爲右將軍。湖生四子，第三子謐仕魏，位至侍御史，坐法徙居懷鎭。謐生皇考樹，性通率，不事家業……及神武生，而皇妣韓氏殂，養於同產姊婿鎭獄隊尉景家，神武既累世北邊，故習其俗，遂同鮮卑。

從北齊書之記載，高歡爲鮮卑化之漢人，先世坐法配六鎭兵戶，故其氣習同於鮮卑，若以血統言，歡是漢人，以文化言，則爲鮮卑，其子亦直自認爲鮮卑。故時人亦目之爲鮮卑。北齊書卷九文宣后傳云：

及帝將建中宮，高隆之、高德正言漢婦人不可爲天下母，宜更擇美配。

若文宣自認爲漢人，何以高隆之、高德出此言乎。又北齊書卷二神武紀云：

> 侯景素輕世子（高澄）嘗謂司馬子如曰：王在，吾不敢有異，王無，吾不能與鮮卑小兒共事。

是侯景亦以高澄爲鮮卑。又同書卷二四杜弼傳云：

> 及顯祖（高洋）作相，致位僚首……顯祖嘗問弼云：治國當用何人，對曰：鮮卑車馬客，會須用中國人，顯祖以爲此言譏我。

按高洋之言，亦自認爲鮮卑。又同書卷三〇高德政傳云：

> 德政死後，祖顯謂羣臣曰：高德政常言，宜用漢人除鮮卑，此卽合死。

從各紀傳之敍述，高氏家人，均自認爲鮮卑，而高歡是否本爲鮮卑，而後乃冒託漢人，此一問題恐難判斷。近人繆鉞於「東魏北齊政治上漢人與鮮卑之衝突」一文（見讀史存稿）對高歡之世系，綜合前人之懷疑而加以考證，亦未能確定其所自，僅謂其可能出自鮮卑或系塞上漢人之鮮卑化者。總言之，其家庭氣習之如同鮮卑，則無可疑。

高歡相東魏，雖沿襲洛陽治統，實則因襲秀容爾朱氏之系統。觀其禮制亦襲代都之舊，北史卷五魏孝武帝紀云：

> （高）歡遣四百騎迎帝入毡帳，於是假廢帝安定王詔策而禪位焉。卽位東郭之外，用代都舊制，以黑毡蒙七人，歡居其一，帝於毡上西向拜天訖，自東陽雲龍門入。

此事通鑑卷一五五梁紀，胡三省註云：

> 魏自孝文帝用夏變夷，宣武孝明卽位皆用漢、魏之制，今復用夷禮。

此足見高歡實承襲代北之舊統。（按繆鉞謂高歡迎孝武入毡帳事，通鑑系於梁大中通三年，繆氏恐誤。通鑑此事繫於四年）。

又其將佐，均出自爾朱榮。玆舉其著者：如竇泰（北齊書卷一五泰傳）尉景（同卷景傳）斛律金（同卷一七金傳），賀拔允（卷一九允傳），庫狄迴洛（同卷迴洛傳）、慕容紹宗、張瓊、斛律羌舉、叱列平、步大汗薩（上均見卷二〇本傳）、万俟洛、可朱渾道元、破六韓常（上均見卷二七本傳）等諸人，皆為鮮卑種類，或塞北之胡人，其先多參預六鎮之叛，後歸爾朱榮，榮敗，始歸高歡，其人皆久經戰陣，為高歡之主力。高歡除善於撫慰諸胡將外，亦能兼用久居北邊，或久習胡俗之漢人。北齊書卷一五潘樂傳云：

潘樂……廣寧石門人也，本廣宗大族，魏世分鎮北邊，因家焉……初歸葛榮，榮敗，隨爾朱榮為別將，……神武出牧晉州，引樂為鎮城都將。

又同書卷一九高市貴傳云：

高市貴，善無人也……爾朱榮立魏莊帝，市貴預翼戴之勳，高祖起義，市貴預其謀。

又同卷韓賢傳云：

韓賢……廣寧石門人也……初隨葛榮作逆，榮破隨例至并州，爾朱榮擢充左右……賢仍潛遣使人通誠於高祖。又同卷蔡儁傳云：

蔡儁……廣寧石門人也，父普，北方擾亂，奔五原，儁豪爽有膽氣，高祖微時，深相親附……奔葛榮，仍背榮歸爾朱榮入洛……高祖平鄴，及破四胡於韓陵，儁並有戰功。

又同書卷二〇王則傳云：

王則……太原人也……後隸爾朱仲遠，仲遠敗，始歸高祖。

又同卷堯雄傳云：

堯雄……上黨長子人……義旗初建，雄隨爾朱兆敗於廣阿，遂率所部據定州六郡歸高祖，雄從兄傑，爾朱兆用爲滄州刺史……兆敗，亦遣使歸降高祖。

又同卷宋顯傳云：

宋顯……燉煌效穀人也……初事爾朱榮爲軍主，擢爲長流參軍……後歸高祖，以爲行臺右丞。

又同書卷二一高乾傳云：

高乾……渤海蓨人也……建義初，兄弟共舉兵……乃請還本鄉招集部曲……從高祖破爾朱兆於廣阿。

又同書卷二五張纂傳云：

張纂……代郡平城人也……初事爾朱榮，又爾兆朱都督長史，爲兆使於高祖，遂被顧識，高祖舉義山東，纂亦在其中。

又同書卷二六平鑒傳云：

平鑒……燕郡薊人也……孝昌末……見天下將亂，乃之洛陽……謂其宗親曰，……幷州戎馬之地，爾朱王命世之雄……奉辭問罪，勢忠竭力，今也其時，遂相率奔爾朱榮於晉陽……高祖起義信都，鑒自歸高祖。

又同書卷二七劉豐傳：

劉豐……普樂人也……破六韓拔陵之亂……豐遠慕高祖威德，乃率戶數萬來奔高祖。

上述諸人，多處北方隨葛榮爲亂之漢人，其後爲爾朱氏部將，最後又歸高歡。按高歡專擅朝政，其主要力量，一爲塞北諸胡所率領之六鎮降戶，包括部分漢人。故隋書卷二四食貨志云：

魏自永安之後，政道陵夷，寇亂實繁，農商失業，官有徵代，皆權調於人，猶不足以相資奉，乃令所在，相糾發，百姓愁怨，無復聊生，尋以六鎮擾亂，相率內徙，寓食於齊魯之郊，齊神武因之以成大業。

此外，在六鎮擾亂下，加以爾朱氏之殘暴，中原强宗大族，或各州刺史郡守，起而與爾朱氏相抗，而此一勢力，又爲高歡所招撫。北齊書卷二二盧文偉傳云：

盧文偉……范陽涿人也，北州冠族，及北方將亂，文偉積稻穀於范陽城，時經荒險，多爲賑贍，彌爲鄉里所歸，……時韓樓據薊城，文偉率鄉里閭屯守范陽，與樓相抗……防守二年，與士卒同勞，分散家財，拯救貧乏，莫不人人咸悅。莊帝崩，文偉與幽州刺史劉靈助，同謀起義，靈助克瀛州，留文偉行事，自率兵赴定州，爲爾朱榮將侯深所敗。文偉棄州走還本鄉，與高乾兄弟共相影響，屬高祖。

又通鑑卷一五五梁紀云：

河南太守趙郡李顯甫，喜豪俠，集諸李數千家殷州西山方五六十里居之，顯甫卒，子元忠繼之，家素富，多出貸求利，元忠悉焚劵免責，鄉人甚敬之……及爾朱兆弒敬宗，元忠棄官歸，謀舉兵討之。會高歡東出，元忠乘露車，載素箏濁酒以奉迎……歡乃復留與語，元忠慷慨流涕，歡亦悲不自勝，元忠因進諫曰：殷州小，無糧仗，不足以濟大事，若向冀州，高乾邕兄弟必爲明公主人，殷州便以賜委，冀殷既合，滄、瀛、幽、定自然弭服，唯劉誕黠胡，或當乖拒，然非明公之敵，歡急握元忠手而謝焉。

由於久經戰亂，高門大族之糾合鄉民，原出於自衛，其後漸成强大之武裝，時高歡討爾朱兆於韓陵，謂高昂純將漢兒，恐不濟事，昂對曰：「敖曹（昂字）所將都曲，練習已久，前後戰鬥，不減鮮卑」。此言足是以說明此時之漢人，已逐步取得軍事上之力量，而非昔日所謂「所徵調之漢人，每以騎戰，驅夏人爲肉籬」之現象。

高歡自知欲成大業，不能不仗賴六鎮降戶之武力，而漢人地方勢力在不斷之增長中亦不可侮，於是採取兩面政策。北齊書卷二一高昂傳云：

於時，鮮卑共輕中華朝士，唯憚服於高昂，高祖（高歡）每申令三軍，常鮮卑語，昂若在前，則爲華語。

又通鑑卷一五七梁紀云：

歡每號令軍士，常令丞相屬代郡張華原宣旨，其語鮮卑則曰：漢民是汝奴，夫爲汝耕，婦爲汝織，輸汝粟帛，令汝溫飽，汝何陵之。其語華人則曰：鮮卑是作客，得汝一斛粟，一匹絹，爲汝擊賊，令汝安寧，汝何爲疾之。

按高歡之所以成功，而不似葛榮號百萬之師而一朝散盡；亦不似爾朱氏對中原士族之摧殘，蓋因高氏深知漢人勢力之不可忽視。故其起義之初，必先獲諸胡「毋凌漢人」之認許。通鑑卷一五五梁紀云：

高歡將兵討爾朱氏，鎮南大將軍斛律光，軍主善無庫狄干，與歡妻弟婁昭，妻姊夫段榮皆勸成之，歡乃詐爲書，稱爾朱兆以六鎮人配契胡爲部曲，衆皆憂懼，又爲幷州符，徵兵討步落稽，發萬人，將遣之……歡親送之郊，雪涕執別，衆皆哭慟，聲震原野，歡乃諭之曰：與爾俱爲失鄉客，義同一家，不意在上徵發乃爾，……後軍期，又當死，配國人，又當死，奈何？衆曰：唯有反爾耳。歡曰：反乃急計，然當推一人爲主，誰可者？衆共推歡，歡曰：爾鄉里難制，不見葛榮乎？雖有百萬之衆，曾無法度，終自敗滅，今以吾爲主，當與前異，毋得淩漢人，犯軍令，生死任吾則可，不然，不能為天下笑。

故高歡之所以成大業，其善撫華夷，為其成功一大因素。

二　中州士人之重用

爾朱榮擅政，漢人在中央政權之勢力已大為削弱，高歡繼爾朱氏，其左右人物咸多隨其其起義之部將，中州士族，罕被任用。迨世亂稍息，然後致力於文治，乃不得不重用高門大族。歡子澄、洋，頗能任用士人，如崔暹、崔季舒、楊愔等，一時貴顯。胡三省通鑑注云：「楊愔門地既高，又有幹用，歡起兵之初，藉人望以為重，藉才幹以為用，所以擢而用之。」時高澄又鑑於魏自正光以後，政刑弛縱，在位多貪汚，尤以隨其父起義之勳貴為甚，高歡父子遂借重新起用之士族，以整頓刑政。時高歡啓以司州中從事宋遊道為御史中尉，澄固請以吏部郎崔暹為之，以遊道為尚書左丞。澄謂暹、遊道曰：卿一人處南臺，一人處北臺，當使天下肅然，而崔暹又選畢義雲等為御史。時司馬子如因恃舊恩，太師咸陽王坦，黷貨無厭，暹後彈之，又使宋遊道劾司馬子如、元坦、孫騰、高隆之，侯景、元羨等諸勳貴，澄卒繫子如獄。澄且嘗於諸貴中褒美崔暹，且戒勵之，而高歡亦藉此書告鄴下諸勳貴曰：「崔暹居憲臺，咸陽王、司馬令，皆吾布衣之舊，尊貴親暱，無過二人，同時獲罪，吾不能救，諸臣慎之」。按高氏父子之用崔暹，崔季舒、畢義雲諸人，其目的在利用一法制以繩諸權貴之專橫，使政權納於文治之正軌，此為高氏父子之欲利用當時高門大族之原因。由是漢人亦漸恢復其政治地位。

高歡、及子澄卒後，次子高洋秉政，遂謀簒東魏，此議與漢臣有莫大關係。通鑑卷一六三梁紀云：

東魏齊王洋之爲開府也，渤海高德政爲管記，由是親昵，言無不盡，金紫光祿大夫丹陽徐之才、北平太守廣宗宋景業，皆善圖讖，以爲太歲在午，當有革命，因德政以白洋，勸之受禪，洋以告婁太妃，太妃曰：汝父如龍，兄如虎，猶以天位不可妄據，終身北面，汝獨何人，欲行舜禹之事乎？洋以告之才，之才曰：正爲不及父兄，故宜早升尊位耳，洋鑄像卜之而成，乃使開府儀同三司段韶問肆州刺史斛律金，金未見洋，固言不可，以宋景業首陳符命，請殺之，洋以諸貴議於太妃前，太妃曰：吾兒懦直，必無此心，高德政樂禍教之耳。洋以人心不一，遣高德政如鄴，察公卿之意，未還，洋擁兵而東，至平都城，召請諸勳貴議之，莫敢對。長史杜弼曰：關西，國之勍敵，若受魏禪，恐彼挾天子，自稱義兵而東向，王何以待之，徐之才曰：今與王爭天下者，彼亦爲王所爲，縱其屈強，不過隨我稱帝耳。弼無以應，高德政至鄴諷公卿，莫有應者。

從此段之記述，高洋篡魏，主其事者皆爲漢臣，而反對此事者則爲婁太妃與斛律諸人，斛律金當時握有實權之胡人，結果洋卒篡魏自立，足見當時漢人勢力之影響。此後楊愔總揆庶政，百度修敕，有主昏於上，政淸於下之美譽。楊愔既蒙委任，極力扶植漢人勢力，而漢人在此情勢下暫得抬頭，遂招致鮮卑親貴之忌，而胡漢種族在北齊政權中之衝突事件相繼發生。

三　胡漢種族歧視下漢人勢力之挫敗

元魏王室，並不反對以漢女爲妃，尤以高祖卽位以後，更提倡胡漢通婚，以消弭民族間之隔閡，然而此一努力至高齊時，不惟不能繼續，且使胡漢民族意識之隔閡加深。考其原因，或與六鎭叛亂以來，至爾朱氏仇恨漢化有關。而高氏之權貴，及其子孫，由於胡化極深，常歧視漢人，使北齊文治政府受一大阻力。高隆之謂「漢婦不可爲天下母」，高洋謂「太子得漢家性質，不似我，欲廢之」，玆再擧高齊君臣對漢人之歧視。北齊書卷一〇高祖十一王傳云：

高陽康穆王湜，神武第一子也，有寵於文宣帝，左右行杖以撻諸王，太后深銜之，其妃父護軍長史張晏之，嘗要道拜湜，湜不禮焉，帝問其故，對曰，無官職，漢何須禮。

又同書卷二四楊愔傳云：

皇太后……乃讓帝曰：此等懷逆，欲殺我二兒，次乃我爾，何縱之，帝猶不能言，皇太后怒且悲，王公皆泣，太皇太后曰：豈可使我母子受漢老嫗斟酌……太皇太后謂帝，何不安慰爾叔，帝乃曰：天子亦敢叔惜，豈敢惜此漢輩。

又同書卷三九祖珽傳云：

侍中斛律孝卿署名，孝卿密告高元海語侯呂芬，穆提婆云：孝徵（珽字）漢兒，兩眼又不見，豈可合作領軍也。

在高齊政權中，漢人在政治上雖有治績，（如楊愔、祖珽）仍多被歧視與凌辱。動輒以漢兒目之，漢兒一詞，實涵有卑賤之意，胡三省通鑑注云：「高氏生長鮮卑，未嘗以爲諱，鮮卑遂自謂貴種，率謂華人爲漢兒，率侮詬之。故當時有所謂「一錢漢，隨之死」一語。

由於高氏政權，鄙視漢人，而中州世族，對於高氏王室與諸胡權貴亦不甚禮敬，北齊書卷二三崔㥄傳云：

倰……每以籍地自矜，謂盧元明曰：天下盛門，唯我與爾，……高祖葬後，倰又竊言，黃頷小兒，堪當重任。……妻太后爲博陵納王倰妹爲妃……婚夕，顯祖舉酒祝曰：宜男孝順富貴，倰奏曰：孝順出自臣門，富貴恩由陛下。

按崔氏言，「孝順出自臣門」，「富貴恩由陛下」，實自矜其門第世習禮教，非高氏之生長鮮卑所及，惟富貴之恩則出自當時之權勢耳。又通鑑卷一七一陳紀云：

尚書左丞封李琰，隆之弟，與侍中崔季舒，皆爲祖珽所厚，孝琰嘗謂珽曰：公是衣冠宰相，異於餘人，近習聞之，大以爲恨。

由於胡漢民族之不調協，彼此相互詆譭，而胡漢終於發生衝突。

自顯祖崩後，以尚書令楊愔，領軍大將平秦王高歸彥，侍中廣漢燕子獻，黃門侍郎鄭頤同受遺詔輔政。時楊愔秉政，鑑於天保以來，賞爵多濫，欲加澄汰，乃先自表辭開府及開封王，諸勳貴竊恩榮者，皆從黜免，由是嬖寵去職之徒，盡歸常山王演，及長廣王湛。演、湛在胡臣賀拔仁、斛律光及高歸彥之支持下，楊愔、燕子獻、鄭頤諸漢臣，皆被殺害（此事繆鉞於東魏北齊政治上漢人與鮮卑之衝突一文論之甚詳），高齊政權復操於胡人之手。

自武成以來，西域和士開專制朝政，迨和士開死後，范陽祖珽假陸令萱與穆提婆之助，得任尚書右僕射，珽總攝機衡，每同御榻論決政事，委任之重，羣臣莫比。通鑑卷一七一陳紀云：

齊自和士開用事以來，政體隳紊，及祖珽執政，頗收舉才望，內外稱美。珽復欲增損政務，沙汰官號服章，並依故事，又欲黜閹豎及小輩，爲致之方……。

當祖珽之用事，漢人勢力又漸恢復，中州士族如薛道衡，顏之推諸人，亦被推舉，蓋顏氏爲一富於民族思想之人，於武平三年，祖珽奏立文林館，召引文學之士五十餘人，命顏氏主其事，實有借文林館而培養漢人人才之意。權臣咸陽王斛律光惡之，其後又受羣閹相譖，卒被罷黜。繼之漢臣又一批受戮，通鑑卷一七一陳紀云：

會齊主將如晉陽，季舒與張雕議，以爲壽陽被圍大軍出拒之，信使往還，須稟節度，且道路小人，或相驚恐，以爲大駕幷州，畏避南寇，若不啓諫，恐人情駭動，遂與從駕文官連名進諫，時貴臣趙彥深，唐邕、段孝言等，意有異同，季舒與爭，未決，長鸞遽言於帝曰，諸漢臣官連名總署，聲言諫幸幷州，其實未必不反，宜加誅戮，辛丑，齊主悉召已署名者，集含章殿，斬季舒、雕，李琰及散騎常侍劉逖，黃門侍郎裴澤，郭遵於殿庭，家屬皆徙北邊，婦女配奚，幼男下蠶室，沒入貲產。

自後高齊政權，日趨腐敗，卒爲北周所兼幷。

七　西魏北周政權下之漢人

一　賀拔岳入關與北鎮漢人勢力之提升

魏孝武帝爲高歡所逼，西走入關，宇文泰迎之都長安，是爲西魏。

宇文泰爲鮮卑種，其先遷居武川，魏末，沃野鎮民破六韓拔陵叛變。泰父肱，與賀拔度拔，賀拔岳父子及念賢等俱起，襲殺衞可孤，旋歸鮮于脩禮。肱歿，泰與兄洛生隨葛榮，榮敗，洛生被殺，泰遂歸爾朱榮，其後隨榮部將賀拔岳入關，未幾，岳爲侯莫陳悅所害，泰爲岳部將所推，出領岳軍，遂鎮守關中。按賀氏爲北州望族，其父子兄弟皆一時儁傑。北齊書卷一九賀允傳云：

賀拔允……神武尖山人，祖爾頭，父度拔……與弟岳殺賊帥衞可肱（又作孤）……值高祖（高歡）將出山東……
……自結託高祖，高祖以其北士之望，尤親禮之。

又周書卷一四賀拔勝傳云：

勝與兄允弟岳相失南投肆州。允、岳投爾朱榮，榮與肆州刺史尉慶賓構隙，引兵攻肆州，肆州陷，榮得勝曰：吾得卿兄弟，天下不足平也。

賀氏兄弟，長於北邊，閑於兵馬，習於戰陣，又爲北土之望族，故爾朱榮得之而喜，高歡亦與之相結託，誠爲舉足輕重之人物。賀拔岳不僅驍勇過人，且善交結豪傑，宇文泰初期之將領，皆出自賀拔岳。周書卷一五于謹傳云：

天光與齊神武戰於韓陵山，天光旣敗，謹遂入關，賀拔岳表謹留鎮。

同書卷一五李弼傳云：

遼東襄平人也……永安元年，爾朱天光辟爲別將，從天光西討……又與賀拔岳討万俟醜奴。

又同卷十六侯莫陳崇傳云：

代郡武川人……其後世爲渠帥，祖允，以良家子鎮武川，因家焉。……從岳破元顥於洛陽，遷直寢，後從岳入關。

又同書卷一七若干惠傳云：

代郡武川人，……從爾朱榮征伐，定河北，破元顥……從賀拔岳西征……每有戰功。

又同卷怡峯傳云：

遼西人也，本姓默台，……從賀拔岳討万俟醜奴，與趙貴謀翊戴太祖。

又同書卷一九達奚武傳云：

代人也……爲賀拔岳所知，岳征關右，引爲別將，武遂委以心事之。

又同書卷一六獨孤信傳云：

祖俟尼，和平中，以良家子自雲中鎮武川，因家焉……賀拔岳出鎮荊州，乃表爲大都督。

又同書卷二〇王盟傳云：

其先樂浪人……以良家子鎮武川，因家焉……及爾朱天光入關，盟從之，隨賀拔岳爲前鋒，擒万俟醜奴。

又同書卷二七庫狄昌傳云：

神武人也……年十八，爾朱天光引爲幢主……從天光定關中……天光敗，又從賀拔岳，授征西將軍。

又同卷梁椿傳云：

代人也……從爾朱榮入洛……後從賀拔岳討平万俟醜奴、蕭寶夤等。

賀拔岳率領入關者，除諸胡人外，漢人可考者如下，周書卷一五寇洛傳云：

上谷昌平人也……和平中，以良家子鎮武川，因家焉。……正光末，以北邊賊起，遂率鄉親避地於幷、肆。因從爾朱榮北討，及賀拔岳西征，洛與之鄉里，乃募從入關。

又同書卷一六趙貴傳云：

天水南安人……祖仁，以良家子鎮武川，因家焉……孝昌中，天下兵起，貴率鄉里避難南遷，屬葛榮，陷中山，遂被拘逼，榮敗，爾朱榮以貴爲別將，從討元顥有功……從賀拔岳平關中。

又同書卷一七梁禦傳云：

其先安定人，因官北邊，遂家於武川……爾朱天先西討……知禦有志略，引左右授宣威將軍，共平關右……後從賀拔岳鎮長安。

又同卷劉亮傳云：

中山人……初以都督從賀拔岳西征，解岐州圍。

又同書卷一七王德傳云：

代郡武川人……從賀拔岳討万俟醜奴。

又同書卷一九王雄傳云：

太原人也……永安末，從賀拔岳入關。

又同書卷二二周惠達傳云：

章武文安人……蕭寶夤西征，復隨入關，……賀拔岳獲寶夤，送洛陽，留惠達爲祭酒，給其衣馬，卽與參議，岳爲關中大行臺，以惠達爲從事郎。

又同書卷二七韓果傳云：

武川人也……賀拔岳西征，引爲帳內，擊万俟醜奴。

又同卷梁臺傳云：

洛都長池人也……孝昌中，從爾朱天光討平關隴……賀拔岳引爲心膂。

又同書卷二九李和傳云：

其先隴西西狄道人……和爲州里所推，賀拔岳作鎭關中，乃引和爲帳內都督。

又同卷耿豪傳云：

鉅鹿人也……曾祖超，率衆歸魏，遂家於武川……賀拔岳西征，引爲帳內，賀被害，歸太祖。

又同書卷三二申徽傳云：

魏郡人也……好經史……洛陽兵難未已，遂間行入關，見文帝，薦之於賀拔岳，岳亦相雅敬。

又同書卷三四趙善傳云：

（天水南安人）……少涉經史……永安初，爾朱天光爲肆州刺史……以善爲長史，軍中謀議，每參預之。……賀拔岳總關中兵，乃遣迎善，復爲長史。

又同書卷三七張軌傳云：

濟北臨邑人……父崇，高平令，永安中，隨爾朱榮擊元顥……爾朱氏敗，後遂杖策入關，賀拔岳以軌爲記室參軍，典機密。

又同書卷三八呂思禮傳云：

東平壽張人也……尋以地寒被出兼國子博士，乃求爲關西大行臺，爲賀拔岳所重，專掌機密，甚得時譽。

又同卷蘇亮傳云：

武功人也……爾朱天光等西討，竝以亮爲郎中，專典文翰……賀拔岳爲關西行臺，引亮爲左丞、典機密。

以上徵引二十六人，皆隨賀拔岳入關，或爲賀拔岳知遇引用而見諸史傳，綜合上述資料，可以說明：

一、賀拔岳之入關，其部將出自代郡武川者幾佔一半，可見西魏初期依然沿襲六鎮以來北鎮爲中心之軍事系統。

二、在二十六人中，漢人佔十六人，可見在胡漢集團中，漢人已佔極大比量。

三、此中漢人，非全爲武夫，頗多涉獵經史者，其中人物與後來宇文泰之再度推行漢化頗有關係。

按賀拔岳能延用文士，與其早受漢化有關，周書卷一四賀拔勝附岳傳云：

岳……有大志，愛施好士，初爲太學生。及長能左右馳射，驍果絕人，不讀兵書，而暗與之合。

不僅岳受學於太學，而其兄勝亦愛墳籍。勝傳云：

勝長於喪亂中，尤工武藝，……自居重位，始愛墳籍，乃招引文儒、討論義理，性又通率，重義輕財，身死之日，惟有隨身兵仗，及書數千卷而已。

賀氏兄弟，既善於戰陣，又能結交豪傑，復通經史，誠爲北鎮武人中之傑出者。此與爾朱榮、高歡絕然不同。宇文泰之所以能專制於西魏，實得賀拔岳之遺業，故岳傳云：

賀拔元功夙殞，太祖（宇文泰）借以開基。

此語誠爲篤論。

二　關隴漢人勢力之高張

賀拔岳雖爲宇文泰在關中開創基業，然賀氏所率領「六坊之衆」亦屬有限，周書岳傳載，「天光之衆，不滿二千。」又云「岳以二千之羸兵，抗三秦之勁敵」。可見爾朱天光與賀拔岳之西征，兵員不過二千而已。又隋書卷二四食貨志載「六坊之衆從武帝而西者，不能萬人」以此少數之兵，實不足以控制關隴，更不足以與擁衆數十萬之高歡相抗。故宇文泰繼賀拔岳以後，極力招引山東士族，或具有實力漢人，以圖鞏固其地位。周書卷二七蔡祐傳云：

蔡祐其先陳留人也……正光中，万俟醜奴寇亂關中，……背棄妻子歸洛陽，拜齊安郡。及魏孝武西遷，仍在關東，後始拔難西歸。

又同書卷三四裴寬傳云：

裴寬……河東聞喜人也……涉獵羣書，弱冠爲州里所稱，（齊）文襄甚異之，謂寬曰，卿三河冠蓋，材識如此，我必使卿富貴，關中貧枝，何足可依，勿懷異圖也，因解鏁付館，厚加其禮，寬乃裁臥氈夜縋而出，因得遁還，見太祖。

又同書卷三六段永傳云：

其先遼西石城人，魏正光末，六鎮擾亂，還携老幼避地中山，……後赴洛陽……投恒州刺史，於時朝貴多其部人，謁永之日，冠蓋盈路，當時榮之。

又同書卷三五崔猷傳云：

崔猷……博陵安平人……旣遭家難，遂間行入關，謁孝武，哀動左右，帝爲之改容。旣退，帝目送之，曰：忠孝之道，萃此一門，卽以本官奏門下事，與盧辯等掀修六官。

又同卷鄭孝穆傳云：

鄭孝穆……滎陽開封也……涉獵經史……及孝武西遷，從入關，除司徒左長史……太祖總戎東討，除大丞相府右長史……命穆與左長史長孫儉，司馬揚寬，尚書蘇亮，諮議劉孟良等分掌衆務，仍令孝穆引接關中歸附人士，幷品藻才行而任用之，孝穆撫納銓叙，咸得其宜。

又同書卷三六司馬裔傳云：

司馬裔……河內温人也……（大統）八年，率其義衆入朝，太祖嘉之……頃之，河內有四千餘家歸附，竝裔之鄉舊，乃授前將軍大中大夫，領河內郡守，令安集流民。

又同卷裴果傳云：

裴果……河東聞喜人……授河北郡守，及齊神武敗於沙苑，果乃率其宗黨歸闕，太祖嘉之。

又同書卷三八薛憕傳云：

薛憕……河東汾陰人也……曾祖弘敞，值赫連之亂，率宗人避地襄陽……憕與孝通遊長安，侯莫陳悅聞之，召爲行臺郎中……尋而太祖平悅，引憕爲記室參軍。

又同書卷四二宗懔傳云：

宗懔……南陽涅陽人也……又江陵平，與王褒等入關，太祖以懔名重南土，甚禮之。

又同書卷四四陽雄傳云：

陽雄……上洛邑陽人也，世爲豪族……父猛……魏正光中、万俟醜奴作亂關右，朝廷以猛商洛首望，乃擢爲襄威將軍，大谷鎮將，帶胡城令。

宇文泰所招納之人物，頗重其地望，故山東甚至江南之世族，亦頗多受其招撫，宇文氏曾於大統十五年，公開宣佈，若山東諸將，能率衆入關者，竝加重賞（見司馬裔傳），其採用招撫政策，實有鑑於關中兵員之缺乏，其徵引山東士族，亦有鑑於政治人才之缺乏，而不得不採取此項措施。

宇文泰以武川鎮人而遠據關隴，兵力既有限，除極力招撫山東士族之支持外，對於關隴望族更爲重視，凡當地高望均禮遇之。周書卷二七辛威傳云：

辛威……隴西人也……出爲鄜州刺史，時望旣重，朝廷以桑梓榮之，遷河州刺史。

又同書卷二九王傑傳云：

王傑……金城直城人也……魏孝武初……出爲河州刺史……朝廷以傑勳望俱重，故授以本州。

又同書卷三一韋孝寬傳云：

韋孝寬……京兆杜陵人也……世爲三輔著姓……孝寬涉獵經史，弱冠屬蕭寶夤作亂關右，乃詣闕爲軍前驅，朝廷嘉之，卽拜統軍。

又同書卷三六令狐整傳云：

令狐整……燉煌人也……世爲西土冠冕……魏東陽王元榮，辟整爲主簿，加盪寇將軍，整進趨詳雅……謁見之際，州府傾目，榮器整德望，嘗謂僚屬曰，令狐延保（整字）西州令望，方城重器，豈州郡之職所可縶維，但一日千里，必基武步，寡人當委以庶務，畫諾而已。頃之，魏孝武西遷，河右擾亂，榮仗整扞州境獲寧。

又同書卷三八蘇湛傳云：

蘇湛……武功人……與亮俱著名西土……遷中侍郞。

又同書卷三九王子直傳云：

王子直……京兆杜陵人也……世爲郡右族……賀拔岳入關，以子直爲開府主簿……魏恭帝初，徵拜黃門侍郎。

又同卷梁昕傳：

梁昕……烏人也，世爲關中著姓，其先因家徙居京兆盩厔……太祖迎魏孝武，軍次雍州，昕以三輔望族，上謁太祖，見昕容貌瓌偉，深賞異之。

又同卷皇甫璠傳云：

皇甫璠……安定三水人也，世爲西州著姓，後徙居京兆焉……太祖爲牧……每蒙褒賞。大統四年，引爲丞相府參軍。

又同卷辛慶之傳云：

辛慶之……隴西狄道人也，世爲隴右著姓……　莊帝暴崩，遂出兗、冀間，謀結義徒以赴難……！及賀拔岳爲行臺，復啓慶之爲行臺吏部郎中……太祖東討，爲行臺左丞。

宇文泰當時既求獲得關隴地區漢人之支持，則必先通過當地之首望。宇文泰語燉煌望族令狐整曰：「卿少懷英畧，早建殊勳，今者官位未足酬賞，方當與卿共平天下，同取富貴」。惟此語出自令狐德棻之周書，整爲德棻之祖父，此語是否有溢美之嫌，則不可得而知，而宇文氏之力圖拉攏關隴著姓首望則爲事實。

是時戰亂頻仍，當地士族首望，多糾合鄉人，或散資財招募義徒，以圖自衞，於是關隴一帶，地方勢力，不斷增長，而宇文泰亦不得不依附此等具有勢力之漢人，周書卷二五李賢傳云：

永安中，万俟醜奴據岐、涇等諸州反叛，魏孝莊遣天光率兵擊破之……賢又率鄉人出馬千匹以助天光軍……

賊黨（万俟道洛）入城……賢復率鄉人殊死戰……（大統）四年，莫折後熾連結賊黨，所在寇掠，賢率鄉兵行涇州事。

又同書卷二八史寧傳云：

杜洛周構逆，亦鎮自相屠陷，遵（寧父）遂率鄉里二千家奔恒州……時賊莫折後熾寇掠居民，寧率州兵與……李賢討破之。

又同書卷二九侯植傳云：

侯植……上谷人也……高祖恕，魏北地郡守，子孫因家於北地之三水，遂爲州郡冠族……正光中，天下喪亂，羣盜蜂起，植乃散家財，率募勇敢，以功拜統軍。復從賀拔岳討万俟醜奴等。

又同書卷三九杜杲傳云：

杜杲……京兆杜陵人也……杲學涉經史……仇州人仇周貢構亂……杲率郡兵與（趙）昶合勢，遂破之。

又同書卷四四企泉傳云：

孝昌初……及蕭寶夤反，遣其黨郭子恢襲據潼關，企率鄉兵三千人拒之，連戰數日，子弟死者二十許人，遂大破子恢……齊神武率衆至潼關，企遣其子元禮督鄉里五千人，北出太谷以禦之，齊神武不敢進……太祖令仲遵率鄉兵從開府楊忠討之。

由於魏末之際，天下騷然，賊黨四起，朝廷無法兼顧，自是各地高門大族，不得不挺身而出，率領鄉勇以抗賊逆。此外亦有藉鄉人州里之力以立義者，周書卷三六鄭偉傳云：

及孝武西遷，偉亦歸鄉里（滎陽開封），不求仕進。大統三年，河內公獨孤信旣復洛陽，偉謂其親族曰：今嗣主中興鼎業，據有崤函……於是與宗人滎業糾合州里，建義於陳留，衆有萬餘人，遂攻拔梁州。

又同書卷三六劉志傳云：

獨孤信復洛陽，志糾合義徒，舉廣州歸國。

又同書卷三七趙肅傳云：

大統三年，獨孤信東討，肅率宗人爲鄉導……領所部義徒據守大塢。

又同卷裴文舉傳云：

裴文舉……河東聞喜人也……大統三年，東魏來寇，邃（文舉父）乃糾合鄉人，分據險要以自固……及李弼略地東境，邃爲鄉導，多所降下，太祖嘉之。

又同書卷四四席固傳云：

席固……其先安定人也……侯景渡江，梁室大亂，固久居郡職，士多附之，遂有親兵千餘人……遷興州刺史，於是纂從者五千餘人，固遂自據一州以觀時變，時懼王師進討，方圖內屬，時太祖方欲南取江陵，西定蜀漢，聞固之至，甚禮遇之。

又同書卷三三王悅傳云：

王悅……京兆藍田人也……爲州里所稱……太祖初定關隴，悅率募鄉里從軍，屢有戰功……東魏將侯景攻圍洛陽，太祖赴援，悅又率鄉里千餘人從軍至洛陽。

此外復有憑鄉勇義徒與東魏相抗者。周書卷四三魏玄傳云：

及魏孝武西遷，東魏北徙，人情騷動，各懷去就，玄遂率募鄉曲立義於關南……自是每率鄉兵抗拒東魏。

又同卷韓雄傳云：

太祖遣雄還鄉里，更圖進取，乃招集義徒進逼洛州。

又同卷陳忻傳云：

魏孝武西遷之後，忻乃於辟惡山，招集勇敢少年數千人，寇掠東魏，仍密遣使歸附。

此外更有率勵鄉人以抗强胡者，周書卷二五李遠傳云：

魏正光末，天下鼎沸，勅勒賊胡琛侵逼原州，其徒甚盛，遠昆季率勵鄉人，欲圖拒守，而衆情猜懼，頗有異同。遠乃按劍而言曰：頃年以來，皇家多難，匈奴乘機肆毒……正是忠臣立節之秋，義士建功之日，丈夫豈可臨難苟免，當在死中求生耳。……於是衆皆股慄，莫不聽命。

又同書卷二九楊紹傳云：

稽胡恃衆與險，屢爲折竊，紹率鄉兵從侯莫陳崇討之。

按漢人地方勢力之日大，仍有一事足以證明，周書卷一八王羆傳云：

（大統）三年……茹茹渡河南，寇候已至幽州，朝廷慮其深入，乃徵發士馬，屯守京城塹諸街巷以備侵軼，左僕射周惠達召羆議之，羆不應命，謂其使曰，若茹茹至渭北者，王羆率鄉里自破之，不煩國家兵馬，何爲天子城中，遂作如此驚動，由周家小兒恇怯致此。

王羆爲京兆之著姓，其言當非虛言也。

在地方上漢人勢力之不斷擴展，加諸從賀拔岳入關者不足以制關隴，於是宇文泰不得不將地方上之鄉兵加以徵集，以加强關隴之軍事力量。宇文泰之招撫鄉兵，特由於大統九年三月，與東魏高歡邙山一役戰敗以後，由於鄉兵之日見重要，因而拔選當地望族以領鄉兵。周書卷三九韋瑱傳云：

韋瑱……京兆杜陵人也……世爲三輔著姓……大統，齊神武侵汾絳，瑱從太祖禦之，拜鴻臚卿，以望族兼領鄉兵，加帥都督。

又同書卷三二柳敏傳云：

敏……河東解縣人……遷禮部郎中……加帥都督，領本鄉兵，俄進大都督。

又同書卷三七郭彥傳云：

郭彥……太原陽曲人也，其先從宦關右，遂居馮翊……大統十二年，初選當州首望，統領鄉兵，除帥都督、持節平東將軍。

又同書卷二三蘇椿傳云：

蘇椿……武功人……綽弟……椿當官彊濟，特爲太祖所知。（大統）十四年，置當州鄉帥，自非鄉望，允當衆心，不得預焉，乃令驛追椿領鄉兵，其年破槃頭氏有功，除散騎常侍，加大都督。

據各傳所載，西魏以鄉望領鄉兵者，最早見於韋瑱傳，韋瑱之以鄉望領鄉兵亦在大統八年以後。按東西魏於芒山之戰，對於漢人勢力之提升頗有關係，北史卷九文帝紀云：

（大統）九年……三月，齊神武據芒山，陣不進者數日，帝留輜重於瀍曲，軍士銜枚夜登芒山，未明擊之，神武單騎爲賀拔勝所逐，僅免。帝（宇文泰）率右軍若干惠大破神武軍，悉虜其步卒，趙貴等五將軍居右，戰不利，神武復合戰，帝又不利，夜引還入關屯渭上，神武進至陝，開府達奚武等禦之，乃退。帝以芒諸將失律，上表自貶，帝不許，於是廣募關隴豪右，以增軍旅。

芒山一役，宇文泰傾全力以應戰，損失甚重，胡三省通鑑注謂「邙（又作芒）山之戰，蓋俱傷而兩敗」。據此役，泰之精銳損失數萬人，遂不得不廣募關隴豪右，以增軍旅，宇文氏此一措施，不僅使山東諸州豪右，或關隴望族從地方武力，而漸漸轉移握有中央之軍政大權，而且國家之主要兵源，率多由漢族農民擔當，此時已不止「夏人半爲兵」矣。其後府兵制度之形成，亦以此爲基礎。此一轉變，已代替昔日以鮮卑爲主體之軍隊。其後周武帝以均田制中六戶中等以上，家有三丁，選材力一人以充府兵，此一政策使漢人之軍事勢力在宇文氏政權中更進一步。

三　宇文氏之興革與漢儒關係

宇文泰既鎭守關隴，且鑑於情勢，不得不在政制上力求改革。周書卷二文帝紀云：

太祖以戎役屢興，民吏勞弊，乃命所司，斟酌今古，參攷通變，可以益國利民者，便時洽治者，爲二十四條新制，奏魏帝行之。

宇文泰出自行伍，政制之興置，非其所長，故其相西魏，遂命所司，斟酌今古，參攷變通。而是時參豫其事者，攷之史傳，皆爲漢儒。茲舉其著者，周書卷二三蘇綽傳云：

綽，武功人也……少好學，博覽羣書，尤善筭術……太祖……因問天地造化之始，歷代興亡之迹，綽既有口辨，應對如流……拜大行臺左丞，參典機密，自是寵遇日隆，綽始制文案程式，出朱墨入，及計帳戶籍之法，……太祖方欲革易時政，務弘强國富民之道，故綽得盡其智，贊成其事，減官員，置二長，并置屯田以資軍國，又爲六條詔書奏行之。

又同書卷二四盧辯傳云：

辨……范陽涿陽人也……太祖以辯有儒術，甚禮之，自魏末離亂，孝武西遷，朝章禮度，湮墜咸盡，辯因時制宜，皆合軌道……凡所創制，處之不疑，初，太祖欲行周官，命蘇綽等掌其事。未幾綽卒，乃令辯成之，於是依周禮建六官，置卿大夫，並撰次朝儀，車服器用，多依古禮。

又同書卷三二柳敏傳云：

敏……河東解縣人……及文帝剋復河東，見而器之，乃謂之曰：今日不喜得河東，喜得卿也……又與蘇綽等修撰新制，爲朝廷政典。

又同卷唐瑾傳云：

瑾……博涉經史，雅好屬文……於時魏室播遷，庶務草㪍，朝廷國典，瑾並參之。

又同書卷三八薛憕傳云：

又同卷薛寘傳云：

太統初，儀制多闕，太祖令憕與盧辯，檀翥等參定之。

寔……河東汾陰人……幼覽篇籍，好屬文……朝廷方改物剏制，欲行周禮，乃令寔與小宗伯盧辯斟酌古今，

共詳定之。

上述諸人，皆當時北方大儒，並參預宇文氏各項政制之興設，尤以蘇綽影響至爲深鉅，西魏北周之府兵制，亦創議於綽，綽實爲宇文氏之開創功臣，宇文之所以能任用蘇綽，則由於周惠達之薦舉，而周惠達之所以爲宇文泰所重用，亦由於賀拔岳時能任用士人，故西魏北周之再漢化，與賀拔岳之開創規模，不無關係也。

考蘇綽在西魏，不僅於中央政制興革，與軍事之革新有所建樹，對於元魏以來，地方吏治之腐化亦能着眼。蓋元魏以來，吏治之壞，有甚於南朝，魏書卷八八良吏傳云：

有魏初拓中州，兼并疆域……政術治風，未能咸允，雖動貽大戮，而貪虐未悛，亦由網漏吞舟，時掛一目。高祖肅明綱紀，賞罰必行，肇革舊軌，時多奉法，世宗優遊而治……太和之風，頗以陵替，肅宗馭運，天下淆然，其於移風革俗之美……九州百郡無所聞焉。

元魏吏治之壞，實由武夫出牧外，藩而其影響及於北齊。蘇綽深悟此弊，故其論政，尤先及於州郡之吏治。其爲六條詔書云：

其一治心，曰：凡今之方伯守令，皆受天朝出臨下國，論其尊貴，並古之諸侯也，是以前世帝王每稱其治天下者，唯良宰守耳……

其二敦教化，曰：……然世道雕喪，已數百年大亂滋甚，且二十歲民不見德，唯兵革是聞，上無教化，唯刑罰是用……比年稍登稔，徭役賦差輕，衣食不切，則教化可脩矣，凡諸牧守令長，宜洗心革意，上承朝旨，

下宣教化矣……

其三盡地利，曰：……夫衣食所以足者，在於地利盡，地利所以盡者，由於勸課有方，主此教者，在乎牧守令長而已。

其四擢賢良，曰：……上至帝王，下及郡國，置臣得賢則治，失賢則亂……今刺史守令，悉有僚吏，皆佐治之人也，刺史府官，則命於天朝，其州吏以下，並牧守自置，自昔以來，州郡大吏，但取門資，多不擇賢良，末曹小吏，唯試刀筆，並不問志行，夫門資者，乃先世之爵祿，無防子孫之愚瞽，刀筆者，乃身外之末材，不廢性行之德僞，若門資之中而得賢良，是則策騏驥而取千里也，若門資之中而得愚瞽，是則土牛木馬形似而非，不可以涉道也……今之選舉者，當不限資蔭，唯在得人……如聞在下州郡，尙有兼假擾亂細民，甚爲無理，諸如此輩，悉宜罷黜，得無習常，非直州郡之官，宜須善人，爰至黨族，閭里正長之職，皆當審擇，各得一鄉之選，以相監統，夫正長者，治民之基，基不傾者，上必安……

其五卹獄訟，曰……

其六均賦役，曰……租稅之時，雖有大式，至於斟酌貧富差次先後，皆事起於正長，而繫之於守令，若斟酌所得，則政和而民悅，若檢理無方，則吏姦而民怨……太祖甚重之，常置諸座右，又令百司習誦之，其牧守令長，非通六條及計帳者，不得居官。（周書蘇綽傳）

按蘇綽所提出之六項，大都以牧守令長爲整頓之對象，求治之道，非整頓地方吏治不可。蘇綽六項中五項，皆及於牧守令長。而蘇綽之議，尤要者，卽爲擢用賢良，以圖打破以往選舉格於門資之流弊。此一問題，非無前賢之倡導，然迫於情勢，未得施行。至宇文泰時，始得實施，據周書卷二文帝紀下云：

大統十年……以太祖前後所上二十四條，及十二條新制，方爲中興永式，乃命尚書蘇綽詳更損益之，總爲五卷，班於天下，於是搜簡賢才，以爲牧守令長，皆依新制而遣焉。數年之間，百姓便之。

按蘇綽等諸儒之政治理想得以順利施行，與鮮卑族舊族隨之西播者之甚少有關，蓋宇文立國，實仗賴漢人，故其措施，亦須求適宜於漢人，此一情勢，與昔日孝文之推行漢化仍有鮮卑權貴諸多阻梗不同也。

八　附表

附表說明：

以下兩表，一依萬斯同元魏將相年表，一依吳廷燮元魏方鎮年表加以排比。蓋欲統計元魏胡漢勢力之升沈，若以其人數多寡作斷，似不中肯，一由於一人之權力有高下，其影響自有不同；其次則一人之歷官有久暫，有數十年者，亦有一二載而終者，此表依胡漢兩方於每年中任官人之多寡作算，殆較諸純以人數作單位者稍爲準確。

一　元魏歷朝胡漢將相比較表

太祖		相職		將職	
		胡	漢	胡	漢
皇始	一	2	3	3	0
	二	2	4	3	0
天興	一	5	4	3	0
	二	3	3	3	0
	三	3	2	3	0
	四	3	2	4	0
	五	4	2	3	0
	六	5	1	4	0
天賜	一	5	1	3	0
	二	5	1	3	0
	三	5	0	3	0
	四	4	0	3	0
	五	3	0	2	0
合計		44	23	40	0
百分比		65.7% : 34.3%		100% : 0%	

太宗	相職 胡	相職 漢	將職 胡	將職 漢
永興 一	7	1	5	0
二	5	1	5	0
三	5	1	5	0
四	6	1	5	0
五	4	1	5	0
神瑞 一	3	1	5	0
二	3	1	3	0
太常 一	2	1	3	0
二	3	1	2	0
三	3	1	2	0
四	3	0	2	0
五	3	0	2	0
六	3	0	2	0
七	5	0	6	0
八	8	0	7	0
合計	63	10	59	0
百分比	86.3%	13.7%	100%	0%

世祖

年號	年	相職 胡	相職 漢	將職 胡	將職 漢
始光	一	8	0	7	0
	二	8	0	6	0
	三	9	1	6	0
	四	8	1	7	0
神䴥	一	10	1	7	0
	二	8	1	7	1
	三	9	2	9	2
	四	10	3	11	2
延和	一	10	2	10	1
	二	10	2	9	1
	三	9	2	11	1
太延	一	11	1	11	1
	二	9	2	13	1
	三	9	2	14	0
	四	7	2	13	0
	五	8	3	13	0
太平眞君	一	6	4	14	0
	二	6	4	13	0
	三	7	4	14	2
	四	6	4	10	4
	五	5	5	13	3
	六	5	4	13	2
	七	5	4	12	2
	八	4	3	11	2
	九	3	3	9	2
	十	4	2	7	2
	十一	5	2	8	2
正平	一	6	3	8	2
合計		205	67	286	33
百分比		75.3%	24.7%	89.7%	10.3%

高宗

		相職		將職	
		胡	漢	胡	漢
興安	二	17	4	10	2
	一	7	1	9	3
興光	一	7	1	8	1
太安	一	5	2	7	2
	二	9	1	4	1
	三	8	2	4	1
	四	8	2	4	1
	五	8	2	4	1
和平	一	8	1	3	1
	二	7	1	8	1
	三	6	1	6	1
	四	7	2	6	1
	五	6	2	8	1
	六	13	3	7	2
合計		116	25	88	19
百分比		82.3% :	17.7%	82.2% :	17.8%

顯祖

		相職		將職	
		胡	漢	胡	漢
天安	一	11	4	6	3
皇興	一	8	4	6	3
	二	8	4	8	2
	三	7	4	8	2
	四	7	4	10	1
合計		41	20	38	11
百分比		67.2% :	32.8%	77.3% :	22.7%

高祖	相職		將職	
	胡	漢	胡	漢
延興一	8	2	9	1
二	8	3	10	1
三	8	3	11	1
四	10	1	10	1
五	7	2	10	1
承明一	10	7	12	2
太和一	9	3	9	1
二	7	5	10	1
三	10	7	10	2
四	9	4	11	1
五	8	5	10	2
六	8	5	9	2
七	6	5	9	1
八	6	4	10	1
九	8	5	15	1
十	6	7	13	1
十一	6	7	13	1
十二	8	6	12	0
十三	12	6	12	0
十四	7	5	10	0
十五	10	5	12	0
十六	13	11	12	1
十七	10	7	8	0
十八	14	5	11	1
十九	10	2	11	1
二十	8	3	8	1
廿一	8	2	2	1
廿二	6	3	9	0
廿三	10	6	10	0
合計	250	136	298	26
百分比	64.8%	: 35.2%	92%	: 8 %

世宗

年		相職 胡	相職 漢	將職 胡	將職 漢
景明	一	10	7	7	0
	二	15	3	7	0
	三	10	3	5	0
	四	12	1	4	0
正始	一	12	2	5	0
	二	9	2	3	0
	三	10	2	2	1
	四	10	3	1	1
永平	一	8	2	1	0
	二	8	2	1	0
	三	8	2	1	0
	四	8	3	1	0
延昌	一	7	5	2	0
	二	7	2	2	0
	三	7	3	4	0
	四	15	7	7	1
合計		159	49	53	3
百分比		76.1%	23.9%	94.7%	5.3%

肅宗

		相職		將職	
		胡	漢	胡	漢
熙平	一	8	6	3	1
	二	14	5	3	3
神龜	一	12	2	2	3
	二	11	3	4	2
正光	一	15	3	5	2
	二	13	5	4	2
	三	11	4	4	1
	四	11	5	4	1
	五	13	4	6	1
孝昌	一	13	7	6	4
	二	20	5	9	2
	三	16	3	11	0
合計		157	52	64	22
百分比		75.1%	24.9%	74.4%	25.6%

敬宗

		相職		將職	
		胡	漢	胡	漢
永安	一	28	6	8	3
	二	19	10	4	3
	三	16	8	12	1
普泰	一	20	7	18	7
永熙	一	22	11	25	14
	二	20	6	30	15
	三	18	4	34	14
合計		143	52	131	57
百分比		73.8%	26.2%	69.7%	30.3%

西魏	相職 胡	相職 漢	將職 胡	將職 漢
孝武 永熙一	15	1	2	1
文帝 大統一	18	2	3	4
二	16	3	4	3
三	11	7	10	7
四	11	3	11	6
五	10	3	11	6
六	8	3	13	5
七	5	3	16	7
八	5	5	14	7
九	6	4	16	6
十	8	3	17	6
十一	9	3	18	5
十二	6	5	15	7
十三	9	3	13	9
十四	8	5	16	7
十五	9	3	15	9
十六	13	7	9	3
十七	10	8	10	3
廢帝 一	11	8	11	3
二	9	10	12	3
恭帝 一	11	12	13	4
二	4	10	12	6
三	13	9	11	7
合計	235	120	272	124
百分比	66.2%	33.8%	68.7%	31.3%

東魏	相職 胡	相職 漢	將職 胡	將職 漢
孝靜帝 天平 一	15	9	0	1
二	12	15	0	1
三	14	12	0	2
四	13	11	0	1
元象 一	15	9	1	1
興和 一	11	9	1	1
二	9	9	1	1
三	10	9	1	1
四	12	9	1	1
武定 一	8	11	1	1
二	12	11	1	0
三	9	9	1	0
四	9	6	1	1
五	12	13	1	1
六	10	9	0	0
七	15	8	0	1
八	13	5	1	0
合計	199	164	11	14
百分比	54.9%	45.1%	42%	58%

二　元魏歷朝胡漢刺史比較表

州名	太祖																			
	始皇1		2		天興1		2		3		4		5		6		天賜1			
	胡	漢	胡	漢	胡	漢	胡	漢	胡	漢	胡	漢	胡	漢	胡	漢	胡	漢		
司																				
豫																				
兗																				
徐																				
青																				
齊																				
荊																				
洛																				
東荊																				
揚																				
郢																				
雍																				
涇																				
秦																				
華																				
岐																				
夏																				
涼																				
梁																				
益																				
恒																				
朔																				
幷	×		×		×		×			×							×			
冀						×		×									×			
定									×		×									
瀛																				
相													×		×		×			
幽	×		×	×		×	×		×		×		×		×		×			
營																				
平																				
計合	2		2	1	1	2	2	1	2	1	2		2		2		4			

州名	太祖 天賜2 胡	漢	3 胡	漢	4 胡	漢	5 胡	漢	太宗 永興1 胡	漢	2 胡	漢	3 胡	漢	4 胡	漢	5 胡	漢
司																		
豫																		
兗																		
徐																		
青																		
齊																		
荆																		
洛																		
東荆																		
揚																		
郢																		
雍																		
涇																		
秦																		
華																		
岐																		
夏																		
涼																		
梁																		
益																		
恒																		
朔																		
幷	×		×						×		×		×		×		×	
冀	×		×		×						×		×		×		×	
定													×		×			
瀛																		
相					×		×		×		×				×		×	
幽	×		×		×		×		×		×		×		×		×	
營																		
平																		
合計	3		3		3		2		3		4		4		5		4	

	胡	漢
總　計：	30	5
百分比：	85.8%	14.2%

州名	太宗																	
	神瑞 1		2		太常 1		2		3		4		5		6		7	
	胡	漢	胡	漢	胡	漢	胡	漢	胡	漢	胡	漢	胡	漢	胡	漢	胡	漢
司																		
豫																		
兗																		
徐																		
青																		
齊																		
荊																		
洛																		
東荊																		
揚																		
郢																		
雍																		
涇																		
秦																		
華																		
岐																		
夏																		
涼																		
梁																		
益																		
恒																		
朔																		
幷	×		×		×		×		×		×		×		×		×	
冀	×		×		×				×									
定									×		×		×					
瀛																		
相	×		×		×		×		×									
幽	×		×		×		×		×									
營																		
平																		
合計	4		4		4		3		4		2		2		1		1	

州名	太宗			世祖													
	大常 8			始光 1		2		3		4		神麚 1		2		3	
	胡	漢		胡	漢	胡	漢	胡	漢	胡	漢	胡	漢	胡	漢	胡	漢
司																	
豫																	
兗																	
徐																	
青																	
齊																	
荆																	
洛																	
東荆																	
揚																	
郢																	
雍																	
涇																	×
秦																	
華																	
岐																	
夏				×								×		×		×	
涼																	
梁																	
益																	
恒																	
朔																	
幷						×		×		×		×		×			
冀				×		×		×		×		×		×			
定						×		×		×		×					
瀛																	
相		×			×		×		×			×					
幽										×		×		×		×	×
燒																	
平																	
合計		1		2	1	3	1	3	1	4		6		3		2	2

	胡	漢
總計：	46	1
百分比：	97.9%	2.1%

州名	世祖 神麚4 胡	神麚4 漢	延和1 胡	延和1 漢	2 胡	2 漢	3 胡	3 漢	太延1 胡	太延1 漢	2 胡	2 漢	3 胡	3 漢	4 胡	4 漢	5 胡	5 漢
司																		
豫																		
兗																		
徐																		
青																		
齊																		
荊																		
洛																		
東荊																		
揚																		
郢																		
雍		×	×	×	×		×		×		×		×		×		×	
涇				×		×	×		×									
秦											×						×	
華																		
岐																		
夏	×		×		×		×		×		×		×		×		×	
涼																	×	
梁																		
益																		
恒																		
朔																		
幷			×		×		×		×		×				×			
冀	×		×	×		×							×					
定	×								×		×							
瀛				×														
相		×				×		×		×		×		×		×		×
幽	×		×		×	×		×		×								×
營													×		×		×	
平											×		×		×		×	
合計	4	2	5	4	4	4	4	2	5	2	6	1	5	1	5	1	6	2

州名	世祖 1 太平眞君 胡	漢	2 胡	漢	3 胡	漢	4 胡	漢	5 胡	漢	6 胡	漢	7 胡	漢	8 胡	漢	9 胡	漢
司																		
豫																		
兗																		
徐																		
青																		
齊																		
荊																		
洛																		
東荊																		
揚																		
郢																		
雍	×			×	×	×		×		×	×	×	×		×		×	
涇											×							
秦		×		×		×	×	×	×		×		×		×		×	
華																		
岐																		
夏									×		×		×		×		×	
涼	×		×	×		×		×										
梁					×	×		×		×		×		×		×		×
益																		
恒																		
朔										×		×		×		×		×
幷			×											×		×		×
冀				×		×		×		×		×		×		×		
定						×		×		×							×	
瀛																		
相		×		×		×		×		×		×		×		×		×
幽																		
營	×		×		×		×			×	×		×		×		×	
平	×		×		×		×											
合計	4	2	4	5	4	7	3	7	2	7	5	5	4	5	4	5	5	4

州	世祖									高宗							
	太平眞君 10		11		正平 1		2			興安 1		2		興光 1		太安 1	
名	胡	漢	胡	漢	胡	漢	胡	漢		胡	漢	胡	漢	胡	漢	胡	漢
司																	
豫																	
兗																	
徐																	
青																	
齊																	
荆																	
洛																	
東荆																	
揚																	
郢																	
雍	×		×		×		×			×		×		×		×	
涇	×															×	
秦	×		×		×		×			×		×		×		×	
華																	
岐																	
夏	×		×		×		×			×		×		×		×	
涼	×				×							×				×	
梁		×		×		×		×			×		×			×	
益																	
恒																	
朔		×		×		×		×			×		×		×		×
幷		×														×	
冀		×	×	×	×		×			×		×		×			
定							×			×		×		×			×
瀛																	
相		×		×			×			×		×		×		×	
幽												×		×		×	
營							×			×		×		×		×	
平													×		×		×
合計	5	5	4	4	5	2	7	2		7	2	9	3	8	2	10	3

	胡	漢
總　計：	123	84
百分比：	59.5%	40.5%

州名	高宗 太安2		3		4		5		和平1		2		3		4		5	
	胡	漢	胡	漢	胡	漢	胡	漢	胡	漢	胡	漢	胡	漢	胡	漢	胡	漢
司																		
豫																		
兗																		
徐																		
青																		
齊																		
荊																		
洛																		
東荊																		
揚																		
郢																		
雍	×		×		×		×		×		×		×		×		×	
涇					×		×		×			×		×		×		×
秦	×		×		×		×			×		×		×		×		×
華																		
岐																		
夏									×		×		×		×		×	
涼	×		×		×						×							
梁																		
益																		
恒																		
朔		×		×		×		×		×		×		×		×		×
并	×					×		×		×			×		×		×	
冀	×		×		×		×		×		×		×		×		×	
定		×							×		×			×		×		×
瀛																		
相	×		×		×	×		×		×		×		×		×		×
幽	×		×		×		×		×	×		×						
營	×		×			×		×		×	×		×				×	
平		×		×		×												
合計	8	3	7	2	7	5	5	4	7	6	6	5	5	5	4	5	5	5

州名	高宗 和平 6 胡	高宗 和平 6 漢		顯祖 天安 1 胡	顯祖 天安 1 漢	顯祖 皇興 1 胡	顯祖 皇興 1 漢	顯祖 2 胡	顯祖 2 漢	顯祖 3 胡	顯祖 3 漢	顯祖 4 胡	顯祖 4 漢		高祖 延興 1 胡	高祖 延興 1 漢
司																
豫				×		×		×		×		×			×	
兗					×		×	×			×		×		×	×
徐					×		×		×	×		×			×	
青					×		×		×	×		×				×
齊											×		×		×	
荆																
洛																
東荆																
揚																
郢																
雍	×	×		×	×	×	×	×	×	×	×	×	×			×
涇		×			×		×		×		×		×			×
秦		×			×		×		×		×		×			×
華																
岐																
夏	×									×		×			×	
涼	×			×		×		×		×		×			×	
梁												×			×	
益																
恒																
朔		×			×		×		×		×		×			×
幷					×		×		×		×		×			×
冀	×			×							×		×		×	
定	×			×		×					×		×			
瀛																
相		×			×		×		×	×	×	×			×	
幽							×		×		×		×			×
營	×			×		×					×		×		×	
平					×		×		×		×		×			
合計	6	5		6	10	5	11	4	10	7	13	8	12		10	8

	胡	漢
總　計：	94	55
百分比：	63.1%	36.9%

	胡	漢
總　計：	30	56
百分比：	34.8%	65.2%

州名	高祖 延興2 胡	延興2 漢	3 胡	3 漢	4 胡	4 漢	5 胡	5 漢	承明1 胡	承明1 漢	太和1 胡	太和1 漢	2 胡	2 漢	3 胡	3 漢	4 胡	4 漢
司																		
豫	×		×		×		×		×		×		×		×		×	
兗	×			×		×		×		×		×		×		×		×
徐	×		×		×		×		×		×		×		×		×	
靑		×		×				×		×		×		×		×		×
齊	×		×		×		×		×		×					×		
荊																		
洛																		
東荊	×		×		×		×		×		×		×		×		×	
揚																		
郢																		
雍		×		×		×	×		×		×		×		×		×	
涇		×		×														
秦		×		×		×		×		×	×		×		×		×	
華																		
岐																		
夏	×										×		×		×		×	
涼	×		×		×		×		×		×		×		×		×	
梁	×			×		×		×						×		×		×
益																		
恒																		
朔		×		×		×		×		×		×		×		×		×
幷		×		×		×		×		×		×		×		×		×
冀	×				×				×		×		×		×			×
定				×		×		×	×		×		×		×			×
瀛																		
相							×		×		×							
幽		×											×		×		×	
營	×		×		×		×		×							×		
平												×		×		×		×
合計	10	7	6	9	7	7	8	7	10	5	11	5	10	6	10	8	8	8

州名	高祖太和5 胡	5 漢	6 胡	6 漢	7 胡	7 漢	8 胡	8 漢	9 胡	9 漢	10 胡	10 漢	11 胡	11 漢	12 胡	12 漢	13 胡	13 漢
司																		
豫	×		×		×		×		×		×		×		×		×	
兗		×		×		×		×		×		×		×		×		×
徐	×		×		×		×		×		×		×		×		×	
青		×				×		×		×		×			×		×	
齊						×		×		×		×		×		×		×
荊														×				×
洛																		
東荊	×		×		×		×		×		×		×		×		×	
揚																		
郢																		
雍	×		×		×		×		×		×		×		×		×	
涇		×										×		×		×		×
秦	×		×		×		×	×		×		×		×		×		×
華																		
岐														×		×		×
夏							×		×		×		×		×		×	
涼	×								×		×		×		×		×	
梁							×		×		×		×		×		×	
益																		
恒																		
朔		×		×		×		×		×		×		×		×	×	
幷		×		×					×					×				
冀		×		×		×		×								×		×
定		×	×		×		×		×		×		×					
瀛																×		×
相		×		×		×		×		×		×		×		×		×
幽	×		×		×			×		×		×		×		×	×	
營	×		×		×		×		×		×		×		×		×	
平		×										×		×		×		×
合計	8	9	8	5	8	6	9	8	10	7	9	9	9	11	9	11	11	10

州名	高祖太和14 胡	14 漢	15 胡	15 漢	16 胡	16 漢	17 胡	17 漢	18 胡	18 漢	19 胡	19 漢	20 胡	20 漢	21 胡	21 漢	22 胡	22 漢
司									×		×		×		×		×	
豫	×		×		×		×			×		×		×		×		×
兗		×		×		×		×		×		×		×		×		×
徐	×		×		×		×		×		×		×		×		×	
青	×					×		×		×		×	×		×		×	
齊		×		×		×		×		×		×		×		×	×	
荊		×		×		×		×		×		×		×		×	×	
洛						×		×		×		×		×		×		×
東荊	×		×		×		×		×		×		×		×		×	
揚																		
郢																		
雍	×		×				×						×		×		×	
涇		×		×				×		×		×		×		×		×
秦		×		×				×		×		×		×		×		×
華			×		×		×			×		×		×		×	×	
岐		×		×		×				×		×		×	×			
夏	×		×						×		×		×					
涼	×		×		×		×		×		×		×		×			
梁	×		×		×		×		×		×		×			×		×
益																		
恒									×		×		×		×		×	
朔					×		×		×		×		×					
并				×		×		×		×		×	×		×		×	
冀		×	×	×	×		×		×		×		×		×		×	
定					×		×		×		×		×		×		×	
瀛		×		×		×		×		×		×		×		×		×
相		×		×		×		×		×	×	×	×		×		×	
幽								×				×		×		×		×
營	×		×		×		×		×		×						×	
平		×		×		×		×										×
合計	9	10	10	11	10	10	11	11	11	13	12	14	14	11	12	11	14	9

州名	高祖			世宗													
	太和 23			景明 1		2		3		4		正始 1		2		3	
	胡	漢		胡	漢	胡	漢	胡	漢	胡	漢	胡	漢	胡	漢	胡	漢
司	×			×		×		×		×		×		×		×	
豫		×			×		×		×		×		×		×		×
兗		×			×		×		×		×	×		×			
徐	×			×		×		×		×		×		×		×	
青	×			×		×			×		×		×	×		×	
齊	×				×		×		×			×		×		×	
荊	×			×		×			×		×		×		×		×
洛						×		×		×							
東荊	×			×		×		×		×		×		×			
揚				×	×		×	×		×		×	×	×	×	×	
郢													×		×	×	
雍	×			×		×		×		×			×		×	×	
涇		×		×									×		×		
秦							×		×		×		×		×	×	
華				×			×				×		×			×	
岐		×			×		×		×		×		×		×		×
夏						×		×		×							
涼	×			×		×		×		×		×		×			×
梁		×			×		×		×		×		×		×		×
益															×		×
恒	×			×		×		×		×		×		×		×	
朔	×											×				×	
幷	×				×		×		×		×		×		×		×
冀	×			×		×		×		×		×		×			
定	×			×		×		×		×		×		×		×	
瀛		×			×		×		×		×		×		×		×
相	×						×		×		×		×		×		×
幽		×			×		×		×				×		×		×
營	×											×		×		×	
平		×			×												
合計	15	8		13	10	12	12	11	12	11	11	12	15	12	14	13	10

	胡	漢
總　計：	289	244
百分比：	54.2%	45.8%

州名	世宗 正始4 胡	正始4 漢	永平1 胡	永平1 漢	2 胡	2 漢	3 胡	3 漢	4 胡	4 漢	延昌1 胡	延昌1 漢	2 胡	2 漢	3 胡	3 漢	4 胡	4 漢
司	×		×		×		×		×		×		×		×		×	
豫		×		×		×		×		×		×				×	×	×
兗	×				×			×	×	×		×		×		×	×	
徐	×		×			×		×		×		×		×		×		×
青	×		×			×		×		×				×		×		×
齊	×			×		×		×		×						×		×
荊		×		×	×		×		×		×		×		×		×	
洛		×		×				×		×		×	×			×		
東荊				×		×		×		×		×		×		×		×
揚	×		×		×			×		×		×		×		×		×
郢	×		×			×		×				×		×		×		
雍	×		×			×		×		×	×	×	×		×		×	×
涇				×			×		×		×		×		×		×	
秦		×		×		×				×	×		×		×		×	
華	×		×		×		×		×		×			×		×	×	
岐		×		×		×		×		×		×	×		×		×	
夏	×														×		×	
涼		×		×		×		×	×				×		×		×	×
梁		×		×		×		×		×		×		×		×		×
益				×		×		×		×		×		×		×		×
恒	×		×		×		×		×					×		×	×	×
朔										×		×		×		×		×
幷		×		×		×		×			×		×		×		×	
冀	×		×		×		×		×		×		×		×		×	×
定	×		×		×		×				×		×		×		×	
瀛		×		×		×		×		×		×		×		×		×
相		×	×	×	×		×		×	×		×		×		×		×
幽	×					×		×		×		×		×	×		×	
營	×					×		×		×		×		×		×		×
平				×		×		×		×								
合計	15	10	11	15	9	17	8	19	9	19	9	16	11	14	12	16	16	16

	胡	漢
總　計：	184	216
百分比：	46%	54%

州名	肅宗 熙平1 胡	熙平1 漢	熙平2 胡	熙平2 漢	神龜1 胡	神龜1 漢	神龜2 胡	神龜2 漢	正光1 胡	正光1 漢	正光2 胡	正光2 漢	正光3 胡	正光3 漢	正光4 胡	正光4 漢	正光5 胡	正光5 漢
司	×		×		×		×		×		×		×		×		×	
豫	×		×					×				×		×		×		
兗		×		×		×				×		×	×		×		×	
徐	×		×		×			×		×		×	×		×		×	
青			×		×			×		×		×	×		×		×	
齊	×						×		×		×	×				×	×	
荆	×		×		×		×		×		×		×	×		×		×
洛		×					×		×			×		×		×		×
東荆		×		×		×		×								×		×
揚		×		×	×	×	×		×		×		×		×		×	
郢					×		×		×		×			×		×		×
雍		×	×		×		×		×		×		×		×		×	
涇	×			×	×			×		×		×	×		×			
秦	×			×				×			×		×			×		×
華		×		×		×		×	×		×		×		×		×	
岐	×		×		×			×				×		×		×	×	×
夏	×					×		×		×	×		×		×		×	
涼	×		×					×		×	×	×		×		×		×
梁		×		×		×	×	×	×		×				×		×	
益	×	×		×		×		×		×		×	×			×		×
恒				×		×		×	×		×		×		×			×
朔	×			×						×		×		×	×		×	
并	×			×	×		×		×	×		×		×		×		×
冀	×		×			×		×		×		×		×		×		×
定		×		×		×		×		×		×		×		×		×
瀛	×	×	×		×		×	×		×		×		×		×		×
相		×	×		×		×	×		×		×		×		×		×
幽	×			×		×		×		×		×		×		×		×
營		×		×		×		×		×				×		×		×
平							×		×		×							
合計	16	12	11	14	12	12	12	18	12	15	12	15	13	14	12	17	12	16

州名	肅宗 孝昌1 胡	肅宗 孝昌1 漢	肅宗 2 胡	肅宗 2 漢	肅宗 3 胡	肅宗 3 漢	肅宗 武泰1 胡	肅宗 武泰1 漢	敬宗 永安1 胡	敬宗 永安1 漢	敬宗 2 胡	敬宗 2 漢	敬宗 3 胡	敬宗 3 漢
司	×		×		×		×		×		×		×	
豫		×		×	×	×	×		×		×	×		
兗	×		×		×		×				×		×	
徐	×		×			×	×	×			×		×	
青	×		×		×				×		×			×
齊	×	×		×	×		×				×		×	×
荊		×		×		×		×				×		×
洛		×		×		×			×		×		×	
東荊		×		×		×		×		×		×		×
揚	×	×		×										
郢		×	×		×		×							
雍	×			×		×	×				×		×	
涇		×		×		×				×	×		×	
秦			×		×		×					×	×	×
華				×		×				×		×		×
岐		×		×		×		×			×	×	×	
夏	×		×		×		×		×		×		×	
涼		×												×
梁		×		×		×		×		×		×		×
益		×		×			×		×		×		×	
恒	×		×					×		×	×		×	
朔	×						×		×		×			
幷		×		×		×	×		×		×		×	
冀		×	×		×			×		×		×		×
定	×		×	×		×		×		×		×		×
瀛		×		×	×	×	×		×		×			×
相		×	×		×	×		×		×	×	×		×
幽		×		×				×		×		×		×
營	×	×	×											
平		×		×								×		×
合計	12	19	12	17	11	14	13	10	9	9	17	12	13	14

肅宗：
胡　漢
總　計：161　195
百分比：45.2%　54.8%

敬宗：
胡　漢
總　計：39　35
百分比：52.7%　47.3%

州名	節閔 普泰 1 胡	節閔 普泰 1 漢	節閔 2 胡	節閔 2 漢	孝武 太昌 1 胡	孝武 太昌 1 漢	孝武 永興 1 胡	孝武 永興 1 漢	孝武 永熙 1 胡	孝武 永熙 1 漢	孝武 2 胡	孝武 2 漢	孝武 3 胡	孝武 3 漢
司	×		×		×		×		×					
豫	×										×			×
兗	×		×	×							×	×		×
徐		×			×						×		×	
青	×		×						×		×		×	×
齊	×		×						×		×	×	×	×
荆		×		×	×						×		×	
洛	×		×						×		×		×	
東荆		×		×						×	×		×	
揚														
郢														
雍	×		×						×		×		×	
涇														×
秦	×		×						×		×		×	×
華		×		×						×				×
岐	×		×						×	×		×	×	
夏	×		×		×				×		×		×	
涼	×			×								×		×
梁	×	×	×		×				×		×		×	
益		×		×						×		×		×
恒	×										×		×	
朔														
幷	×		×			×			×	×		×		×
冀	×	×	×	×						×	×	×	×	
定		×				×				×		×		×
瀛		×		×						×		×		×
相		×		×	×				×		×		×	
幽		×		×		×				×				
營														
平														
合計	15	11	12	10	6	3	1		13	9	15	9	14	12

節閔：

胡　　漢

總　計：26　21

百分比：55%　45%

孝武：

胡　　漢

總　計：49　33

百分比：59.8%　40.2%

九　結論

綜觀上述，北方漢人在拓拔氏統治下二百餘年中，在其未入中原以前，其政治措施，均不離部族統治之情態。逮太祖拓拔珪以後，勢力漸及於南，不僅與代北漢人接觸，於政治、經濟上頗受漢人之影響，惟此時漢人勢力，於拓拔氏政權中亦尚屬有限。迨滅燕之後，仕燕之漢人，轉爲拓拔氏所擢用。其後又與河西漢儒相滙合，自是漢人參豫政事日增，由是奠定漢人在拓拔氏政權之基礎。

由於拓拔氏入居中土以後，不但放棄其以往對征服者之擄掠政策，反而散離其鮮卑部民，使分土定居，同爲編民。並授予牛田，從事農業。此一政策，雖能消弭胡漢民族之隔閡，實際提高漢人地位，使胡漢民族處於同一地位中，此亦爲胡漢勢力逐漸轉移之原因。

又拓拔氏改變其以往之游牧方式之後，農業發展，遠勝其在北邊保留下之畜牧，故元魏中葉以後，在經濟上已漸倚賴中原漢人之供養，在此情態下，拓拔氏更進而拉攏中原高門世族，以羽翼其政權，此時漢人之勢力不但大爲提高，拓拔氏乃更倚重中原世族之社會地位，藉以建立鮮卑在中夏之社會基礎。由是鮮卑政權，遂成爲胡漢合作下之政府。循此一形勢之發展，本可促使漢人在文治演進下轉移胡人之政權。惟洛陽政權以後之腐化，加以與北鎮武人相衝突，致使發生空前之劇變，洛陽之文治政權隨之破滅。

惟北鎮之叛亂，雖促使洛陽政權破滅，而漢人之地方勢力，亦由此崛興，羯胡爾朱氏之殘暴，一面滋長北鎮中胡化漢人勢力之抬頭；一面使地方上之高門大族重行武裝，此一情勢，反使漢人在軍事上獲得重要之發展，此爲胡漢勢力一大推移，亦爲以後漢人重握政權一大關鍵。

其後北齊政權，其立國基礎，一賴北鎮鮮卑六坊之武力；一賴漢人經濟之供養，其後齊主不悟漢人勢力之不可侮，仍依戀其以往以鮮卑爲貴種之觀念，重導致漢胡種族間之衝突，漢人雖一時挫敗，而鮮卑化下之北齊，旋爲北周所滅。

與北齊對峙之北周，其君主雖屬北鎮系統，惟其立國，本恃關隴與西播之山東士族。此際關隴各地，由鄉望所組成之鄉兵、部曲，已爲一種久經戰陣而不可侮之武力，宇文氏得之，使納入於府兵，其後府兵制度確立，均在田制下之農民而具有材力者，爲其主要之兵源。是時不但在朝儒士，在政治上所興革之設施獲得重視，使北周再度漢化，且拓拔氏以來始終保存其軍事力量之政策亦已漸失其作用。此時之漢人，已代替昔日以鮮卑爲主體之軍隊，誠爲歷史上一大變局。故隋文帝楊堅之所以猝然而移鮮卑二百餘年之政柄，決非偶然以致，此實爲漢人勢力推進過程中之必然結果也。

北宋科舉制度研究(下)

金中樞

目次

北宋科舉制度研究（下）

金中樞

第三章　哲宗元祐反新法（變法）取士階段

反新法取士之說，雖謂因王氏之失而起，然其實仍由於新舊黨派政治意見之不同。據錢師國史大綱言：熙寧、元祐新舊黨爭，……元祐北方諸君子洛、蜀、朔三派分裂，……其中洛派（中原派）所抱政見，大體上頗有與王安石相近處。他們都主張將當時朝政徹底改革。他們對政治上最主要理論，是有名的所謂王霸之辨。大抵唐、虞、三代是王道，秦、漢、隋、唐是霸道。他們主張將唐、虞、三代來換却秦、漢、隋、唐。其實所謂唐、虞、三代，只是他們理想的寄託。他們的政治見解，可以稱之爲經術派，或理想派。他們都主張將理想來澈底改造現實，而古代經籍，則爲他們理想辯護之根據。……朔派是正統的北方派，他們與洛陽的中原派不同，……重經驗，主逐步改良，……而……爲史學派。故洛學新學同主王霸之辨，而司馬光則不信此說，可爲他們中間最顯著的區別。惟其不信王霸之辨，故亦不主三代之道與秦、漢、隋、唐絕異。因此他們不肯爲復古之高論，他們的政術似乎只主就漢唐相沿法制，在實際利害上逐步改良。……又一爲蜀派（西南派），蜀派的主張和態度，又和洛朔兩派不同。他們的理論，可以蘇氏兄弟（軾、轍）爲代表。上層則爲黃老，下層則爲縱横，尚權術，主機變，其意常在轉動中，不易捉摸。他們又多講文學，不似洛朔兩派之嚴肅做人。……但就其對新學之反對而言，則蜀朔兩派早就志同道合。（六編，三三章，二。）所以當熙寧議學校貢舉，王介甫主張興學校改革科舉，以恢復三代所以教育選舉之法。程伯淳不僅樂從，並提出「修學校尊師儒取士」之制。司馬君實雖亦同時贊助興學，然仍以就漢、唐現實改革科舉爲重。而蘇子瞻則獨生異議，主從舊法。至此力反熙、豐以經義取士，洛派遂不參預其事，而概由朔蜀兩派主持之。要之「洛、蜀、朔分黨，司馬光已死，光不在黨派中；惟朔派多係司馬光弟子。」（史綱三三章，二，頁四二三）故元祐初，司馬溫公相，雖反熙寧，但不主純復詩賦取士。溫公在此等處，固重以「經術先辭釆」，（見下述）蓋亦爲北人不長於詩賦也。此觀其於治平初與歐公論逐路取人，可爲明證。（見本文首章三節）其北人反南人爲相，尤緣於此種心理。（同上，並見史綱三三章，一）此乃新法取士所受摧殘之要因也。今請就其法分三節申論於次。並附新舊黨人姓名，俾知其背景焉。

當時……洛黨……以程正叔侍講爲領袖，朱光庭、賈易等爲羽翼；川黨……以蘇子瞻爲領袖，呂陶等爲羽翼；朔黨……以劉摯、梁燾、王巖叟、劉安世爲領袖，羽翼尤衆。（注一）

新黨：「蔡確、章惇，呂惠卿、張璪、安燾、蒲宗孟、王安禮、曾布、曾肇、彭汝礪、陸佃、謝景溫、黃履、呂嘉問、沈括、舒亶、葉祖洽、趙挺之、張商英等三十人。」從確者：「安燾、章惇、蒲宗孟、曾布、曾肇、蔡京、蔡卞、黃履、吳居厚、舒亶、王覩、邢恕等四十七人。」（註二）

注　一：河南邵氏聞見前錄卷十三，頁九八；三朝名臣言行錄本此，同。（見卷十三之一）

注　二：此本畢鑑卷八十一，頁二〇五五；然考之長編卷四百二十五頁四至卷四百二十八頁八有詳論蔡確黨事，但未見如此之姓名錄。此或本安燾集，待考。

第一節　反新法取士與立經義、詩賦幷行取士法（上）

哲宗元祐元年，閏二月，二日庚寅，尙書省言：

近歲承學之士，聞見淺陋，辭格卑弱，其患在於治經者，專守一家，而畧去諸儒傳記之說；爲文者，惟務解釋，而不知聲律體要之學，深慮人材不繼，而適用之文，從此遂熄。兼一經之內，可以爲題者，牢籠殆盡，………有司引試，………不免重複。若不別議更張，寖久必成大弊。欲乞朝廷於取士之法，更加裁定。

（長編卷三六八，頁九；會選三，頁四二八五）

又禮部言：

乞置春秋博士，及進士專爲一經。（同上）

按前說大率沿楊察反慶歷變法之故智而反熙寧。惟謂「適用之文，從此遂熄，」或與「詞臣答高麗書不稱旨」，具有關聯，此新錄所以辨爲「詩賦兼經義取士」之因也。（詳見長編卷四〇七，頁五至六注）後說除乞置春秋博士與熙寧立異外，仍持熙寧同一立場。意見既殊，而言者又皆不出主名。考其時呂公著、李淸臣爲尙書左右丞，（宋史卷二一二，宰輔表三）韓宗彥爲禮部尙書。（宋史卷三一二本傳）而呂氏向重經義取士，（見前述）且謂「先帝更新法度，……試進士以經術最爲近古。」（長編卷四〇八，頁十七注）李氏爲新黨，故堅守新法，所謂「時熙、豐法度，一切釐正、淸臣固爭之。」（宋史卷三三八本傳）韓氏乃父稚圭（琦）係高平同調，子循父志，常以「章獻時事」爲恨，而勸哲宗「法仁祖用心則善矣」。（宋史卷三一二本傳）則二說非全出各該管主見，其意頗明。竊意尙書省初蓋綜合一派之意見，而欲一舉毁新法，不意爲禮部某派所反對，於是力反新法取士者，或卽其主持人，遂上疏持論。侍御史劉摯言：

> 國朝……取士，……循用唐制，進士所試詩、賦、論、策，行之百餘歲，號爲得人。熙寧初，……崇尙儒術，……以……章句破碎大道，乃罷詩賦，試以經義，……可謂知本。然……今之治經與古異，專誦熙寧所頒新經字說，……佐以莊列佛氏之書，……羣輩百千，而混用一律，……其中雖有眞知聖人本旨，該通先儒舊說，苟不合於……新……學者，……皆在所棄之列。……至於蹈……勦……舊作，主司猝然……莫辨，蓋其無所統紀，無所櫽括，非若詩賦之有聲律法度，其是非工拙一披卷而盡得之也。詩賦命題襍出於六經諸子……史記，……故重複者寡。經義……出於所治一經……命題，往往相犯，……其敝極矣。……要之，……取人以言，……人之賢與不肖，正之與邪，不在詩賦經義之異，取於詩賦，不害其爲賢，取於經義，不害其爲邪，……則詩賦亦何負於天下。……故乞……復詩賦與經義兼用，……其解經……通用先儒傳注，或已之說，……禁……用……字解……釋典，……以救文……敝，亦使學者兼通他書，稍至博洽。……望……裁酌。如……允，卽乞……降詔，並自元祐五年秋試爲始。（忠肅集卷四，頁十八——二十；長編卷三六八，頁九——十。）

劉氏之言，不獨與尙書省所說若合一契，抑有過之無不及。而劉氏爲舊黨朔派首領，可見反新黨以經義取士，悉由舊黨朔派所主持。朔派首認熙寧新黨崇儒術試以經義爲知本，又認循唐制以詩賦取士爲得人，而請復詩賦與經義兼用；並請於解經通用先儒傳注或己見，禁用釋老諸書；在在就歷代既成事實爲說，此正上述史學派之寫照也。至謂詩賦何負於天下，猶沿蘇子瞻反王介甫之舊說，此蓋圖與蜀派合流耳。而禮部一派傾於新法取士之流，遂與之大相逕庭。朝廷有見及此，乃詔「禮部與兩省學士、待制、御史臺、國子司業集議聞奏；所有將來科場，且依舊法施行。」（長編卷三六八，頁十一）

於是同年三月五日壬戌，右僕射司馬光遂上奏謂：

> 取士之道，當以德行爲先，文學爲後。就文學之中，又當以經術爲先，辭采爲後。……神宗……罷詩賦及……諸科，專以經、義、論、策試進士，此乃革歷代之積弊，復先王之令典，百世不易之法也。但王安石不當以一家私學，欲蓋掩先儒。令天下學官講解科場程試，同己者取，異己者黜。使聖人坦明之言，轉而陷於奇僻。先王中正之道，流而入於異端。若己論果是，先儒果非，何患學者不棄彼而從此，何必以利害誘脅如此其急也。又黜春秋而進孟子，廢六藝而尊百家，……此其失也。今國家大議科場之法，……以臣所見，莫若依先朝成法，合明經、進士爲一科，立周易、尚書、毛詩、周禮、儀禮、禮記、春秋、孝經，論語爲九經。……春秋止用左氏傳，其公羊、穀梁、陸淳等說，並爲諸家，孟子止爲諸子，更不試大義。應舉者，聽自占習三經以上，……皆須習孝經、論語。第一場先試孝經、論語大義五道，內孝經一道，論語四道，先須備載正文，次述注疏大意，次引諸家異義，次以己見評其是非，以援據精詳理長文優者爲通，其次爲粗，……疏畧理短文拙者爲否，三通以上爲合格，不合格者先次駮放；……次場試尚書、……詩、……周禮、……儀

禮、……禮記、……春秋、……周易大義各五道，令隨舉人各隨所習經書就試，考校過落如孝經、論語法；次場試論二道，一道於儒家諸子內出題，一道於歷代正史內出題；次場試策三道，皆問時務；考策之日，方依解額及奏名人數定去留，編排高下，以經數多者在上，經數均，以論策理長文優者在上。……御……試時務策一道，千字以上。……如此，則舉人皆務尊尚經術，窮聖人指趣，不敢不精，旁觀子史，不敢不博，又不流放入於異端小說，講求時務，亦不敢不知。所得之士，既有行義，又能博學，又知從政，其爲國家之用，豈不賢於今日之所取乎？所有今來乞復詩賦者，皆嚮日老舉人止習詩賦，不習經義，應舉不得，故爲此說，欲以動搖科場制度，爲己私便，……不可……復從，誤惑後生。若以爲文章之士，國家所不可無，即乞許人於試本經合格日，投狀乞試樵文，於試論次場引試，或律詩，或歌行，或古賦，或頌，或銘，或贊，或四六表、啓，………取辭采高者爲合格，俟得解及奏名及第日，編排姓名高下，各在經數同等人之上，如此，則文章之士，亦不乏矣。乞以臣所奏，及禮部等官所議，牓國子監……及……諸州、州學，……令舉人限一月內投狀指定何法爲善，仰本州附遞以聞。俟到京齊足，更委其他執政看詳參酌，從長施行。（溫公集卷五二，起請科場劄子）

按溫公倡取士以德行先文學，而文學又以經術先辭采，乃本孔門四科設教之意。孝經、論語皆立身處世之書，其擬通習而首試之，正爲此也。而劉氏每曰「士當以器識爲先，一號爲文人，無足觀矣」。（宋史卷三四〇本傳）或本溫公。進春秋與儀禮合九經以取士，而降孟子與諸子埒，適與王介甫背道而馳。所以然者，溫公之疑孟固其一因，（註一）而孟子辨王霸，或亦溫公所不願聞也。然溫公進春秋獨用左氏傳，而又黜公、穀爲百家言，正其所以爲史學派，講現實，究與經學派之講理想異趨矣。惟其如此，故祇認熙寧以經義取士爲復先王之令典，而絕不認新學爲取士之道也。劉氏謂王氏勸士以經爲知本，而又禁用新學取士者，蓋緣此理。若乃請復詩賦取士，謂爲嚮習詩賦舉人動搖制度以爲私便，而不歸咎於劉氏之請，此正溫公祖北忌南之狹見，非與劉氏有所殊途，祇不過五十步與百步耳。觀其乞許臨時試襍文，可以見焉。準是以觀，知劉氏承自溫公，而更爲現實。故溫公此奏，名雖請以九經取士，實乃嘉許劉氏，而鼓舞反新法取士之陣容耳。故宋史曰：「議者請兼用詩賦取士，宰相遂欲廢經義。」（卷三五五，上官均傳）此言雖過甚其詞，然亦可見其心迹。不然，既明知朝廷已詔將來科場，且依舊法施行，又何以元宰之重，而自輕於此。況其時吏部尚書范純仁嘗勸以「清心以俟衆論」乎？（註二）

會蜀黨領袖右司諫蘇轍亦於四月三日庚寅上奏曰：

……尚書、禮部會議科場，欲復詩賦，議上未決，而左僕射司馬光上言，乞以九經取士，……竊惟來年秋賦，自今以往，歲月無幾，而議不時決，……學者……不免惶惑。……蓋緣詩賦雖號小技，而比次聲律用功不淺。至於兼治他經，誦讀講解，尤不可輕易。……乞先降指揮：明言來年科場，一切如舊。但所對經義，兼取注疏，及諸家議論，或出己見，不專用王氏之學，仍罷律義。令天下舉人，知有定論，一意爲學，以待選試。然後徐議元祐五年以後科舉格式，未爲晚也。（欒城集卷三七，頁九——十；長編卷三七四，頁七）

蘇氏此議，可謂與朔黨劉氏之說如出一轍，顯見彼倡此和，將欲盡黜新法而後已。於是詔從其議，並於同月十二日明詔：「進士經義，並兼用注疏及諸家之說，或己見，仍罷律義」。（註三）

朔蜀倡導於上，舉人效法於下，所謂「先是言者，請兼用詩賦，盡黜經義，太學生改業者十四五。」（長編卷三七四，頁七）太學生，即準舉人也。其改業，即向習詩賦之謂。則詩賦之代經義，或與經義並行，其勢然矣。時監察御史上官均有見及此，乃力陳經義、詩賦之利弊得失，以圖挽還其遽變之勢。上官氏曰：

經術以理爲主，詩賦以文爲工。以理者於言爲實，而所根者本；以文者於言爲華，而所逐者末。……而議者不計本末，乃欲襲前日詩賦之弊，未見其爲得也。……願陛下詳聽而謹行之。（長編卷三七四，頁七——八）

又言：

方陛下臨御之初，……正宜奬經術以厲學者之志，進行誼以勵士大夫之操，今遽厭薄經術，崇奬詩賦，……及其久也，逐華而遺實，徇末而棄本，……得失固相遠矣。（同上）

其時程門弟子朱光庭（宋元學案卷十三明道學案表）亦謂：

經術取士，冠越前代；止是不當專用王安石之學，使後生習爲一律，不復窮究聖人之蘊，此爲失矣。若謂學經術不能爲文，須學詩賦而後能文，臣以爲不然。夫六經之文，……純粹渾厚，今使學者不學，……而反學雕蟲篆刻童子之技，豈不陋哉！臣近上封事論列，今再具……條……於左：

一、第一場試諸經大義六道——人……治二經，每經……三道，……先本注疏，……後斷己見，……以義理通、文采優者爲上；義理通、文采粗者爲次；義理不通，雖有虛文，不合格。

一、第二場試論語、孟子大義……各兩道，考試之法，與經義同。

一、第三場試論一道，……於荀子、楊子、文中子、韓吏部文中出題。

一、第四場試策三道，內兩道……問歷代史，一道時務；省試五道，三道……問歷代史，兩道問時務。〔註四〕

洛學新學，同講理想，故朱氏之說，幾與新法同蹊。而上官氏爲「元祐之學」，「於學統或未豫」，（見學案卷十九，頁三，及二三）以其言衡之，蓋亦近洛派者也。宋史以其與洛派黨羽賈易同卷，（卷三五五）或有淵源。故彼常云：「法度唯是之從，無彼此之辨。」（本傳）其來有自，宜乎其言之深且切也。宋李燾謂其「章三上，又爲六說，以闢言者，其後詩賦與經議（義）訖參用云。」（長編卷三七四，頁八）由此可見其影響之大。是洛學，或近洛學者，其於新黨以經義取士，恒抱擁戴之態度也。然若新黨不合儒家理想，則亦特加論列，如上官氏請「禁用釋典，不得專援莊老，」（同上）是也。此亦洛學，或近洛學者，所以異於新學與夫朔蜀之流耳。

然而反新法取士之風氣，並不能因此平息，反而見諸行事：是年，六月，十二日戊戌，詔：「自今科場程試，毋得引用字說，從殿中侍御史林旦言也。」（長編卷三七九，頁十四）林旦者，林希弟。希從新學，行新法，（並見學案卷九八新學畧，及宋史卷三四三本傳）而旦「反其所爲」。（見宋史同卷贊）則旦不爲蜀當爲朔，明矣。是亦蜀朔反新學取士之又一例也。

八月，二十一日丙子，又更熙、豐條制，復春秋取士。宋會要云：

禮部言：「元豐貢舉令：諸進士於易、詩、書、周禮、禮記各專一經，今太學已置春秋博士，乞於上條內『禮記』字下添入『春秋』二字。」從之。（選三，頁四二八六下）

此玉海謂之「春秋科」。（卷一一六，頁三二）按以易、詩、書、周禮、禮記五經取士，係熙寧四年所定，（見上章二節）此謂元豐，蓋誤。太學置春秋博士，乃六月十八日甲辰，（長編卷三八〇，頁七）本閏月二日禮部請。（見本節前述）抑春秋爲六藝之一，熙寧不用，今以取士，理固然矣。是以言者未置評也。

諸如此類，在在反新法之所爲，其新法之被黜，勢所必然。於是十一月二十四日戊寅，乃立經義、詩賦兩科。

宋李燾長編曰：

三省奏立經義、詞賦（即詩賦也）兩科，下羣臣議，從之。（卷三九二，頁十）

此謂乃三省所奏，羣臣所議，然據宋王林燕翼貽謀錄則謂：「用侍御史劉摯之言也。」（卷五，頁十五）揆諸上述劉氏之論與三省所言之關係，則二說均是。前者是形式，後者是實質。蓋當時盤踞臺省要職者，大率以朔蜀兩黨居多，而尤以劉氏之領導力爲最强。

註一：司馬溫公集有疑孟十一篇可爲證；見卷七三，頁九——十四。

註二：長編卷三七一，頁十。宋會要不載此，因本實錄。而實錄不書，蓋爲溫公諱之也。故長編以之「追附本日」，而謂：「或先聽純仁所說，待集議然後出此也。」（同上）姑不論於議前或議後，然其用意則一。

註三：宋會要選舉三之四九。長編脫載此詔，但於同月二十三日庚戌載司馬光奏「云云，」注：光所言來年科場依舊，乃閏月二日朝旨。經義兼用注疏及己見，仍罷律義，四月三日從蘇轍奏請也。（卷三七六，頁四——五）

註四：宋文鑑卷六十，請用經術取士。此長編、會要皆未收，不得其時，姑置於此。

第二節　反新法取士與立經義、詩賦幷行取士法(下)

劉氏主以經義、詩賦二科取士之原則雖定，其細節爭論猶多，玆分三點申述如次：

（一）經義、詩賦進士合科通試通取與分科分試分取及其解省試程之議定：自元祐元年十一月二十四日立經義、詩賦兩科後，繼於明年十一月庚申（十二日）從三省奏，立進士四場法：「第一場試本經義二道，論語或孟子義一道；第二場試律賦一首，律詩一首；第三場試論一首；第四場問子史、時務策三道。（四年十二月二十四日庚申改爲二道，見下述）以四場通定去留高下。」（長編卷四○七，頁五）觀此，明爲合科通試通取之法，與原定分爲二科原則不同。究其所以演變之由，史未明言。然考元祐四年三月甲申（十三日）中書侍郎劉摯上書，似亦非三省本意，而陰爲劉氏所策動者。劉氏曰：

科場一事，……昨元祐元年兩制、侍從、臺省臣僚講（詳）議定奪，凡一年有餘，又經聖覽，方此施行，亦是將祖宗先帝之法，合詩賦、經義爲一科。（長編卷四二三，頁十四）

劉氏此言，自表面觀之，似與上述立經義、詩賦二科及其出自劉氏之說不符。若自其深度推之，既謂合詩賦、經義爲一科，則其前自必有經義、詩賦二科之分立，使無二科之分立，何以此後有二科一科之爭？且書中所謂「亦是」云云，明有掩飾遁辭。此見劉氏用縱橫之術，而諱言其往行也。

劉氏既主經義、詩賦爲二科，復又合爲一科，其手段如此過急，自不免招致反對。於是三年二月癸巳（十七日）監察御史趙挺之上奏曰：

近制更易科舉，參用經義、辭賦取人。以臣愚見，科場……得人失人，就在試官能否。……而……向來科舉差官，只問出身，……不論元初登科所治何經，以治禮之人，乃使考書，以治詩之人，乃使考易，……往往差失謬亂，今若更定參考辭賦，……其幸而得與不幸而失者必多，……乞……明立……選差試官……法：每經各差試官一員，只考本經，別差辭賦登科或曾應辭賦得解、後來用經入仕之人，專考辭賦，量舉人多少立定員數，……所貴考校……必須精緻。（長編卷四〇八，頁十六——十七）

趙氏此言，蓋欲自差官一途補救經義於合科通試通取所佔之優勢。當經詔定：「將來科場，如差三員者，以二員經義，一員辭賦，兩員者各差一員。」（同上）趙氏爲新黨。史稱：

趙挺之……薄有才具，熙寧新法之行，迎合用事；元祐更化，宜爲諸賢鄙棄；至於紹聖首倡紹述之謀，觝排正人，靡所不至。（宋史三五一本傳論贊）

此固爲論史者之一偏，然亦足證新黨護持新法取士之潛在力量。

而其時蜀黨首領蘇子瞻乃乘機率其羽翼起而反抗，首卽請罷熙、豐以來分經取士之法。東坡集稱：

元祐三年，三月，……翰林學士朝奉郎、知制誥蘇軾同孫覺劄子奏：……「竊見自來條貫分經取士，既於逐經中紐定分數取人，或一經中合格者少，卽取詞理淺謬卷子，以足其數，如合格者多，則雖優長亦須落下，顯是弊法。將來兼用詩賦，不專經義，……乞……更不分經，專以工拙爲去取。取進止。（註一）

既罷分經取士，則試官自無分差之必要。同集稱：

元祐三年，三月，……翰林學士、朝奉郎、知制誥蘇軾同孫覺劄子奏：……既……舉人尚不分經，而試官乃分爲二，甚無謂也。凡差試官，務在有詞學者而已。若得其人，則治易及第不害其能問春秋；經義入官，不害其能考詩賦。若不得人，雖用本科，不免乖錯。……又分爲兩黨，試經義者主虛浮之文，考詩賦者主聲病之學，紛紜爭競，……必興詞訟，爲害如此，了無所益。……乞……今後差試官，不拘曾應詩賦、經義舉者，

> 專務選擇有詞學之人。其禮部近日所立條貫，更不施行。取進止。〔註二〕

此謂兩黨，明指經義、詩賦，實暗示新舊之意。蘇氏撇開經義、詩賦不言，而巧立「詞學」一名代之，（詞學內包有詩賦）是又以縱橫之術，於合科通試通取之中，而遂其所謂以詩賦取士之目的。雙方既爭論不休，朝廷乃於六月庚辰（初五日）詔：「將來一次科場，……未習詩賦舉人，……依舊法取……解，……，合格人不得過解額三分之一，應解二人者，均取；零分及解……一人者，並通取文理優長之人。」（長編卷四一二，頁一——二）並令「禮部立詩賦格式以聞」。〔注三〕

然而新黨及傾向新法取士之流，猶不以此為然。蓋若舊黨蜀朔兩派所云，則趨時附勢者，扶搖直上；而抱殘守缺者，無以自見矣。同（三）年，十一月，壬子，（初十日）中書舍人彭汝礪遂上書曰：

> 準禮部牒：「奉旨，令兩制、兩省同共看詳修立到『考校詩賦幷格式』聞奏。」臣伏念自井田之法壞，學校之教廢弛。鄉舉里選之法不行，朝廷取士非古，其陋至於用詩賦極矣。先帝……用經術造士，以革數百年之弊，……而議者獨病辭章之不工，欲踵隋唐之弊法，……非所以養成人才也。……臣……以為今學校選舉，宜一用元豐條約。（長編卷四一七，頁一——三）

此明居新法立場，而反對立詩賦格式以取士也。其言雖不若上官均、趙挺之所論之深切，顧明朗過之。所以「時相問新舊之政，對曰：『政無彼此，一於是而已，今所更……取士……法，……而士民皆怨，未見其可。』」（宋史三四六彭氏本傳）是彭氏之說，沿上官、趙二氏之立場而強化之也。

至十二月末，御史中丞李常、侍御史盛陶、殿中侍御史翟思、監察御史趙挺之、王彭年等又言：

近者累次論奏，乞以經義別爲一科，令與詩賦科幷行均取者，蓋以……詔稱：「將來一次科場，……未習詩賦舉人，許依舊法取……解，……合格人不得過解額三分之一。」……是朝廷更無用經術設科取人……而欲陰消之……也。臣等所以區區者，非特爲舊習經義舉人頓然失業爲言，直以……朝廷立法，黜抑經術，崇尚聲律，……太學舉人與四方之士，……皆不復治經旨，……惟……以輕巧靡麗爲務，……所以慮道術日衰也。……熙寧中，改科場，乃欲以經術消詩賦，於道則順，言理則直，所不善者，以私意教人耳。今也欲以詩賦消經術，於道不順，爲理不直，……將忘所以贊教化、成人材之大義。（長編卷四二〇，頁四——五）

又言：

士人操術趣向，皆視朝廷好惡，今於詩賦科內，雖曰量留一經，若廢經義本科，則天下學者，必謂朝廷好聲律，惡經義，不復更爲根抵義理之學，相師浮薄，靡然成風，則人材自此壞矣。（同上，頁六）

又言：

夫堯舜三代之治迹，詩書存焉，賞罰褒貶之大法，春秋存焉，禮以治其顯，易以治其微，道德性命之理，人情事物之變，立身、行己、仁民、愛物之術，無不備載，先王用之訓迪天下士，猶有學而不知道者，……況……今詩賦舉人兼治一經，……不過如昔日帖經爲一場之數，此與不令治經何以異也？不數年，經義之學絕矣！古之爲賦者，亦有法度與規諷，……楊雄猶鄙之以爲雕蟲篆刻，……武帝止以爲賢於倡優博奕。……况於今日之賦，文章義理兩皆失之，徒爲殘毀經義，破壞道德之一術爾。較其得失，何啻倍蓰千萬也。（同上，頁八）

此外如駁斥對方，與夫對方所藉慶歷楊察以來反對以經義取士之陳詞：如經義詩賦考校之難易，得人失人不繫於經義、詩賦之類，皆從畧。然卽觀此：在在以經義道德，詩賦浮靡，而說明熙寧所革爲是，今日所更爲非，此亦足見李常等同立於新法之復古理想，而反對遷就漢唐現實之主張。故彼等章數上，而皆曰：「如詩賦未卽廢罷，伏乞存留經義一科，並行均取。」」（同上）按「國家立法，本於忠厚，而其弊猶或至於媮薄；立法於媮薄，而其弊反歸於忠厚者，自古未之有也。」則李常諸氏所言誠是。考李常諸氏：趙挺之已明爲新黨；盛陶乃朔黨領袖劉安世認爲「附會觀望」之徒；（宋史卷三四七本傳）翟思又爲新黨章惇「引居要地」者；（宋元學案卷九六，頁一四〇）李氏本人亦嘗謂：「法無新陳，便民者良，論無彼己，可久者確，」（宋史卷三四四本傳）似亦爲傾向新法之人；卽如王彭年於史傳無可考見，又焉知其不爲新黨分子。（前錄新黨姓名所遺漏數字必多）可見反對經義、詩賦之合科通試通取者，大率爲新黨及傾向新法取士之流也。

其時，待事儒館畢仲游公叔，始召試學士院，得賞於東坡，尋受知於司馬溫公、呂申公，並深惡新法，（詳見宋史卷二八一本傳）遂上理會科場奏狀。其狀曰：

> 竊聞士大夫所論科舉之利害，……固已未決，而又各匿其所短，暴其所長，此所以更相不信而無定說也。夫……經術者，古學也，可以謀道，而不可以爲科舉之用。詩賦者，今學也，可以爲科舉之用，而不足以謀道也。……且如……漢唐諸儒，……多抱經白首，然後名家，近世如孫復治春秋，居泰山……四十年，始能貫穿自成一說。熙寧、元豐之進士，今年治經，明年……應舉，……經術……但爲……利祿之具，……豈……謀聖人之道者哉……故王安石在位，則經義欲合王安石，司馬光在位，則經義欲合司馬光，……風俗傷敗，

操行陵夷，未必不由……之。……詩賦……雖欲取合，其路無由。………習詩賦者，必須涉獵九經，汎觀子史，……策論之中，又自有經史。……涉獵泛觀，必麤知前言往行，治亂得失。而聰明特起之士，因此自見於世者甚衆。至於經義，則……爲書者不爲詩，爲詩者不爲易，……知一經而四經不知，非所以廣學問也。……爲今之策，莫若專復詩賦以取士。……若論今之舉子，已習經義，……復詩賦而有不能爲者，則……設嘉祐明經之科，以待不能爲詩賦之人。（西台集卷一，頁一——六）

公叔謂習詩賦，必須涉獵九經，泛觀子史，此言良是。至謂經義，知一經而四經不知，則有不當。蓋新法不當分經試士，前已畧及；但嚴格言之，所謂專治一經者，乃指頭場本經大義而言，此所謂求其「專精」也。一人之求學，依其性之趨向，有求「專精」，亦有求「通曉」，自不能一概而論。今公叔以其一場而抹殺其全部，自屬不當。又科舉爲取士之一方，經義、詩賦同爲所學之對象，公叔又以古今別之，以爲古學傳道，高不可攀，而專倡其所尚之今學，此又史學派之看法，而所以異於新學、洛學也。不得已，乃主復嘉祐明經，以輔詩賦。此既與新黨洛派立異，又稍別於朔派，而專爲蜀派之一偏，不適當時情況，遂亦作罷。

未幾，朔黨首領劉莘老又奮起作疏曰：「合詩賦、經義爲一科，是萬世有利無害可行之法，今人情已定，止是安石之黨力要用經義，………願陛下堅守已行之法，勿爲浮議所動。」（長編卷四二三，頁十四）朝廷爲顧全雙方論點，卒於四年四月八日戊申詔：「應進士不兼試詩賦人，許依舊法取應，……令禮部立法以聞。」（長編卷四二五，頁四；會選十五，頁四五〇八上）十八日戊午，乃定：「經義、詩賦進士，聽習一經，第一場試本經義二道，論語孟子義各一道；第二場，賦及律詩各一首；第三場，論一首；第四場，子史時務策二道。經義進士，並習兩經，……第一場試本經義三道，論語義一道；第二場，本經義三道，孟子義一道；餘如前。並以四場通定高下去留，不以人數多寡，各取五分，卽零分及元額解一人者，聽取辭理優長之人。」〔註四〕是卽所謂經義、詩賦之分科、分試、分取之法也。

而朔蜀兩派仍抗爭不休，相繼上言論列。六月二十九日戊辰，朔黨領袖梁燾言：

竊聞進士……從詞科十常七八，或舉州無應經義者，如此，前五分之限，固不可行，……欲乞……特賜指揮，更不以兩科分取，止以……入試人數多寡，用解額均取合格之人，南省奏名依此，……如有零分，則通取詞理優長之人。（長編卷四二九，頁十八）

十月，十八日甲寅，蜀黨首領、知杭州蘇軾又言：

據本州汪漑等一百四十人……狀稱：「准元祐四年四月十九日勅：『詩賦、經義各五分取人』，……委是有虧詩賦進士。難使捐已習之詩賦，抑令就經義之科。或習經義詩賦（此詩賦二字通考亦無，玆據長編增入）多少，各以分數發解。乞據狀敷奏者。臣曩者備員侍從，實見朝廷更用詩賦本末，蓋謂經義……所學文詞，不適於用，以故更用祖宗故事，兼取詩賦。而橫議之人，欲收姑息之譽，爭言天下學者不樂詩賦，朝廷重失士心，故爲改法，各取五分。……今……據……汪漑等狀，不敢不奏，亦料諸處似此申明者非一，欲乞朝廷參詳衆意，特許將來一舉，隨詩賦、經義人數多少，各紐分數發解，如經義零分不及一人，許倂入詩賦額中；仍除將來一舉外，今後並只許應詩賦進士舉。（本集，奏議卷六，頁四，——五；長編卷四三四，頁十——十一；通考卷三一，頁二九——三〇）

二氏所言，舉人多習詩賦，前已論及，乃時勢使然，茲不贅。所可議者，蘇氏謂：經義文詞不適於用，所以兼取詩賦，不知其何所據而云然？徒逞所好，甚至謂：「專習經義，士以爲恥。」（同上）而梁氏又賡續上奏，重申前請。（見長編卷四三六，頁五）禮部又以「各取五分，……終非通法。」（同上，頁八）爰於同年（四年）十二月二十四日庚申又詔：「來年科場，以試畢舉人分數均取。後一次科場，其不兼詩賦人解額，依元祐三年六月五日所降朝旨。……已後並依元祐二年十一月十二日敕命，……內仍減時務策一道。」（注五）是又回復所謂經義，詩賦合科通試通取之法矣。五年，以右正言劉唐老請，「將治經者，以大義定去留；詩賦而兼經義者，以詩賦主取舍。」（長編卷四四九，頁二一——二二）「並以策論定高下。」（會選三，頁四二八八上）而上官均猶斥之曰：「則是詩賦雖繆，以法而不得不取；經義策論雖精，以法而不得不黜；黜其所可取，取其所可黜，實非朝廷取士求才之本意。」（長編卷四四九，頁三——四）其後左正言姚勔亦曰：「則是經義之名苟存，而六藝之學寖廢也。」（長編卷四七二，頁一——二）並請「立詩賦、經義各爲一科，隨所試人數多少均爲取士之格。」（同上）然時移勢易，亦莫如之何矣。所詑異者，姚氏與劉唐老同爲元祐黨人，而立論猶傾向上官氏，蓋亦近洛學者。可見經義、詩賦分科分試分取之法非不是，乃舊黨蜀朔兩派反對新法故黜之也。

經義、詩賦之分科分試分取之法既被黜，而宋會要與宋史諸書仍沿其說，非是。（註六）通考有見及此，遂擇其已行之合科通試通取之制，第未詳其經過，而統繫之元祐二年，將首場兼經易爲「語孟義各一道」，又以四年蘇子瞻「云云」特立一條，（詳見卷三一，頁二七——三一）前後倒置，似亦未當。而後人修史，不究其原，近取宋史，且又不參通考，（注七）則更誤。

（二）經義、詩賦進士殿試三題與策問之爭：解省試程幾已罷黜熙寧經義，而恢復治平以前重以詩賦取士之制，則殿試之欲罷黜熙寧策問，而恢復治平以前三題之法，自亦在所難免。宋史孔武仲傳：「武仲……爲著作郎，請……御試復用三題。」（卷三四四）考孔氏爲著作郎，乃元祐四年七月。（長編卷四八二，頁十注）而請復三題，據新黨趙挺之奏，則在三年二月前。宋李燾長編曰：

元祐三年，春，二月，癸巳，禮部狀：都省送下朝奉郎、監察御史充集賢校理趙挺之奏，……廷試併合經義或策、論、辭賦，同爲一日引試，深恐迫於晷刻，使舉人倉遽，難於盡工，欲乞依舊只試策一道，使其引古驗今，足以見平日學識智慮之所存。本部看詳：……殿試經義、辭賦舉人，並試策一道合取。……詔：「並依禮部所定，仍先施行。」（卷四〇八，頁十六——八）

既如是，則非孔氏所請明甚。然趙氏既乞依舊試策，則此前必有請復三題之人。原注引呂公著傳云：

……至是將廷試，執政又以熙寧復策之初，進士葉祖洽議祖宗，自後對策者皆訕前朝以阿當世，因以爲策問可廢，當復詩、賦、論三題。公著曰：「天子臨軒發策，延四方貢士，詢以治道，豈非近古良法耶？至於對者之是非邪正，則在考官去取爾。」乃依舊試策。

此謂復三題，係執政所請，考其時執政者，據宋史宰輔表，計有李淸臣、范純仁、韓維、呂大防、劉摯、王存、安燾等六人，安李二氏，均爲新黨，（見前述）王氏堅守新法，所謂「比廢進士專經一科，參以詩賦，失先帝黜詞律、崇經術之意。」（事畧卷九十本傳）韓氏於熙寧嘗淸罷詩賦，至是又主三新義與先儒之說並行，（見下述）似亦擁新法取士之人。范氏「承文正公之家學，而又得安定泰山之傳，」（宋元學案卷三，頁十八）其「發爲文辭，根柢六經，切於論事，無有長語，而一出於正，」（同上，頁十三）及司馬溫公「改熙……豐法度」，亦只謂「去其太甚者可也」；（宋史卷三一四本傳）呂氏雖爲元祐之學，但「樸厚惷直，不植黨朋；」（宋元學案卷十九，表及頁十五本傳）以二氏亦皆不致請復三題。則所謂執政者，當指朔黨首領劉莘老矣；亦惟劉氏，始與上述解省試法所論相符。至謂執政擬復三題爲呂正獻公所阻，遂依舊試策，此蓋在臨朝決定之際，非上言獻議之時也。故史稱：詔「殿試經義、辭賦舉人，並試策一道，從趙挺之淸也。」（長編卷四〇八，頁十七）

然而主復三題與繼續試策之爭，猶有變本加厲者。史稱：

元祐三年九月九日敕：「中書省臣僚上言：『臣昨因賜對會具奏陳及續進劄子言，將來殿試，宜卽用祖宗試三題之法，並乞先賜詔諭中外之士，未蒙施行。伏緣朝廷旣……命科舉兼用辭律，使天下學者習之矣；……殿試之日，若復試策，則積日所勤反爲無用。……又人主臨軒，其所詢訪必當時之大務，……如今春殿試，必問去年寒雪之異，及官冗之弊，此類皆舉子所知，故宿造預作者，可以應對而無疑，考校之官，憑此以辨優劣，……第高下，安得實也。惟三題散出諸書，不可前料，試賦以見其才，論以知其識，且無以伸佞時之說焉。……今……請……卽用祖宗試三題之制；……將來一次科場，如有未習詩賦人，……許依舊，……卽乞權試以文論大義，比附試三題者。』」（長編卷四一五，頁二九——三十）

此謂中書省臣僚上言稱：昨因賜對具陳，則恐非普通臣僚所能；蓋「垂廉日，非宰執臺諫未嘗得對」也。（原註）然此人既爲中書省臣僚，又位居宰執，則中書侍郎劉摯正其人矣。（註八）是劉氏不服前決，而必以三題試之殿廷爲得法也。爰詔：「尚書、侍郎、學士、待制、兩省御史臺官、國子監長貳詳議殿試三題法。」（長編卷四一四，頁七）

而其時吏部侍郎傅堯俞、范百祿，禮部侍郎陸佃，兵部侍郎趙彥若，中書舍人曾肇、劉攽、彭汝礪，天章閣待制劉奉世，國子司業盛僑、豐稷，御史翟思、趙挺之、王彭年，遂聯名上議曰：

臣等……以天子親試貢士，自漢以來，未之有改。唐之進士，雖試詩賦，然惟有司奉行而已。國朝開寶六年，……始召進士試之於廷，當時公卿不知建明易以策問，而惟詩賦之用，因沿……莫……改。……神宗……爲求治道之體，熙寧三年始改問策，迄於元豐五賜策矣。乃者，陛下尊先帝之舊，親策進士，……而議者獨疑……人可預造，……不知辭律之學，亦有記誦類集之患。臣等以謂學校教諸生，州郡發解，禮部考貢士，今已悉用詩賦，足以審其辭，所有御前試進士，宜一依先帝故事試策，合於古義，於體爲允。……若詞涉諛媚及文理疎淺者，……約舊制……黜落。……如此，則士無濫中，而考官不敢率意升降矣。(長編卷四一五，頁二九——三一)

此言甚當，較之劉莘老所持一偏之見，盡揭人之弊，而掩己之失，爲公平矣。若所謂試策合於古義，於體爲允，實承新法之理想。蓋彼等多爲新黨，如趙挺之、翟思、彭汝礪、陸佃、曾肇是也。若劉攽、奉世叔姪「立言於歐陽修、王安石間，……自成一家，……蓋有兩漢之風焉。」(宋史卷三一九論贊)卽此其背景已現，他可不論。

厥後彭氏個人上言，謂「乞殿試三題者，而朝廷不以爲罪，乃……欲……以雕蟲篆刻無用之文，敗壞人才，……使朝廷終負謗議於天下後世。」(長編卷四一七，頁一——三)由此三題訖不行。

至八年三月，(二十三日庚子)中書省又舊事重提，「請復用祖宗法：詩賦論三題。且言士子多已改習詩賦，太學生員總二千一百餘人，而不兼詩賦者纔八十二人，可見習詩賦者多。」(註九)於是詔：「來年御試，詩賦舉人復試三題，經義舉人且令試策，此後全試三題。」（同上）此言發詔，本於中書。原注云：「孔武仲……乃元祐……八年四月自中書舍人遷給事中，……今中書建請，未必非武仲發之。」考其時左僕射兼中書侍郎劉摯早已去職，（宋史卷一七本紀及卷二一二宰輔表）蘇頌繼其事，范百祿專任中書侍郎，但均於詔試三題前罷職。（同上）且蘇氏曾於熙寧建議改革科舉，（見上章二節）范氏固上書請繼續試策者。（見前述）而孔氏又爲濂學弟子，（宋元學案卷十一表）「詆王氏學」，（宋史卷三四四本傳）則復三題取士，（見前）注云出自孔氏，是矣。是黨派學派反對新法取士之又一證也。

（三）經義、詩賦進士習業範圍之規定：此可自上述試法先見其要。凡試法所規定者，大率包括經、史、子、集四部。然四部之中，應習者固多，而禁習者亦非全無。首就其應習者言，元祐四年四月(十八日)規定：「經義、詩賦進士，聽習一經。……經義進士，並習兩經。以詩、禮記、周禮、左氏春秋爲大經，周易、書、公羊、穀梁、儀禮爲中經。願習二大經者，聽；即不得偏占兩中經。其治左氏春秋者，不得以公羊、穀梁爲中經。」（長編卷四二五，頁十三）此與熙寧以前采大經、中經、小經三分法畧有不同，第所習經則一。同年五月(十九日)又畧予更動，宋會要云：

禮部言：「勘會試習春秋進士，緣只於正經內出題不多，今以左氏春秋爲大經，自合兼出題目。近添公羊、穀梁二中經，亦出題不多，合於經傳注文兼出題，又恐二傳難以稱經，乞以公羊、穀梁併爲一中經，止於經傳內出題。其先令治左氏春秋者，不得以公羊、穀梁爲中經，乞勿行。」並從之。（選三，頁四二八七上）

故詔：「經義進士……習……左氏春秋兼公羊、穀梁或書，周禮兼儀禮或周易，」（同上）「禮記、詩並兼書」。

〔註十〕而兼詩賦進士，則依舊「於易、詩、書、周禮、禮記、春秋左氏傳內各習一經。」（會選三，頁四二八七）其不以「公羊、穀梁、儀禮爲本經」者，緣「卷數不多」耳。（同上）惟謂公、穀難稱經，本溫公之說，仍史學派之態度也。

「諸詩、賦、論題於子、史書出；（惟不得於老、莊子出）如於經書出，而不犯見試舉人所治之經者，亦聽。（謂：如引試治詩、書舉人，即聽於易、春秋經傳出詩、賦、論題；引試治易、春秋舉人，即聽於周禮、禮記出詩、賦、論題之類。）」（蘇東坡奏議集卷十三，乞增廣貢舉出題劄子）尋以禮部尚書蘇軾言：「自來詩、賦、論題襍出於九經、孝經、論語，」（同上）乃定：「詩、賦、論題，許於九經、孝經、論語、子、史並九經論語注中襍出，更不避見試舉人所治之經。」〔註十一〕蘇子瞻既沿「自來」之說，而又獨黜孟子，與溫公之說一契，顯見蜀朔兩派之同一看法也。至於策題，已明云子史、時務，可不必論矣。

再就其禁習而言。關於此點，主要爲新學而發。宋會要云：

元祐四年，五月，十九日，禮部言：「勘會經義已得旨：『許兼用注疏及諸家之說，或己見。』緣詩、書、周禮三經舊注疏與新義不同，其音釋亦有別處，慮考試官各隨好惡，取舍不一，今考校辭賦程文，乞只用舊來注疏及音義。」從之。（選三，頁四二八七上）

既只用舊來注疏及音義，則明黜三經新義矣。按三經新義，於元祐初年，即諸反新法取士者，亦嘗推之。司馬溫公只謂「王安石不當以一家私學，……蓋掩先儒。」（溫公文集卷五十二，頁二）劉莘老亦謂「王安石訓經旨，視諸儒義說得聖人之意爲多。」〔註十二〕呂陶亦謂「經義之說，……惟貴其當。先儒之傳注，既未全是。王氏之解，亦未必盡非。」（淨德集卷四，請罷黃隱職任狀）故劉氏又謂：「安石晚年溺於字說、釋典，是以近制禁學者毋習此二者而已。至其所頒經義，蓋與先儒之說並行，……未嘗禁也。」（註十三）東都事畧韓維本傳曰：「元祐更……法，……議者欲廢三經義，維謂宜與先儒之說並行，不必廢。」（卷五八）三朝名臣言行錄誌韓氏之言曰：「元祐元年，……議者欲廢三經義，公以爲安石經義宜與先儒之說並行，不當廢，……人服其平。」（十之二）宋史韓氏本傳亦言：「元祐更……法，……執政欲廢王安石新經義，維以當與先儒之說並行，論者服其平。」（卷三一五）此謂「執政」與「議者」，據上述各節分析，則劉莘老是矣。劉氏始尊新義，繼欲廢之，此猶陳龍川評蘇氏兄弟所謂「轉手之間而兩論立」，正其縱橫之術也。元祐二年詔：「自今舉人程試，……勿引申韓釋氏之書，考試官……毋於老、列、莊子出題。」（長編卷三九四，頁七）實亦陰爲三經新義而發。蓋是書當時反對派人視之，以爲非純儒之作，而襍有上述諸思想。此除上節論三經新義所引述者外，長編並於該詔下特引呂誨叔舊傳注明。其注曰：

　　王安石……以釋氏之說，解聖人之經，……經義參用古今諸儒之學，不得專用王氏。

比觀詔書，其意顯然。往後新黨趙挺之又明指蜀黨首領蘇子瞻亦陰有此意。宋李燾長編曰：

　　元祐三年，春，二月，已卯，監察御史趙挺之言：「貢舉用三經新義取人近二十年，今聞外議以爲蘇軾主文，意在矯革，若見引用新義，決欲黜落，請禮部貢院將舉人引用新經與注疏……通行考校。」詔：「送貢院照會。」（卷四〇八，頁六）

由是觀之，知禁習新義，所由來漸矣。而所謂禮部言，或即劉、蘇諸氏陰主之也。此亦足證蜀朔兩派於反對新學之志同道合耳。

總之，其時舉人習業，於四部中，除禁習儒家以外之諸子書及新學外，皆須習之。而四部浩瀚，蓋本經務必精其大義，熟其句讀，餘則涉獵泛觀，求其通曉可也。

注一：奏議集卷四，「乞不分經取士」。此長編、會要皆脫載。

注二：同右，「乞不分差經義、詩賦試官」奏。此乃三月第一次上。長編卷四〇九頁七至九所收，係本集奏議集卷四所載第二次上「放榜後論貢舉事件」文。五月二十九日甲戌奉旨施行。（見長編卷四一一，頁十四——十五）而宋會要以蘇氏等奏係之六月一日，（選舉一九之一九）蓋誤。

注三：宋會要以此及三年六月庚辰詔並置二年十一月十二日。（分見選舉三之五。及選舉一五之二五）考長編於庚辰條下注云：「此據諸州編錄條貫冊元祐三年六月五日聖旨，今移附本年月日，舊錄幷入二年十一月十二日，新錄因之，且云：『令禮部立詩賦格式以聞。』按當時所頒降文字，並非立詩賦格式，蓋令禮部議差官等法；本部以爲不須別立，但立此一法，奉聖旨依奏。不知舊錄何故却云『令禮部立詩賦格式。』按三年十一月十一日彭汝礪奏：『禮部牒：奉聖旨令兩制、兩省同共看詳修立到考校詩賦並格式聞奏，』不知此聖旨是何月日降，或卽舊錄所云：自別有月日，而舊錄幷入二年十一月十二日乎？」知會要本實錄所云也。會要既本實錄，而其時立經義、詩賦合科試法，獨付闕如，豈實錄自遺之耶？否則，實錄既載其合科之法，而又同載此分取之制，或誤。蓋同一時間不宜立自相矛盾之制也，況彭百川治迹亦如長編「云云」（見卷二八，頁三九）。而王伯厚玉海於同月日亦云「詔禮部立詩賦式。」（卷一一六，頁三二）則會要所云固不可信，而立詩賦式又實有其事，故從長編，並姑置立詩賦式令於此。

注　四：長編卷四二五，頁十三。宋史同。惟考校法作「四場通定高下，……專經者，用經義取舍；兼詩賦者，以詩賦爲去留；其名次高下，則於策論參之。」（卷一五五，選一，頁一六八〇——一）此其異。畢鑑、（卷八一，頁二〇五一）五禮通考（卷一七四，頁十五——六）均本宋史。宋會要（選三，頁四二八六下）與太平治迹統類，（卷二八，頁四一）於經義、詩賦進士第一場試兼經作「論語或孟子一道」，第二場作賦及律詩一首，餘同長編。以常理推之，賦及律詩體例各異，而同入一首，顯然有誤。論語孟子同是兼經，既分科考試，似亦不應有所選擇。而宋史所云考校法，乃明年事。（見下述）再衡以諸書之同異比例觀之，長編皆是矣。

注　五：長編卷四三六，頁七——八。治迹本此，但有若干錯誤。（見卷二一，頁四二八）

注　六：蓋宋會要與宋史諸書均采用元祐四年四月十八日戊午所定經義、詩賦之分科分試分取之法，（卷頁見注四）而遺同年十二月二十四日庚申禮部否定之說，及詔復舊法——經義、詩賦之合科通試通取之制也。

注　七：如畢鑑、五禮通考均是；前者見卷八一元祐四年四月戊午條，後者見卷一七四，頁十五——十六。

注　八：按長編謂：「元祐三年，夏，四月，壬午，中大夫守尚書右丞劉摯守中書侍郎。」（卷四〇九，頁十三）宋史哲宗本紀於同時亦謂：「以……劉摯爲中書侍郎。」（卷十七）宰輔表未載，遺之矣。（宋史卷二一二）

注　九：此文取自通考，（見卷三一，頁三二）蓋長編、會要文字太繁雜也。又，「試詩、賦、論三題」，原文作「試詩、賦、論策三題」，多一「策」字；「可見習詩賦者多」，原文作「可見習賦者多」少一「詩」字；茲依長編、會要增減之。（長編原文見卷四八二，頁十；會要原文見選八，頁四三九二）

注　十：宋史卷一五五，頁一六八一上。此長編脫載。「左氏春秋兼公羊、穀梁或書」，宋史脫一「或」字，易與下句混淆。「禮記、詩並兼書」，會要作「禮記兼書或毛詩」。就史材言，應取會要。然禮記與毛詩既同定為大經，當以宋史所言為是，因取宋史。

又此詔會要置於五月禮部言後，但作三十八日。原書天地圖注：「疑三月八日」。考之玉海，詔經義進士習兩經，在五月二十八日，（卷一一六，頁三二；此其所取乃第二次詔。）疑會要鈔誤。

注十一：蘇東坡奏議集卷十三，乞增廣貢舉出題劄子。此劄子，本集作元祐八年五月二十六日上。會要則作二十七日，（選三，頁四二八八下）長編、（卷四八四，頁十五）治迹（卷二八，頁四六）均作癸卯，是月丁丑朔，會要諸書所言相合。二說不同，或起草劄子與送呈、收文記時之異也。

注十二：長編卷三九〇，頁十九。集作「王安石經訓經旨，視諸家議說得先儒之意亦多。」見卷七，劾黃隱。

注十三：忠肅集卷七，劾黃隱。並見長編卷三九〇，頁十九。禁字說係元祐元年六月，見前述。

第三節　輕新科明法而立經明行修科與重禮治及德治

上述朔蜀兩派反新法取士而立經義、詩賦幷行取士法，就其背景言，似不免襍有儒家以外之思想。此節輕新科明法而立經明行修科，則堪稱為重禮治與德治之儒家傳統。茲為便於論述起見，分為以下兩項。

（一）輕新科明法與重禮治：新科明法，其前身即明法科，自來不受重視。熙寧變法，詔改今名，與進士幷行，其地位乃日漸加重。至是朔蜀反新法，遂欲復抑之。元祐元年，閏二月，朔黨首領侍御史劉摯言：

近制，明法……舉人，試以律令、刑統大義及斷案，謂之新科明法。（本集作新科，長編作雜科明法）登科者，吏部將司法員闕先次差注，在進士及第人之上。……竊以先王之治天下，以禮義爲本，而刑法所以助之者也。……故惡有所懲，而常不失忠恕之道。舊制，明法最爲下科，然其所試，必有兼經，……先王之意猶在也。今新科罷……兼經，專於刑書，……又所取……比舊猥多，調擬……失……次，乞……加論語、孝經大義，……科……額裁減其半，……注官……並依科目資次，所貴從事於法者，稍不遠義，而士之流品，不失其分。（忠肅集卷四，頁二十——二一；長編卷三六八，頁十一）

劉氏主以禮義爲治之本，刑法爲治之助，蓋本以儒爲主，以法爲輔之思想。故其對新科明法，雖欲抑之，而未敢斷然請罷之也。司馬溫公則較劉氏爲積極。溫公於三月五日上書曰：

……至於律令勑式，皆當官者所須，何必置明法一科，使爲士者豫習之。夫禮之所去，刑之所取，爲士者果能知道義，自與法律冥合；若其不知，但日誦徒流絞斬之書，習鍛鍊文致之事，爲士已成刻薄，從政豈有循良，非所以長育人材、敦厚風俗也。朝廷若不欲廢棄已習之人，其明法曾得解者依舊應舉，……則收拾無遺矣。（温公集卷五二，起請科場箚子）

此祖漢儒以經義斷事之意，故逕請罷新科明法。厥後溫公薨，劉氏主其事，而更法遂一以劉意爲是。於是明（二）年十一月議定：「新科明法，依舊試斷案三道，刑統義五道，添論語義二道，孝經義一道，分爲五場，（疑爲三場）仍自元祐五年秋試施行。」（長編卷四〇七，頁五）

越一年，即元祐三年閏十二月，又重定：「五路不習進士新人，今後令應新科明法，許習刑統，仍於易、詩、書、春秋、周禮、禮記內各專一經，兼論語、孝經，發解及省試分爲三場，第一場試刑統義五道，第二場試本經義五道，第三場試論語、孝經義各二道，以三場通定高下。」（會選一，頁四四八三下）此謂「五路」，詳之也。故玉海只云：「詔習刑統，各專一經。」（卷一一六，頁十三）

至四年七月，又定：「新科明法舊人，今後御試：本經義二道，刑統義三道，考校分爲五等；其經義、刑統義，兩處考校；初、復考訖，……詳定官合以兩處等第參定。」（會選十四，頁四四八三——四）而畢鑑獨云此前三月，卽「四年，夏，四月，戊午，……罷明法科，」（卷八一，頁二〇五一）不知究何所本。考長編、（卷四二五，頁十三）會要、（選三，頁四二八六——七）治迹、（卷二八，頁四一——四二）通考、（卷三一，頁二七）宋史（卷一五五，頁一六八〇——一）所繫同時間定科場法，並未提及明法或新科明法事。且於明日己未（十九日）下詔曰：「元祐二年以前諸科舉人，改應新科明法，聽取應外，自今更不許改。」（長編見卷四二五，頁十八；會要見選十四，頁四四八三下；治迹見卷二八，頁四二）然則非改應人，自可取應矣。既如是，則畢鑑所誤，明甚。惟其試藝、習業，着重經義，是明法不若於熙、豐之受重視；而司馬君實、劉莘老二氏崇尚儒家禮治思想之推行也。

六年，（夏，四月，六日乙未）詔「復通禮科，……令太常寺將開寶通禮重行校定，送國子監頒行。」（長編卷四五七，頁二——三；會選一二，頁四四六三下）此又推行禮治之另一證。八年，又「以五路……諸科解額分爲十分，內以一分解舊諸科，一分解經律科，一分解通禮科，其餘七分……以進士每十人、新科明法每七人各許解一人比率均取；零分亦各許解一名。」（會選十五，頁四五〇八下）其經律科何所自來，則有待於考證。

（二）立經明行修科與重德治：其時取士，除趨向以禮治爲標的外，又着重德治之薰陶，如立經明行修科，卽其意也。按此科於唐已有之，登科記考云：

唐高祖武德四年辛己，………是年………不貢舉。永樂大典載衡水縣圖經志云：「蓋文達字藝成，冀州衡水縣人，武德四年以經明行修徵爲國子博士。」按冀州爲竇建德地，此或因赦詔而舉之。（卷一，頁三）

又云：

唐高宗麟德元年甲子，………經明行修科李思訓。（卷二，頁十四）

又云：唐制舉………設科之名已無慮百數。又如………經明行修，見李邕李思訓碑。（凡例，頁六——七）

李邕李思訓碑曰：

公諱思訓，字建，隴西狄道人也，………已十有四，補崇文生，舉經明行修科甲。（注一）

是經明行修科於唐爲制舉，其事初舉於高祖武德四年，至高宗麟德元年始有其科。此蓋本有漢郡國察舉：「學通行修，經中博士」之制也。（通典卷十三，頁四——五）宋貞廟大中祥符二年、四年、七年嘗舉服勤詞學、經明行修之士（注二）至是，司馬溫公乃請立經明行修科。史稱：

元祐元年，春，三月，司馬光奏：「乞每歲委升朝官保舉一人，應經明行修科，與進士並置，程試一如進士，惟於及第後推恩優異，以勸勉天下舉人，使敦士行，以示不專取文學之意。竊料此法初行，其奔競屬請，固不能免；若朝廷於所舉人違犯名教及贓私罪，必坐舉主，毋有所赦，行遣三五人後，自皆愼擇其人，不敢妄舉。如此，則士之居鄉居家，獨處暗室，立身行己，不敢不謹，惟懼玷缺有聞於外矣。所謂不言之教，不肅而成，不待學官日訓月察，立賞告許，而士行自美矣。」（温公集卷五二，起請科場劄子，及乞先行經明

行修劄子；長編卷三七一，頁五——八；通考卷三一，頁三一）

此謂與進士並置，程試一如進士，是立經明行修爲常科，與唐異。其於及第後推恩有加，使敦士行；故應之者，以不違犯名教與贓私罪爲限。特提名教以興經行，前此范文正公已先言之。所謂「名教不崇，則爲人君者，謂堯舜不足法，桀紂不足畏；爲人臣者，謂八元不足尚，四凶不足恥；天下豈復有善人乎？」（范文正公集卷八，上資政晏侍郎書）是名教所以「美教化，厚風俗」也。（司馬溫公集卷五二，乞先行經明行修劄子）然則溫公乞置經明行修科，其與德治有關矣。於是從溫公請，而於同年四月（辛亥）下詔：「每遇科舉詔下，令文官升朝以上，無贓罪及無私罪者，於應進士舉人，不拘路分，不係有服親，各奏舉經明行修一名。」（長編卷三七六，頁四）

然御史中丞劉摯則稍持異議，其上疏曰：

……按……行義汙潔，非鄉里庠序，羣居久處，毀譽素著，誰能知之。不拘路分，但非有服親，皆得奏舉，臣恐流離之人，虛僞見售，……則選舉之利未見，而奔競之俗先成。……臣願每遇科場詔下，委逐州長吏舉經明行修進士……不滿二百人，聽舉一名，每二百人加一名，至三人止。監司、轉運、判官以上於本路、在京臺諫以上於開封府、國子監，各許奏舉一名。（長編卷三八〇，頁三——四）

劉氏此言，較諸溫公不拘路分爲當；蓋既爲敦士行，厚風俗，非鄉舉里選不爲功也。爰詔：「朝官、通判資序以上人，許舉保。」（同上，頁五）要其與劉氏之分路計口立額仍不適。厥後或以溫公薨，（九月薨）乃又於明（二）年正月（十五日戊辰）復詔：「舉經明行修科，分路立額：」（通考卷三一，頁三一）「京東、西、河北、陝西路各五人，淮南、江南東、西、福建、河東、兩浙、成都府路各四人，荊湖南、……廣南東、西、梓州路各二人，荊湖北、

……夔州、利州路各一人，委知縣當職官同保任，申監司，監司再加考察以聞，仍充本州解額，無其人，則闕之。」（注三）

然仍充本州解額，則又爲新黨、右司諫王覿所不然。王氏曰：

> 今天下州郡應舉者甚多，而解額至狹。凡挾冊讀書而未免於干祿者，莫不有競進之心也。使經明行修而被舉者，不在解額之中，則後進之士，……勢必……出力推薦，而人人有君子長者之風矣。使經明行修而被舉者，遂奪其解額，則後進之士……勢必……內懷忌嫉，而謗讟詆訐無不爲者矣。如此，……則誠恐未足以勸學行，而先有以敗風俗也。……伏望……指揮於前項敕內，改「與充本州解額」六字，作「於本州解額外解發」，庶可以久行而無弊也。貼黃：……前……敕……逐路所舉各有人數，惟不及畿內，……亦乞指揮添入。
>
> （長編卷三九五，頁十二——十三）

此通考謂之「乞創額以消爭進」也。（卷三一，頁三一）王氏此法，是否被採用，據原注云：「其言之從違當考」，是李氏亦不得而知。考此後蘇子瞻所謂「經明行修……侵奪解額」云云，則此法蓋未施行。

元祐三年三月（六日癸丑）又詔：「經明行修人，如省試不應格，聽依特奏名進士例就殿試。」（長編卷四〇九，頁二）是又啓奔競之尤。蓋「自來過省舉人，限年累舉，積日持久，方該特奏名恩」也。（蘇東坡奏議集卷四，論貢舉合行事件）其重如此，其輕如彼，所以開蜀黨首領蘇子瞻請罷經明行修之機。蘇氏曰：

> 竊謂累奏舉名，已是濫恩，而經明行修，尤是弊法，其間權勢請託，無所不有，侵奪解額，崇獎虛名，有何功能？……乞詳議早行廢罷。（同上）

按蘇氏尙縱橫，已於前述。今觀其所謂「貴進退之權，專在人主，」（同上）則又慕法家尊君之意，宜乎其不以經明行修爲重，而請罷之。

蘇氏之請，雖未獲准施行。然至元祐四年五月，（二十五日甲午）詔：「今後並遇降詔，方許奏舉；所有歲舉知州人，及每遇科場奏舉經明行修指揮，並不施行。」（長編卷四二八，頁一）是經明行修已由常科而變爲臨時之舉矣。至元祐八年二月，（二十四日辛未）從監察御史黃慶基請，又定：「凡荐經明行修之士，必須精加考察，委有術業行誼，爲鄉黨所尊、士論所服者，乃許奏薦；或不如所舉，則以貢舉非其人之法坐之。」（長編卷四八一，頁十四）此於應經明行修者之本身，加强其進德修業。是又證明設立經明行修科，固在重儒家德治之措施也。

綜上所說，知輕新科明法而立經明行修科，乃溫公及朔派所主持，而爲蜀派所反對。此卽蜀朔兩派於此相異處。

太皇太后崩，哲宗親政，新黨繼起，而此種立法，與夫經義、詩賦幷行取士之制，遂相繼遭非議，或罷黜矣。

注一：李北海集，全唐文卷二六五。按登科記考作年十四，……舉經明行修甲科。又謂：按碑言思訓卒於開元四年，年六十六，是年爲十四歲。唐書本傳作卒於開元六年，誤。（見卷二）

注二：詳見長編卷七一，頁二五；卷七十六，頁十三；卷八三，頁八；會要選舉七，頁四三六一。治迹、（卷二八，頁十二——四）玉海（卷一一六，頁五——七）所言畧同，但玉海以其事倒植，或重複。惟通考以二年事作三年，七年未之載。（見卷三十，頁三十——三二）畢鑑於二年事，僅云「賜進士梁固等及第」，而不及「服勤詞學，經明行修」之名。（卷二八，頁六二八）五禮通考本文獻通考。（見卷一七四，頁八）宋史概不之載。

注

三：宋會要選舉一一之四二。長編所載見卷三百九十四，頁七——八。其「成都府」下少一「路」字，「荆湖南」下多一「路」字，「廣南東、西」，作「廣南路西」，「荆湖北」下多一「路」字，「利州」下少一路字，皆誤。按五人額者四路，四人額者七路，二人額者四路，一人額者三路，計十八路，共五十九人額。通考作六十一人額，（卷三一，頁三一）亦誤。（此仍天聖分天下爲十八路舊制也。蓋元豐析爲二十三。（詳見宋史卷八五地理志）至元祐元年三月壬戌，又詔「京東西路、京東東路並爲京東路，京西南路、京西北路並爲京西路，秦鳳等路、永興軍等路並爲陝西路，河北西路、河北東路並爲河北路，淮南西路、淮南東路並爲淮南路。」（長編卷三七一，頁四——五）

第四章　哲宗紹聖以後反元祐而復熙、豐取士階段

新黨倡紹述之說，其非議或罷黜諸措施，可分下三節述之。

第一節　罷詩賦、黜史學、專用經義取士——實卽黜蜀朔二學而用新學及緣新學之流弊發展

史稱：紹聖元年，二月，（二十三日乙丑）禮部立御試三題條約。三月，（六日丁丑）詔依舊試策。（宋會要選八，

頁四三九二；並見治迹卷二八，頁四七；玉海卷一一六，頁六；通考卷三一，頁三三） 此首見爲屏詩賦，而重經術。又稱：

哲宗紹聖元年，三月，十四日，（長編本末、拾補、畢鑑均作乙酉，同。）上御集英殿，試禮部奏名進士，內出制策曰：「神宗……憑几聽斷十九年，……禮樂法度，……惠遺天下甚備。……朕之臨御幾十載矣，復詞賦之選，而士不知勸。……夫可則因，否則革，惟當之爲貴，聖人亦何有必焉！」（注一）中書侍郎李淸臣之詞也。（長編本末卷一百，頁一；治迹卷二八，頁四七；長編拾補卷九，頁十二——十三）「丁酉，賜禮部奏名進士、諸科九百七十五人及第出身。時考官取進士答策者，多主元祐；及楊畏覆考，乃悉下之，而以主熙、豐者置前列，拔畢漸爲第一。自此紹述之論大興，國是遂變矣。」（注二）

李邦直爲新黨，已見前述；楊子安「尊安石之學」，（注三）固爲新黨中堅；可見新黨亟欲復熙、豐以經義取士。時蜀黨蘇轍嘗力爲元祐辯而被黜。（詳見欒城後集第二劄子，及長編本末卷一百並注。） 洛黨程頤弟子尹焞亦嘗因發策非當，不對而出，並告於程氏曰：「焞，不復應進士舉矣。」（能改齋漫錄卷十三，頁十八；並見宋史卷四二八本傳。）然新黨首領章惇相，（拾補卷九，四月壬戌條並注）又爲「蔡卞所持」，（曲洧舊聞卷二，頁二記東坡言。）遂一本熙、豐。此可自科目及解、省試藝、習業，與夫分經取人，一一論證於次：

如同年，夏，四月，（二十五日丙寅）「罷五路經律、通禮科」，（注四）即本熙、豐遺意。五月，（四日甲辰）詔：「進士罷試詩賦，專治經術。各專大經一，中經一，願專二大經者，聽。第一場試大經義三道，論語義一道；第二場試中經義三道，孟子義一道；第三場試論一道；第四場試子史時務策二道。」（注五）揆諸上述元祐四年所定解、省程式，正與其經義進士同。然尋又更定，宋會要云：

紹聖元年，七月，二十七日，禮部國子監言：議定到舉人，將中經各隨大經分定，春秋兼書，周禮兼易，禮記兼詩，所有願治兩大經指揮乞不行。詔「將來科場，權且試一經。後次卽依禮部所定：其所試春秋，許於三傳解經處出題；雖緣經生文，而不係解經旨處，不許出題。仍並試策三道。」（選三，頁四二八九）

此爲復熙、豐程式之伏案。所不同者，惟多春秋一經耳。然棄傳存經，亦可窺其微意矣。同書又曰：

紹聖三年，七月，二十八日，國子監司業龔原言：「將來科場，只令依舊專治一經。」從之。〔注六〕此爲復熙、豐一經（卽本經）取士之證。

同書又曰：

紹聖四年，二月，二十五日，詔罷春秋科。〔注七〕

實則春秋未嘗立科，治迹與玉海作「罷春秋」，（前者見卷二八，頁四八；後者見卷一一六，頁三二）是。時（崔）「子方三上書乞復之，不報。」（直齋書錄解題卷三，頁十一）故容齋洪氏云：「……乃若六經載道；紹聖中，章子厚作相，蔡卞執政，遂明下詔罷此經，誠萬世之罪人也。」（續筆卷十五，頁一四五）此爲復熙、豐不用春秋取士之證。是年，（夏，四月，丙申）以權知貢舉林希等言，詔「自今發解、省試，添試策一道。」（長編卷四八五，頁十四）按原定試子史時務策二道，今添一道，共三道，正符合紹聖元年七月二十七日詔旨。此爲復熙、豐寓經術於策論取士之證。

宋會要又云：

徽宗崇寧元年，八月，十六日，臣寮言：「乞檢會元豐進士試論日，並試律義之文，參酌行之，此誠有助經

術作人之道。」從之。仍後次科場施行。（選四，頁四二九二）

按元豐四年規定：解試加試律義一道，省試加試律義二道，至元祐元年罷，今復之，乃其取熙、豐寓經術於律義（漢儒謂經術可以斷獄）取士之證。

至其分經取人，據宋會要云：

紹聖元年，九月，十一日，考試所言：「元豐貢舉敕條分經取人；昨元祐間兼用詩賦，即不得分經；今既專用經義，未知止取文理優長者爲合格，或分經通融分數去取。詔「依舊條分經取人」。（選三，頁四三八九）

此元豐元年制也。

長編曰：

元符元年，夏，四月，乙巳，國子監言：「乞今後科場及太學公私試所存留三分解額，均作十分通融，先取二禮合格之人，不得過五分，次取他經。」從之。（卷四九七，頁十九；並見會要選舉十五，頁四五〇九）

通考謂：「凡試優取二禮兩經，許占全額之半，而以其半及他經，」（卷三一，頁三三）即本此說。此爲復元豐二年所定周禮、禮記倍取之例。

此則在在以熙、豐爲是，有違者則受懲。彭百川治迹卷二十八云：

建中靖國元年，二月，都水監丞李夷行乞復詩賦……與經義並行，彭汝霖劾夷行非所宜言，且云：「若不懲戒，則議欲壞神宗法度者，將接踵而起。」左僕射韓忠彥收其章不行，汝霖又言：「陛下方以繼志述事爲治，專用經術取士，而夷行狂瞽妄說，儻不明降指揮，則天下不知禁。」夷行遂罰金。（頁四九）

經義、詩賦並行，乃元祐舊制；熙豐專尚經術，禁詩賦，宋史所以謂「李夷行乞復詩賦，汝霖劾之。」（卷三四六李氏本傳）至政和二年，臣寮又奏請「重行禁約，爲之矯拂。」（宋會選四，頁四二九四）遂「詔榜朝堂，委御史臺彈劾。」（同上）其嚴禁如此，用意不難概見。

以上就其通常規程言。

其次，就其特別規定言：（一）重新學與黃、老、莊、列。宋會要選舉三云：

紹聖元年，六月，十五日，太學博士詹文言：「元祐貢舉敕，令進士不得引用王安石字說，乞除其禁。」從之。〔注八〕

按字說於熙、豐與三經義相輔而行，此除其禁，復舊制也。周煇清波雜志卷十云：

章子厚在相位，一日，國子長貳堂白：「三經義已鏤版頒行，王荆公字說亦合頒行，合取相公鈞旨。」子厚曰：「某所不曉，此事請白右丞。」右丞，蔡元度也。（頁二）

此乃子厚假借之詞，觀龔深父〔注九〕所請可知。長編本末卷百三十云：

紹聖元年，十月，丁亥，國子司業龔原奏：「贈太傅王安石在先朝時，嘗進所撰字說二十二卷，其書發明至理，欲乞差人就王安石家繕寫定本，降附國子監雕印，以便學者傳習。」詔「可」。（頁一——二）

宋會要選舉三云：

紹聖二年，正月，十三日，國子司業龔原言：「續降勅節文，論題並於子史書出，唯不得於老、列、莊子出題；緣祖宗以來科場出題，於諸子書並無選擇，乞刪除前條。」從之。（頁四二八九）

又本末同卷云：

紹聖二年，三月，甲辰，國子司業龔原等言：「贈太傅王安石在先朝嘗進其子雱所撰論語、孟子義，乞下本家取所進義定本，下本監雕印頒行。」詔「令國子監寫錄一本進納」。(頁二)

又云：

十一月，庚子，三省言：「國子司業龔原奏請，乞檢詳前奏，下贈太傅王安石家，取所進字說副本，下國子監校訂雕印，以便學者傳習。」從之。(同上)

其所以如此，即謀以新學取士耳。除老、列、莊子之禁，因三經義與字說采之也。用王元澤之論、孟義，亦以其爲新學。深父請於下，子厚、元度應於上，上下相孚，新學遂復行。故史云：「一時學校、舉子之文，靡然從之，其敝自原始。」(宋史本傳)徵諸往後發展，亦實如此。長編卷五百云：

元符元年，秋，七月，丁卯，中書舍人趙挺之言：「選試教導之官，原增爲五經，國子監請兩經試卷各爲字號，取諸入等者爲合格。詔「今後試三經，餘從之。」(頁十五)

此雖非試舉人，而其所試則一。同書卷五百三又云：

元符元年，冬，十月，癸巳，太學錄鄧珫言：「乞選官刊正五經、論語、孟子音義。」詔「三種新義與舊音不同者，令本經講官編纂音義。」(注十)

其重之如此，宜乎「有建言請於詩、書、周禮三經義中出題以試舉人者，朝廷下其議，有司承意，謂爲可行。」既而右正言鄒浩論其不可。鄒氏云：

三經義者，所以訓經，而其書非經也。以經造士，而以非經之題試之，甚非先帝專用經術之義。〔注十一〕

「其後出題，訖依舊法，當是從浩言也。」（長編卷五百三，頁十九注。）

其時字說亦風行。宋曾慥高齋漫錄云：

崇寧以後，王氏字說盛行，學校經、義、論、策悉用字說。有胡汝霖者，答用武策，其畧云：「止戈爲武。周王伐商，一戎衣，而天下大定，歸馬放牛，偃武修文，是識武字者也。尊號曰「武」，不亦宜乎？秦始皇、漢武帝、唐太宗既得天下，而窮兵黷武不已，是不識武字者也。」榜出，遂爲第一。雖用字說而有理。（頁八）

時，蔡元長用事，故有此舉。然謂經、義、論、策，悉用字說，與上述試程不符，蓋曾氏過甚其詞耳。

所當注意者，乃其時用黃、老、莊、列試士，而獨黜釋氏。宋會要選舉四云：

正和元年，十一月，十五日，臣寮言：「乞士大夫毋得體釋氏之說爲文，士子程文有引用佛書，或爲虛無恠誕之言者，皆黜勿取。」從之。（頁四二九三——四）二年，正月，二十四，臣僚言：「……士人溺於元祐挾書之習；……兼鬻書者以三經新義並莊老子說等作小冊刋印，可置掌握，人競求買，以備場屋檢閱之用，……伏望聖慈申嚴懷挾之禁，增重巡鋪縱容之責。……」從之。（頁四二九四）

究其所以如此，蓋由徽宗崇尚道家。〔注十二〕故「政和中，嘗命學校分治黃、老、莊、列之書。」時「知兗州王純乞於御注道德經中出論題，范致虛亦乞用聖濟經出題。宣和元年，帝親取貢士卷考定，能深通內經者升之，以爲第一。」（宋史選舉三）然此亦淵源於元豐三年補道職之試程云。（同上）此皆緣熙、豐之流弊發展，而失專經之旨。

（二）禁習史學與文學。長編卷四八五云：

哲宗紹聖四年，夏，四月，乙未，校書郎陳瓘通判滄州。……初，……瓘爲太學博士；薛昂、林自之徒爲正錄，皆蔡卞之黨也，競推尊安石、而擠元祐，禁戒士人不得習元祐學術。卞方議毀資治通鑑板，瓘聞之，用策士題特引序文，以明神考有訓，於是林自駭異而謂瓘曰：「此起神考親製也？」瓘曰：「誰言其非也？」又曰：「神考少年之文爾？」瓘曰：「聖人之學，根於天性，有始有卒，豈有少長之異乎？」林自辭屈愧歉，遽以告卞，乃密令學中，置板高閣，不復敢議毀矣。瓘又嘗爲別試主文，林自復謂蔡卞曰：「聞陳瓘欲盡取史學，而黜通經之士，意欲沮壞國事，而動搖吾荊公之學。」卞既積怒，謀將因此害瓘，而遂禁絕史學，計劃已定，惟候瓘所取士求疵立說而行之。瓘固預料其如此，乃於前五名悉取談經及純用王氏之學者，卞無以發。然五名之下，往往皆博洽稽古之士也。瓘常曰：「當時若無矯譎，則勢必相激，史學往往遂廢矣。故隨時所以救時，不必取快目前也。」（注十三）

原注云：「此據丁未錄陳瓘傳增入，不知作傳者係何人，須別刪修，乃可用耳。」故史傳易其文曰：「……瓘……爲太學博士，……卞黨薛昂、林自官學省，議毀資治通鑑；瓘因策士題引神宗所製序文以問，昂、自意沮。」（宋史卷三四五）考陳瓘尊堯錄亦云：「紹聖四年，蔡卞薦太學博士薛昂上殿，昂乞罷講筵讀史官書，而專讀王安石日錄、字說。哲宗怒曰：『朕方稽考前代，以鑑得失，薛昂俗儒妄言，可不黜乎？』」（引自長編卷四九二，頁二注）吳曾能改齋漫錄又云：「……昂，……元符中，嘗上殿乞罷史學。」（注十四）王伯厚困學紀聞曰：「自荊舒之學行，爲之徒者，請禁讀史書。」（卷十五，頁三三）當本此說。畢鑑本陳傳，（卷一八五，頁二六一）顧氏日知錄本薛傳，（卷十六，頁二四）所言均同。黃氏集釋日知錄亦謂：「昂，……始主王氏學，又依附蔡京，至舉家為京諱，昂嘗誤及，即自批其頰，〔注十五〕諂鄙至是，奚止俗佞，其請罷史學宜矣。」則此次請毀通鑑板與黜史學取士，雖出自昂、自，而蔡元度實首領其事。

然陳瑩中所以沮其事而重史學取士者，其意雖在博洽稽古，實亦有所為而為焉。本集與鄒志完書曰：

資治通鑑曾留意否？學者倦於持久，而稽古之習，猝難承辦。凡如讀習寓言，可旬月而了。故棄史不讀，不知六經。論語發明中實之道，以稽古為本。莊周高而不中，寓而不實，其言可喜悅，而實則誕幻，尚不如老子之有益於世，況可比吾教之中道乎？華嚴云：「依教修行」，此語乃百家之總門也。吾教非彼教，彼教非吾教，其實無二，其門不一，各依自教，則本不相妨矣。冠員冠，履方履，而鉢食膜拜者，是舍吾教也。舍經史可證之實，而說誕放無實之文，何以異此？華嚴依教之旨，不若是其偏也。修身行己，奉行聖教爾。如稽古之事，載於六經。六經之後，千餘年之事，散於諸史。通鑑集其散而撮其要，此英祖神考之所以賜後學也。（引自宋元學案十，卷三五，陳鄒諸儒學案，頁九——十）

全謝山曰：「了翁最宗元城，則以為涑水私淑弟子可也。」（同上，頁五）言論語不及孟子，蓋以涑水疑孟、臨川重孟也。其言舍經史而說放誕之文，蓋即為新學之徒發也。至其棄莊存老，正其「私淑洛學而未純者」。（同上，頁三）又云：「北人始可有為，南人輕險易變。」（同上，頁十二，引行畧。南人指王介甫）「重南輕北，分裂有萌。」（三朝名道言行錄卷十三之三；並見學案卷三五彈蔡京） 其執一如此，無怪曰：「王氏乃欲廢絕史學，而咀嚼虛無之言，其事與晉人無異，將必以荒唐亂天下。」（同上，並見同上學案引行畧）彈蔡京云：「滅絕史學，一似王衍。」（同上）

飽學如陳氏者如此攻訐，其等而下之者可想見。彼亦一偏，此亦一偏，宜乎其相激不休矣。

厥後至崇寧，蔡元長相，（宋史宰輔表）遂詔「諸邪說詖行，非先聖之書，並元祐學術政事，不得教授學生，犯者屏出。」（長編本末卷百二十六，頁五）又從知泗州姚孶請，遂益以此條禁施及「私下聚學之家」。（詳見同書卷百三十二，頁三）其時「薛昂……兼大司成，……寡學術，士子有用史記、西漢語，輒黜之。」（宋史卷三五三本傳，並見能改齋漫錄卷十二，頁二三）「學校爲之師長者，……自知非所學，亦幸時好，以唱其徒，故凡言史，皆力詆之。尹天民爲南京教授，至之日，悉取史記而下……焚講堂下。」（避暑錄話卷下，頁三八）甚且以「尊六經，黜百家，史何足言」爲名，而將「諸路州學……藏書……以經史爲名……置閣處，賜名曰稽古。」〔注十六〕政和初，又重行禁約元祐學術，並委御史臺彈劾。（詳見前引）於是「學者妄相傳播，謂學校以史書爲禁。士子程文，至於歷代世次先後，古人名氏顯著者，亦或差舛。」時翰林學士蔡薿等有見及此，乃「乞今後時務策，並隨事參以漢唐歷代故實爲問。」詔從其請。此宋會要選舉四謂政和二年三月二十一日事也。而宋吳曾能改齋漫錄卷十二罷史學條則謂：

> 先是崇寧以來，專意王氏之學，士非三經字說不用。至政和之初，公議不以爲是。蔡薿爲翰林學士、慕容彥逢爲吏部侍郎、宇文粹中爲給事中、張琮爲起居舍人列奏：欲望今後時務策，並隨事參以漢唐歷代事實爲問。奉御筆：經以載道，史以記事，本末該貫，乃稱通儒，可依所奏。今後時務策問，並參以歷代事實，庶得博習之士，不負賓興之選。未幾，監察御史兼權殿中侍御史李彥章言：夫詩、書、周禮三代之故，而史載秦、漢、隋、唐之事。學乎詩、書、周禮者，先王之學也。習秦、漢、隋、唐之史者，流俗之學也。今近臣

進思之論，不陳堯舜之道，而建漢唐之陋，不使士專經，而使習流俗之學，可乎？伏望罷前日之詔，使士一意於先王之學，而不流於世俗之習，天下幸甚。奉御筆：經以載道，史以記事，本末該貫，乃爲通儒。今再思之，紀事之史，士所當學，非上之所以教也。況詩賦之家，皆在乎史，今罷黜詩賦，而使士兼習，則士不得專心先王之學，流於俗好，恐非先帝以經術造士之意，可依前奏。前降指揮，更不施行。時政和元年三月戊戌也。（頁二五——二六）

此長編拾補注之於政和二年四月末。並謂：「續宋編年資治通鑑：禁史學。案：原係此於十一月。據李埴十朝綱要：四月，戊戌，以監察御史李彥章言，詔士無得兼習史學。五月，戊寅，詔勿行。今移附此。」又謂：「薛應旂宋元通鑑係此於二年四月辛卯復行方田下。」（卷三一，頁五注）通考亦云：「政和二年，……詔士毋得習史學。」並引注吳氏原文。（卷三一，頁三五）考宋會要：「政和二年，正月，八日，以翰林學士蔡薿知貢舉，尙書吏部侍郎慕容彥逢、給事中宇文粹中、起居舍人張漴並同知貢舉，合格奏名進士七百一十三人。」（選一，頁四二三七）「三月，十二日，上御集英殿，試禮部奏名進士，……得莫儔已下七百一十三人，賜及第、出身、同出身。」（選七，頁四三七一——二）蔡氏等所謂士子程文差舛云云，當在此考試後始知。且政和元年三月癸亥朔，（陳氏朔閏表）無戊戌日。則會要繫年是，月，日亦是。漫錄年、日誤，拾補及其徵引諸書月、日亦均誤。惟漫錄紀事詳於諸書，諸書又多引用。清儒錢辛楣亦錄其事。並謂：「蔡京禁人讀史，以通鑑爲元祐學術。」（注十七）則綱要獨謂去其禁，誤。況政和四年，詔：……東宮講讀官罷讀史，專一導以經術，……而不牽於流俗」云云，（能改齋漫錄卷十三，頁八）猶可參證。又當辨者，卽漫錄以薿等上疏歸咎於崇寧以來之建制，會要則謂由於士子放誕不學。考薿遷翰林學士，坐妄議政事，（宋史卷三五四本傳）則二說均是。蓋前者就客觀評論，後者係自我陳詞，故有輕重之別。然則當時所以禁史學取士者，乃上下因利乘便寖成之耳。錢氏曰：「王安石之學，其弊至於妄誕無忌憚若此，孟子生於心、害於政之言，豈欺我哉！」（同注十七）則錢氏之說，亦不爲無見也。

其次，論禁習文學。長編本末卷百二十六云：

崇寧元年，八月，甲戌，右僕射蔡京……乞禁不得教學生非經、史、子書文字。（頁四——五）

換言之，卽禁習集部之書。則文學之被禁習，自蔡元長啓其端。

其所被禁習者，亦卽可自被毀之文集印板視之。同書卷百二十一云：

崇寧二年，四月，丁巳，詔焚毀蘇軾東坡集幷後集印板。（頁十二）

又云：

乙亥，詔三蘇、黃、張、晁、秦及馬涓文集，范祖禹唐鑑，范鎮東齋記事，劉攽詩話，僧文瑩湘山野錄等印板；悉行焚毀。〔注十八〕

吳曾能改齋漫錄卷十一云：

崇甯二年有旨，應天下碑碣版額係東坡書撰者，竝一例除毀；蓋本於淮南西路提點刑獄霍英所請。（頁二十）

周煇淸波雜志卷五云：

淮西憲臣霍漢英奏：「欲乞應天下蘇軾所撰碑刻，並一例除毀。」詔「從之」。時崇寧三年也。（頁二）

長編本末卷百二十二云：

崇寧三年，正月，詔「三蘇集，及蘇門學士黃庭堅、張耒、晁補之、秦觀等集，並毀板。」（頁一）

右第一詔，原注：「臣僚上言，當考姓名明著之。」第二詔，拾補案：「三蘇集，當依十朝綱要改作蘇洵蘇轍四字。」第三第四兩詔，同屬一事，而請者姓氏不一，時間亦異。第五詔，拾補案：「事已見二年四月丁巳、乙亥二日，玆似複出。」考陳氏朔閏表，二年四月己酉朔，丁巳與乙亥相距僅十九日，而第一詔既首禁東坡集，則第二詔拾補案說是。三、四兩詔，以請者姓名互校，及其所請與其他諸詔之比重，似均以周說爲當。且蘇子由與乃兄同爲蜀派領袖，（並見前述）乃父明允爲蜀學創始人，黃、張、晁、秦爲蘇門四學士，（並見學案卷九九）固蜀派之中堅也。范淳夫爲涑水門人，劉贛父爲涑水學侶，范景仁爲涑水同調，（見學案卷七表，並分見卷二一、卷四、卷十九各表傳。）同屬朔學或近朔學者。馬巨濟（涓字，見吹劍錄全編唾玉集，頁一三三）屬關學呂晉伯（大忠）門人，並爲元祐學術。（並見學案卷三一表傳，及卷九六表）僧文瑩嘗遊丁晉公門，所錄多酧酢之作。（四庫提要卷一四〇，頁五〇；及湘山野錄、續錄毛晉識文。）故諸詔不論從何人所請，其爲新黨無疑。學案亦謂：「元祐之學，二蔡二惇禁之。」（卷九六，頁一一〇）是則第一詔請者誰屬，實無深究之必要。再衡諸詔之禁程先後，其禁習文學首在蜀學，一若上述禁習史學之在朔學然；則第五詔正其重申之意，拾補謂其複出，非是。

至政和二年，始以「御史李彥章言：『作詩害經術』，自陶潛至李杜皆遭詆諆。詔『送敕局立法』。宰臣何執中，遂請禁人習詩賦。」（注十九）此較紹聖初禁以詩賦試進士爲苛細矣。

雖然，其暗長潛滋之風，有增無已。宋朱弁曲洧舊聞曰：

東坡詩文落筆，輒爲人所傳誦。……崇寧、大觀間，海外詩盛行，……朝廷雖嘗禁止，賞錢增至八十萬，禁

愈嚴而傳愈多，往往以多相誇，士大夫不能誦坡詩，便自覺氣索，而人或謂之不韻。（卷八，頁十一）

清潘永固宋稗類鈔曰：

相傳徽宗親臨寶籙醮宮，一日，啓醮，道士至醮壇拜章，伏地久之，方起，上詰其故，答曰：「適至上帝所，值奎宿奏事，良久方畢，始能上其章。」上歎訝問曰：「奎宿何神？所奏何事？」對曰：「所奏不可知，此宿乃本朝蘇軾。」上大驚。先是崇、觀間，以黨籍禁蘇公文辭並墨跡而毀之。政和中，不惟弛其禁，且欲玩其文辭、墨跡，一時士大夫，從風而靡，爲是故也。（卷一，符命，頁三四）

宋費袞梁谿漫志曰：

宣和間，申禁東坡文字甚嚴，有士人竊攜坡集出城，爲閽者所獲，執送有司；見集後有一詩云：「文星已落天地泣，此老已亡吾道窮；才力漫超生仲達，功名猶忌死姚崇；人間便覺無淸氣，海內何由識古風；平日萬篇誰愛惜，六丁收拾上瑤宮。」京尹義其人，且畏累己，因陰縱之。（卷七，頁九）

石林葉氏曰：

……未幾，知樞密院吳居厚喜雪御筵進詩，稱口號，自是……聖作屢出，士大夫亦不復守禁。或問何立法初意（卽上述宰臣何執中請禁人習詩賦事），何無以對，乃曰：「非爲今詩，乃舊科場詩耳。」（注二十）「詩遂盛行於宣和之末」。（避暑錄話卷下，頁三九）

士大夫如此，舉人何獨不然？況士大夫之出身，其率爲舉人乎？而蘇子瞻等文集得以繼續刋行，蓋卽因此種風氣所使然。又，長編拾補於宣和二年十月末注引續宋編年通鑑：「梁師成累遷河東節度使，拜太尉時，……王黼以父事之，權勢熏灼，………自稱蘇軾出子，因訴於上，軾之文復出人閒。」（注二十一）東都事畧梁師成傳：「始童貫自謂韓琦遺腹，而師成亦以爲蘇軾出子，至訴於徽宗曰：先臣何罪？先是天下禁誦軾文章，其尺牘在人閒者皆藏去，至是始復出。」（卷一二一，頁六）宋史本傳亦謂：「師成實不能文，而高自標榜，自言蘇軾出子，是時天下禁誦軾文，其尺牘在人閒者皆毀去，師成訴於帝曰：先臣何罪？自是軾之文乃稍出。」（卷四六八）則費氏謂宣和間，申禁東坡文字甚嚴，當指宣和五年、六年事也。續宋編年通鑑曰：宣和五年，（七月，己未）「詔毀蘇軾、司馬光文集版，已後舉人習元祐學術者，以違詔論。明年，又申禁之。」（引自拾補卷四七，頁八——九注）九朝編年備要亦云：「中書省言：福建印造蘇軾、司馬光文集，詔令毀板；今後舉人傳習元祐學術者，以違制論。明年，又申嚴之。冬，又詔曰：朕自初服廢元祐學術；比歲，至復尊事蘇軾、黃庭堅。軾、庭堅獲罪宗廟，義不戴天，片紙隻字，並令焚毀勿存。違者以大不恭論。……蓋詔毀元祐之學，崇寧初，即有此禁。此時因刻板，故復申令也。」（同上）而其時徽猷閣待制蔡絛特落職勒停，即坐撰西淸詩話：專以蘇軾、黃庭堅爲宗也。（並見能改齋漫錄卷十一，頁二二——二三；拾補卷四八，頁二注引十朝綱要。）故史家評之曰：「按尊經書，抑史學，廢詩賦，此崇觀以後立科造士之大指，其論似正矣。然經之所以獲尊者，以有荊舒之三經也。史與詩之所以遭斥者，以有涑水之通鑑、蘇黃之酬唱也。羣憸借正論以成其姦，其意豈眞以爲六籍優於遷、固、李、杜也哉！」（通考卷三一，頁三六）斯言是矣。

注　一：宋會要選舉七之二八；並見長編本末卷一百，頁一；治迹卷二八，頁四七。又，治迹於策末謂：「人亦何心焉」！考長編本末作「夫亦何必焉」！拾補本此，同，（見卷九，頁十二——十三）是治迹誤。又，拾補

注：「案宋史李清臣傳作聖人亦何有必焉」！蓋未見會要也。

注　二：此詞取諸畢鑑。（卷八三）而畢鑑則損益宋史本紀卷十八，及卷三二八、卷三五五李清臣、楊畏各本傳。治迹卷二八所言，拾補卷九本長編本末（見卷一百，頁二）所說，均不如此簡核，且拾補以「賜進士」作「試進士」，尤誤，故未取。

注　三：此詞取宋史卷三五五本傳。事畧卷九九本傳作「敬王安石之學」。

注　四：拾補卷九，頁二四引十朝綱要；通考本綱要，（見卷四二，頁九）宋史本通考，（見卷十八本紀）所言同。玉海卷六十九：「熙寧罷通禮科，元祐六年四月乙未復置，至是又罷。」該書卷一一六，頁九至十，亦載此說。則續宋編年通鑑作六月，（同上拾補引）誤。

注　五：宋會要選舉三之五五。長編本末（卷一百，頁七）、玉海（卷一一六，頁三二）、通考（卷三一，頁三三）、宋史（選舉一，頁二十）及長編拾補注引續宋編年通鑑（卷十，頁四）諸書所載，均不若此詳贍。

注　六：宋會要選舉三之五六——五七。「只令」，會要原作「只今」，茲依治迹更正。（見卷二頁八，四八）又，「依舊」，治迹作「依古」。（同上）

注　七：宋會要選舉三之五七。拾補本長編本末卷一百作庚辰，（見卷十四，頁九）同。又，元符三年，十一月，二十七日，徐州州學教授范柔中言：「春秋之書，六經中獨……與易為全書。自熙寧、元豐以來，廢經不講；元祐中，會置不久，復罷；遂使學者不見天地之全，聖人之妙，深可痛惜！臣欲乞依舊立博士講貫之，使孔子之志明於聖時，以慰學者之願。從之。（會選三之五八）徽宗建中靖國元年，三月，十八日，禮部言：「太學博士張大亨稱：近復置春秋科，契勘春秋正經內可爲題者不多，乞於……三傳解經處出題。」……從之。（會選四之一——二）崇寧元年，七月，二十八日，臣寮言：「檢會元符三年十一月從請置春秋博士，仍著令聽於三傳出題。……竊惟春秋之經，其文約，其義隱，非與魯史俱傳，則當時事實莫可稽考。今事不書於正經，而出於三傳所記述者，多矣。其虛實是非，無自而知，將何以訓迪多士，發明天下義理之蘊，此……殆失神考以經術造士之意。……乞詔進士勿治春秋，省博士增置員闕，正建議者罪，以定昭代繼述之休。」詔「過今次科場罷。」（會選四之二——三）考玉海卷十二：「元符三年，十一月，復置春秋博士；崇寧元年，七月，罷。」治迹卷二八：「崇寧元年，七月，辛亥，詔進士勿治春秋。」（頁四九）續宋編年通鑑：「言者謂置春秋博士，非神考意，詔罷之。」（拾補卷二十，頁四注引）宋史本紀亦云：「崇寧元年，七月，辛亥，罷春秋博士。」其選舉志本通考謂：「既而復立春秋博士，崇寧又罷之。」（分見卷一五五與卷三一）則此引會要崇寧元年條「詔」下「過」字，宜置「正建議者罪」下，作「正建議者罪過」，方合。玉海卷一一六云：「靖國元年，七月，罷，」（頁三二）亦誤。又案元符三年舉，諒闇不臨軒，省試於二月十四日放榜；崇寧舉始於二年；（見宋會要選舉一之一三；選舉七之三一；通考卷三二，宋登科記總目。）則此一復一罷，於試程並無實際作用。即如會要云：「過今次（崇寧二年）科場罷」。以當時之情況論，亦未必有若何影響。故附見於此。

注

八：頁五五。十朝綱要作六月甲申，同。（拾補卷十，頁十一注引）則續宋編年通鑑謂在五月，（同上）拾補本長編末本（卷百三十，頁一）作六月癸未，均誤。

注　九：此本事畧本傳。（見卷百十四，頁七）宋史本傳作深之。（見卷三五三）學案本事畧，亦作深父。（見卷九八荆公新學畧本傳。）

注　十：卽長編卷五百三，頁十一。又，本末云：「政和元年，十一月，丙子，臣寮言：「竊見邇英講經，皆幷注入點釋，因襲之久，未及是正，欲乞自今只點正經，其音釋、音義，並以王安石等所進經義爲準。」從之。（卷百三十，頁三）

注十一：詞取通考卷三一，頁三三；詳見長編卷五百三，頁十八——十九。

注十二：宋史本紀本事畧本紀，同謂「徽宗體神合道。」宋史選舉三謂：「徽宗崇尚老氏之學」。（頁十三）其詳則分見長編本末卷百二十七道學、神霄宮、方士諸篇。

注十三：頁十——十二。三朝名道言行錄本遺事，所言同。又玉海云：「紹聖後、尚王氏說；而陳瓘主別試，多取史學。」（卷一一六，頁三九）

注十四：卷十二，頁二三。長編卷五〇二云：元符元年，秋，九月，戊午，薛昂上殿，布言：「昂乃親政門下人，衆論所不與。」上曰：「誰門下人」？布曰：「蔡卞。」上默然。是月，對者多隨才任使，獨昂斥不用。（頁九）此與哲宗斥昂俗儒妄言有關，故附錄於此。

注十五：此本昂傳，而昂傳又本漫錄。惟漫錄作「薛嘗對客語及蔡京，卽自批筆其口。」（卷十二，頁二三）

注十六：此本長編本末卷百二十六大觀二年九月乙丑條。（頁十一，拾補卷二八本此。）宋史徽宗紀：「大觀三年，九月，己未，賜天下州學藏書閣名稽古。」能改齋漫錄卷十三，作三年九月乙丑。（頁五）以三書互校，蓋漫錄是。

注十七：十駕齋養新錄卷十八，士大夫不說學。按下述蔡氏乞禁不得習非經史子書，此說蓋不確。

注十八：長編本末卷百二十一，頁十三。拾補以此與崇寧三年正月詔幷書，而謂「蓋二年四月字之誤」，（見卷二一，頁九及其注）非是，其由詳下述正文。

注十九：此文取自長編拾補引編年備要，（見卷三一，頁二注）治迹、通考均同，惟前者「遂下」脫一「請」字，（見卷二八，頁五一）後者以「詆諆」作「譏詆」。（見卷三一，頁三五）李彥章，原文作李章，茲依葉氏石林燕語、避暑錄話更正之。（前者見卷九，頁八九；後者見卷下，頁三八。上述禁史學所引諸書，亦作李彥章。）且諸史取材，當亦出自此二書。今爲便於硏究，爰不憚煩錄二書之原文於次。石林燕語：「政和末，李彥章爲御史，言士大夫多作詩，有害經術，自陶淵明至李、杜，皆遭詆斥。詔送勅局立法。何丞相執中爲提舉官，遂定命官傳習詩賦，杖一百。」避暑錄話：「政和間，大臣有不能爲詩者，因建言：「詩爲元祐學術，不可行。」李彥章爲御史，承望風旨，遂上章論，陶淵明、李杜而下皆貶之，因詆黃魯直、張文潛、晁無咎、秦少游等，請爲科禁。……何丞相伯通適領修勅令，因爲科云：「諸士庶傳習詩賦者，杖一百。」」比觀諸史，可見史家取材之謹嚴。

注二十：石林燕語卷九，頁九十。按避暑錄話：『……是歲冬，初雪大，上皇意喜，吳門下居厚首作詩三篇以獻，謂之口號，上和賜之，自是聖作時出，訖不能禁。……時或問初設刑名，將何所施？何伯通無以對，曰：「非謂此詩，恐作律賦、省題詩害經術爾。」』文中所謂「立法初意」，（石林原文作「立法之意」。）即本此改，蓋二書出自一人也。

注二十一：卷四二，頁七，按宋史徽宗本紀：「宣和二年，冬，十月，戊辰朔，……以河東節度使梁師成爲太尉。」

第二節　罷州郡發解而專由學校升貢

其次，反元祐而紹述熙、豐取士者，厥爲罷州郡發解而專由學校升貢一事。宋曾慥高齋漫錄云：

崇寧初，蔡京用事，章公惇謂客曰：「蔡元長必行三舍，奈何？」客曰：「三舍取士，周官賓興之法，相公何爲不取？」章曰：「正如人家有百金之產，以其半請門客教弟子，非不是美事，但家計當何如？」聞者以爲知言。（頁七）

此說與諸史所載，若合符節。史稱：

（徽宗）崇寧元年，八月，甲戌，右僕射蔡京請「……天下竝置學養士。郡小或舉人少，則令三二州……聚學於一州。……州學竝差敎授二員。……增置田業養士：應本路常平戶、絕土田物業、契勘合用數撥充；如不足，以諸色係省官田宅物業補足。」「諸縣置學於本縣，委令佐擘畫地利及不係省雜收錢內樁充費用。……州縣竝置小學。」「以三舍考選法遍行天下。」「學生自縣學考選升州學，」「每三年貢入太學；上舍試仍別爲號，令爲三等，……試中上等補……太學上舍，……中中等補……下等（上舍），中下等……補……內舍，……餘爲外舍；……雖補止及中下等，或不及等，及科舉遺逸，而學行爲鄉里所服，委知州、通判、監司依貢士法貢入，委祭酒、司業、博士詢考得失，當議量材錄用。」「州縣學職掌、學諭、學長，許差特奏名人。」「罷開封府解額，除量留五十人充開封府上舍人取應外，餘幷改充天下貢士之數。所有諸州軍解額，各取三分之一添充貢士額。」（長編本末卷百二十六，頁四——五；並見會要崇儒二）「任外官者子弟，親戚許入學，若於法應避所任親者，聽隨便學於他州，即不得升補與貢，在學及一年，給牒至太學，用國子生額解試。若所貢士至太學試中上等，或預升舍人多，其本貫監司，太守推賞有差。」（通考卷四六，頁十八——十九）「詔令講議司立法頒降。仍差將作少監李誡於城南門外踏逐修置外學。」（同上本末）

此王稱事畧所謂「令郡縣悉放三舍考選，置辟雍外學於城南，以待四方之士」也。（卷一百一蔡京傳）按三舍考選，亦肇造於熙、豐。外學辟雍，爲成周舊制，而此時所增設也。茲爲明其原委，特製表比較如下：

熙、豐、崇寧太學（附辟雍）三舍考選比較表

生員齋舍數	熙寧四年	上舍以百員，內舍以二百員，外舍不限員。（長編卷二二七，頁七——八。又，原注：司馬光日記云，「……以舊國子監爲內舍，武成王廟爲外舍，錫慶院
	元豐二年	太學置八十齋，齋容三十人，外舍生二千，內舍
	崇寧元年	蔡京又奏：「古者國內外皆有學，周成均蓋在邦中，而黨庠遂序則在國外。臣親
考選升補法	熙寧四年	生員分三等：初入學爲外舍，外舍升內舍，內舍升上舍。各治一經，從所隸官講授，主判官、直講
	元豐二年	月一私試，歲一公試，補內舍生。間歲又一試，（通考作間歲一舍試）補上舍生。封彌謄錄如貢舉法。而上舍（試）則學官不與
	崇寧元年	士初貢至，皆入外學，經試補入上、內舍，始得
教職員	熙寧四年	主判官外，直講以十員爲額，每二員共講一經，
	元豐二年	學正增爲五人，學錄增爲十人，學錄參爲學生以
	崇寧元年	國子祭酒總治學事，外學官屬司業丞，各一人。

爲上舍，上舍生百元，內舍倍之，外舍無員。」）會要（崇儒一，頁二一七八）、通考（卷四二，頁四——五）所言同。時「侍御史知雜事鄧綰言：國家治平百餘年，雖有國子監粗容釋奠齋庖，……其中不足以容一生員。至於太學，即未嘗營建，止是假錫慶院西北隅廊屋數十間，逼窄湫陋，生員才滿三百人，即無容足之地。……乞賜錫慶院以爲太學，仍修武成王廟以爲右學，上以擬三王、四代膠庠序學東西左右之制，下

生三百，上舍生百，總二千四百。（長編卷三百一，元豐二年十二月乙巳條；通考本此，見卷四二，頁六）

承聖詔，天下皆興學貢士，即國南見外學以受之，俟其行藝中率，然後升諸太學。凡此聖意，悉與古合，今上其所當行者，太學專處上舍、內舍，而外學則處外舍生。……今貢士盛集，欲增上舍至二百人，內舍六百人，外舍三千

月考試，優等舉業上中書，學正、學錄、學諭於上舍人內逐經選二員，如學行卓然尤異者，委主判及直講保明，中書考察，取旨除官。（同上；又，長編原注：凡入學者，先就外舍，每春秋考試，合格者升之內舍，內舍升之上舍，上舍若有秀出者，中書覆試除官，且令在學遇直講或外州教授有闕，

考校……公試外舍生入第一第二等，參以所書行藝，預籍者升內舍。內舍生試入優平二等，參以行藝，升上舍。（上舍）分三等：俱優爲上，一優一平爲中，俱平若一優一不爲下；上等命以官，中等免禮部試，下等免解。」（同上，則宋史自「分三等」以下作：「其最優者爲上舍，免發解及禮部試，而特賜之第。」以之入諸神宗條下，（選舉三）非當。畢鑑本宋史，又增說：「優

進處太學。太學外舍，亦令出居外學。俟學成奏行之。其敕令格式，悉用太學見制。（同上）

委中書選差，或主判官奏舉，以三年爲任。……學正、學錄、學諭於上舍內逐經選二員充。（同上，「充」字依會要增）

之。（同上）

稍減太學博士、正錄員歸外學，仍增博士爲十員，正錄爲五員。學士充學諭者十人，直學二人，俟貢士至爲之。（同上）

景印本・第六卷・第二期

則無後於漢唐生員學舍之盛。」詔從其議，並「取太學錫慶院、朝集院、殿前都虞侯廨舍爲上舍、內舍、外舍、講堂及掌事人齋舍。」（長編卷二二七，頁十二，熙寧四年冬十月己卯條，餘同右）		人。外學爲四講堂，百齋，齋列五楹，一齋可容三十人。」（通考卷四二，頁十）	則補之。則畢鑑（卷六八）本宋史（選舉三）作優等以次升上舍，免發解及禮部試，召試賜第，誤。	等以次升上舍，免發解及禮部試，召試賜第，」入諸熙寧四年，（卷六八）尤誤。）				

觀表，知取士由學校升貢，其繇來漸矣。

然今「當官者子弟得免試入學，而士之在學者，積歲月累試，乃得應格。其不能輟身試補者，僅可從狹額應科舉，不得如在籍者三舍解試，兼與而兩得。其貧且老者，尤甚病之。時人議其法曰：利貴不利賤，利少不利老，利富不利貧。」（注一）究其所以有此議，固緣立法有所偏廢；而時人慣於科舉取士，亦其實因。長編本末卷百二十六云：

徽宗崇寧三年，正月，癸丑，（按錢氏朔閏考：是年正月丙子朔，癸丑又二月初九日，不應在辛丑之前，疑癸丑乃癸巳之譌。）中書省勘會：……學校月書季考，行藝純備，方與入貢，其選頗艱。……科舉取一日之長，人樂僥

倖，衆易以趨。故異意與怠惰之人，多憚於入學，甚失朝廷教養之意。……（頁七）

人情既如此，立法又如彼，而在野舊黨，或因緣滋事，在朝新黨，爲緩和此一局勢，遂不得不藉修正法度爲名，而暫行解、省試士與學校貢士并行之制。宋會要選舉四云：

崇寧三年，正月，二十六日，詔「歲考月書鄉舉之法，以其閒有未便事節，近委有司，別行講究，……忽遽未易成就，猶須寬假歲月，精加考求，期於協順人情，選拔寒鄉俊秀而後已。所有後來科場，可更令參以科舉取士一次。〔注二〕

長編本末作辛丑日，同。（見卷百二六，頁七）而通考以「將來……參用科舉取士一次」之說，係之四年，並謂：「詔……辟廱、太學其亟以此意諭達遠士，使即聞之。」（卷三四，頁三一）是事同而時誤。旋新黨即以「州郡猶以科舉取士，而學校之法不得以顯行，……士心所嚮未一」（會選四，頁四）爲由，而於同年冬，詔「天下除將來科場如故事外，並罷州郡發解及省試法，其取士並由學校升貢。」〔注三〕惟考諸事實，則不盡然。茲依宋會要貢舉篇，（選一）並備考治蹟卷二十八，將崇寧三年至宣和三年貢舉列表於次，以觀究竟。

崇寧三年至宣和三年貢舉一覽表

年分	科分	試別		備考
		如禮部試	禮部試	
崇寧三年	歲貢	知舉官闕，合格貢士一十六人		
四年	歲貢	知舉官闕，合格貢士三十五人。		

五年	大比		正月，五日，以兵部尚書朱鍔知貢舉，御史中丞侯蒙、吏部侍郎白時中、大司成薛昂（原作薛昇，茲依同書卷十九更正如上，其由另詳。）同知貢舉，合格奏名進士六百七十一人。	知舉朱諤上合格進士吳偶等。
大觀元年	歲貢	知舉官闕，合格貢士四十人。		
二年	歲貢	正月，二十三日，以吏部尚書余深知貢舉，給事中蔡薿、中書舍人霍端友同知貢舉，合格貢士五十一人。		知舉余深上合格上舍生。
三年	大比		正月，六日，以兵部尚書薛昂知貢舉，吏部侍郎慕容彥逢、禮部侍郎李圖南、給事中霍端友、中書舍人余㮚、右諫議大夫蔡居厚、侍御史劉安上、符寶郎宇文粹中同知貢舉，合格奏名進士六百八十五人。	
四年	歲貢	正月，十九日，以工部尚書李圖南知貢舉，尚書吏部侍郎慕容彥逢、尚書禮部侍郎，霍端友並同知貢舉，合格貢士一十五人。		知舉王圖南上合格上舍生。
政和元年	歲貢	正月，十九日，以尚書吏部侍郎兼實錄脩撰同修國史姚祐知貢舉，中書舍人兼實錄脩撰同脩國史充議禮局詳議官宇文粹中、尚書禮部侍郎潘兖並同知貢舉，合格闕。		

二年	大比		正月，八日，以翰林學士蔡蘐知貢舉，尚書吏部侍郎慕容彥逢、給事中宇文粹中、起居舍人張漴並同知貢舉，合格奏名進士七百一十三人。	二月，壬子，知舉蔡蘐上合格進士路允迪等。
三年	歲貢	正月，十九日，以試兵部尚書俞㮚知貢舉，給事中宇文粹中、試中書舍人張漴並同知貢舉，合格貢士一十九人。		二年，三月，壬子，知舉俞㮚上合格上舍生。其二年之「二」字，蓋〔三〕字之誤，因此前已係有二年年號。
四年	歲貢	正月，二十三日，以吏部尚書兼侍讀、脩國史張克公知貢舉，吏部侍郎霍端友、兵部侍郎同脩國史宇文粹中同知貢舉，合格貢士一十七人。		二月，庚戌，知舉張克公上合格上舍生。
五年	大比		正月，六日，以戶部尚書兼侍讀王甫知貢舉，刑部尚書兼侍讀慕容彥逢、給事中同脩國史翟馮熙載同知貢舉，合格奏名進士六百七十人。	二月，知舉王黼上合格貢(進)士傅崧卿等。
六年	歲貢	閏正月，二十二日，以刑部尚書慕容彥逢知貢舉，尚書禮部侍郎張漴，起居舍人宇文黃中同知貢舉，合格貢士一十一人。		三月，壬寅，知舉慕容彥逢上合格上舍生。

七年	歲貢	正月，二十一日，以兵部尚書蔣猷知貢舉，大司成王孝迪、中書舍人李邦彥、太常少卿賈安宅並同知貢舉，合格貢士一十二人。		三月，甲辰，知舉蔣猷上合格上舍生。
八年	大比		知舉官闕，合格進士七百八十三人。	三月，己卯，知舉陸德先上合格進士何大奎等。
宣和元年	歲貢	正月，二十一日，以御史中丞陸德先知貢舉，給事中趙野、起居郎李綱同知貢舉，合格進（貢）士五十四人。		三月，己未，知舉陸德先上合格上舍生。
二年	歲貢	正月，二十二日，以禮部尚書王孝迪知貢舉，給事中盧襄、中書舍人梅執禮同知貢舉，合格貢士六十六人。		二月，知舉王孝迪上合格上舍生程文。
三年	大比		正月，十二日，以翰林學士趙野知貢舉，尚書兵部侍郎黃齊、給事中郭三益同知貢舉，合格奏名進士六百三十人。	二月，癸巳，知舉趙野上合格進士宋齊愈等。

其會要親試篇尤明謂「試禮部奏名進士」云云，與試歷來大比之稱並無異致，（選七）此關殿試，當另詳之。又據史云：「崇寧三年，令州縣學用三舍法陞太學，……每上舍生升舍，已其秋卽貢入辟廱，長吏集闔郡官、提舉司官，卽本所燕設，以禮津遣，限歲終悉集闕下。自川、廣、福建入貢者，給借職劵，過二千里，給大將劵，續其路食，

皆以學錢給之。選士入貢，其自今年始。」（通考卷四六，頁十九——二十）明年，「倣周官每歲考德行道藝、三年大比之意，爲歲貢之制，俟滿三歲，則赴殿試。」（長編本末卷一二六，頁八）五年，大司成兼侍講薛昂、國子司業强淵明言：「士自縣升之州，由州貢之辟廱，又合而試之，第爲上舍、內舍之等，而推恩待殿試，或升之太學。」〔注四〕又云：「諸州歲貢士，其改用歲試，每春季太學辟廱生，悉公試同院，混取總五百七十四人，以四十七人爲上等，即推恩釋褐；一百四十人爲中等，遇親策士許入試；一百八十七人爲下等，補內舍生。」（宋史選舉三，頁九）揆諸上引崇寧三年詔：「將來科場如故事」，與及右表觀之，知罷諸州府發解自崇寧五年丙戌科分始，而其時禮部（即省試）並未罷。且自崇寧三年後，歲公試太學辟雍生，悉差知舉如禮部試。故凡諸生經如禮部試合格爲上等，稱合格貢士，或合格上舍生。禮部試合格，則仍舊稱合格奏名進士。（一稱舉人，見殿試）則通考謂：自崇寧三年，歲試上舍，悉差知舉如禮部試；（卷三一，頁三三——三四）又謂：崇寧五年科爲始，罷省試；並易此後省元爲上舍魁；（卷三二，登科記總目）均欠當。宋史謂：「大觀四年，五月，星變，……詔更行科舉一次。」（選舉一，頁二一——二二）考之長編本末，實仍「取貢額三分於大比前一年解發不入學，及雖入學而見係退黜者……取應」而已。（卷一二六，州縣學，大觀四年八月戊寅詔。）至政和二年五月（壬申），遂詔「更不施行」。（同上卷目）續宋編年通鑑與十朝綱要於此則謂「罷科舉」，（拾補卷三二，頁六注引）亦欠當。蓋既有省、殿試，又以「進士」或「舉人」稱之，只可謂罷州府發解也。

然而，「學校所教者先國子，……賓興大比，則專爲寒畯設，由漢至唐，皆並行而不相侵越。」（吹劍錄，頁二五——二六）今罷州府發解，易由學校升貢，一反常式，故物論紛紛。（參看上引黃氏等言）但徵諸事實，亦不盡然。此可於下列三舍考選之獎懲事例，及其升貢記實見之。

一、崇寧三年令：舊法，隸學三年、經兩試、不預升貢，即除其籍，法涉太嚴。自今三年內，三經公試不與，選兩經補內舍，貢上舍不及格，且曾犯三等以上罰，若外舍，即除籍歸縣。內舍降舍已降，而私試不入等，若曾犯罰，亦除籍。（通考卷四六，頁十九——二十）

二、四年，四月，壬午，詔諸州縣生徒，試補入學，經試終場，及自外舍陞內舍者，免身丁；內舍，仍免借陞上舍，即依官戶法。（長編本末卷百二六，頁八）

三、五年，貢士至辟廱不如令者，凡三十有八人皆遣歸，而提學官皆罰金。建州浦城縣丞徐秉哲，以其縣學生隸籍者千餘人，爲一路最，特遷一官。（同上通考，頁二十——二一）

四、大觀二年，五月，庚戌朔，（案：據錢大昕朔閏考增朔字）提舉京西南路學士路瑗言：「臣所領八州三十餘縣，比諸路最爲褊小，……學舍乃至三千三百餘區，教養生徒三千三百餘人，贍學田業等歲收斛六萬三千餘貫石。竊計諸路學舍、生徒、田業、錢斛之數，何翅數百萬，此曠古所未嘗有也。乞詔有司總會諸路州、軍、縣文武大小學生，并學費所入所用實數，具圖冊上之御府，副在辟雍，仍宣付史館。」從之。（長編本末卷百二十六，頁十一）

五、大觀三年，徽宗臨軒策士，賜賈公（安宅）以下六百八十八人及第。時方行三舍法。先一歲辟雍會試郡國貢士，凡數千人，其升諸司馬、命于天子者，僅百有四十人，而吾州至三十有二人，爲天下最。其用他州戶籍而登名者，又不止是。徽宗大喜，命推賞守臣、教官。下詔曰：……閱前日賓興之教，校其試中多

寡，惟常州爲衆，……其知州教授，特予轉一官。……（梁溪漫志卷六，頁八——九）

六、政和五年，十一月，庚辰，詔「應縣學生，三經赴舍陞而不預陞入州學者，依三不赴條例除籍。」〔注五〕以第一、第二、第六三條及第三條上項觀之，若非本鄉居寒士立法，奚以除其籍，歸其縣？反之，若乃國子，既已不出徭役，何有身丁可免？既已爲官戶，何以再依官戶法？以第三條下項及第四、第五兩條觀之，以一大縣養士千餘人，一小路至三千餘人，一次升貢竟達數千人，豈可謂爲盡係國子，而乏寒畯參其間乎？竊以爲興學養士普浹如此，升舍、大比嚴格如此，較諸州府發解，惟省、殿試是賴，誠爲落實。然其興學專以祿養爲輕重，殊失奬學助學之本旨。專以三經爲得失，殊失求學之自由。故司馬氏云：「熙寧之立學校，養生徒，上自天庠，下至郡縣，其大意不過欲使之習誦新經，附和新法耳。紹聖、崇、觀而後，羣憸用事，醜正益甚，遂立元祐學術之禁。又令郡縣置自訟齋，以拘誹謗時政之人。士子志於進取，故過有拘忌。蓋言休兵節用，則恐類元祐之學；言災兇危亂，則恐涉誹謗之語；所謂轉喉觸諱者也。則恐有迎逢諂佞而已。」（通考卷四六，頁二二）陳氏云：「崇、觀三舍，一用王氏之學，及其弊也，文字、語言習尙浮虛，千人一律。」（捫蝨新語卷十一，頁七）鄧氏云：崇寧以來，……旌別人才，止付於魚肉銖兩閒，學者不以爲羞，且逐逐然貪之，……豈復顧義哉？」（引自困學紀聞卷十五，頁三三）尙書省言：「……今天下……學生在學，毆鬬爭訟，至或殺人。蓋令佐不加訓治，州學不切舉察，提舉官失於提按，以致如此。不惟士失其行，亦官廢其職。」（長編本末卷百二六，政和三年六月庚申條）此皆其弊之尤也。厥後佞宦用事，請罷此制，或即本此。而史家不究其詳，壹歸罪於蔡氏。事畧卷一百六王黼傳云：

……鄭居中與京不合，而數薦其才，京以黼爲叛己，甚怒。……蔡京既致仕，黼於是悉反其所爲，奏……毀

辟雍。（頁一）

蔡絛史鼎云：

宣和三年，二月，……取士以科舉之目者，梁師成之言也。時王取（黼）爲左相，用事，而師成從中秉權，以相表裏。（治迹卷二八，頁五三注引）

考燕翼貽謀錄亦謂：「崇寧元年，徽宗剏立辟雍，……其後王黼反蔡京之政，奏廢之。」（卷五，頁十一）既廢辟雍，則必復科舉；而王梁互爲表裏，蓋出自二人意云。所當辨者，此則詔令，諸史所載畧有不同。事畧卷十一徽宗本紀云：

宣和三年，春，二月，丁卯，詔罷辟雍。（頁五）

宋會要崇儒二云：

宣和三年，二月，二十日，詔罷天下三舍，太學以三舍考選，開封府及諸路以科舉取士，州縣未行三舍以前，應置學官及養士去處，並依元豐舊制。（頁三一）

宋會要選舉四云：

宣和三年，二月，二十日，詔太學以三舍考選，開封府及諸路以科舉取士，並依元豐法，內舍、國子上舍、及未曾赴上舍試貢士、並國子生，並與免解赴將來省試，以合就上舍試次數，理免解次數。（頁十一——十二）

治迹卷二十八云：

宣和三年，二月，乙酉，詔罷三舍，並諸路提舉學事官。（頁五三）

通考卷三十一云：

宣和三年，詔罷天下三舍法，開封府及諸路並以科舉取士，惟太學仍存三舍法，以甄序課試，遇科舉仍自發解。（頁三六——三七）

玉海本會要選舉四；（見卷一一六，頁三二）宋史本紀約合事畧與治迹，（見卷二二）其選舉志本通考；（見卷一五六）畢鑑本宋史本紀；（見卷九四）五禮通考本宋史選舉志。（見卷一七四，頁十八）諸史所以不同，蓋各就其體例繁簡而異。實則就科舉立場言，應爲：罷諸路、州、府、縣學以三舍考選升貢，復各該管政府自行發解；廢辟雍，存太學三舍，發解如諸路州府；其準貢士，免解赴次舉省試。此事諸史咸係於二十日乙酉，獨事畧作二日丁卯，誤。

注　一：通考卷三一，頁三四。按當時黃裳上書，謂宜近不宜遠，宜少不宜老，宜富不宜貧，不如遵祖宗科舉舊制。（困學紀聞卷十五，頁三三。）

注　二：頁三。並見長編本末卷百二十六，頁七。按「歲考」長編本末作「季考」，是；「有司」作「有事」，則誤。

注　三：此本事畧徽宗本紀是年十一月丁亥詔。惟會要以「並罷州郡發解及省試法」，作「並嚴州郡發解及省試法」。（會要選舉四之四）考之事畧卷一百一京傳亦謂：「罷貢舉法」。續宋編年通鑑（見拾補卷二四，頁十五引）與玉海（見卷一一六，頁二三），均同事畧本紀。通考作「其州郡發解及試禮部法，並罷」。（卷三一，頁三三——三四）宋史選舉志（見卷一五五）本通考，其本紀（見卷一九）及京傳（見卷四七二）均摘自事畧。畢鑑（見卷八九）、五禮通考(見卷一七四)，均本宋史選舉志。治蹟統類引羅靖雜記云：「崇寧三年罷科舉，三年歲貢，法成三舍。」（卷二八，頁五十）同月二十六日丙申又詔云：「今來興建學校，廢罷科舉，欲考士素行，以絕倖冒，務得實材。然慮州縣未能奉承詔令，……致多士未盡在學。或艱於考選校定，所取上舍生不敷額數。或學宇卑陋，食飲疎薄，未足以稱朕教養待士之意。已差提舉學士官分詣天下，仰疾速徧行所部，推原法意。有不如令者，按罪以聞。除將來科舉一次外，並由學校升貢。（長編本末卷百二十六，頁八。拾補案：「據十朝綱要，此詔在丁亥日。」考上引丁亥詔，與此詔相距將旬日，文辭既別，意義亦殊，疑拾補案語誤。其於十朝綱要究如何，恨未能及取以互校也。）是會要誤，明甚。

注四：長編本末卷一二六，頁十。按「士自縣升之州」至「合而試之」云云，乃通考所謂「諸路賓興，會試辟廱」也。（卷四六，頁二一）

注五：長編本末卷百二十六，頁十二——十三。按：此從辟雍言，見會要崇儒二，同年同月十五日條。

第三節　舍經明行修科而別立八行科

又次，則爲舍經明行修科而別立八行科取士。長編本末卷百二十六云：

大觀元年，三月，甲辰，詔以八行取士，……詔曰：「學以善風俗，明人倫，而人才所自出也。今有教養之法，而未有善俗明倫之制，……朕考成周之隆，賓興萬民以六德六行；否則，威之以不孝不悌之刑。……近因餘暇，稽周官之書，制爲法度，頒之學校，明倫善俗，庶幾於古。一、諸士有善父母爲孝，善兄弟爲悌，善內親爲睦，善外親爲婣，信於朋友爲任，仁於州里爲恤，知君臣之義爲忠，達義利之分爲和。一、諸士有孝、悌、睦、婣、任、恤、忠、和八行，見於事狀，著於鄉里者，耆鄰保伍以行實申縣，縣令佐審察，延入縣學，考驗不虛，保明申州如令。一、諸士八行：孝、悌、忠、和爲上，睦、婣爲中，任、恤爲下。士有全備八行，保明如令，不以時隨奏貢入太學，免試爲太學上舍，司成以下引問考驗，較定不誣，申尚書省取旨釋褐、命官，優加擢用。一、諸士有全備上四行，或不全一行，而兼中等二行；爲州學上舍上等之選。不全上三行，而兼中等一行，或不全上三行，而兼中二行者；爲上舍中等之選。不全上三行，而兼中等一行，或兼下一行者；爲上舍下等之選。全有中二行，或中等一行，而兼下一行者；爲內舍之選。餘爲外舍之選。一、諸士以八行中三舍之選者，上舍貢入外舍，在州學半年，不犯第二等罰，升爲上舍外舍；一年不犯第三等罰，升爲內舍，仍準上舍法。一、諸士以八行中上舍之選、而被貢入太學者，上等在學半年，不犯第三等罰，司成以下考驗行實聞奏，依太學貢士釋褐法取旨推恩；中等，依太學上等法待殿試推恩；下等依太學中等法。一、諸士以八行中選，在州縣若太學，皆免試補；爲諸生之首選，充職事及諸齋長諭。一、諸士以八行考……爲上舍上等，其家依官戶法；中下等，免戶下支移、折變、借倩、身丁；內舍免支移、身丁。一、諸謀反、謀叛、謀大逆（子孫同），及大不恭，詆訕宗廟，指斥乘輿，爲不忠之刑。惡逆詛罵、告言祖父母、父母，別籍異財，供養有闕，居喪作樂、自娶，釋服匿哀，爲不孝之刑。不恭其兄，不友其弟，姊妹叔嫂相犯罪杖，爲不弟之刑。殺人，畧財，放火，强姦，强盜若竊盜，及不道，爲不和之刑。謀殺及畧賣，緦麻以上親毆大功尊長，小功尊屬，若內亂，爲不睦之刑。詛罵、告言外祖父母，與外婣有服親、同母異父親、若妻之尊屬相犯至徒，違律爲婚，停妻娶妻，若無罪出妻，爲不婣之刑。歐受業師、犯同學友至徒，應相隱而輒告言，爲不任之刑。詐欺取財，罪杖、告囑耆鄰保伍有所規求、避免，或告事不干己，爲不恤之刑。一、諸犯八刑，縣令佐、州知通以其事自書於籍，報學，……按籍檢會施行。一、諸士有犯不忠、不孝、不悌、不和，終身不恥，不得入學。不睦十年，不婣八年，不任五年，不恤三年，能改過自新、不犯罪、而有二行之實，耆鄰保伍申縣，縣令佐審聽入學；在學一年，又不犯第三等罰，聽齒於諸生之列。（頁一——三）

是月丁亥朔，（陳氏朔閏表）故玉海作十八日甲辰；（見卷一一六，頁三四）宋史本紀亦作甲辰，（見卷二十）畢鑑從宋史，（見卷九十）均同。東都事畧作甲寅日，（見卷十）誤。翁注困學紀聞作八年，（見卷十五，頁三四）尤誤。又，「御製八行八刑條一卷」，（同上玉海引書目）同年六月庚午及八月庚午，迭令「模刻於石，立之學宮。」（同上本末頁三）政和元年，令「自今以八行延入學者，竝依州學外舍生例給食。」（同上，頁四）六年，令「今後八行預貢之人，必與諸州貢士混試太學上舍，俟其中選，然後隨所中等第與之升舍，應所推恩如上舍法；不中選者，還之本貢。」（同上）綜合上述，雖云放古，實則熙寧已開其先河矣。史稱：

神宗熙寧三年，夏，五月，壬寅，先是丙戌赦書，令諸路搜訪士有行義爲鄉里推重者以名聞，凡得二十九人；于是詔令九月崇遣赴闕，仍給驛料，至則館于太學，送舍人院試策論各一道。（續長編卷二一一，頁四）

十一月，癸巳，官劉蒙等二十一人。（玉海卷一一六，頁三四）

比覩前說，其意顯然。而玉海類書，獨以此係之大觀八行，（同上）尤足爲證。是士有八行，猶士有行義也，名異而實畧同。錢塘先賢傳贊：

宋八行崔先生……字庭碩，諱貢，仁和人，端重有學識，履行飭備，黨里咸敬事之。徽宗大觀中，詔天下郡縣保任士有孝、悌、睦、婣、任、恤、中、和八行者，貢入太學，……政和五年，郡太守董正封舉先生應詔，以師禮延致於學，授密州文學，卒，鄉人尊之曰：八行先生。（頁二一）

此與元祐經明行修，相去幾希。矧八行乃人之所當然，徐中行不云乎？「人而無行，與禽獸等，使吾得以八行應科目，則彼之不被舉者，非人類歟！」（困學紀聞卷十五，頁三四，翁注）故凡以行義取士者，應本特立獨行爲準。今不務此，舍經明行修而別立八行，實猶元祐舍求行義而別立經明行修，黨同伐異，愈演愈熾，此八行取士所以尤敝於經明行修也。宋季馬貴與云：

自元祐倣古創立經明行修科，主德行而畧藝文，閒取禮部試黜之士，附寘恩科，其時御史既已咎其無所甄別矣。及八行科立，專以八行全偏爲三舍高下，不問內外，皆不試而補，則往往設爲形迹，以求入於八行，固已可厭；至於請託徇私，尤難防禁。大抵兩科相望，幾數十年，迺無一人卓然能自著見，與名格相應者。而八行又有甚弊：士子斲弛，公私交患苦之，不能誰何，乃借八行名稱，納之學校，使其冀望無罰應貢，則稍且自戢。而長史實恐繆舉從坐，故寧使之占額不貢。以是知畧實藝，而追古制，其難蓋如此也。（通考卷三一，頁三四——三五）

徵諸當時事實，誠如此。中丞何執中言：

> 竊聞邇來諸路以八行貢者，如親病割股，或對佛然頂，或刺臂出血、寫青詞以禱，或不茹葷、常誦佛書，以此謂之孝。或常救其兄之溺，或與其弟同居十餘年，以此謂之悌。其女適人，貧不能自給，取而養之於家，爲善內親；又以婿窮窶，取而教之，爲善外親；此則人之常情，仍以一事分爲睦婣二行。嘗一遇歉歲，率豪民以粥食飢者，而謂之恤。夫粥食饑者，乃豪民自爲之而已，獨謂之恤可乎？又有嘗收養一遺棄小兒者，嘗救一跛者之溺以爲恤。如此之類，不可遽數。伏願下之太學，俾長貳博士考以道義，別白是非，澄去冒濫，勿使妄進。申飭天下郡縣長吏及學事司審察考驗，要皆得行實有其人，則必公舉，無其人，勿以妄貢，務在奉承詔旨，不失法意而已。（長編本末卷一二六，頁三——四，大觀四年正月庚子朔條）

究其所以如此，蓋立法所使然。所謂御製八行八刑云云，誠威脅利誘兼施之具。此法家之法治，非儒家之德治也。「姦臣不學如此」。（王伯厚語，見困學紀聞卷十五，頁三四）可慨也夫。

其時宦寺皁隸，竄名進士籍中，亦未始不由此風寖潤而成。通考卷三十一云：

> 宣和六年，禮部試進士萬五千人，……賜第八百餘人，因上書獻頌直令赴試者殆百人，有儲宏等，隸大閹梁師成爲使臣，或小史，皆賜之第。先是大觀三年，宦者梁師成中甲科。政和四年，以鄧洵武之子、鴻臚寺丞雍進頌文可采，特令直赴廷試，自後此類頗多。八年，嘉王楷考在第一，不欲令魁多士，升次名王昂爲首。按太宗時李昉、呂蒙正之子御試入等，上以勢家不當與孤寒爭進，黜之。顏明遠等四人，以見任官舉進士，上惜科第不與，特接近蕃掌書記。蓋惟恐權貴占科目，以妨寒畯也。今親王得以爲狀元。又按端拱二年，有中書堂後宮及第，上奪所授敕牒，勒歸本局，詔今後吏人無得應舉。蓋惟恐雜流取名第，以玷選舉

也。今閹宦與其隸，皆得以登甲科。蓋至是祖宗之良法蕩然矣。（頁三七）

考所謂上書獻頌，直令赴試者；實卽師成「招賕路，士人納錢數千緡，卽令赴廷試」（事畧卷一二一，梁傳）之徒。所謂儲宏等使臣，或小使，卽「曹組、儲宏」也；（同上）「宏執斷養之役」，（同上）「組……以滑稽下俚之詞……得名」。（通考卷二三八經籍考，箕潁集條）而「士之無恥者，與之敍同年，而不以爲恥；……豈非名器之濫，而至於是與？抑廉恥道消，而以爲當然者與？」（同上梁傳贊語）不然，「何昔以爲重，而今經之若此，……而舉世不以爲非也？」（同上）「烏虖！斯人進，則士之被褐懷玉，皆嫉世而遠去矣，」（同上）而宋祚遂亦漸衰。

附引書目（以引文先後爲序）

書名	著者或編者	版本	備考
宋史	元 脫脫等	商務印書館縮印百衲本及藝文印書館景印殿本	
國史大綱	錢穆	商務印書館民四二臺二版	
中國通史	近人 呂思勉	Published & printed in Hong Kong	
清代科舉考試述錄	近人 商衍鎏	生活、讀書、新知三聯書店一九五八年北一版	
歷代貢舉志	明 馮夢禎	叢書集成	
五禮通考	清 秦蕙田	江蘇書局重刊本	
中國通史	近人 金兆豐	中華書局民四五臺一版	

冊府元龜	宋	王欽若等	清乾隆刊本，一九五六年六月中華書局港一版
文獻通考	宋	馬端臨	浙江書局
五代會要	宋	王溥	聚珍本
宋會要輯稿	清	徐松等	一九五七年上海中華版
續資治通鑑長編	宋	李燾	浙江書局
舊唐書	後晉	劉昫等	藝文印書館據清乾隆武英殿刊本景印
新唐書	宋	歐陽修等	四部叢刊本，藝文印書館據殿本景印
玉海	宋	王應麟	道光二十三年長白覺羅崇恩刊本
通典	唐	杜祐	浙江書局
登科記考	清	徐松	南菁書院叢書
唐會要	宋	王溥	聚珍本，叢書集成本
太平御覽	宋	李昉等	四部叢刊，一九六二年中華書局北京第一版
南部新書	宋	錢易	學津討原
封氏聞見記	唐	封演	叢書集成
通志	宋	鄭樵	浙江書局
唐摭言	五代	王定保	學津討原，叢書集成

事物紀原　宋　高承　叢書集成
避暑錄話　宋　葉少蘊　津逮祕書
朝野類要　宋　趙升　叢書集成
歐陽永叔集　宋　歐陽修　國學基本叢書
石林燕語　宋　葉夢得　叢書集成
直齋書錄解題　宋　陳振孫　清光緒九年江蘇書局重刻本
太平治蹟統類　宋　彭百川　適園叢書
續資治通鑑　清　畢沅　商務鉛印本
太宗皇帝實錄　宋　錢若水　四部叢刊
御試備官日記　宋　趙抃　叢書集成
澠水燕譚錄　宋　王闢之　知不足齋
文恭集　宋　胡宿　叢書集成
涑水紀聞　宋　司馬光　學津討原
燕翼貽謀錄　宋　王栐　學津討原
經學歷史　近人　皮錫瑞　一九五九年中華書局滬一版　周予同注釋
華陽集　宋　王珪　聚珍本，叢書集成

東都事畧	宋	王偁	淮南書局	
宋代古文運動之發展研究		金中樞	新亞學報五卷二期	
老學庵筆記	宋	陸游	學津討原	
困學紀聞	宋	王應麟	家刻本，山壽齋胡氏藏版	翁注
湘山野錄、續錄	宋	釋文瑩	學津討原	
容齋隨軍五集	宋	洪邁	國學基本叢書	
十駕齋養新錄	清	錢大昕	商務印書館鉛印本	
曲洧舊聞	宋	朱弁	學津討原	
郡齋讀書志	宋	晁公武	萬有文庫	
四庫全書總目提要	清	紀昀等	宣統庚戌年存古齋重印	
隆平集	宋	曾鞏	民國辛丑年照康熙辛已本覆印	
王臨川集	宋	王安石	國學基本叢書	
司馬溫公集，傳家集	宋	司馬光	四部叢刊，四部備要，叢書集成	
後漢書	宋	范曄	藝文印書館據長沙王氏校本景印	
揮麈錄	宋	王明清	學津討原	
直講李先生文集	宋	李覯	叢書集成初編	

河南邵氏聞見前錄　宋　邵伯溫　叢書集成初編

通鑑長編紀事本末　宋　楊仲良　廣雅書局

宋景文雜說　宋　宋祁　叢書集成

范文正集　宋　范仲淹　四部叢刊

五朝名道言行錄　宋　朱熹　四部叢刊

宋元學案　清　黃宗羲　萬有文庫

日知錄　清　顧炎武　四部備要　黃汝成集釋

澗泉日記　宋　韓淲　叢書集成

飲冰室合集　近人　梁啓超　民三六中華書局崑明再版

萍州可談　宋　朱彧　守山閣本

續資治通鑑長編拾補　清　黃以周等　杭州局本

元豐類藁　宋　曾鞏　四部叢刊影印元黑口本

蘇東坡集　宋　蘇軾　國學基本叢書

欒城集　宋　蘇轍　四部叢刊，四部備要

彭城集　宋　劉攽　叢書集成

二程全書　宋　程顥程頤　四部備要，中華書局聚珍倣宋版印　朱熹等編

步里客談	宋	陳長方	墨海金壺
經義考	清	朱彝尊	四部備要
昌黎集	唐	韓　愈	國學基本叢書
朱子語類	宋	黎靖德	榕村全書
儀禮注疏	漢 唐	鄭　玄 賈公彥	四部備要
朱文公文集	宋	朱　熹	四部叢刊
桯史	宋	岳　珂	四部叢刊續編
西臺集	宋	畢仲游	叢書集成初編
貴耳集	宋	張端義	學津討原
穆堂類稿	清	李　紱	珊城阜祺堂原刻本
陶山集	宋	陸　佃	聚珍本
尹和靖集	宋	尹　焞	正誼堂全書
楊龜山集	宋	楊　時	正誼堂全書
王荆公年譜考畧	清	蔡上翔	一九五九年中華書局北京第一版
能改齋漫錄	宋	吳　曾	墨海金壺
鐵圍山叢談	宋	蔡　絛	知不足齋

東軒筆錄	宋	魏　泰	湖北先正遺書
捫蝨新話	宋	陳　善	叢書集成初編
後山叢談	宋	曾　慥	叢書集成
三朝名臣言行錄	宋	朱　熹	四部叢刊
羅豫章集	宋	羅從彥	福州正誼書院藏版
渭南文集	宋	陸　游	萬有文庫
小學考	清	謝啓昆	浙江書局
忠肅集	宋	劉　摯	聚珍版
宋文鑑	宋	呂祖謙	四部叢刊
淨德集	宋	呂　陶	聚珍版
龍川文集	宋	陳　亮	叢書集成
李北海集	唐	李　邕	湖北先正遺書
清波雜志	宋	周　煇	四部叢刊續編
高齋漫錄	宋	曾　慥	墨海金壺
吹劍錄全編	宋	俞文豹	一九五八年古典文學出版社滬一版
宋稗類鈔	清	潘永固	舊刻本

梁谿漫志　宋　費　袞　知不足齋

錢塘先賢傳贊　宋　袁　韶　知不足齋

讀明初開國諸臣詩文集目錄

讀明初開國諸臣詩文集

錢穆

本文作意，不在論詩文，而在藉詩文以論史。論史者多據正史紀傳志表，旁及稗乘野史小說筆記之類，所論以史事爲主。或據文章著作以論一時代人之思想及其議論意見。此文則在藉詩文以論其時代內蘊之心情。胡元入主，最爲中國史上驚心動魄一大變，元人用兵得國之殘暴，其立制行政之多所劇變，而中國全境淪於異族統治之下，亦爲前史所未遇。未及百年，亂者四起，明祖以平民崛起爲天子，爲漢高以下所僅有，讀史者豈不曰驅除胡虜，重光中華，其在當時，上下歡欣鼓舞之情當如何？而夷考其實，當時羣士大夫之心情，乃及一時從龍佐命諸名臣，其內心所蘊，乃有大不如後人讀史者之所想像。如欲加以抉發，國史野乘，旁見散出，未詳未備，必參考當時諸家之詩文集而後其情事乃大見。本文亦僅偶舉例證，然雖一鱗片爪，而大體可想矣。

(一)讀宋學士集

清嘉慶十五年吳縣嚴榮彙刻明宋濂文憲公全集，序曰：

公文甚富，生前未有雕本，公沒百三十四年，而後有太原張氏之刻，又二十二年，而後有海陵徐氏之刻，又十五年，而後有高淳韓氏之刻。

其凡例又云：

文憲公集初刻於明正德九年太原張縉，爲鑾坡前後續別各十卷，芝園前後續各十卷，朝京稿五卷，凡八集七十五卷，共九百有六題。續刻於嘉靖十五年海陵徐嵩，爲金石絲竹匏土革木八編，凡八卷，共一百四十三題。彙刻於嘉靖三十年高淳韓叔陽，凡三十二卷，共九百二十四題。其爲張徐二本所已刻者七百十題，其未刻者二百十四題。今並張刻爲三十四卷，徐刻仍爲八卷，韓刻爲補輯八卷，凡五十卷，一千二百六十題。

今景濂集之重印流傳者亦有三本。一爲商務印書館四部叢刊影印明正德本，即嚴氏所稱張刻也。一爲商務叢書集成本，采自金華叢書。此集始刊於淸康熙四十八年南陽彭始摶，又續刻於同治十三年永康胡鳳丹。其祖本卽嘉靖之韓刻本也。又一爲中華書局四部備要本，卽據嚴榮校刻足本，爲景濂集之最完備者。

明史藝文志：

宋濂潛溪文集三十卷，皆元時作。潛溪文粹十卷，劉基選。續文粹十卷，方孝儒鄭濟同選。宋學士文集七十五卷，又詩集五卷。

今按：宋學士文集七十五卷，卽正德張刻本，是爲景濂入明以後之著作。潛溪集在元時作，均不收於正德本之內，嘉靖徐刻本收之未盡，韓刻本續有新收。今據嚴本凡例，徐刻有一百四十三題，韓刻又有二百十四題，共三百五十七題，皆采自潛溪集也。

又按四庫提要：宋學士全集三十六卷，又有宋景濂未刻集二卷，謂濂集重刻於嘉靖中，行世已久，此亦指韓刻言。雷禮刊宋學士全集序謂：

先生舊有朝京稿，凝道記，潛溪翰苑鑾坡芝園集，龍門子，浦陽人物記，然各集出一時故舊以己見集者，今知浦江事韓叔陽萃爲一編，共三十六卷，九百六十七篇，題曰宋學士全集。見嚴本卷首韓刻原序。

書名卷數皆與提要相同，可證四庫所收即是韓刻本也。惟嚴本稱韓刻僅三十二卷，不知何故。嚴氏凡例又謂龍門子凝道記三卷，諸刻皆無之，或嘉靖韓刻原本有此三卷，則合爲三十卷，而浦陽人物記二卷韓刻作評浦陽人物，作一卷，則適符三十六卷之數。姑識所疑於此。

四庫所收未刻集，乃康熙三年金壇蔣虎臣得文徵明家藏本於景濂裔孫既庭，授金華陳國珍刻之，凡三十七篇，嚴本凡例謂，細檢其中二十七篇已見於徐刻，十篇已見於韓刻，則並無所謂未刻矣。惟提要謂未刻共三十八篇，校之韓刻，十一篇皆今本所已載，其餘二十七篇則實屬佚文，與嚴本凡例所言差一篇。惟四庫館臣實未見徐刻，故謂二十七篇實爲佚文矣。

嚴序又謂景濂文生前未有雕本，初刻於正德張氏，此亦誤。洪武十四年鄭楷作景濂行狀，謂：

先生所著文，有潛溪集四十卷，蘿山集五卷，龍門子三卷，浦陽人物記二卷，已傳於學者。

此皆景濂在元時作，早有刻本行世。正德本張序謂：

其集久且漸湮，雖有潛溪前後集文粹出於鄭氏所輯，及蜀本衢本外國本，皆畧而未完。近時杭本八帙頗多，而爲人率妄去取，猶未刻也。初公存日，手定八編，凡若干首，以細眼方格命子璲繕錄精整，首簡猶公手筆。其本予購得之。因按本翻錄入刻。

則正德張刻之八編，乃經濂溪手定，而其先未有刻本。今按：景濂生於元武宗至大三年庚戌，（西歷紀元一三一〇）至順帝至正十九年己亥（一三五九）始至建康，見明祖，年已五十。至七十二而卒。其在元時，已負文學重望。當時所刻各集，彙觀先後諸家之序，亦可以徵人心，覘世變。茲就嚴本卷首及金華叢書本附錄所載摘錄一二畧論如次。

陳旅之序有曰：

文不可無淵源。西京而下，唯唐代爲盛。宋姑不論，以姚鉉所聚唐文觀之，獨韓愈氏煥焉可觀。我國家混一以來，光嶽之氣不分，中統至元間，豪傑之士布列詞垣，固難以一二數。天曆以來，海內之所宗者，惟雍虞公伯生，豫章揭公曼碩，及金華柳公道傳，黃公晉卿而已。二公之所指授，其必有異於庸常哉。設以韓愈氏方之二公，則濂當在李翺皇甫湜之列也。

此序不知年月，以下引王褘序在至正十五年正月推之，陳序當約畧同時，所序蓋潛溪前集也。又鄭渙序在至正十六年，而云昔陳公爲序，又曰：嗣是有作，當爲後集以傳，亦可證。其時景濂文字初爲人知，故陳氏乃以唐之翺湜擬之。然是年韓林兒稱帝，明祖亦渡江而南，明年遂取金陵，羣雄割據，四海鼎沸，而陳氏方以爲元之文章可以軼宋跨唐而駸駸乎媲美於西漢。不二十年，元社遽屋，當時士大夫似未夢想及之，亦可恠也。

復有歐陽元一序，謂：

三代而下，文章唯西京爲盛。逮及東都，其氣寖衰。至李唐復盛。宋有天下百年，始漸復於古。南渡以還，其衰又益甚矣。我元龍興，以渾厚之氣變之，而至文生焉。中統至元之文龐以蔚，元貞大德之文暢而腴，至大延祐之文麗而貞，泰定天曆之文贍而雄。涵育既久，日富月繁，意將超唐宋而至西京矣。

其言尤見誇滿自喜之情。又有劉基一序，謂：

> 漢唐宋之盛，則有賈馬揚班李杜韓柳歐蘇曾王諸公，是皆生於四海一統時，挹光嶽之全氣，宜其精粹卓拔不可及也。國家混一七八十年，名儒鉅公接武而出，其可以進配古人者，固不爲少。然而老成凋喪之後，盛極則衰，理固然耳。今得宋君景濂潛溪集觀之，然後知造物之不喪斯文，而光嶽之氣猶有所鍾也。

知當時士大夫，方以元之一統與漢唐宋爭盛，至於其爲胡虜入主，非我族類，則似已渾焉忘之矣。此於歐劉之序而可見。劉序今不收於誠意伯集，蓋入明後諱而棄之也。

又有孔克仁一序，謂：

> 金華宋景濂先生，鄉先生柳公道傳稱其雄渾可愛，黃公晉卿許其溫雅俊逸，莆田陳公衆仲亦謂辭韻風裁，類夫柳黃二公。廬陵歐陽公元亦謂神思氣韻飄逸而沈雄。先生之文，經四公品題之重，可謂無餘蘊矣。先生來金陵，氣老志堅而文益多，乃命余序其後集。顧余不敏。敢縱言論以齒四公之末哉？

景濂至建康見明祖，在至正十九年己亥（一三五九）下此八年而元亡。孔氏序景濂之潛溪後集，必尚在至正十九年以後，龍飛虎躍，此何時乎，而一時士大夫集居金陵，所謂從龍翊運者，其心中若無事然，故下筆爲文，亦不見有其蹤跡。孔氏此序之所鄭重稱崇，自謂不敢齒其末之四公，皆元人也。是皆敵國之臣，轉瞬則亡國之大夫也。乃當時金陵諸儒，若僅知有文章，不知有國家之興亡，與民族夷夏之判。而其言文章，則又僅知有元之傳統而已。不知新朝將興，抑且此諸儒亦已身仕新朝，而其心中筆下曾不一及，豈不可怪之甚乎？

又有趙汸一序，謂：

> 潛溪前集凡十卷，冠以陳公衆仲序，浦陽義塾既刻而傳之。後集筆稿日新，而卷帙未有終，宋公以書來，俾

汸序其意。迺爲序曰：尚論浙東君子，必以東萊呂公爲歸。百餘年間，莫善於文獻黃公。景濂父生呂公之鄉，而久游於黃公之門，別集之行，豈徒欲以文辭名世者哉？衆仲嘗學於虞公，而景濂父黃公之徒也。二公之所指授，信乎有異於他門者哉。

當時諸儒爲景濂文作序，辭旨似不出兩途。一則誇元之文統，如此序言虞公黃公是也。一則溯浙東學術文章之傳，如褘之序其前集，及此序之盛推浙東君子自東萊呂公以來是也。世運大變，迫在目前，且諸儒已身仕新朝，縱不然，亦已在其號令統治之下，親爲其疆域之子民，而更無一言及之。彼輩之意態，究不知將置其親身所在之新朝於何地，事之可怪有如是。趙汸師事九江黃澤楚望，以治春秋名，洪武二年召修元史，不願仕而乞還，後人奉以爲明代儒林第一人。惟錢牧齋列朝詩集小傳稱，楚藩睦㮮敍元遺民堅守臣節與伯顏子中同傳，則其人可知。

又有王晉一序，謂：

潛溪續集十卷，金華宋先生景濂之所著也。今年夏，得識先生於金陵。承旨歐陽公，於人愼許可，獨稱先生之才具衆長，識邁千古，近時大江以南一人焉。誠可謂知言。潛溪前後集二十卷，門人既刻梓以傳，而先生復以續集俾予爲之序。予誦先生之文，不能不爲之慨然者。方在宋時，言文章大家者，廬陵歐陽文忠公，南豐曾文定公，臨川王文公，皆相望近在數郡間，何其盛也。元興，若廣平程公鉅夫，青城虞公集，豫章揭公傒斯，清江范公梈，臨川危公素，亦皆以文章著稱西江，亦不云乏人矣。夫何喪亂以來，淪籍殆盡，後學無所依承。豈昔者如彼其盛，而今遽若是寥寥哉！古稱文章與時高下，抑道之興廢，繫乎時之治亂。至於盛極而衰，亦其理也。今幸獲與先生邂逅數千里外，讀先生之文，既知道德淵源之所自，又俾夫末學者得續未絕之緒於將來，則先生之文之所沾被者亦既廣矣。

此序乃爲潛溪續集作，雖不能定其年月，然其距元室覆亡之期必愈近，新朝龍興之象必愈著，而此序乃以喪亂以來四字致其慨歎，又謂道之興廢繫乎時之治亂，言下之意，若不勝其嗟惜於當前之世亂而道將廢者，幾已情見乎辭矣。

抑且尤有進者，上引陳旅歐陽元劉基諸序，皆自著其在元之官銜職名。而趙汸自稱歙諸生，王晉自稱前鄉貢進士，出身雖微，要之言必稱本朝，而其本朝則胡元也。彼輩之重視昭代，乃與在朝仕宦者無二致，則何其於亡元之崇重，而於興明之輕蔑。而且其亡其亡，繫於苞桑，則又何諸儒之短視也。

其更可異者，元社既屋，元鼎既移，而當時士大夫之殷頑心情則依然如昔。楊維楨序景濂翰苑集有曰：

> 客有持子宋子潛溪諸集來者，曰：某帙，宋子三十年山林之文也。某帙，宋子近著館閣之文也。其氣貌聲音隨其顯晦之地不同者，吾子當有以評之。維楨曰：昔之隱諸山林者，奕乎其虎豹煙霞也。今之顯諸館閣者，燦乎其鳳凰日星也，果有隱顯易地之殊哉！三十年之心印，萬萬口之定價，於斯見矣，客何以山林館閣歧宋子之文而求之哉？客韙吾言，錄吾言爲宋子潛溪新集序。

此序作於洪武三年庚戌。自今言之，明室之興，乃吾中華自唐、虞、三代以來，衣冠文物傳統之所宗。胡元入主，其屠殺之兇殘慘烈，其統治之昏愚淫暴，縱皆不論，夷夏大防，縱謂非當時士大夫所知，而舊朝已覆，新朝已興，在當時士大夫心中，亦似乎茫然不知，漠然無動。乾坤洗滌，天地清平，諸儒視之若膜外。所不忘情者，乃景濂一人之隱顯，又且揚山林而抑館閣，若惜若厭，此爲何等胸懷，何等意態乎？維楨爲明祖敦迫，一至金陵，作老客婦謠見意，明祖笑而遣之，不罪也。明史褒然列維楨於文苑傳之首，全祖望則歸之宋元學案艮齋學案中，新元史亦爲維楨作傳，彼固以老客婦自況，則毋寧以列名元史歸案元儒爲得其素懷矣。

余又讀傳維鱗明書滕克恭傳，克恭避地錢塘，與楊廉夫相友善，及明兵定河南，歸故里，歎曰：吾得至此，豈非天哉。人民非故，天地自如，足以老矣。壽百餘歲終於家，謂其子禮曰：耕足矣，萬勿仕。克恭之所謂人民非故，謂其非復爲大元之子民也。彼能踰百歲以壽終，其子能守父志，終身勿仕於明廷。嗚呼！可謂志節皎然矣。抑未聞明廷之加以罪責與强迫也。是明祖之待元臣，實不可謂不寬大，而當時士大夫之忘其爲華裔，僅知曾食元祿，亦可見世風士行之一斑矣。

又有揭汯一序，謂：

一代之興，有一代之制作。以景濂之雄文奧學，而不獲顯庸於前朝，豈非天之所屬實有在耶？余聞景濂之名，蓋二十年矣。近始會於金陵，然此特所覩新集者而已，皆應制代言紀功銘德之作。若景濂平日之所著，則有前後續別四集，已盛行於世，及流傳於海外，學者又當兼取而博觀之。

此序所謂新集，即翰苑集，故謂其皆應制代言紀功銘德之作，此即楊序所謂館閣之文也。平日所著，前後續別四集，指潛溪集，作在元時，即楊序所謂山林之文也，汯之所重，其意亦在彼不在此，與楊氏意見無異。汯傒斯子，新元史有傳。謂明兵入燕，凡仕者例徙南京，汯稱疾不往。洪武六年卒。然觀此序，則汯實赴金陵也。要之汯之與維楨，皆爲無意屈節於明廷者。景濂乃新朝佐命大臣，何以必求勝國遺老爲其翰苑代言之集作序，其意亦良可怪。又汯序明稱前朝，則其時元祚已盡，而序末自稱中順大夫祕書少監，此乃仕元之官階，何以書於新朝翊運大臣翰苑代言之集之首頁，又不特注一元字，豈亦所謂不知有漢乎？

又有貝瓊一序，曰：

翰林侍講學士金華宋公景濂，自少以文雄一時，人不遠數千里求之，殆徧於中國四夷矣。其居青蘿山所作者曰潛溪集。其在朝所作者曰翰苑集。潛溪集凡若干卷，故翰林承旨歐陽文公爲之序，而翰苑集復萃記序碑銘傳雜說釐爲前後續別四集云。予嘗讀而好之，乃撫卷而歎曰：元初，姚文公以許氏之學振於北方，下至天曆至正間，又有蜀虞文靖公金華黃文獻公，亦若韓子之在唐，歐陽子之在宋矣。國朝龍興，公以布衣登侍從之選，歷十餘年，凡大制作大號令，修飾潤色，莫不曲盡其體。實與虞、黃二公相後先已。雖然，虞、黃二公屬重熙累洽，所以黼黻一代之盛者爲易。今國家肇造之時，將昭武功而宣文德，以新四方之觀聽，使知大明之超軼三五，豈不爲難乎？

景濂翰苑集凡三序，此序最在後，作於洪武八年。時新朝已確立，抑且瓊亦仕焉，曾從景濂纂修元史，其爲序，若宜與楊揭二氏之措辭有不同，乃誦其文，仍有可恠者。其爲翰苑集作序，何以必連述及其潛溪集，而又必引亡元歐陽玄之言以爲重。於歐陽玄則又必詳其仕元之官名，又僅書一故字，不稱亡元勝國，此又何耶？序新朝大臣之集，而必溯其淵源於亡元，論元之文人，則必謂其堪與唐韓宋歐陽相比。而復以景濂爲能與亡元虞黃相後先，若足爲景濂增無上之光榮，而猶必謂景濂之所成就，尚有所不及於虞黃。試問立言之體當如此乎？蓋當時文人崇重亡元，輕蔑新朝，已成風氣，則瓊之所謂將以新四方之觀聽，使知大明之超軼三五，豈不爲難者，乃是實情，固非瓊之自有所抑揚也。抑且揭汯之序，直書中順大夫祕書少監豫章揭汯，而貝瓊之序，則僅曰淸江貝瓊。身仕明廷，何爲不書官階，豈亦有所避忌乎？蓋此乃一時代之風氣，亦一時代人之內心所蘊，自有其不可掩者。掂此小節，可概推其餘矣。正德本前列三序，爲楊維楨揭汯貝瓊，在芝園集前又列貝序，末稱洪武八年歲在乙卯冬十有一月既望，將佐士郎國子助教檇李貝瓊序，一序重刊，一署官職，一不署，不知孰爲其朔。然果先署官名，疑後人不爲之削去。則瓊之初稿殆未署官職也。清江集序後，不署名籍年月，明是削去。

貝瓊清江集中又有青蘿山房歌，應在文集序之前。歌有引，謂：

公擅一代之文章，所著多行於世，而貯於山房者，必有光氣燭天，與山之寶玉同不泯矣。

其歌曰：

山人紫府神仙客，身今六十頤尚黑。一朝賓之白玉堂，青蘿寂寂寒無光。

是亦忽視其所以翊贊新朝者，而獨致拳拳於其以前青蘿山之隱居生活，則明之代元而起，當時明廷一輩從龍之士視之，殆亦只認其爲乃是一時天意之忽然喜新而厭故，一若乍陰乍晴，無甚內在之意義與價值可言矣。

劉基又有宋景濂學士文集序一篇，大意謂：

太史公宋濂先生，海內求文者項背相望，碑版之鐫，照耀乎四方。高麗日本安南之使，每朝貢京師，皆問安否，且以重價購其潛溪集以歸，至有重刻以爲楷式者。先生之著述，多至百餘卷，雖入梓者已久，其門人劉剛復請基擷其精深，別成一編。且徵言序之。昔者楚國大司徒歐陽文公元贊公之文曰：其氣韻沉雄，如淮陰出師，百戰百勝，志不少懾。其神思飄逸，如列子御風，飄然褰舉，不沾塵土。其詞調清雅，如殷卣周彝，龍紋漫滅，古意獨存。其態度多變，如晴躋終南，衆騶前陳，應接不暇。非才具衆長，識邁千古，安能與此。嗚呼！文公之言，至矣盡矣！設使基有所品評，其能加毫末於是哉？今用備抄，冠於篇端，而並繫先生出處之大畧，使讀者有所考焉。

此序據鄭濟所爲文粹後識，實當稱潛溪宋先生文粹。鄭濟文粹後識云：

右翰林學士承旨潛溪文粹一十卷，青田劉公伯溫丈之所選定也。先生平日著述頗多，其已刻行世者，潛溪集四十卷，蘿山集五卷，龍門子三卷。其未刻者，翰苑集四十卷。歸田以來，所著芝園集，尚未分卷。在禁林時，見諸辭翰，多係大著作。竊意劉丈選之或有所遺，尚俟來者續編以附其後。

是則景濂集刻版傳世者，只是其潛溪集前後續別四十卷，而今四部叢刊所影印之正德本八編七十五卷，在當時初未刋行。而劉基所選之文粹十卷，又只就已刻潛溪集中選出。其所選亦只是楊維楨所謂三十年山林之文，而此後館閣之文，則如鄭濟所謂或有所遺，未經選錄也。尤可異者，劉氏此序，僅引亡元歐陽玄之舊序，而謂其言至矣盡矣，設使基有所品評，其能加毫末於是哉，何其言之謙抑耶？抑且劉序稱昔者楚國大司徒歐陽文公，舉其官謚，而僅曰昔者，則豈不知元之已亡，處新朝而稱勝國，豈宜用昔者二字乎？修辭立其誠，觀乎劉氏之辭，斯可以微窺其內心之誠矣。蓋元儒慴於異族治權之積威，其處身若孱兔之藏草叢，彼已能逃脫於九儒十丐之賤，而上躋釋道，同稱三教，固已經無限之酸辛與夫不斷之奮鬥，而乃於世道民瘼之外，始別有所謂人物者，可得爲後生繼起之所仰望而慕效，以爲道德文章傳統之所繫，此乃文化絕續一線之存，固是大可慨歎而又無可如何之事，雖宋劉之賢，於此有不免，論史者亦無所用其深責也。

越後乃有方孝儒續文粹序，其辭曰：

可名之功，衆人知之。難名之功，君子知之。至於不見其功而天下陰受其利者，此非聖賢之徒不能知也。當元之衰，國朝之始興也，太祖高皇帝定都金陵，獨能聘致太史金華公而賓禮之。及海內平定，上方稽古以新一代之耳目，正彝倫，復衣冠，制禮樂，立學校，凡先王之典，多講行之，而太史公實與其事。先後二十年，修身於戶庭之間，而姓字播於千萬里之外，蠻夷異類皆知尊慕之，使中國之美，傳於無極，其功蓋大矣。竊嘗歎天下知愛公文，而不能盡得其意，且不能盡觀也。以爲公昔無恙時，嘗擇舊文爲文粹以傳矣，因復與公同門友浦陽鄭楷叔度等，取自仕國朝以來所作，復選錄爲十卷，名曰續文粹以傳於學者。嗚呼！斯文也，公之所爲，雖可以傳世，而不足以盡公之爲人也。後有賢者，考論國朝之所由興，而追維德業之盛以歌詠太平之治於無窮，太史公之功，庶幾可白於後世乎？

方氏此序，又傳爲金華樓璉作，皇明文衡疑爲方爲樓代筆。據鄭濟文粹後識，則方與樓當文粹前集選定，曾同預繕寫。惟此序收於遜志齋集，決爲方氏手筆無疑。此序作於明太祖死後，蓋至是而景濂入明以後所謂館閣之作，始有傳刻，而新朝稽古，彝倫衣冠禮樂學校，所謂講行先王之典，而使中國之美永傳無極者，亦於方氏之文始見其語。然方氏又謂公之爲文，不足以盡公之爲人，又曰：天下陰受其利而不見其功，則知方氏之所重於景濂者，乃始大異於往時，而往時之所重於景濂者，則惟景濂之文耳，乃亦不知景濂於世道之有功，方氏始爲之揭發，然此亦或非景濂生時之所自負而逆知歟。或惟景濂之門人弟子，始有以微窺其師之用心，而景濂固未敢明白宣稱之於朋儕友好之間乎？要之一時之世態，固可於此而微窺矣。黃梨洲明儒學案師說列方正學孝儒爲第一人。全謝山宋元學案以景濂與歐陽玄同隸北山四先生學案。方正學二十遊京師，即從學於景濂，及景濂返金華，正學復從之，先後凡六歲。號爲盡傳其學。然黃氏學案列正學於諸儒，諸儒者，黃氏謂是無所師承，得之遺經也。而景濂乃不獲列名於明儒學案中，必待全氏始以歸之元儒之行列。黃全二氏之安排品評，或亦不可謂之不允愜，而其意深微矣。

抑方序措辭，亦僅頌揚中國之有新朝，其於亡元，則亦止於爲弦外之音而已，尚未遽暢厥辭也。余又讀楊守陳重鋟劉誠意伯文集序，乃曰：

嗟乎！自昔夷主華夏，不過擅一隅，腥數載耳。惟元奄四海而垂八紀，極弊大亂，開闢以來未有也。高皇掃百年之胡俗，復三代之華風。

又讀葉式題誠意伯劉公集亦曰：

昔之入主者，頗皆用夏貴儒，惟元不然。此其爲穢，尤使人涕泗霑臆。其胎禍遠而播惡廣，奄及百年，不知變革。當是時也，薰蒸融液，無地非狄，若將不可復易者。我太祖高皇帝洗滌乾坤，爲中國皇王賢聖復繼續緒，所謂功高萬古而莫與同者。

至是而華夷爲防之大義，中國歷史之正論，乃始重見於文人之筆端。然守陳之文，已在成化六年（一四七〇）上距明祖開國（一三六八）亦已七十餘歲，而葉文在嘉靖七年（一五二八）則在明開國後一百六十載矣。時移世易，後人不識前人之心情，若必以驅除韃胡爲宋劉諸人之功績，恐宋劉在當時，初無此想，抑或將增其汗慚不安之私焉，亦未可知也。

下迄清代，上論明初事，更多恍惚。蔣超之序未刻集則曰：

豈兵燹之餘，此書散失，不則有所忌諱，不敢禦木耶？

張治之序亦曰：

洪武時，禁網嚴密，舉朝動色相戒，雖君臣相得，莫如宋文憲公，而深沉不洩，題溫樹以自警，則所著文詞，有當傳不當傳者，亦何敢盡公天下，自貽齮齕。其藏諸名山者或有之。

四庫提要則曰：

推究當日之意，或以元代功臣諸頌及誌銘諸篇作於前朝，至明不免有所諱。或以尊崇二氏不免過當，嫌於耽溺異學而隱之。

其實景濂入明以後所謂館閣之作，在其生前並未刊布，而在元時所作所謂山林之文則流傳極廣，其頌銘元代功臣諸篇，方廣極流布，謂其有所忌諱而隱藏不敢出者，皆推想不實之辭耳。近儒又謂中國史上得天下之正，莫過於明祖，又每謂明祖御諸儒嚴烈太過，是亦有不盡然者。平心論之，從漢高者無不稱秦之暴，從光武者無不言莽之詐，從唐祖者無不斥隋之淫，從宋祖者無不薄周之弱。奈何明初從龍諸臣乃獨不然。其遠避若惟恐浼我者姑不論，而明祖之優禮於宋劉葉章諸人，則實遠超於漢高光武唐祖宋祖之於其諸臣之上矣。明祖曰，我爲天下屈四先生，何其言之坦然也。而彼四人者，於心乃若眞有屈。蓋元之儒者，居於異族統治七八十年淫威之下，心志不免日狹，意氣不免日縮，乃以爲斯文所在，卽道統所寄，在朝在野，雖亦學業文章有以自守，行己立身有以自完，然而民生利病，教化興衰，或未能以斯道自負。夷夏之防，有所不知。而區區所以自保者，乃不免歸之於政府在上寬厚之德意。天下雖亂，而彼諸儒，固未能憬然豁然於其所以然。今宋劉皆有文集傳世，試觀其所指斥於前朝者究何在，而其頌揚前朝之辭，在當時轉視若固然，亦未聞有所禁抑，則豈得謂明初禁網之密。蓋明祖之起，其內心亦不能不以草澤叛逆自恧自慚，宋劉爲之大臣，雖渥厚之已至，而猶時時推尊勝國，既流露於文字，可知其未忘於胸懷。一若文章道術傳統所寄，乃胥在焉，並可以媲美唐宋，而時時懷想，若情所不能已。則無怪乎明祖心中之終於諸儒有不釋。是亦諸儒自有以助成之，固不得專以罪明祖之雄猜。而明祖之於危素，則爲例尤顯。逮於稍後，事變漸定，事態漸顯，元帝遠遁沙漠，明之基業日固，諸儒心中，乃始於往日之文章議論自覺有所不安，則惟有求退遠避之一途，則明初諸臣之情切隱遁，其內心之所蘊，固不專爲避禍，而轉以召禍也。蓋當諸臣初從明祖，尚在洪武建號正位之前，其功業名位雖在此，而心所崇重依戀者，時或不免於在彼，心迹與世運相衝突，此則細讀當時諸人之文字，而可徵其陰影之難掩矣。

至提要所謂或以尊崇二氏過當而隱之，則尤不然。即正德刊本爲景濂所手定者，何嘗有意隱其過崇二氏之心乎？全謝山宋文憲公畫像記謂：

> 婺中之學至白雲，而所求於道者疑若稍淺，漸流於章句訓詁，未有深造自得之語，視仁山遠遜之。婺中學統之一變也。義烏諸公師之，遂成文章之士，則再變也。至公而漸流於佞佛者流，則三變也。

蓋景濂誠亦文章之士，又篤好二氏，伯溫則以文章兼權術。二人者，皆漸染浸溺於元治下之時代風氣，初非知有民族大義，可憑以自守而自奮。基有潛溪圖歌爲景濂賦，曰：何時上疏乞骸骨，寄聲先遣雙飛鳧。又景濂辭元辟命將入仙華山爲道士，基作歌速其行，謂先生行，吾亦從此往矣。此二人當日之心志也。適逢明祖龍興，因緣時會，殆非其夙所抱負。而明之開國，局度恢皇不如唐，寬宏仁厚不如宋，從龍諸賢亦與有責。後儒繼起，盛推祖宗開國之光榮，乃於宋劉諸人多有頌揚過溢之辭，至於事久論定如黃全兩學案之所品評，則又已在易代之後矣。

爲未刻集作序者尚有吳偉業，謂：

韓本晚出，采擷詳於勝國，僅存元世之一二，附見各體之末，其爲陔華之無詞者多矣。竊尋其自所謂前後續蘿山集者，大都在元時未仕所作，年盛氣壯，必有可觀，亦因得尚論其世。惜乎遭遇之後，以改物爲嫌，微之而不顯，使習讀者不備山林臺閣之體，可悵也歟。

吳氏此序頗有誤會。潛溪前後續集及蘿山集，當景濂身後，始漸隱晦，非景濂以改物爲嫌，微之使不顯也。景濂遭遇之後，館閣諸文，在其生前轉不如其未仕時所作山林諸文之流布在世，膾炙人口。身後所刋，亦僅續文粹十卷，至正德時，始有八編七十五卷之彙刻，則正當明之中葉矣。此俱已考訂如上。景濂未仕所作收於韓刻者有二百十四題，兼之徐刻，共三百五十七題，不知所謂潛溪前後續集及蘿山集均已搜羅在內否，要之儻有遺逸，數量亦不甚大，非有所謂多陔華之無詞也。據方正學續文粹序及嘉靖雷禮序韓刻全集皆稱潛溪集曾傳刻於日本，不知彼邦頃尚保有此本否？儻能獲見彼邦舊刻，取與徐韓兩本對校，或可更有所發現。姑誌於此，以待訪求。

偉業又曰：

浙水東文獻，婺稱極盛矣。自元移宋鼎，浦江仙華隱者方鳳韶卿與謝翱皐羽，吳思齊子善，賡和於殘山剩水之閒，學者多從指授爲文詞，若侍講黃公，待制柳公，山長吳公，胥及韶卿之門，出而緯國典，司帝制，擅制作之柄，景濂親受業於三公，承傳遠而家法嚴，遂以文章冠天下。際會眞人，經綸黼黻，光輔一代稽古右文之治，幾欲躋之成周，世皆慕之爲名世宗工，而不知淵源於宋之逸老。嗚呼！不有山澤臞，孰爲維斯文，如帶之緒，以俟賢哲起而昌大之，其功焉可誣也。

又曰：

元一天下，休養人物七八十年，號爲安阜富庶，故能容羣儒恬寢食而甘圖書，以遺經轉相授受，並時山陬海澨，文章理學之懿，鬱乎隆龐。景濂鍾光嶽之全氣，而取材落實，兼條貫以集其大成，不可謂非所值之幸也。

吳氏此文，實亦自具錯縱複雜之心情。彼既失身清廷，豈亦欲留其殘生以爲山澤之臞，以維斯文如帶之緒耶。彼幸景濂之所值，謂元一天下，休養人物七八十年，使景濂集其大成，則清室之在當時，豈不亦容羣儒恬寢食而甘圖書以遺經相授受乎？吳氏僅亦一文士，宜其不足與語夫此矣。

今綜觀景濂集，以一人之寫作，而五十年桑海之變，山林館閣兼而有之。又值元明易代，夷夏交迭，政俗民生，與夫士大夫一時心情之激盪，以及學術風尚之轉移，處處可於景濂集中探其消息，尋其影響，斯誠治史者所當注意，本文則僅就景濂集前後各刻，撮舉各家序文，以爲治斯集者粗指方嚮而已。內容未暇細及。姑摘錄集中一篇稍加申述，以畢吾文。

贈梁建中序

虎林梁君建中，妙年嗜伊洛之學，而復有志於文辭。一時大夫士皆稱譽之，建中不自以爲足，復來問文於余。余也，賦質凡庸，有志弗强，行年六十，曾莫能望作者之戶庭。間嘗出應時須，皆迫於勢之不能自已者爾，當何以爲建中告哉？雖然，竊嘗聞之師矣，文非學者之所急，昔之聖賢初不暇於學文，措之於身心，見之於事業，秩然而不紊，粲然而可觀者，卽所謂文也。其文之明，由其德之立，其德之立宏深而正大，則其見於言，自然光明而俊偉。此上焉者之事也。優柔於藝文之場，饜飫於今古之家，搴英而咀華，遡本而探源，其近道者則而效之，其害敎者闢而絕之，俟心與理涵，行與心一，然後筆之於書，無非以明道爲務，此中焉者之事也。其閱書也，搜文而摘句，其執筆也，厭常而務新，晝夜孜孜，日以學文爲事。且曰：古之文淡乎其無味，我不可不加穠艷焉。古之文純乎其斂藏也，我不可不加馳騁焉。由是，好勝之心生，誇多之習熾，務以悅人，惟日不足。縱如張錦繡於庭，列珠貝於道，佳則誠佳，其去道益遠矣，此下焉者之事也。嗚呼！上焉者吾不得而見之，得見中焉者斯可矣，奈何中焉者亦十百之中不三四見焉，而淪於下焉者，又奚其紛紛而藉藉也。此無他，爲人之念宏，爲己之功不切也。余自十七八時，輒以古文辭爲事，自以爲有得也。至三十時，頓覺用心之殊，微悔之。及踰四十，輒大悔之。然如猩猩之於屐，雖深自懲戒，時復一踐之。五十以後，非惟悔之，輒大愧之。非惟愧之，輒大恨之。自以爲七尺之軀，參於三才，而與周公仲尼同一恒性，乃溺於文辭，流蕩忘返，不知老之將至，其可乎哉？自此焚毀筆硯，而游心於沂泗之濱矣。今吾建中，孜孜綴文，思欲以明道爲務，蓋庶幾無余之失者。而余猶爲是强聒者，文之華靡，其溺人也甚易之故也。雖然，天地之間，有全文焉，具之於五經，人能於此留神焉，不作則已，作則爲天下之文，非一家之文也。其視遷固，幾若大鵬之於鷦鷯耳。建中尚勉之哉，建中尚勉之哉！

景濂此文所謂五十以後非惟悔之，輒大悔之，非惟悔之，輒大恨之者，決非漫爾應酬之辭。然在景濂內心有此感，而同時人則未能有此同感也。景濂門人爲此文有一題記附刻，見於四部叢刊所影印之正德本，而嚴刊則刪去。題記之辭曰：

太史公生平以文章名天下，而其該貫典籍，窮極經史，蓄積浩穰，與古人爭長者，人未必盡知之。縱或知而尊之，至其立心制行敦大和雅，揆法聖賢之道而無媿者，世固未必識也。於其大者不之識，而謂足以知文章，豈果能得其精微之意？今觀贈錢塘梁先生建中序，其論文如此，則世之不足知公者宜也。彼後生晚學，未能執筆，輒掎摭疵病以議，曾足與之言文哉。

洪武二十三年春正月十日門人謹題。

景濂卒於洪武十三年，此題距景濂卒又十年。可知時人之所稱揚崇重於景濂，及其所掎摭疵病於景濂者，則一惟其文耳。其學已所不知，其行更然，則又何論於世運之與治道？當時一世之人，初不謂明之崛興，乃貞下之起元，乃積晦之復明，而抑若文治昌隆轉有虧焉，此則於題辭之言外，可推想而知也。此題記大旨，與方孝孺續文粹序相近，或亦出方氏之手乎？

又按皇明文衡卷一代言首篇爲景濂所撰之諭中原檄，此文不收於景濂集，亦附錄於此。

諭中原檄

自古帝王臨御天下，中國居內以制夷狄，夷狄居外以奉中國，未聞以夷狄治天下也。自宋祚傾移，元以北狄入主中國，四海內外，罔不臣服，此豈人力，實乃天授。然達人志士尚有冠履倒置之歎。自是以後，元之臣子，不遵祖訓，廢壞綱常。有如大德廢長立幼，泰定以臣弒君，天曆以弟酖兄，至於弟接兄妻，子烝父妾，上下相習，恬不爲怪。其於父子君臣夫婦長幼之倫，瀆亂甚矣。夫人君者，斯民之宗主。朝廷者，天下之根本。禮義者，御世之大防。其所爲如彼，豈可爲訓於天下後世哉。及其後嗣沈荒，失君臣之道，又加以宰相專權，憲台報怨，有司毒虐，於是人心離叛，天下兵起，使我中國之民，死者肝腦塗地，生者骨肉不相保，雖因人事所致，實天厭其德而棄之之時也。古云，胡虜無百年之運，驗之今日，信乎不謬。當此之時，天運循環，中原氣盛，億兆之中，當降生聖人，驅逐胡虜，恢復中華。立綱陳紀，救濟斯民。今一紀于茲，未聞有濟世安民者，徒使爾等戰戰兢兢，處於朝秦暮楚之地，誠可矜憫。方今河洛關陝，雖有數雄，忘中國祖宗之姓，反就胡虜禽獸之名，以爲美稱，假元號以濟私，恃有衆以要君。阻兵據險，互相吞噬，反爲生民之巨害，皆非華夏之主也。予本淮右布衣，因天下亂，爲衆所推，率師渡江，居金陵形勢之地，今十有三年，西抵巴蜀，東連滄海，南接閩越，湖湘漢沔，兩淮徐邳，皆入版圖，奄及南方，盡爲我有。民稍安，食稍足，兵稍精，控弦執矢，自視我中原之民，久無所主，深用疚心。予恭天成命，罔敢自安，方欲遣兵北逐羣虜，拯生民於塗炭，復漢官之威儀。慮民人未知，反爲我讐，挈家北走，陷溺尤深。故先諭告，兵至民人勿避。予號令嚴肅，無秋毫之犯，歸我者永安於中華，背我者自竄於塞外。蓋我中國之民，天必命中國之人以安之矣，夷狄何得而治哉？爾民其體之。如蒙古色目，雖非華夏族類，然同生天地之間，有能知禮義，願爲臣民者，與中國之人撫養無異。

明祖克金陵，在至正十六年丙申（一三五六），至正二十七年丁未（一三六七）九月執張士誠，十月徐達常遇春等即率師北伐，此年即爲元亡之年，明年爲洪武元年戊申（一三六八），說者謂檄文云一紀于茲，即自明祖渡江克金陵之年起算，至爲檄討北方之年適一紀十二年也。然天下兵起，何獨自明祖渡江有金陵之年起算，此決不然。且下文明云，率師渡江今十有三年，可知上文決不自渡江起算。故疑此句當作二紀于茲，乃自至正七年丁亥，（一三四七）至是踰二十年，至下文云居金陵十有三年，應作十二年始是。要之此檄文乃作於洪武建號之前一年，即元亡之年也。

於易代之際，而正式提出中國夷狄之大辨者，今可考見，惟此一文。然其於元之統治，既曰天授，嗣稱天厭，僅論其命，未伸吾義。又曰：當降生聖人，而未聞有濟世安民者，又若退避不敢自居，何也？至云：予恭天成命，始自居爲天降以安中國之聖人矣，然又曰：蓋我中國之民，天必命中國之人以安之，仍自隱約謙讓，不欲明白以天降之聖自居。氣和辭婉，從來檄文，殆少其例。此非在當時無正義嚴辭可陳，實由羣士仕明，鮮能深明於夷夏之大義，又不深知民心之向背，敵我之勢，至此猶若不能確切自信，此乃七八十年來異族統治積威之餘，士大夫內心怯弱而後有此現象，固不得責備於景濂一人也。

又按談遷國榷至正二十七年十二月甲子明祖御新宮，祭告上帝皇祇曰：惟我中國人民之君，自宋運告終，帝命眞人，來自沙漠，百有餘年，今運亦終，天下紛爭，惟帝賜臣英賢，遂勘定之。今輿地周廻二萬地，臣下曰：生民無主，必推臣帝，臣不敢辭，亦不敢不告。是用明年正月四日，設壇鍾山之陽，惟帝祇之簡在。如臣可君，祭日天澄氣和。臣若不可，當示異焉。翌年正月丙子，詔曰：自宋運既終，天命眞人于沙漠，今運亦終云云，注曰：元詔首曰上天眷命，意稍夸，至是首曰奉天承運。此兩文乃開國大典，必自宋及元者，顯涵有夷夏之大辨，然終不明白提出，而曰帝命眞人於沙漠，又數元祀百有餘年，則始自成吉思汗，其時宋祚固未斬，正統尚在，當時秉筆之士，何爲諂媚胡元，一至於此，諒可怪也。至曰奉天承運，則是明明承元運，明初諸臣之不忘胡元，眞屬不可思議之尤矣。

又按：明史太祖紀，明軍渡江北伐，奏捷多侈辭，謂宰相曰：元主中國百年，朕與卿等父母皆賴其養，奈何爲此浮薄之言。亟改之。罪惟錄則云：有擬平定沙漠頌，語頗侈大，帝曰云云。談遷國榷曰：中書省榜應昌之捷，上曰：元雖夷狄，君夏百年，天訖其祿，于朕何與。捷音誇，非所以示四方，速改之。談書下元雖夷狄四字，不知果是當時明祖語否，然明祖縱有此心，而羣士輿情不可不顧，乃作此謙退之辭，則景濂檄文，亦必由明祖授意，否則當得明祖默許，又斷可知矣。

又按洪武三年，景濂奉命纂大明日錄，七年成，序進，稱上度越前王者六。一曰挺生南服，統一華彝，然胡元之治，豈非亦統一華彝乎？惟一起沙漠，一生南服，斯見其不同耳。景濂竟不敢以驅撻胡虜光復華夏之功美明祖，豈不可異。元臣有李繼本，名延興，東安人，占籍北平，錢謙益詩集小傳稱其父士瞻，仕元，爲翰林學士承旨，封楚國公。延興中至正丁酉進士。中原俶擾，隱居不仕，河朔學者多從之，以師道尊於北方，有一山集。朱彝尊靜居志詩話云：一山，北方之學者。洪武中雖未仕，然其典邑校者屢矣。故自贊畫像有云：雖同乎今之人，而以聖賢爲矩墨。雖食夫今之祿，而視軒冕猶泥塗。然一山本元進士，而上總戎詩則曰：大將軍，出沙漠，萬里河山盡開拓。獲其名王歸，四面凱聲作。功成獻俘蒲萄宮，天清日白開鴻濛。遂使樓煩之壞化爲冠帶，衍爲提封。未免言之太盡，無復一成三戶黍離麥秀之思矣。朱氏生値清初，其言外之意，豈猶欲亡明之餘能以一成三戶光復中興，而姑隱詞以責延興乎？然在明初能有此詩，可謂鳳鳴高岡，下視景濂諸人，直是茆店之雞聲矣。明初開國羣士，率多南人，彼輩殆以生事優遊，詩酒山林，所受感觸，或不如北人之深，而遂渾忘夫胡元之非我族類乎？一山之僅典邑校，未仕於朝，或以南北學者氣味不相投而未見汲引，其畫像之自贊，殆以南士競以不仕爲名高，而姑自爲此解嘲之辭耶？

其後方正學爲景濂文萃作序，其時已在明祖身後，大一統之局面已確立，正學盛推其師，然其文猶復婉轉隱約，若有未能暢竭其所欲言者。蓋當時羣士之所不滿於景濂者，正學固未能顯斥其非，而正學之所未滿於其師者，亦不能明白而道。當其時，士羣之心病可謂深痼難醫矣。余爲此文，乃欲藉當時羣士之筆墨餘瀋，洗滌出一世人心之癥結於隱微藏匿之處，若有近於周納，然固治史者所宜注意也。

(二)讀劉文成集

言明初開國名臣，必兼言劉宋。惟景濂沉潛於文章道術，其在元時，隱淪自遁，文成抱經綸幹濟之懷，親仕於元，故二人才性不同，而出處亦相異。錢謙益列朝詩集小傳甲集劉誠意基，謂：

犂眉公集者，故誠意伯劉文成公庚子二月應聘以後入國朝佐命垂老之作也。余考公事畧，合觀覆瓿犂眉二集，竊窺其所爲歌詩，悲愴衰颯，先後異致。其深衷寄託，有非國史家狀所能表其微者，每盡然傷之。近讀永新劉定之呆齋集撰其鄉人王子讓詩集序云：子讓當元時，舉於鄉，從藩省辟，佐主帥全普庵勘定江湖間，志弗遂，歸隱麟原，終其身弗仕。余讀其詩文，深惜永嘆。嗟乎子讓！其奇氣硉矹胸臆，猶若佐全普庵時，以未裸將周京故也。有與子讓同出元科目，佐石抹主帥定婺越，幕府倡和，其氣亦將掣碧海，弋蒼旻，後攀龍附鳳，自儗劉文成，然有作，噫喑鬱伊，捫舌騂顏，曩昔氣澌滅無餘矣。呆齋之論，其所以責備文成者，亦已苛矣。雖然，史家鋪張佐命，論蹙項之殊勛，永新留連幕府，惜爲韓之雅志。其事固不容相掩，其義亦各有攸當也。誦犂眉之詩，而推見其心事，安知不以永新(爲後世)之子雲乎。謹撰定犂眉公詩，居國朝甲集之首。

又甲前集劉誠意基，謂：

公自編其詩文曰覆瓿集者，元季作也。曰犂眉公集者，國初作也。公負命世之才，丁有元之季，沉淪下僚，籌策齟齬，哀時憤世，幾欲草野自屏。然其在幕府與石抹艱危共事，遇知己，效馳驅，作爲歌詩，魁壘頓挫，使讀者僨張興起，如欲奮臂出其間者。遭逢聖祖，佐命帷幄，列爵五等，蔚爲宗臣，斯可謂得志大行矣，乃其爲詩，悲窮歎老，咨嗟幽憂，昔年飛揚硉矹之氣，澌然無有存者。豈古之大人志士義心苦調，有非旂常竹帛可以測量其淺深者乎！嗚呼！其可感也。孟子言誦詩讀書，必曰論世知人。余故錄覆瓿集列諸前編，而以犂眉集冠本朝之首。百世而下，必有論世而知公之心者。

今按：伯溫之有覆瓿集，猶景濂之有潛溪諸集也。伯溫之有犂眉集，卽猶景濂之有鑾坡諸集也。伯溫仕於石抹宜孫之幕府，較之景濂之優遊山林而不出，其影響於二人將來出仕明廷之心情，必有不同，自可推想。據行狀稱，遺文郁離子十卷，覆瓿集二十四卷，寫情集四卷，長子璉又集所遺文藁五卷，名曰犂眉公集。其中惟犂眉集在仕明以後，非其生前所自定，則伯溫詩文集實以在元時所作爲主。今讀其遺文，想見其終赴金陵出仕明廷，其心若誠有所屈而不獲已者。則犂眉一集，殆亦於不獲已之心情中而偶有撰寫，宜其有如牧齋所云云也。

今考劉集蘇平仲文集序謂

元承宋統，子孫相傳，僅逾百載，而有劉許姚吳虞黃范揭之儔，有詩有文，皆可垂後者，由其土宇之最廣也。今我國家之興，土宇之大，上軼漢唐與宋，而盡有元之幅員，夫何高文宏辭，未之多見，良由混一之未遠也。

上文已在洪武時，前敍漢唐宋諸代之文章，而謂元之文運可與媲美爭勝，而致憾於當前之有所不如，此可謂乃明初諸儒之共同意見，而伯溫之言，特爲其一例而已。

又杭州富陽縣重脩文廟學宮記謂：

惟國家以武定九有而守以文，故京有胄監，郡縣皆有學，至于海隅日月之所出入，罔不知尊孔子之道，皇皇烈烈，照映天地，亘古所未有也。

此文作於至正九年，其推崇有元一代之文教，可謂言過其實，抑且近於不知恥之類矣。

伯溫復有感懷詩，其辭曰：

昊天厭秦德，瑞氣生芒碭，入關封府庫，約法惟三章。英雄不世出，智勇安可當。叔孫一豎儒，綿蕞興朝綱。遂令漢禮樂，遠媿周與商。逝者如飄風，盛時安得常。寤寐增永歎，感慨心內傷。

是伯溫亦知元之規模，不得與吾儒之理想相符，而有其缺憾，並逆知其盛時之不常矣。然終以元之開國上比漢高，而特以制度禮樂之有媿，歸咎於當時之儒生，其殆指許衡之徒乎。以如是之史識，復何得以夷夏大義責之。

又杭州路重修府治記謂：

國家撫有四海，輿圖廣斥，民物蕃廡，猶慮政教有所未被，乃大選守令，舉重臣之才德聞望者居其職。

此文作於至正十二年壬辰三月，時天下已大亂，元廷方於是月下詔省台官兼用南人，若以史籍所載較之伯溫此文，豈不儼如在兩個世界乎？

又諸暨州重脩州學記謂：

國家自混一以來，以仁澤施於民，涵濡養育，蕃衍滋息，可謂庶且富矣。今乃至相率而爲盜，庸非典教者失其職耶？

此文作於至正十五年七月，前一月即明祖南下之月也。伯溫文中既有相率爲盜之語，而歸咎於典教者之失職，至於元政之仁澤施於民，則仍揄揚讚歎先後無異辭。

伯溫又有諭甌括父老文謂：

告甌括父老。皇朝以武德一九有，服而不殺，煦休滋潤，罔有荼毒，至今八十餘年矣。父老目不睹旌旗，耳不聆鉦鼓，菇蔬飯稻，哺孫育子，早臥晏眠，優優坦坦，通無販有，蹈山涉水，不睹不類，誰之賜歟？帝德寬大，務在休息，與百姓安樂太平，故禁網漏而弗脩。官缺其人，偷惰濬生，以不能宣德化，達壅滯，咎在有司，非主上意也。

此文在帖里帖木耳爲左丞相時，辟伯溫爲行省都事，伯溫建議招撫方國珍餘黨。其時當爲至正十六年丙申，時張士誠入平江，明祖克金陵，元事已決不可爲，而伯溫猶一意宣揚元廷之德政，以期挽回民心。及元廷受方國珍降，伯溫轉得罪，覊管於紹興。

然元政之黑暗，民生之塗炭，伯溫亦非不知。方其早年北上應進士舉，沿途所見，驚心動魄，發之歌詩，悲憤激昂，使人至今猶有不堪卒讀者。伯溫生於元武宗至大四年辛亥，（一三一一）其至燕京會試，在文宗至順四年癸酉（一三三三）是年以明經登進士第，計其年則僅二十有三耳。而憂深思遠，已知世運之亟亟不可終日矣，是誠所謂豪傑之士也。其北上感懷爲五百七十字之長詩，痛陳目擊，謂：

踰淮入大河，淒涼更難視。黃沙渺茫茫，白骨積荒藟。哀哉耕食場，盡作狐兔壘。太平戢干戈，景物未應爾。去年人食人，不識弟與姊。至今盜賊輩，嘯聚如蜂蟻。長戈耀白雪，健馬突封豕。豈惟橫山澤，已敢剽城市。勿云疥癬微，不足成瘡痏。

其詩結尾則曰：

青徐氣蕭索，河濟俱泥滓。痛哭賈生狂，長歎漆室裏。何當天門開，淸問逮下俚。

其詩在至順癸酉，下距至正七年丁亥沿江兵起（一三四七），尚十五年，而伯溫已欲作賈生之哭，是非所謂先識之豪傑乎。

其過東昌有感詩云：

況聞太行東，水旱荐爲虐，飢氓與暴客，表裏相倚着。賑卹付羣吏，所務惟刻削。征討乏良謀，乃反恣剽掠。往者諒難追，來者猶可作。歌詩附里謠，大猷希聖莫。

此種無可奈何而徒抱希冀之心情，時在詩中流露，然亦有明見其不可爲者，如其贈周宗道六十四韻有云：

帝閽隔蓬萊，弱水不可航。螻蟻有微忱，抑塞無由揚。遙遙草茅臣，怒切忠憤膓。披衣款軍門，披腹陳否臧。曰走居海隅，詩書傳世芳，感荷帝王恩，祿食厠朝行。走身非己軀，安得緘其吭，走有日擊事，敢布之朝堂。此下歷叙當時地方官吏愚昧兇惡廹民爲盜之情形。走非慕爵賞，自鬻求薦揚，痛惜休明時，消患無其方。又不忍鄉里，鞠爲狐兔場。陳詞未及終，涕泣下滂滂。旁觀髮上指，側聽心中傷。天路阻且脩，不得羽翼翔。可憐涸轍魚，待汲西江長。況有蛟與蛇，磨牙塞川梁。九冬積玄陰，天色慘以涼，衆鳥各自飛，孤鸞獨徬徨。子去愼所適，我亦行歸藏。

又感懷三十一首有云：

客有持六經，翩翩西入秦，衣冠獨異狀，談舌空輪囷。獻納竟何補，焚坑禍誰因。昂昂採芝士，嬌嬌蹈海人。龍驤九淵外，豈復歎獲鱗。

又詠史二十一首有云：

吾愛閔仲叔，幽居翳茆茨。應辟思濟世，利祿豈其私。進當致堯舜，退則老蒿藜。焉能犬馬豢，以爲天下嗤。

不能進而致君於堯舜，則退求自全，采芝蹈海，老於蒿藜，此亦一時之志也。然事態之變，有縱不求退而亦不得不退者。而求老蒿藜，則事復不易。其感遇六首有云：

一日復一日，一夕復一朝，青燈向暗壁，光燄坐自消。鞲鷹鎩六翮，絕意於雲霄。

嚴霜隕奧草，蛇虺去所依。可惜蕙蘭花，與之共頽萎。顧此悲世運，泫然涕交頤。

又在永嘉作有云：

河流未到海，平陸皆驚湍。旗幟滿山澤，嗚呼行路難。

禍亂方亟，藏身無所，此種心情，誠爲難堪。然而希冀猶未絕，則亦惟有仍抱此希冀以待之而已。其丙申歲（至正十六年）十月還鄉作七首有云：

五載辭家未卜歸，歸來如客鬢成絲。親知過眼還成夢，事勢傷心不可思。且喜松楸仍舊日，莫嗟閭井異前時。修文偃武君主意，鑄甲銷戈會有期。

於斯時，而得一機緣可以措手，其內心之喜幸爲何如。其從軍詩五首送高則誠南征有云：

牧羊必除狼，種穀當去草，凱歌奏大廷，天子長壽考。

又曰：

振旅還大藩，歌舞安旄倪，拂衣不受賞，長揖歸蒿藜。

機緣之在他人，其興奮感發猶如此，何況機緣之在自身，則其內心之興奮感發更可知。至正十六年，伯溫承省檄，起佐石抹宜孫，殆爲伯溫生平最喜幸興奮之一機緣。自謂與石抹公爲詩相往來，凡有所感，輒形諸篇，有唱和集序謂：

古人有言曰：君子居廟堂則憂其民，處江湖則憂其君。

蓋至是而平日之處江湖而憂君者，亦得依附於廟堂之貴而預憂其民焉，其爲躊躇而滿志可想矣。今讀覆瓿集諸詩，與石抹相倡和者獨多，既曰：

莫驚溝澮盈，雨息當自乾。

又曰：

將帥如林須發蹤，太平功業望蕭張。

既曰：

却羨魯陽功德盛，揮戈回日至今傳。

又曰：

相期共努力，共濟艱難時。

古人言，詩言志，又曰情見乎辭，伯溫當時之所志與其情之所發，豈不於此等詩辭而躍然可見乎？至正十六年復有浙東處州分府元師石末公德政記及處州分元帥府同主副都元帥石末公德政碑頌兩篇。而無奈於大元盛運之終不可復，伯溫復見抑，乃曰：臣不敢負國，今無所宣力矣。遂棄官歸。

今綜讀覆瓿集，約述伯溫當日心事之見於詩者，不外如下之三端。其聞鳩鳴有感呈石抹公云：

逝水自流人自老，倚楹長憶至元年。

又曰：

疲氓眞可憐，忍令飼豺虎。追憶至元年，憂來傷肺腑。

此其終不忘情於大元之盛運，希其終能重臨者一也。其感興詩又曰：

當時玉帳耿羅綺，今日絲綸到草萊。傳語疲氓聊忍待，王師早晚日邊來。

又曰：

大哉乃祖訓，典章尚流傳。有舉斯可復，庶用康迍邅。

又曰：

摩崖可勒中興頌，努力諸公佐有唐。

蓋伯溫之於元室，亦可謂孤臣孽子，每飯不忘者矣。然而舉朝昏聵，雖抱忠貞之心，匡濟之姿，而屈在草莽，展布何從，故曰：

朝廷竟知否，盜賊流如水。

又曰：

樽俎自高廊廟策，經綸不用草茅人。

又曰：

天關深虎豹，欲語當因誰。

又曰：

抑强扶弱須天討，可怍無人借箸籌。

此其二也，時事不可爲，中興無望，而感置身之無地，故曰：

盲飆正滃勃，孤鳳將安棲。

又曰：

但恐胥及溺，是用懷悲辛，

又曰：

撫几一長歎，聲出心已酸。

此其三也。抱此三種之心態，感於進退之兩難，而復有反側之士，不能一心王室，乃思乘時崛起，別有歸附，此尤可悲可憤之尤者。故其詠史有曰：

姦雄盜竊幸傾危，只道冥冥便可欺。想得民心思漢日，正當揚子劇秦時。

觀於上之詩篇，則伯溫之仍不免於一出而從明祖於金陵，其內心甚不獲已之委曲，亦可想像而得矣。

行狀稱伯溫先遊燕京，書肆有天文書一帙，閱之，翌日即背誦如流。後爲江浙儒學副提舉，爲行省考試官，言事受沮，遂移文決去。嘗遊西湖，有異雲起西北，光映湖水中，諸同遊者皆以爲慶雲，將分韻賦詩，公獨縱飲，大言曰：此天子氣也。應在金陵。十年後，有王者起其下，我當輔之。時杭城猶全盛，諸老大駭以爲狂。後從石抹宜孫見抑，棄官居青田山中，或說公曰：今天下擾擾，以公才畧，據括蒼，併金華，明越可折簡而定，因畫江守之，此勾踐之業也。公笑曰：吾生平忿方國珍張士誠輩所爲，今用子計，與彼何殊？且天命將有歸，子姑待之。會明祖下金華，定括蒼，公乃大置酒指乾象曰：此天命也，豈人力能之。客鬨之，遂亡去。公決計趨金陵。伯溫之識天象，能預言，已成爲當時之神話，抑且流傳迄今不稍衰。然若如上引行狀之言可信，則覆瓿一集，尤其是伯溫與石抹倡和諸詩，豈不皆是虛構。孰信孰僞，固不待智者而辨矣。

朱竹垞靜居志詩話有一則云：

> 公在元時，有和王文明絕句云：夜涼月白西湖水，坐看三臺上將星，好事者遂附會之，謂公望西湖雲氣語坐客云：後十年有帝者起，吾當輔之，此妄也。當公羈管紹興時，感憤至欲自殺，藉門人密里沙抱持，得不死。明初既定婺州，猶佐石抹宜孫拒守，即其酬和詩句，如中夜登高樓，遙瞻太微座，衆星各參差，威弧何時正。鴻雁西北來，安能從之飛。周嫠不恤緯，楚放常懷闕。却秦慕魯連，存齊想田單。蓋未嘗終食忘大都也。是豈預自負身爲佐命者耶！其題太公釣渭圖云，偶應飛熊兆，尊爲帝者師，則公自道也。

牧齋列朝詩集小傳孫炎條，炎在處州，以上命招致劉誠意，劉堅不肯出，以寶劍遺炎，炎作詩，以爲劍當獻天子，人臣不敢私，封還之。劉無以答，乃逡巡就見。今其詩具集中。明史孫炎傳亦云：炎招基，基不出，炎使再往，基遺以劍。炎作詩，以爲劍當獻天子，斬不順命者，人臣不敢私，封還之。遺基書數千言，基始就見。又獻徵錄謂劉基見孫炎，炎與論古今成敗之事，基深歎服之，曰：基自以爲勝公，觀公議論，其何敢爲公哉？然則伯溫之出仕明廷，乃出孫炎之强爲邀致，而豈有如行狀所云逆知天命之所歸乎？談遷國榷引許重熙辨劉基西湖彩雲事云：高帝得金陵六年，方畧浙東，基在石抹宜孫幕中。浮雲寨戰敗，繆美執送金陵放歸。孫炎總制處州，龍泉葉子奇三上書薦基，炎奏聞始聘，基力辭。謝炎寶劍却之，作寶劍歌勸其出，基乃就。此乃伯溫屈身明廷之由來。

又錢氏詩集小傳劉仁本條，謂方氏盛時，招延士大夫，折節好文，與中吳爭勝，文人遺老如林彬薩都刺輩，咸往依焉。又章有定條亦云：元末，張士誠據吳，方谷眞據慶元，皆能禮賢下士。一時文士遭逢世難，得以苟全，亦羣雄之力。又方行條云：慶元之父子，淮張之兄弟，右文好士，皆有可書，志勝國羣雄者，無抑沒焉。行狀稱伯溫自謂生平忿方張輩所爲，此於今集中隨處可得其據。明祖初起，伯溫之意，亦與方張一例視之耳，逮計無所之，乃不得已而從之，又豈預識天命有歸之謂乎？蓋當時草莽起義，無不心敬羣士，而羣士則多輕鄙草莽，伯溫亦其一人耳。又宋濂條，至正己丑，濂用大臣薦，即家除翰林院編修，以親老固辭，入仙華山爲道士，易名玄眞子。今按至正己丑乃至正之九年，其前一年，方國珍已起兵，下距伯溫爲帖里帖木耳諭甌括父老亦七年。其始仕明，在至正十八年戊戌，王宗顯爲寧越府知府，延葉儀宋濂爲五經師，戴良爲學正，吳沉徐原等爲訓導，其事尙在與劉基章溢葉琛同被薦之前一年。伯溫逡巡不前，而景濂已先一年出仕。若謂預知天命，其爲伯溫，抑爲景濂，證之史實，亦居可辨矣。

傳維麟明書徐舫傳，庚子夏，太祖聘宋劉葉章於金華，舟泝桐江而西，舫戴黃冠，服白鹿皮裘，青繩綰腰，立於江濱，貌偉神竦，揖劉而笑，且以語侵之，急入舟中。劉妬舫以隱放自高，數言於太祖，招致之。愈自匿不可得。蓋元末羣士，能出仕，則以一忠報主，不仕，則以隱爲名高。徐舫能其後者，而伯溫不能完其前者，故不免因慚而妬也。

伯溫既從明祖定王業，明祖尊異之甚至，稱爲老先生而不名，又曰：吾子房也。然其心情之流露於詩篇，卽所謂犂眉集者，常見爲低沉衰颯，回視覆瓿集中與石抹宜孫唱和諸什之飛揚而熱烈，奮厲而生動者，遠不侔矣。其夜坐詩有曰：

淺釭背壁翳還明，坐擁衾裯閱五更。雲捲星河垂永夜，霜飛鼓角靜嚴城。飃搖莫計餘生事，老病都非舊日情。想像故園憑夢到，愁來轉使夢難成。

今按：今所傳誠意伯集，覆瓿犂眉不復分別，然各詩年代，猶約畧可推尋。上引諸詩以之歸入覆瓿集者，亦以意推定之。此詩在蔣山寺十月桃花一首之前，則必在金陵時作，應是犂眉集中作品也。今試看其精神意態爲何如。

又有怨詩一首，其辭曰：

屈原沉汨羅，不忍棄其宗。萇弘志存周，寧爲一己容。申生顧父愛，殺身以爲恭。子車守明信，殉死安所從。之人豈不賢，揆道猶過中。卞和獨奚爲，抱玉售瞽聾。刖足實自取，怨泣情何鍾。文貍處深林，無人識其蹤。誰令貪雞鶩，以觸弋與罝。糜身獻厥皮，爲人作妍容。娟娟芳蘭花，託根千仞峯。下有孤飛泉，上有灌木叢。歲晏不改色，霜淸香更濃。韜光遠人禍，委命安天窮。道得復何怨，老子其猶龍。

此詩亦必在犂眉集中，爲其在金陵時所作。首舉屈原萇弘諸人而曰揆道猶過中，是爲己之未能抱節死元作解脫也。次引卞和，則爲己之仕元而無所顯白作譬況也。然則幽林文貍之爲人作妍容者，豈不爲今日之失身見縻自悼惜乎？若芳蘭之託根千仞之峯，韜光遠禍，固是最值欣賞。此詩不曰詠懷，而題名怨詩，知其爲犂眉集中作品矣。

又有爲詹同文題浙江月夜觀潮圖有云：

聖明天子御宇宙，威惠與天相比隆。首丘儻許謝鞿絆，猶有古月光曈曨，行當唱和三百首，永與潮汐流無窮。

此雖一時酬應之作，然方其在抹石幕府之時，殆不作身受鞿絆之想。其爲後日作計，夫亦曰魯陽揮戈，中興勒頌，極於拂衣不受賞而止爾，決不求以唱和三百首，乃欲與潮汐之流而無窮也。善夫牧齋之言曰：此有非國史家狀所能表其微者。爰本其意而稍爲闡釋之如此。

牧齋又曰：余錄覆瓿集列諸前編，而以犂眉集冠本朝之首，百世而下，必有論世而知公之心者。牧齋此編已在清時，而書名列朝詩集，不加冠一明字，其所爲小傳，皆直稱本朝，是蓋牧齋之自表其微意，雖失身於清廷，而心終在明，故其文亦分初學有學兩集，初學集皆明時作，有學集乃入清以後作，是猶如伯溫之覆瓿犂眉分集也。牧齋欲後人之分別而觀，得其用心，殆借伯溫以自喻耳。然伯溫終爲有明一代開國之元勳，而牧齋名列貳臣傳，長爲當時後世所譏笑。則所遇各有時，夫亦曰從夷變夏之與從夏變夷，其事難可一概而論爾。

又按罪惟錄逸運外臣列傳，首秦從龍，次陳遇，此兩人皆仕元，明祖招致之，加優禮，亦皆先生而不名。明祖以秦從龍言聘陳遇，其書曰：

予惟胡元入馭，天厭其德，豪傑兵興，共爭疆域。黎庶流亡，天命歸予。歷思自古創業，誠難獨理，比聞先生世居江左，才兼文武，儻以生民爲念，須弘恤患之心（此六字據明書增入）應天順人，敷陳遠畧。與其弢光斂迹以全己，何如濟時行道以成仁。（與其以下兩句亦據明書）拱俟車塵，起展素蘊。

此書在至正十六年丙申，明祖初克金陵時。其後屢授以職，屢辭不受。明祖嘉歎，連稱君子，且曰：士之有志節者，功名不足以介意，其卿之謂乎？朕不强卿，以成卿之名。秦從龍亦以白衣陪帷幄。二人皆仕元，而其從明祖也特早，又皆終身不受職，故皆終其身蒙禮遇而不衰。而陳遇之卒，已在洪武十七年丙子，厠明廷諸公卿間二十三年，熸然不渝其初，尤爲難能。李卓吾藏書稱遇爲名臣第一。功名之際，洵所難言，而明祖之始終善視此兩人，亦實可稱。後世言明初開國諸臣，必舉宋劉，少及秦陳。特爲附著於此，以爲討論明初諸臣出處心迹者參考焉。

(三)讀高青丘集

明初開國諸儒，籌謀功烈首推劉文成，學術文章首推宋景濂，而言詩則必推高青丘。余讀青丘詩，亦有可說者。其吳中逢王隨朝京使赴燕南歸云：

江南草長蝴蝶飛，白馬新自燕山歸。燕山歸，不堪說，易水寒風薊門雪。朝邸空隨使者車，禁闈不受書生謁。一杯勸君歌莫哀，歸時應過黃金臺。不見荒基秋來土花紫，伯圖已歇昭王死，千載無人延國士。（別有送王孝廉遊京歸錢塘一首，此詩殆自該首改作）

國事不可說，書生不受謁，此與文成集中所詠殆無二致。收齋歷代詩集小傳謂季廸身長七尺，有文武才，無書不讀，而尤邃於羣史。觀此詩，乃謂燕昭死後，無人復延國士，雖屬詩人慨歎之辭，然何得把漢唐宋諸代一筆抹殺，其心中筆下，並無夷夏之別！亦從此可證矣。

其登金陵雨花臺望大江云：

我懷鬱塞何由開，酒酣走上城南臺，坐覺蒼茫萬古意，遠自荒煙落日之中來。前三國、後六朝，草生宮闕何蕭蕭，英雄來時務割據，幾度戰血流寒潮。我生幸逢聖人起南國，禍亂初平事休息。從今四海永爲家，不用長江限南北。

此詩已在召赴金陵纂修元史時，胡帝北遁，華夏重光，乃季廸所詠，僅以三國六朝相擬，而曰不用長江限南北，其心中筆下，仍不見有華夷觀念之存在，不於此益見乎？

惟其於古樂府上之回章有曰：

瀚海通漢月，蕭關絕胡煙，願奉千齡樂，皇躬長泰然。

始見用胡漢字。然細味詩意，亦僅曰烽煙永息，版圖斥廣，中國重見一統而已。其於元明之際，驅胡狄而復中華之重大意義，則仍未及也。

其寓感詩二十首有曰：

盛衰迭乘運，天道果誰親。自古爭中原，白骨遍荆榛。乾坤動殺機，流禍及蒸民。生聚亦已艱，一朝忽胥淪。陽和既代序，嚴霜變肅晨。大運有自然，彼蒼非不仁。咄咄堪嘆嗟，滄溟亦沙塵。

則季廸於元末之動亂，亦僅曰爭中原而禍蒸民，乃自古常然之事，在其心中筆下，斷未有驅胡虜復中華之心意存在，豈不更昭顯乎？

其寓感詩又曰：

駑馬放田野，志本在豐草。偶遇執策人，驅上千里道。顧非乘黃姿，豈足辱君早。負重力不任，哀鳴望穹昊。奈何相逢者，猶羨羈絡好。

惟其於當時之事變，僅視爲尋常政權之爭奪，故其心澹然泊然，若可超然事外，於己無預。其不得已而出，則如野馬之橫被羈絡。明初諸臣，多抱此意態，不止季廸一人也。

然而明祖之思賢若渴，登賢若不及，則亦歷代開國所未見。青丘有放歌行，其辭曰：

雄雞天上啼清曙，春滿咸陽萬家樹。諸侯客子盡西來，只道明時苦難遇。褐衣不脫見至尊，立談一刻皆承恩。賡詩已上柏梁殿，獻賦還過金馬門。大道易登平若砥，始信青雲纔尺咫。共喜嚴徐得寵榮，未容絳灌生讒毀。丹詔仍聞訪草萊，皇心務欲攬羣材。嗟君猶在新豐邸，日暮空歌歸去來。

夫以褐衣不脫而見至尊，較之帝閽之不受諸生謁者爲何如。季廸又有畣余新鄭詩亦曰：

用材不肯畧疎賤，銖寸盡上天官衡。

則明祖之刻意搜羅，實可謂遠超於歷代之開國矣。然而諸儒不慕榮進，急求退避之心理，乃亦爲歷代開國所少有。牧齋列朝詩集小傳魯淵條，王逢贈詩曰：相期文苑傳，獨立義熙年。又劉養晦元末避亂龍頭山中，明興返故廬，堅臥不出，其詩有曰：謝安原輔晉，李密固興唐。此一輩士人志節所寄也。季廸送舒徵士考禮畢歸四明云：

寄語關門吏，休輕尙布衣。叔孫聊應召，周黨竟辭歸。赤日京城遠，蒼煙海樹微。送君還自歎，老卻故山薇。

是爲又一形態。詩中叔孫一聯，尤可代表明初大羣士出處之心理及其行實。鳧藻集有嬀蜼子贊，亦謂暫起從徵，亟歸就養。進退從容，高風孰尙。嬀蜼子乃王彝常宗，以布衣修元史，又薦入翰林，乞歸。洪武七年，與季廸同與魏觀之難。季廸又有喜家人至京有云：

憶從初蒙使者徵，遠別田舍來京畿，小臣微賤等蟣蝨， 召對上殿瞻天威。詔從太史校金匱，每旦珥筆趨彤闈。春遊禁苑侍鶴駕，冬祀泰畤隨龍旂。有時青坊坐陪講，宮壺滿賜霑恩輝。草茅被寵已踰分，不才寧免誚與譏。海鳥那知享鍾鼓，野馬終懼遭籠羈。江湖浩蕩故山遠，歸夢每逐鴻南飛。何當乞還棄手版，重理吳榜尋漁磯。門前親種一頃稻，婢供井臼妻鳴機。秋來租稅送縣畢，秫酒可醉雞豚肥。誰言此願未易遂，聖澤甚沛寧終違。

天旋地轉，華夏重光，季廸邃於羣史，何以際此盛運，身蒙寵召，乃一無踴躍感激之意。且即以常態論，以一文人而任脩史陪講之職，亦宜無不可安者。況兼家人初至，乃轉增其思歸求退之心，此等意態，我無以名之，將名之曰是時代之風氣，亦時代之心情也。

季廸又有京師苦寒詩，謂：

尋常在舍信可樂，牀頭每有松醪存。山中炭賤地鑪煖，兒女環坐忘卑尊。鳥飛亦斷況來友，十日不敢開衡門。竭來京師每晨出，強逐車馬朝天閽。歸時顏色黯如土，破屋暝作飢鳶蹲。陌頭酒價雖苦貴，一斗三百誰能論，急呼取醉徑高臥，布被絮薄終難溫。却思健兒戍西北，千里積雪連崑崙，河冰踏碎馬蹄熱，夜斫堅壘收羌渾。書生只解弄口頰，無力可報朝廷恩。不如早上乞身疏，一簑歸釣江南村。

可見其思歸求退，實是夙志。而於當前之世運民生，歷史大變，一若無動於中焉。雖曰健兒戍西北，國難未已，而徒恨書生無力可報朝恩，是豈中心情實之言乎？洪武三年修史工迄，擢戶部侍郎，自陳年少不習國計，且孤遠不敢驟膺重任，乃賜內帑白金放還。有辭戶部後東還出都門有作云：

遠水紅花秋艇去，長河宮柳曉鐘沉。還鄉何事行猶緩，爲有區區戀闕心。

此殆亦一時由衷之言。蓋明祖之於諸儒，恩意禮遇，不可謂不優渥，良使季廸臨去，亦不能不稍有戀闕之心也。

其始歸園田二首有云：

乍歸意自欣，策杖頻覽遊。名宦誠足貴，猥承懼愆尤。早退非引年，皇恩未能酬。相逢初稱隱，不是東陵侯。

是時新朝方建，需才正亟，昔漢高初定天下，下詔求賢，曰賢士大夫有肯從我遊者，我與共安利之，明祖不可謂無此心，且其求賢之情，實較漢高尤殷切，季廸蒙特達之知，受不次之擢，而盛年引退，此實難於自爲解說。觀此詩，雖曰懼愆，亦可見其內心之歉然矣。

又有贈薛相士一詩云：

我少喜功名，輕事勇且狂。顧影每自奇，磊落七尺長。要將二三策，爲君致時康。公卿可俯拾，豈數尙書郎。回頭幾何年，突兀漸老蒼。始圖竟無成，艱險嗟備嘗。歸來省昨非，我耕婦自桑。擊木野田間，高歌誦虞唐。薛生遠挐舟，訪我南渚旁，自言解相人，視子難久藏。腦後骨已隆，眉間氣初黃。我起前謝生，弛弓懶復張。請看近時人，躍馬富貴場，非才冒權寵，須臾竟披猖。鼎食復鼎烹，主父世共傷。安居保常分，爲計豈不良。願生毋多言，妄念吾已忘。

此詩題下附小注，云至正辛丑嘉禾，薛月鑑過予求詩，因贈。則所謂爲君致時康者，宜指元廷言。始圖無成，乃欲於異族統治之下而高歌虞唐，季廸心中，徒知有一時之治亂，不知有百世之華夷，亦於此而見矣。牧齋歷代詩選小傳，季廸仕明，舊爲魏觀屬官，觀守蘇，改修府治，季廸作上梁文，觀得罪，季廸連坐腰斬，時洪武七年，（一三七四）季廸年三十九。上推元至正辛丑，乃至正二十一年，（一三六一）季廸年二十六歲。前五年，至正十六年丙申，（一三五六）張士誠入平江。翌年丁酉，士誠降元開藩。時季廸年二十二歲，避隱於吳淞江之青丘，此詩當在其時，已早萌遯退之意。而鼎食鼎烹，仕明廷者亦屬常事，則宜乎季廸之挈然求去而更不反顧矣。

余又讀季廸扣弦集，（附鳧藻集後）有摸魚兒詞自適一首，曰：

近年稍諳時事，傍人休咲頭縮。賭棋幾局，輸贏注正似世情翻覆。思算熟，向前去不如退後無羞辱。三般檢束，莫恃微才，莫誇高論，莫趁閒追逐。　雖都道，富貴人之所欲，天曾付幾多福。儻來入手，還須做底用，看人眉目。聊自足。見放着有田可種，有書堪讀，村醪且漉。這後段行藏，從天發付，何須問龜卜。

此詞不知作於何年，其在仕明之前乎，抑在仕明引退之後乎？今不可知。要之季廸一人之心情，亦即同時一般儒士之共同心情也。彼輩之有志用世，率在元之末季，經亂而萌退隱之意，其卒仕於明，則本屬意外，並多不獲已而出，固非踴躍以赴者。茲特舉季廸一人爲例，標而出之，以爲元明之際論世知人之一助。

抑余讀季廸散文鳧藻集，雖篇章不多，而討論出處進退，獨占其大部分，故知此問題，實爲當時一般儒士之共同問題，亦元明之際時情世態一特殊之點也。茲再摘錄敍述如次。

其送二賈君序云：

至正己亥，余閱江浙行省貢士目，有名祥麟祥鳳者，其氏俱賈，蓋兄弟也。乙巳春，二君得代告歸，求贈言。余觀二君之名而有感焉。夫麒麟鳳凰，天下之瑞物也，出必當國家之治。不治而出，非瑞矣。二君今歸海隅，益習舊業，不急於其出，則所謂翔浮雲之表，游大野之外也。他日應時而來，和其聲，耀其文，則又爲一時之瑞，不特瑞一家矣。

士處亡元之末葉，無意用世，相率遯隱，如宋景濂尤其皎皎者。季廸之勗二賈，亦此物此志也。

其蜀山書舍記有曰：

蜀山書舍者，友人徐君幼文肄學之所也。幼文自吳興以書抵余，曰：吾山在城東若干里，吾屋在山若干楹，吾書在屋若干卷。山雖小而甚美，屋雖朴而粗完，書雖不多而足以備閱。吾將於是卒業焉。子幸爲我記之。予惟幼文以方壯之齒，有可用之材，而不急進取，益務於學以求其所至，豈非有志之士哉！而予也，北郭之野有土，東里之第有書，皆先人之遺也，日事奔走而不知返，宜有媿於幼文矣。

蓋當時羣士之隱退，非無意於用世，亦將以有待焉耳。然亦必有可以爲隱退之地，有屋有書，有田可耕，有山可藏，元雖不貴士，然其時爲士者之物業生活，則超出於編戶齊氓甚遠，此當縱論及於元代之社會情況及其經濟背景，非本文範圍所欲及。要之卽就明初開國諸儒之詩文集觀之，亦已例證顯然矣。故元代之士，上不在廊廟臺省，下不在閭閻畎畝，而別自有其淵藪窟穴，可以藏身。其物業生活之不足以爲士者，則多去而爲僧道，爲醫，爲風水師，爲相人業，如是之類，尙猶於士爲近。此乃中國歷史上士之一變相，其情況可於景濂以下諸家集中見之。若其出而從政，實未能大有所作爲，亦極於爲吏而止，非古之所謂儒也。故元之儒士，乃別有其一番學統文統之見解，憑以自安自飾，景濂集中之所稱道，即元之羣士所共奉以爲楷模者。劉文成於同時儕輩中必首推景濂，亦是故也。惟其當時之爲士者，尙有物業生事可安，尙有學業文章傳統可游其心以自盡。故彼輩雖上不在政，而於朝廷多崇重之意，未嘗能廓開心胸，厝意於夷夏之辨，而於草野饑氓之羣起而作叛，亦未嘗無同情，而鄙賤之意態亦不能以自掩。劉文成最富經綸之抱負，其主張對治當時之羣盜者，其大政方針，一則曰脅從可撫，一則曰爲首必懲。彼輩之於明祖，其先亦何嘗不以羣盜視之。終爲其物業生活之自計，不得已而仕焉，亦何嘗有所謂驅胡虜而復中華之意氣乎。此皆與當時之社會情況與其經濟背景有關，此乃當時羣士心理癥結所在，而於其出處進退，亦可明其特殊背景與特殊心情之所在矣。

錢牧齋列朝詩集小傳張簡條引王元美曰：勝國時，法網寬大，人不必仕宦。浙中每歲有詩社，聘一二名宿如楊廉夫輩主之，宴賞最厚。饒介之分守吳中，自號醉樵，延諸文士作歌，仲簡詩擅場，居首坐，贈黃金一餅。高季廸白金三斤，楊孟載一鎰。此已在元明之際，江浙社會經濟豐盈，詩文鼎盛，元廷雖不用士，而士生活之寬裕優游，從容風雅，上不在天，下不在地，而自有山林江湖可安，歌詠觴宴可逃，彼輩心理上之不願驟見有動亂，亦宜然矣。

季廸又有水雲居記，其言曰：

吳陵劉雨扁其室曰水雲居，請余爲之記。雨曰：吾少家江海之上，嘗觀夫洪波東馳，浮雲飛揚，吾則拏舟以娛，沂洄瀾，逐流景，與之俯仰而上下，心甚樂焉。今雖幸處轂下，顧以無材不能備世用，欲歸還鄉，復從二物者遊，故名吾室以志之。余告之曰：雲之與水，非隱者之所宜從也。子見其滔滔於江湖，悠悠於寥廓，若無事然，謂與己適相類也，欲狎而與之遊。然不知舒布覆被而雨四海者雲也，奔走放注而溉千里者水也。彼皆有澤物之勞焉。子乃以無事求之，吾悲水遠逝而雲高飛，皆將去子而不顧，尚得而與之遊乎？子今遭逢明時，當奮揚其光英，涵泳其德性，進用於世，使所施有及於人，則二物者，皆即在子之身，無所往而不與之俱，又何求於渺漫杳靄之鄉乎？

孔子曰：吾非斯人之徒與而誰與。季廸此文，罕譬而喻，亦可見季廸心中固非必歸於爲堅瓠之隱矣。

季廸又有野潛稿序，其言曰：

晉陵徐君，出其詩曰野潛稿，囑余序之。夫魚潛于淵，獸潛于藪，常也。士而潛于野，豈常也哉？蓋潛非君子之所欲也，不得已焉爾。時泰，則行其道以膏澤於人民，時否，故全其道以自樂。時可潛矣而欲求乎顯，則將枉道以徇物。時可顯矣，而欲事夫潛，則將潔身而亂倫。故君子不必於潛，亦不必於顯，惟其時而已。當張氏擅命東南，士之摳裳而趨，濯冠而見者，相屬也。君獨屏居田間，不應其辟，可謂知潛之時矣。然今亂極將治，君懷負所學，可終潛于野哉：

此亦論進退顯潛之正義，而勉人以進也。

又有送徐先生歸嚴陵序，謂：

嚴陵徐先生大年，被召至京師，與脩元史，書成，詔擇纂脩之士官之，先生以老乞還甚力，會議脩五禮，復留之。未幾，書又成，先生固申前請，大臣知其志，不欲强煩以事，乃命有司具禮傳送以歸其鄉。有言者曰：先生之學，宜備顧問，先生之文，宜掌綸綍。先生之經術操履，宜在成均爲學者師。今皆不可得，顧令以布衣老於家。歸雖先生之志，然豈不爲司人物之柄者惜哉？余進而解之曰：皇上始踐大寶，首下詔徵賢，又責郡國以歲計貢士，欲圖治平，甚盛舉也。故待賈山澤者，羣然蓮庭，如水赴海，而隱者之廬殆空矣。先王之爲政，莫先於順人情，亦莫先於厚民俗。力有所不任者，不迫之使必爲。義有所可許者，必與之使遂。所以人之出處皆得，而廉恥之風作矣。今先生以齒髮非壯，厭載馳之勞，戀考槃之樂，上之人不違其請，蓋將縱之山林，使其鳥飛魚泳於至化之中，以明吾天子之仁，又將以風厲海內，使皆崇退讓而息躁競也。順人情而厚民俗，實在於是。故寧失一士之用而不惜，以其所得者大也。況先生之歸也，必能著書立言以淑諸人，詠賦歌詩以揚聖澤，則又非潔身獨往而無所補者也。若余遭逢明時，不能裨益萬一，懷恩苟祿而不去，於先生蓋有愧焉矣。

胡元腥穢之治垂八十年，一旦盪滌廓清，與民更始，在上者望治殷而求賢切，雖一時聞風而來者未必皆賢，然其賢者實亦無拂衣必去之理。季廸此文，不從在下之求去言，乃從在上之許歸言。在下者既志在求去，在上者亦不當堅縶不放，順人情，厚民俗，持義正而所見遠，不啻爲求去者開一坦途。然季廸之自身乞退，則仍不能圓其說。年力尚强，又無老親，乃必一意而求去，是非欲潔其身而亂大倫乎？在下者相率以求退之大義要其上，乃使在上者積忿內蘊，明祖之禮士甚至，而其待士也亦甚酷。而季廸之終以盛年乞退牽累受極刑，惜哉惜哉！

蓋明祖之網羅羣士，用心亦良苦。天下初平，百端待理，何暇遽爲勝朝修史，而洪武二年，即詔修元史，徵山林遺逸之士十六人共其事，正爲牢籠諸賢設耳。牧齋詩集小傳，大兵入燕，危素趨所居報恩寺入井，寺僧大梓力挽起之，曰，國史非公莫知，公死，是死國史也。兵垂及史庫，言於主帥，輦而出之，累朝實錄得無恙。入國朝，甚見禮重。明祖殆有感於此，心知修國史可以徠多士也。小傳又云：上一日聞履聲，問爲誰？對曰：老臣危素。上不懌，曰：我道是文天祥來。遂謫和州。史亦稱明祖言，素元朝老臣，何不赴和州看守余闕廟。清黃式三儆居集讀嚴刻危太樸集云：危氏之仕於明，猶草廬之仕於元也。危氏序草廬年譜云：屢聘而起，無意爲世用。危氏以六十餘齡之殘軀，而値鼎革之運，豈其有所覬覦也邪？危氏以上書不報，退居房山四年，及順帝已北，帖木兒花監國召之，復官僅一日而明兵入燕，是其人固在可以死可以無死之間者。聲譽既高，明太祖召之，不能不出，而宋潛溪作墓誌云：公春秋已高，雅志不仕，非虛語矣。明太祖自喜以夏變夷，鄙其不知時而詆之。黃氏此評，可謂無識。草廬無意爲世用，是其心猶知有夷夏，乃不欲以漢人爲胡元用也。危素之雅志不仕，特不忘胡廷，乃不欲仕新朝耳。元酋已北遁，素猶不惜一出其身，復官僅一日而明兵已入燕。其爲人之無識可想。而當時羣士競重之，明祖亦不得不加禮，反感內鬱，一時激發，亦可見當時上下心情之暌隔爲何如矣！而明祖之薄待當時之羣士，其心情豈不亦有所可諒乎？

又有黃昺殷士，金溪人，仕元爲翰林待制，兼國史編修官。燕京既破，歎曰：我以儒致身，累蒙國恩，爲冑子師，代言禁林，今縱無我戮，何面目見天下士。將投居賢坊井中，從人午出之曰：公小臣，死社稷耶？昺曰：齊太史兄弟皆死，彼不小臣哉？則給午還舍取告身，午喜，還報，已浮屍井中矣。事見傅維璘明書危素傳。素與昺同邑，少同學，相約死難，而素卒瞻顧不決，是素之爲人，固不得比文天祥與吳草廬，亦復有愧於黃昺！

又按：四庫總目有危素說學齋稿四卷，乃嘉靖三十八年歸有光從吳氏得素手稿傳鈔，吳玉搢四庫提要補正：引吳氏繡谷亭薰習錄有說學齋稿一卷，云：震川歸氏校定本，凡錄文一百三十七首，以賦頌贊記序爲次，而編不分卷，文不聯牘，每篇自署甲子而已。有光跋稱尚有其半而軼矣。余以所記甲子考之，止於乙未之歲，乙未爲元順帝至正十五年，是歲明太祖起兵，自和州渡江，更十有四年而元亡。此十餘年間，正當南北兵戈俶擾之際，素以史事自任，其間豈無憂時憫世之作。迨身歷承平，雖登禁從，而亡國之餘，聲華銷爍，卒致觸諱，此稿之軼，非無故也。志傳稱其集五十卷，大抵未有成書。今按：吳氏此項推想，大非無因，惜今已無可得其軼稿而詳論之。然即如余所舉明初諸臣集，其皎皎可考者，當時士羣心情，已昭然若揭，則危氏一集之軼，正亦無足深惜耳。

今再論當時明廷之修史，其意實不重在修史。修史匆匆既畢，廷意方欲官修史諸人，而諸人乃相率乞去。不得已乃重修禮書。禮書又匆匆修畢，諸人又復相率求去。而此諸人，正是一時羣士衆望所歸，則無怪明祖反感內鬱之益深。歷代開國，聞誅功臣矣，未聞誅士羣也。明初此一悲劇，夫亦多方有以促成之。季廸亦以修史被召，尋入內府教功臣子弟，不遽責以吏事，在明祖，不可謂非已盡其優厚寬待之意。一日，驟擢戶部侍郞，季廸乃直辭求去，乃賜內帑白金放還，此豈明祖所心樂？雖在季廸亦心存不安，今鳧藻集中乃有志夢一篇，謂其與同辭歸者謝徽兩人，同時兩得官，一乞歸，皆先有夢，夢皆驗，因謂得喪之數固皆定於冥冥而無逃，以戒世之役智力而騖馳者。余竊疑焉，無乃季廸之故爲遁辭以自解脫其拂衣求去之無情歟？而季廸亦終以不免，良可惜矣。

季廸又有歸養堂記，謂：

稽岳王常宗父，文行高峻，以布衣召修元史，書成，同館之士咸得賜金幣遣還，有欲薦入禁林者，常宗辭曰：吾母老，不樂去其鄉，旁又無他子侍養，吾亟歸爾。有疑者曰：吾聞爲養而出仕，未聞舍仕而養也。余曰不然，爲養而仕，抱關於其鄉，不必去其親也。不舍仕而養，以受命有方，王事之靡盬也。養雖常宗之志，歸則朝廷之賜，名堂以示不忘，忠孝之義在矣。

此又以朝廷之賜歸美其上，而不悟賜者之非出於眞誠，上下睽隔，情乖志離，籍端誅鋤之禍，遂此釀致，此非明初開國一至可遺憾之悲劇乎。其相激相盪之勢，治史者宜平心揭發其底蘊，固不得一切歸咎於偏面也。

季廸又有安晚堂記，謂：

同里朱君炳文以郡薦就試春官，旣雋而將歸，曰：天賚吾家，使二親康强具存，嘗築堂奉之，寛閒靜深，可以燕娛，欲吾親之優游於是以樂其老，自題曰安晚，願爲記之。余謂孝子之安其親，宜無時而不然，何獨於其老哉？若夫安之亦有道，必也居而脩諸身，出而事於君，皆盡其道，無一足以貽親之憂，則善矣。不務於是，而惟以口體之養爲安，豈未知其本哉？

此論辭婉而義正。當時羣士方競以不仕歸臥爲高，固非所以安天下，亦非所以安其身與親之道也。若得季廸此論，上下一心，以安天下而兼安其身與親者爲務，則豈不爲美哉？

余又按胡維鱗明書簡祖英傳，祖英嘗仕元，徵赴闕，燕勞之，賚以縑帛，不受。以爲建平知縣，不拜。以母老疏辭。其畧曰：

臣祖英九歲失怙，惟慈親鞠育。少長知學，冀或用世，酬罔極之恩，臣之志也。向以叨食元祿，爲何左丞眞參佐，適値三山强寇，剽掠廣城，一門妻女，死節者五人。老母陳氏，爲所拘囚，臣隱忍不能卽死，有愧石苞多矣。茲遇聖朝維新，率土效順，臣母生還，雖不孝之罪難逃，而得以展其區區烏私情者，陛下之賜也。臣母子離散復完，白骨再肉，銘感聖德，雖九死其何能報？陛下復加甄錄，寄以民社，此正臣隕首思效之秋也。而臣逡巡不敢拜命者，以罪戾已深，不宜職在民牧。欽惟聖朝，以孝道治天下，以仁心懷遠人。臣經事元朝，幸已逃誅，母年逾耄，孤苦特甚。伏望聖慈，矜其愛日之短，俾遂歸養之願。則臣母子拭目清平，謳歌聖德，爲幸大矣。今臣年四十有九，老母年八十有一，西山之日，其來幾何？苟違親而事主，陛下安所用之。

上從其請，終老於家。然則仕元者不再出，以養親爲辭，明祖固不强挽，亦不心懟。許以如志，得獲善終。如此之例，尚亦多有。則一時廷臣之多遭罪戾，固不得盡責之在上者可知矣。又簡祖英罪維錄入逸運外臣傳，並謂其陳情書稱元而不云僞朝，卓哉不撓之節，是亦同可徵明明祖之寬大。

季廸又有槎軒記，謂：

衆槎之流，同寄於水，而洄薄蕩汩，或淪於泥沙，或棲於洲渚，或爲漁樵之所薪，或爲蟲螘之所蠹，或乘洪濤，東入於海，茫洋浩汗，莫得知其所極。而亦有一槎焉，或蟄或浮，或泛或止，方此倏彼而不可期者，水實使之也。然槎雖寄於水，而無求於水，水雖能使槎，而無意於槎，其漂然而行，泊然而滯，隨所遭水之勢爾。水蓋未嘗有愛惡於槎，而槎亦不知有德怨於水也。若余，天地間一槎也。其行其止，往者既知之矣，來者吾何所計哉。顧吾槎方止，幸不爲薪且蠹，則是軒者，其淪棲之地乎？

此文作於洪武六年之秋，其身已退，方自幸其一槎之得止而不爲薪且蠹，而翌年卽遭腰斬之慘刑。季廸何不知人之於世，固不當以槎之於水相擬。人不能無求於世，世亦不能無所愛惡於其人，而奈何方以偶得止而不爲薪且蠹自幸，卒乃遭此酷毒，惜哉惜哉！若以此文較之其水雲居記之所云云，相去豈不遠乎？季廸邃於羣史，殆猶未聞夫儒者安身淑世之大道，殆猶未免爲時代之人物，乃亦同陷於此時代悲劇中，惜哉惜哉！

季廸又有婁江吟稿序，其文曰：

天下無事時，士有豪邁奇崛之才而無所用，往往放於山林草澤之間，與田夫野老沉酣歌呼以自快其意，莫有聞於世也。逮天下有事，則相與奮臂而起，勇者騁其力，智者效其謀，辯者行其說，莫不有以濟事業而成功名，蓋非向之田夫野老所能羈留而狎玩者，亦各因其時焉爾。今天下崩離，征戍四出，可謂有事之時也。予生是時，實無其才，故竊伏於婁江之濱以自安其陋。時登高丘，望江水之東馳，百里而注之海，波濤之所洶歘，煙雲之所杳靄，與夫草木之盛衰，魚鳥之翔泳，凡可以感心而動目者，一發於詩，蓋所以遣憂憤於兩忘，置得喪於一笑，初不計其工不工也。

此文殆在張氏據吳時，季廸避居青丘之所作，此卽野潛稿序所謂耦耒耜之夫，謝干旄之使，匿耀伏跡於畎畝之間，眞可潛之時也。然及洪武開國，亂極將治，君子不當終潛於野，季廸之爲人謀者是矣，奈何其自處而復不然，此殆非季廸一人之咎。觀於前引季廸諸文，可見其斟酌而未盡，裴徊而莫決之苦。治史者貴能論世以知人，我所謂時代之風氣，時代之心情，當博觀會通以深求其所以然，非憑一人或一事之所能率爾論定者。讀者會其前後而觀之，亦庶可瞭解此一時代悲劇之所由形成矣。

季廸又有送江浙省掾某序，其言曰：

近代之取人者有二焉，曰儒與吏。夫吏固儒之一事，非可以並稱也。詩書禮樂，所以明道，律令章程，所以從政。不明乎道，則無以知出治之本。不從乎政，則無以周輔治之用。二道既分，儒忽吏爲末，而謂之不足爲。吏訾儒爲迂，而謂之不足用。各視時之所尚以相盛衰，其爲弊也久矣。國家自失承平，在上者欲其嚴辦以供一切之需，故任吏尤專重，而儒有弗及者矣。嗚呼！豈非其惑歟。亦竊求其故矣。蓋謂今之儒未及於古，不足以稱上之所使也。夫儒不能盡爲古之儒，吏亦豈能盡爲古之吏哉？是但知垂紳搢纓，空言而不切於事者之非儒，而不知磨鉛削牘，拘法而不通夫義者之非吏也。余故嘗感歎而思之，以凡在上者亦過矣。既又思之，亦儒之過焉。苟不以吏爲不足爲而兼通之，則周夫輔治之用，而其道豈不行乎？

此文作於元時。元政大弊，端在重吏而忽儒。明祖之起，其敬禮而羅致之者固多儒，且亦以儒道而羅致之。然其所以錄用之者，則仍未免循元之弊。蓋以舊之用吏者用儒，儒有不能吏事者，亦有不願自屈爲吏者。方其未仕，敬禮之、優渥之，皆所以崇儒也。及其既仕，束縛之、馳驟之，皆所以馭吏也。在上者心切望治，有其可諒。而在下者之不安不樂，寧求隱退以自全，亦有未可一概而議者。此其所以成爲一時代之悲劇，而使治史者驟難於評判其是非之所在也。

季廸又有評史六篇，首篇商鞅與范雎，謂：

二人者雖皆不足言，然雎爲猶勝。進退禍福之幾，觀鞅雎之事，後之人亦可以少鑒矣。

然季廸以盛年退隱，務求爲范雎，而終不獲其死，是亦良可嘅矣。

余又讀洪武實錄，十二年十二月，上謂禮部諸臣曰：

朕自臨御以來，十有二年，思得賢士以熙庶績，然山林幽遠博學老成之士，匿德藏光，甘於窮處，非招徠之不肯輕出，宜下有司悉心推訪，禮送於朝，朕將顯用之。

十三年六月召儒士劉仲海，敕曰：

朕以非薄，深知寡昧，夙夜孳孳，思與海內賢哲之士共底隆平，雖求之日切，而至者恒寡。

是時明祖求賢懇切忍耐之意尚可見。及洪武十八年定大誥，其十條云：寰中士夫，不爲君用，罪皆至抄劄。次年復作續編三編。刑法志：大誥者，患民狃元習，徇私滅公戾日滋。凡三誥所列，凌遲梟示種誅者無慮千百，棄市以下萬數。林鴻父翰仕元，棄官爲黃冠，棲永泰山中十年，太祖聞其賢，詔有司强起之，遂自死，見獻徵錄。許存仁告歸，或曰主上方應天順人，公宜稍待，不聽，卒忤旨，逮死獄中。貴溪儒士夏伯啓叔姪斷指不仕，蘇州人才姚潤王謨被徵不至，皆誅而籍其家。如此之例，覼縷難盡。談遷國榷引何喬遠曰：大誥之篇出，人人惴慄，吏畏民馴。其時徵辟之士，有司督趣，如捕罪囚，仕於朝者，多詐死佯狂，求解職事。自非剛敏博達之士，溫恭愨畏之臣，焉能勝其任而遇合乎。一時君臣乖違，相激相盪之勢，於此可見。大誥之勒定，在季廸死後十一年，仕求亟去，旣成爲明初士羣之共同心理，季廸生前又屢發上宜寬放之高論以助益其風。身旣不免，而激流衝盪，一至於是，亦季廸所未料也。

又按史稱季廸嘗賦詩有所諷刺，帝嗛之。朱彝尊靜居志詩話謂世傳侍郎賈禍，因題宮女圖詩，云：女奴扶醉踏蒼苔，明月西園侍宴回。小犬隔花空吠影，夜深宮禁有誰來。孝陵猜忌，情或有之。然集中又有題畫犬詩云：獨兒初長尾茸茸，行響金鈴細草中。莫向瑤階吠人影，羊車半夜出深宮。此則不類明初掖庭事。二詩或是刺庚申君而作，好事者因之傳會也。今按：明初之誅殺羣士，豈在於詩文筆舌之間，若余之所闡論，季廸之不保首領以歿。殆決不在吟詠。

又明史載朱同坐事死，而不著其詳，蔣一葵堯山堂外紀云：同以詞翰受知，宮人多乞書便面，一日，御溝有浮尸，帝疑之，遂賜死。四庫提要有朱同覆瓿集，謂外紀說頗荒唐，未可信。陳田明詩紀事甲籤論此云：據覆瓿集，有遺誣得罪，賦詩見志云：四十趨朝五十過，典章事業歷研磨，九重日月瞻依久，一代文章制作多。豈有黃金來暮夜，祇愁白髮老風波。歸魂不逐東流水，直上長江訴汨羅。證其以贓罪見誅，而其遭誣亦可見。在當時，固亦有不求隱退，一意欲作忠良股肱而不得免者，即如宋濳溪劉誠意亦僅免而已，則季廸縱不乞身而退，亦寧必保其首領以歿？至於世傳其題宮女詩賈禍，正猶如朱同多爲宮人書便面得罪云云，是皆不足深辨也。

(四)讀蘇平仲集

蘇伯衡，字平仲。婺之金華人。仕明爲翰林院編修。乞告歸養。景濂以翰林承旨致仕，薦以自代，召至，復固辭，賜文綺遣歸。後起教授處州，以表箋忤旨坐罪，卒於獄。

集前有伯溫景濂兩序，伯溫之序曰：

元承宋統，子孫相傳，僅過百年，而劉許姚閻吳虞范揭歐黃之儔，詩文皆可垂後，則由其土宇之最廣也。大明撫運，土宇之大上軼漢唐，下與元同而廣於宋，雖混一未久，而高文宏辭，已有若翰林諸公，余故人蘇平仲其一人也。

此文在洪武四年，平仲以翰林編修得告歸金華時作，所引辭與今刋入文成集者有不同。前文成篇所引，殆是伯溫存稿，直道心之所欲言，此引則辭多寬假，乃門面語，校其異辭，而伯溫之內心昭然若揭矣。

平仲集中有代翰林院勸進表，有國子學賀登極表，有代翰林院賀登極表諸篇，皆僅言開國，不及攘夷，其范氏文官花詩序有云：宋德既爽，元入中國。元德既爽，皇明膺運。共敍三代之興亡禪遞，殆猶夏殷之後有周爾。其虞文靖公眞讚，謂其接羣儒之統緒，煥一代之人文。則平仲心中之元，與劉宋諸人所存無大異。

有遂初先生鄭君謚議曰：

先生涵茹六經羣史之說，研究性命道德之蘊，考求聖賢行藏之故，炳知內外輕重之辨。自放山林，無求於世，作爲文章，有志明道。在前代，則持使節者交章薦舉，署學校官而不赴。入國朝，則求賢之使，臨門勸駕而不起，譬如冥鴻翔乎寥廓，弋人雖慕之，而不得羅致之。則其爲學之効，又焉可誣也。

則其論出處進退，亦復情有偏注，可爲當時士羣心理之代表。牧齋列朝詩集小傳引其贊戴良畫像曰：其跋涉道塗也，類子房之報韓。其徬徨山澤也，猶正則之自放。其偏向之情更可見。今此贊不見集中，豈戴良得罪死而避忌刪去乎？

集中又有南野堂記，謂：

平陽張君子玉，家於坡南，居而安焉，安而樂焉。余觀在昔君子，獨樂山林，與世相忘，必天下承平而後遂。今子玉得託於田夫野老，日婆娑坡南，以適其適，蓋由遭逢聖時也。向使夷夏未一，甲兵未戢，田里未安，里有桴鼓之警，門有追呼之及，子玉縱不與齊民奔命，能無憂思慷慨乎？坡南雖勝，亦豈能獨樂哉！然居之勝如南坡，無地無之，自混一以來，何地不可居，而世之士率不甘浮湛閭巷中，慕當世之爵祿，求自異於稠衆，不量力而冒進，不旋踵而傾覆者，皆是也。於是益知子玉之爲賢，非他人所得而及也。

非太平則不得安隱，此義易知。然謂混一即是太平，此則沿自元儒心理，故外於民生治制而可以別自有其道統文統之寄也。然亦由明祖以嚴刑御羣下，乃使當時之士，益增其求退之情，於此文蓋可見。

集中有元故廣德路平準行用庫副使郭君墓誌銘，謂昔有元以吏治撫諸夏，富貴之資，公卿之選，胥此焉出。又有商山舊隱記，謂：

國家興王之初，庶事繁夥，非刀筆簿書，則無以記載施行，而吏由此見重。被選者覬幸速化，貪緣柄用，固亦多矣。不量力而任逾於器，不旋踵而觸罪罟以隕其軀者，其豈少哉？

此言元尚吏治，明之開國亦復不免。倖進之徒多以罹禍，而懷道之士遂益急求退，此亦當時一實情。然在上者求治之心既切，而在下者求退之意亦不免於過迫，相激相盪，而使心存恬退者不獲善終，如季廸平仲諸賢，均爲此一時代之悲劇人物，後之讀史者，所由低徊往復而不得不深致其悼惜之意也。

集中又有送樓生用章赴國學序，謂：

於戲！朝廷待諸生之優，誠前所未有。諸生生今之世，居今之學，不謂之厚幸，可乎哉！雖然，勝國之於諸生也，取之難，進之難，用之難者，無他，不貴之也。不貴之，以故困折之也。國朝之於諸生也，取之易、進之易，用之易者，無他，貴之也。貴之，以故假借之也。夫困折之，則其求之也不全，而責之也不備。假借之，則其求之也必全，而貴之也必備。諸生生今之世，居今之學，吾見其易成名也，吾知其難爲稱也。吾所爲喜且懼也。

此亦當時一持平之論。貴於士，求全而責備，此亦明祖用人心理一癥結也。

解縉之奏曰：

陛下進人不擇賢否，授職不量輕重，建不爲君用之法，所謂取盡錙銖。置朋奸倚法之條，所謂用之泥沙。監生進士，經明行修，而多困州縣。孝廉人才，冥蹈瞽趨，而或布朝省。椎埋嚚悍之夫，剔履負販之傭，朝捐刀鑷，暮擁冠紳。左棄篋筐，右綰組符。雖曰立賢無方，亦盍忱詢有德。是故賢士羞爲等列，闒冗習其風流，以貪婪苟免爲得計，以廉潔受刑爲飾詞。出於吏部者無賢否之分，入於刑部者無枉直之判。天下皆謂陛下任喜怒爲生殺，而不知皆臣下之少忠良也。

此奏談遷國榷錄在洪武二十一年，亦可以見明初用人之一斑，與平仲之文互證焉。

（五）讀貝清江集

錢牧齋列朝詩集小傳，貝瓊，年四十八始領鄉薦，張士誠據吳，隱殳山，累徵不就。洪武三年徵修元史，六年除國子助教，八年遷中都國子學助教。十年致仕，明年，卒於家。朱彝尊曝書亭集貝瓊傳，稱十一年九月致仕，明年卒。吳續疑年錄，謂其生年當在元延祐四五年間。（一三一七——一三一八）今按：淸江集甲辰元旦詩，五十今朝過，談經滯海濱。甲辰爲順帝至正二十四年（一三六四）上推五十一年，應爲仁宗延祐元年，甲寅（一三一四），吳氏推誤。自此下推四十八年——則爲至正二十一年（一三六一）乃蕢領鄉薦之年。又其前二年，宋劉章葉已至建康，其下二年張士誠稱吳王。洪武三年（一三七〇）始仕明，則蕢年五十七。

清江集有徐一夔序，謂：

元季文章鉅家，如虞揭歐黃相繼物故，而宣城貢公泰甫，河東張公仲舉，臨川危公太樸，新安程公以文，四三君子者，亦各以宏才碩學，居朝廷製作之任，聯芳而繼響。時會稽楊公廉夫以名進士屏居吳淞江之上，嘯傲煙月，亦以詩文自豪，有凌轢古今，磅礡宇宙之意，殆若不以臺閣爲泰，江湖爲戚者。一時及門之士，先生蓋其傑然者焉。余評其文，馳驟奇崛，才瞻而氣雄，惜其盛年遭時不偶，浮湛田里之間，山林之下，念有所屬，亦時吐出胸中之奇，以泄其無聊不平之思。及値維新之朝，起自布衣，會國家方育材興治，第所居官以訓廸爲職業，而長篇短章，亦不過應四方知己之請，而所以敷張神藻，潤飾鴻業，以鳴國家太平之盛者，則亦未見其有數數然者焉。

一夔此序，作於貝氏之身後，其於元明易代大關節，平平敍過，而於元季文章之盛，廷臣師承所自，則娓娓道之，若有餘情。其於清江一集，亦若同情其在元山林田里之文，而於仕明以後，則深惜其不獲大用，如元時貢張危程之居朝廷製作之任焉。此見當時羣士心理之狹隘，若謂可以不問國事民生而別有文章之盛者。卽如宋景濂，豈不居朝廷製作之任，然同時文人亦復羣議其不如元之諸鉅公，並有謂其館閣之文不如山林之文者。則何恠於清江一集，其仕明以後之作之不足以厭羣望乎？今之慕西化者，大有抱歐美月圓勝過中國之感，明初開國羣臣大覺新朝不如勝國，亦早有其例矣。

清江集有乾坤清氣集序，謂：

有元混一天下，一時鴻生碩士，若劉楊虞范，出而鳴國家之盛，而五峯鐵崖二公繼作，瑰詭奇絕，視有唐爲無愧。或曰：劉楊而下，善詩矣，豈皆李杜乎？則應之曰：韶濩息而鼓吹作，袞冕棄而南冠出，固有非李杜而李杜者也。前輩采而輯之曰皇元風雅，亦既行之於世。錢唐金弘氏，精選當代作者凡三十餘人，題其集曰乾坤清氣，後生新進，法諸古，參諸今，始可與言詩之味矣。

蓋當元之世，文人自矜，必欲媲元於唐，羣論成俗，廷臣亦無以自異也。

又有隴上白雲詩稿序，謂：

余在錢唐時，與二三子錄中州詩，總若干首，成編，題曰乾坤清氣。蓋元初文治方興，而吳興趙公子昂，浦城楊公仲弘，清江范公德機，務鏟宋之陳腐以復於唐。其相繼起於朝者，有蜀虞公伯生，西域馬公伯庸，江右揭公曼碩，莆田陳公衆仲。在外則永嘉李公五峯，會稽楊公鐵崖，錢唐張公句曲，而河東張公仲舉，亦留三吳，以樂府唱酬。金春玉應，駸駸然有李杜之氣骨，而熙寧元豐諸家爲不足法矣。下至四明黃公伯成，曲江錢公思復，亦皆卓然可觀。若天臺林顯之所著隴上白雲稿則未及見，且欲徧采四方之遺，兵變而輟。

此序作於洪武十年，距其編乾坤清氣集已三十年，朝代已易，天地已變，廷臣親仕明廷，而心存元世，其歷數元代詩人，猶若不勝其興奮嚮往之情者。又必欲謂其越宋而攀唐，幾乎家太白而集杜陵，而不覺其出言之有慚。若爲此於元之季世，子誠元人也，則知元而已矣，是猶可也。今親爲新朝掌教職，爲文學之臣，苟非其心誠謂其若是，則何爲言之若是其娓娓乎？周雖舊邦，其命維新，今以言夫明初，則明雖新邦，而其情維舊矣。此雖廷臣一人之言，然使舉世羣士不以爲然，廷臣亦不敢爲此逆情違衆之言也。

其詩有五言書事二十韻，謂：

父老歌延祐，君臣憶至元。清光回日月，喜氣入乾坤。不意經綸喪，相圖事幷吞。管葛眞難致，孫吳莫易論。如何輕大業，俱是竊殊恩。飄零從老去，局促偶生存。醉憶劉琨舞，狂興阮籍言。登臨只灑淚，去住總銷魂。

此詩經亂思昔，猶之歷天寶而數開元也。廷臣非用世才，然其於故國舊君，思欲有所靖獻，則固未入明前之一番抱負，亦無以異於明初之其他諸士也。

又有送潘時雍歸錢塘詩，謂：

子實濟時具，飛騰方在茲。匠石既已遇，小大隨所施。從容宰相前，奮舌論安危。豈無一尺箠，盜賊不足笞。

是廷臣雖不自得志，猶望之友生，而謂盜賊之不足平，中興之猶可冀矣。惟以清江一集較之劉誠意集，則意氣之間相去甚遠。蓋伯溫抱濟世才氣，終思牛刀一割，而廷臣乃文士，則亦僅見之於感慨與期望，而感慨亦不深，期望亦不摯，惟其心存昭代，則終自不可掩耳。

然余讀清江集，實亦有超越一時之見，流露於不自覺者，此亦不可不表而出之。集中有復古堂記，謂：

孔子生春秋時，往往傷今之不如古，則春秋已非古矣。矧距孔子二千餘年，中國胥淪於夷，至變其嗜好，變其語言，先王之法，蕩然無復存者，可勝歎哉？有能以復古爲事，豈非性之獨異乎人，出於氣習薰陶之外也。

此文據四部叢刊本，乃作於洪武一年歲丁己冬十月。按丁己應爲洪武十年，丁未乃元順帝至正二十七年，明祖定是年爲吳元年，是年十月，遣徐達常遇春北定中原。翌年，明祖以吳王卽皇帝位，定號曰明，建元洪武。通觀此文之全體，殆不似作於洪武之十年，疑丁巳當是丁未之誤。則此文正作於元明易代之際，而稱洪武一年，蓋是洪武建元後改定，已不欲復以至正紀年也。文中謂中國胥淪於夷，先王之法蕩然無存，卽此兩語，可稱朝陽鳴鳳矣。

集中又有東白軒記，謂：

自周之遷，歷春秋戰國，則既昏而白於漢。自漢之亡，歷南北六朝，則既昏而白於唐。五季大亂已極，至宋始白。而禮樂文物爲近於古。宋訖而中國復淪於夷狄，君子於此蓋深傷之，必有繼宋之白於百年之後者。越二十年而大明肇興。

是於二十年前而廷臣已有此言。故曰：

余既喜其言之符，嘗欲爲說以著其無往不復之理，而姚江虞玄佐氏，有讀書之所，題曰東白，命其從子來謁記，乃書以復之。

今不論二十年前能爲此言者有幾人，卽二十年後肯爲此言者又幾人，後之考文讀史者，獲覩清江一集復古堂東白軒兩記，亦庶可稍釋其所遺憾矣。

然廷臣本非幹濟才，情不存於進取，其赴召留別諸友詩云：

用世非拙迂，白首在山林。詩書況久輟，禮樂非所任。王事忽相縻，遂令違我心。迢迢適西道，惻惻辭東岑。中田澤雉雊，古木鶬鶊吟。所親亦胡越，耿耿辰與參。愁來一回首，涕下徒霑襟。終當反田里，灌園希漢陰。

時已洪武三年，元帝北遁，天下方一。朝命初頒，而赴召時之心情如此，餘可想矣。

其四月十日兒子翱翻來鳳陽，留一月，遣歸，因令早營草堂戈山下為止息之所云一詩，謂：

既非匡世資，庶遂陶阮逸。

其乞告得歸，蓋亦六十五歲矣。

集中有古意三首，其一云：

六國多好士，堂上各三千。所親苟不慎，禍福恒相因。李園賊黃歇。馮驩復田文。種桃得秋實，蒺藜徒刺人。

時明祖既多方求賢，天下聳動，朝廷大臣殆亦多務延攬。胡維庸傳稱四方躁進之徒，及功臣武夫失職者爭走其門，及誅，連坐死者至三萬餘人。廷臣此詩，殆亦目擊有感。則其時雖多恬退之士，更多躁進之徒。惟多不賢之躁進，乃益堅賢者之恬退。明初既用士無制，而誅士亦無度，革命之際，一切草創。五季無士，宋祖乃以不戮士人之家教傳譽後代。元末多士，明祖乃以草菅士命貽譏載籍。史迹之變，有未可資一端以為論定者。而在明初羣士中，廷臣終亦克保首領以沒，則士之自處，亦非盡在幸不幸之兩邊也。

(六)讀胡仲子集

余讀明初諸臣集，有一人焉，當爲大書特書者，曰胡翰仲申，有仲子集。錢牧齋詩集小傳謂國初大臣交薦其文行，上閔其老，命爲衢州教授。召修元史成，賜金帛遣歸。洪武辛酉四月卒，年七十五。潛溪遭時遇主，一時高文典册皆出其手。仲申老於廣文，位不配望。是以天下但知有潛溪，鮮知仲申。四庫提要仲子集，稱今印本罕傳，惟寫本猶傳於世。淸季胡鳳丹印金華叢書，有胡仲子集，謂是編借鈔於應敏齋方伯，係寫本。文九卷，詩一卷，與四庫書目符。仲子集之流傳未廣，於此可見。然皇明文衡所收仲子文頗不少，而其衡運正紀尙賢井牧愼習皇初六論，尤爲體大思精。此六論又收於全謝山宋元學案中。則仲子集雖不顯，其爲識者所珍視可知。

玆當摘述六論大意。其衡運篇云：

天生仲尼，當五伯之衰而不能爲太和之春者何也？時未臻乎革也。仲尼沒，繼周者爲秦爲漢爲晉爲隋爲唐爲宋，垂二千年，猶未臻乎革也。泯泯棼棼，天下之生，欲望其爲王爲帝爲皇之世，固君子之所深患也。

竊疑衡運諸篇殆成於元季，然文中歷數秦漢晉隋唐宋，上不及拓跋魏，下不數胡元，而謂泯泯棼棼，天下之生望其有革，固君子所深患。嗚呼偉矣！其意境殆非當時諸儒所能量。巨眼先矚，可謂深識之士矣。

其正紀篇云：

天紀不正，不足以爲君。地紀不正，不足以爲國。人紀不正，不足以爲天下。何謂天紀，天子受命於天，義至公也。虞夏商周之取與異道，皆推至誠以順天者也。而後世欲以詐力為之，始亂天下之大義矣。何謂地紀，中國之與夷狄，內外之辨也。以中國治中國，以夷狄治夷狄，勢至順也。由漢之後，汨天之紀者，莫曹操若也。汨地之紀者，莫劉淵若也。楊廣弒父與君，天下之首惡也，與天下誅之，天下之大義也。不知出此，而從事於繁文僞飾，是以魏晉自處矣。虛漠南之境，徙其部落，居吾內地，留其君長，備吾屯衞，而帝加號天可汗，刻之璽書，是以夷狄自處矣。以夷狄處者，以夷狄與之，以魏晉處者，以魏晉與之，春秋之義也。蓋將以正天地之紀也。天地之紀不正，雖有人紀，君臣也，父子也，夫婦也，朋友之交也，長幼之序也，何自立哉？而人紀之在天下，固有不可泯焉者也。當魏晉之初，毛玠荀彧，雖以操之奉獻帝為扶弘義，示至公，而當時之士，如甘甯周瑜金褘耿紀之徒，奮不與之。淵雖尊漢安樂，自謂漢氏之甥，而孔恂逆知其奸，睦夸不仕其朝，忠臣孝子，遭時多難，未嘗不駢首接迹於當世。鼎鑊在前而不辟，刀鋸在後而不顧，吾以是知生人之紀未嘗泯也。

偉哉此論！元明之際諸儒知此者又幾人？明末大儒黃梨洲原君能明天紀，王船山噩夢黃書能明地紀，顧亭林日知錄論風俗，能明人紀。明其一，斯必兼明乎其二矣。明初諸臣，極其所至，徒知拳拳乎人紀，而亦豈能明人紀之大本大原所在乎？仲子之論，可謂逴乎獨出矣。

其尚賢篇有云：

亡國之人，非盡不肖，興王之臣，非必皆賢。天之生才，何代無之。遇之以道，則耕築漁釣遠迹田野海濱之人，皆起而任公卿大臣之責，伊尹傅說太公望之於商周是也。遇之不以其道，雖千乘之國，萬鍾之粟，曾不足以延搢紳游談之士，孟軻氏之於齊梁是也。商周之盛，上無曠官，下無遺才，其君臣遇合蓋如此。周德既衰，春秋戰國之際，侯嬴，魏夷門監也，而魏之公子枉車騎虛左迎之。毛遂，趙下士也，而楚烈王願奉社稷歃血聽之。魯仲連，東海布衣也。居邯鄲圍城之中，不肯西面而帝秦，人以爲天下士也，謷然負其高世之志，伸大義於諸侯之上。漢唐數百年之盛，未有肖其風烈者。高帝太宗，解衣輟哺，傾身散財，從海內之士，舉天下於反掌之間，傳世永久。當是時也，曰奇士者有矣，曰國士者有矣，求所謂天下士，果何人哉！

又曰：

人主之心，其精神念慮，與天地相酬酢。苟積至誠，廓大公，求天下之賢以寅亮天工，孰不風動而應之於下。天下至廣，人才至衆，其要莫先於論相。相之賢否，官之得失所繫也。官之得失，政之隆替所繫也。由君子言之，是猶後世之論相也，未能盡古之道也。蓋至趙宋而後，世之君子，有以此爲任者，而其主不能擇也。

此與黃梨洲原臣置相篇所論，大畧相似。謂漢唐數百年之盛，有奇士，有國士，而無天下士。又謂相之賢否，爲官之得失政之隆替所繫，是猶後世之論相，是仲子心中之所謂相，猶不止此，是皆曠世偉論也。

其井牧篇有云：

井田之法行，民有十便，其謂不可爲者，蓋亦有二焉。窮天下之力，傾天下之財，非數十年之久不克濆於成。非大有爲之君，不能致其決，此一也。中古以降，淳厚之俗薄，澆僞之風熾。恭儉之化衰，功利之習勝。經久之慮少，僥倖之敝多。以限田抑富强，猶有撓之者，況使盡棄其私家之產乎？以均田授農民，猶有不能周之者，又況生齒滋衆之時乎？怨歸於上，奸與於下，此二也。

其愼習篇有云：

由秦以來，天下之變數矣，議者莫不慨然欲追復先王之舊，歷漢唐千數百年而卒循乎秦人之敝者，荀卿子曰法後王，蓋有以啓之也。惟聖爲能盡倫，惟王爲能盡制。三代之興，其王皆聖人也。其所以爲天下者，莫不本之天理，要之人心。春秋譏變法而大復古，豈好爲異哉！夫與世遷徙而偃仰者，戰國之遺習也。卿學術不醇，而遂以毒天下。太史公曰：法後王，以其近己而俗變相類，議卑而易行也。天下有能知其近而相類者爲不可法也，卑而易行者爲不可行也，則秦人之敝去矣。

其皇初篇云：

天下同由之謂道，同得之謂德，同善之謂性，同靈之謂心。道一也，人皆由之而有不由者焉。德一也，人皆得之而有不得者焉。性一也，人皆善而有不善者焉。此人也，非天也。心不能盡性，則不能盡德矣。不能盡德，則不能盡道矣。故雖天也，莫與能焉，而成能者聖人也。此聖人所以爲萬世開太平也。鴻荒之世，天地草昧，民物雜揉，穴居野處，與蚑息蝡動之屬不異也，而不以爲蟄。毛食血飲，雖鷙擊獷搏之屬不異也，而不以爲臊。蒙以羽革草木，而不以爲野。瘞以積薪，而不以爲薄。約以結繩，而不以爲愚。其民安之，免於饑寒而不及於災患，斯可矣。五龍燧人，彼十有七氏者，何氏也？九頭攝提，彼十紀者，又何紀也？其人果聖而世果治也歟？宜於此有以變而通之矣。何至委其人於顓蒙倥侗之域，累數十萬年同於禽犢，而不少拯之。豈天生民立君之意乎？必不然矣。聖人不言者，蓋無稽而愼之也。山川之風氣不同，五方之民異俗，古今之風氣不同，歷代之治異宜，其要皆所以納民於道也。及周之衰，王降而爲伯，伯降而爲戰國，諸子分裂聖人之道，人騖其私智異說，刑名農墨之家，崇儉質，尚功實，而老子貴淸淨，將棄仁義，蔑禮法，與天下共反其朴於太古之時，意在懲周之弊，而非大公至正之道也。漢用其術，文景之世，天下無事，最爲有效，而非五帝三王之所尙也。聖人之道，譬之天地，而天地之所以爲天地者，易簡而已矣。聖人在位，大之爲朝廷之遜禪，父子之繼立，變之爲征討君臣之革命，皆天命所當然。重之爲郊廟社稷之事，公卿大夫賢不肖之黜陟，下至閭井伍牧之賦，庠序之敎，關市權衡度量之制，刑賞之具，禮樂之用，皆民生之不可去者也，亦行其所無事而已矣。故聖人之心，天地之心也。聖人之性，天地之性也。聖人以其心溥萬物而物無不平。以其性盡萬物而物無不成。有生者各一其性，有知者各一其心。聲氣之同，捷於桴鼓。念慮之孚，堅於金石。故曰天地感而萬物化生，聖人感人心而天下和平。聖人之化如神，而人不與知焉。聖人之化如天，而神不與能焉。蕩蕩乎！平平乎！皇極之道也，而非老氏之所謂道也。苟不爲皇，猶當爲帝。苟不爲帝，猶當爲王。降是而霸，聖人之徒羞稱之矣，矧漢以下乎！

仲子六論大旨，具如上引。其學蓋原本宋儒，而一於治道焉發之。上下千古，駿邁恢偉，即求之兩宋，亦少其匹。厥後梨洲著書，稱明夷待訪錄，亭林爲日知錄，自稱意在撥亂滌汚，古法用夏，啓多聞於來茲，待一治於後王。又曰：有王者起，將以見諸行事，以躋斯世於治古之隆。仲子當元之季世，避地南華山中著書，蓋亦下同黃顧之用心矣。仲子卒在洪武辛酉，是洪武之十四年，（一三八一）仲子年七十五。是仲子生年當在元延祐丁巳四年，（一三一七）較之貝淸江，尚晚生三歲，較之劉誠意，尚晚生六歲，其在洪武初元，應年五十二，而牧齋詩集小傳謂上閔其老，命爲衢州教授，此據景濂集，其然！豈其然乎！余讀傅維鱗明書胡翰傳，謂上憫翰老儒，不欲煩以事，授衢州教授，此獨得之。蓋明祖特憫翰之爲老儒，非憫翰之老也。

仲子集有與孔元夫按察書，謂：

僕委巷之人也，非有高蹈遠引之志以偃蹇傲俗，又非有良田廣宅優遊卒歲以自足，豈不知君臣之義無所逃於天地之間。顧惟孱弱多病，中年屢更憂患，頤頷發一癰，支綴視息，已近廢人。如是者十餘年。比罹兵變，竄身山谷，自腰及髀，遂成重膇，倉卒弗治，循至足疾，如是又數年。平生迂拙，百事墮人後。今五十有九矣，往歲朝廷急求才，過聽人言，移文見徵，有司敦迫就道，及至金陵，入覲主上，退謁今相國李公於中書，一省之屬見之，始知僕誠羸疾人也。留省署兩月，察其學與才，又益知其迂濶不及事者也。遂以學校之職授之，特不欲以儒見棄耳。承乏既久，虛糜廩食，無補名教，今年士人家見錄至公文，仕宦及閑良人才殘疾老病者，容其乞身，不覺喜形於色。閣下乃欲以不肖之名舉而進之，不探其㷀獨衰病有大不可者乎？

此書雖極道衰病，然辭裏行間，固不專以衰病乞退，故曰察其學與才，又益知其迂濶不及事，是仲子固深知其於時爲不偶矣。且自五十九下至七十五，尙十六年，則豈誠衰病難支乎。

余考蘇平仲集，有送胡先生還金華序，又有祭胡先生文。其祭文曰：

嗚呼仲申，良金美玉，庶足以方公學術之精純。商鼎周彝，庶足以擬公述作之古雅。惟嚴毅以自持，曾毀譽之不假。故不合者甚多而合者恒寡。

又曰：

寶懷而不售，材蓄而不試。代言顧問，上雖注意於柄用。引年乞歸，公則必行其素志。

此亦見仲子之不以衰病退。

又按潛溪集有胡仲子文集序，謂：

韓退之抗顏師一世，自李習之以下，皆欲弟子臨之，而習之奮然不甚相下，崇言正論，往往與退之角。濂嘗以爲習之識高志偉不在退之下，遇可畏如退之而不屈，眞豪傑之士哉！古之君子，其自處也高，其自期也遠，自視也尊，其擇師與友也審，舉天下無足慊吾意者，則求古人之賢者而師友之。苟有得於心矣，當時知否不卹也，身之賤貴勿論也，行之爲事功，宣之爲言論，一致也。其心廓然會天地之全而游乎萬物之表，視古今如一旦暮，視千載以上之人，若同堂接膝而與之語，何暇以凡近者累其心乎？吾友胡先生，同郡大儒若吳貞文公立夫，先生嘗師事之，吳公亟稱其才不置。黃文獻公晉卿以文學名天下，見先生，輒延致共語，所以期待者甚隆，而先生不爲之屈也。諸公既亡，先生之學益成，行益修，德愈邵，而文愈雄。大江之南稱賢者，必曰先生。今天下有國之初，大臣交薦先生才行，上憫其老，不欲重煩以政，命爲衢州教授。會脩元史，復薦入史館，史成，賜金帛遣歸。或謂先生未展其所學，而先生澹如也。先生嘗慕邵子程子之爲人，其所著衡運井牧皇初諸文，有習之之辭，而所得者非習之所及也。濂與先生同師於吳公，相友五十餘年，髮禿齒豁矣，見世之士多矣，心之所仰而服者惟在先生，則先生之文，豈獨今之所難遇乎？

觀景濂之所言，亦可約畧推見仲子之所以不見用於當時之所在矣。又潛溪平仲於仲子皆稱先生而不名。而潛溪與仲子爲同學，又年長，其稱仲子爲先生，更非偶然。罪惟錄載仲子憫潛溪攻舉子業，遺書招之，仲子意境洵爲卓越矣。明祖求賢如不及，然用賢果何如乎？昔漢武能敬憚汲黯，唐太宗能優容魏徵，明祖似無此識量，竊恐仲子亦不以汲魏自限。胡維庸之死，明祖欲興師海外，李文忠諫之，明祖曰：此儒生家言，何得出卿口？文忠病悸不治，年四十六。文忠嘗師仲，講宋儒性理，亦見罪惟錄。如文忠尚不能容，則仲子何論矣。則如傅惟鱗之所謂憫其老儒者，豈不宜乎？

牧齋詩集小傳又謂：天下但知有潛溪，鮮知仲申，仲申沒後二百四十餘年，吳郡朱良育叔英始並論此兩人，則仲子之不爲人知也久矣。蓋仲子之於明代，其人在若存若亡間。仲子著書，其心未嘗欲用於元，而全氏學案亦終以仲子入元儒，此余所以作爲此篇，而尤深致慨於仲子之一集也。

（七）讀九靈山房集

有立志不仕明廷者，此亦不可以不誌。明史載戴良王逢不忘故主，每形於歌詩，故卒不獲其死。王逢有梧溪集，戴良有九靈山房集，四庫皆以入元代。錢牧齋列朝詩集小傳王逢條，稱逢至正中有河清頌，爲張氏畫策，使降元以拒明，故其遊崑山懷舊傷今之詩，於張楚公之亡，有餘恫焉。而至於吳城之破，元都之亡，則唇齒之憂，黍離之泣，激昂慨歎，情見乎詞。前後無題十三首，傷庚申之北遁，皇孫之見俘，故國舊君之思，可謂極矣。謝皐羽之於宋，西臺之記，冬青之引，其人則以甲乙爲目，其年則以犬羊爲紀，庾辭讔語，喑啞相向，未有如原吉之發攄指斥，一無鯁避也。戊申元日則云：月明山怨鶴，天黑道橫蛇。丙寅築城則云：孺子成名狂阮籍，伯才無主老陳琳。

殆狂而比於詩矣。或言犂眉公之在元，籌慶元，佐石抹，誓死馳驅，幾用自殺。佐命之後，詩篇寂寥，彼其志之所存，與元吉何以異乎？嗚呼！臯羽之於宋，原吉之於元，其爲遺民一也。然老於有明之世二十餘年矣，不可謂非明世之逸民也。余按潘聖樟國史考異，亦謂張士德歸元拒明，據王逢梧溪集，乃逢之謀。此事亦見明史逢傳。而牧齋以逢比謝臯羽，則擬不於倫矣。逢籍江陰，祖世華裔，遠自百世以前，烏得爲元遺民乎？若丁鶴年色目人，自以家世仕元，不忘故國，庚申北遁後，飲泣賦詩，戴良爲之序，謂其一篇一句，皆寓憂君愛國之心，讀之不知涕泗之橫流。此在鶴年猶可。如王逢戴良，豈亦所謂子誠元人也，知有元君而已乎。然謂之憂君，所虧尙遠，謂之愛國，則何顏之厚。明祖有放元官還塞北之舉，傳維鱗明書蔡子英傳，子英逮至京，太祖令置外舍沐，欲官之，子英退而因舍人上書，曰：皇帝恢廓宏度，曲宥亡國之臣，不自死，慚負皇帝。臣有痼疾，迷於心志，藥石匪解。（痼疾兩句見罪惟錄）臣竊惟少本書生，奪志行伍，過辱北帥知薦，仕底七命，躍馬食肉，十有五年，一遘板蕩，靦顏失節，皇帝幸哀憐臣，毋血虆街，以投瘴海，禦魍魅無人之境，臣若茹薺。帝太祖益重之，陰戒舍人，謹事子英亡恙，以旦夕聞起居，毋令天下謂我有殺義士名。自是每夜深號不止，舍人問之，曰：我自念故主耳。乃具狀聞。上歎曰：吾何苦一蔡子英，彼喋喋泉下訾我哉！縱出塞，追元故主於和林。然則明祖之待元臣，亦可謂仁義備至矣。其失節仕明如危素輩，固使明祖意輕不服，至如戴王之流，實亦尙不能如蔡子英，尙未具備放之去漠北之資格，然亦所謂痼疾迷心者。明祖隱忍不發，亦有其不得已。而戴王死後，其姓字聲名，尙猶流傳不歇，較之胡翰陳謨輩，轉若顯煥，而如蔡子英之徒，則知者尠矣。此亦有明一代文士大夫之恥也。猶幸此後建州入主，明臣忠烈接踵，可以相爲掩蓋。然戴王諸人之遺羞國史，則終亦無可洗滌也。

牧齋列朝詩集小傳甲前集陳基條，謂基參張士信軍事，自杭來吳，參太尉府軍事。吳平召入，預修元史，賜金而還。基在藩府，飛書走檄，皆出其手。敵國分爭，語多指斥。吳亡，吳臣多見誅戮，而基以廉謹得免。今所傳夷白集，指斥之詞，儼然臚列，後人亦不加塗竄，太祖之容基，何啻魏武之不殺陳琳。聖朝寬大垂三百年，語言文字一無忌諱，於乎休哉！余未獲見梧溪集，然夷白齋集乃由戴良編次，復有良序，茲節錄如次：其文曰：

世道有升降，風氣有盛衰，而文運隨之。周衰，聖人之遺言既熄，諸子雜家並起而汩亂之。漢興，董生司馬遷揚雄劉向之徒出，而斯文始近於古。至唐之久，昌黎韓子以道德仁義之言起而麾之，然後斯文幾於漢。宋廬陵歐陽氏又起而麾之，而天下文章復侔於漢唐之盛。我朝輿地之廣，曠古所未有，學士大夫乘其雄渾之氣以爲文者，固未易以一二數。然自天曆以來，擅名於海內，惟蜀郡虞公，豫章揭公，金華柳公黃公而已。蓋方是時，祖宗以深仁厚澤涵養天下垂五六十年，而戴白之老，童兒幼穉，相與鼓舞於里巷之間，晏然無以異於漢唐宋之盛時，故一時作者，率皆涵淳茹和，以鳴太平之盛治，其擒辭則擬諸漢唐，說理則本諸宋氏，而學問則優柔於周之未衰，學者咸宗尚之，並稱之曰虞揭柳黃，而本朝之盛極矣。繼是而起，以文名家者，猶不下數人。如莆田陳公之俊邁，新安程公之古潔，臨川危公之浩博，彬彬郁郁，何可及哉！而得先生以紹其聲光，我吳王聞其學，即以樞府都事起於家，不數年間而長其省幕，其後由參軍陞內史，迹愈顯而文愈工，自周衰以來至於今幾二千年，斯文能自振拔以追於古者，惟漢唐及宋，及我朝，而四世之中，士之卓卓可稱者，又常不過數人焉，何世之不數而人之難得若是歟？

此文收九靈山房集，不見寫作年月，而夷白齋集有之，爲至正二十四年甲辰五月。是年，明祖建號曰吳，漢主陳友諒已先一年卒，至是漢降，再三年，吳王張士誠被執，徐達等率師北定中原，翌年，克元都，元帝北遁，距良爲此文前後四年。而良方以元之盛運上擬周漢唐宋，以元之作者虞揭柳黃之徒上比董馬韓歐，而謂是國家深仁厚澤涵養之所致。讀其文，可徵其無識。史稱良依張士誠，知其不足與謀，挈家浮海至膠州，欲間道歸王保保，會道梗不達。洪武六年南還，變姓名隱四明山，十五年徵入京，猶不屈。一爲胡臣，矢死不二，以視劉誠意之自致於功名者尙不失爲一志節之士。嗚呼！良可吁矣。

九靈山房集復有皇元風雅序，可與上引文相證，玆再節錄如次。其文曰：

氣運有升降，人物有盛衰。漢去古未遠，風雅遺音，猶有所徵。魏晉而降，三光五嶽之氣分，而浮靡卑弱之辭遂不能以復古。唐一函夏，文運重興，李杜出焉。宋歐蘇王黃之徒，亦皆視唐爲無媿。然宋詩主議論，則其去風雅遠矣。能得夫風雅之正聲，以一掃宋人之積習，其惟我朝乎？我朝輿地之廣，曠古所未有。學士大夫乘其雄渾之氣以爲詩者，固未易一二數。然自姚盧劉趙諸先達以來，若范公德機，虞公伯生，揭公曼碩，楊公仲弘，以及馬公伯庸，薩公天錫，余公廷心，皆其卓卓然者也。至於岩穴之隱人，江湖之羈客，殆又不可以數計。蓋方是時，祖宗以深仁厚德涵養天下，垂五六十年之久，而戴白之老，垂髫之童，相與歡呼鼓舞於閭巷間，熙熙然有非漢唐宋之所可及。故一時作者，悉皆餮淳茹和，以鳴太平之盛治。其格調固擬諸漢，其理趣固資諸宋氏，至於陳政之大，施教之遠，則能優入乎周德之未退，蓋至是而本朝之盛極矣。繼此而後，以詩名世者猶累累焉。皆本之性情之正，基之德澤之深，流風遺俗，班班而在。劉禹錫謂八音與政通，文章與時高下，豈不信然歟。此皇元風雅之書所爲輯也。良嘗受而伏讀，於凡學士大夫之詠歌帝載，黼黻王度者，固已烜耀衆目，而隱人羈客，珠捐璧棄於當年者，亦皆兼收並蓄，如武庫之無物不有。我朝爲政爲教之大，與夫流風遺俗之可槩見者，庶展卷而盡得。其有關於世教，有功於新學，何其盛也。明往聖之心法，播昭代之治音，舍是書何以哉？

此文與夷白齋集序陳義相同，卽遣辭亦有重複，知兩文寫作年代必相接，殆同出元之將亡也。良之自讚，謂歌黍離麥秀之詩，詠剩水殘山之句，而蘇伯衡贊其遺像有曰：其跋涉道途，類子房之報韓，其徬徨山澤，猶正則之自放。世今若山斗之共仰，公遽駕風霆而長往。後死者之瞻遺像，安得不慨斯文之將喪。時良死已八年，洪武十六年良死，至是當爲洪武之二十四年。讀蘇氏之讚，洪武一朝文字禁網誠爲寬大，而斯文將喪之歎，則宜古今同之矣。

又按：葉子奇草木子言，元自混一以來，大抵皆內本國而外中國，內北人而外南人，以至深閉固拒，曲爲防護，自以爲得親疎之道。是以王澤之施，少及于南，滲漉之恩，悉歸于北。故貧極江南，富稱塞北，見於僞詔之所云也。迄今天祿之遷，盡歸于南，此可以見乘除勝復之理。然如戴良王逢皆南人，其耿耿於胡元，至死不變，一身利害固不計，天下是非亦不辨，國人之好惡向背，亦復悍然無動於其中，而天理之往復乘除，彼亦盲焉若不知。古今詩文之士，不乏眼小如豆者，而戴王乃憑此立節，長爲同時及後人之所想慕，斯尤可恠也。

牧齋列朝詩集小傳，分元季作者入甲前集，凡一百一十六人，又附見者三十三人。國初作者入甲集，凡二百二十九人，附見八人。兩集合計之，共得三百八十六人。雖有重出，爲數殊少。士羣之盛，文風之暢，實歷代革命之際所未見。卽檢清四庫全書總目，明初詩文集作者，自宋景濂迄僧宗泐，得五十五人，六百二十四卷，張宇以下年輩稍晚者不計，此文僅就四部叢刊所收，畧論宋劉高蘇貝戴六集及胡仲子一集而已。此諸人皆當時士羣之翹楚，亦一代詩文之冠冕，舉此為例，可見風氣之大歸。今就提要一人姑舉其集為余所想見而未見者，厥為陳謨之海桑集。此人不見於牧齋詩集小傳，殆是絳雲樓未有此書也。

提要海桑集十卷，陳謨撰。提要之文曰：

謨字一德，泰和人。生於元成宗時。洪武中召赴闕，以疾辭歸。後屢聘為江浙考試官，事蹟具明史儒林傳。是集有謨家傳，稱卒年九十六。考集中年月，止於洪武十七年。晏璧於永樂七年作海桑集序，稱謨卒後二十年，則卒於洪武二十一年戊辰也。謨書劉氏西齋唱和卷後，稱生大德間，為前朝太平幸民六十餘年，由洪武戊辰上推大德元年丁酉，僅九十二年。或晏璧所稱乃約成數。其詩集文集各五卷，為其甥楊士奇所編。集中通塞論一篇，引微子箕子，反復申明，謂革代之時，不必死節，最為害理。故其客韶州時，為太祖吳元年，元尚未亡，已為衛官作賀表。而集中頌明功德，不一而足。無一語故君舊國之思。其不仕也，雖稱以老病辭，然孫仲亨跋其墨迹，稱太祖龍興，弓旌首至，先生雖老，猶輿曳就道。一時老師俗儒，曲學附會先生之論，動輒矛盾，是以所如不合，遂命駕還山，拂衣去國云云，則與柴桑東籬之志，固有殊矣。至於文體簡潔，詩格春容，則東里淵源實出於是，其在明初，固渢渢乎雅音也。

提要之言如此，惜未能見其集而詳論之。據其謂為前代太平幸民六十餘年，又其集稱海桑，則似亦僅知感時變，未能辨夷夏也。然謂易代之際不必死節，又頌明功德不一而足，此其有異於痼疾迷心之人遠矣。惟戴良王逢之徒，既受一時之尊譽，則亦無怪於陳謨之所如而不合矣。抑余讀宋景濂蘇平仲貝清江諸集，其所為傳狀碑誌，有為元守節而死者，有堅隱不出者，有不得已應聘而亟於拂衣求去者，此等文字，雖出洪武以後，諸人雖親仕洪武之朝，而字裏行聞，若時時有故君舊國之思流露於不自掩，在此種時代風氣中，更無恠陳謨之所如不合。其願獻身新朝，與民更始之士，在淸之四庫館臣則盡目以爲俗儒曲學，則惟如危素趙汸乃得爲雅儒正學歟？亦惟如戴良王逢，乃得爲雅儒正學歟？是可見一時之心聲風習矣。

余又讀方希古祭宋景濂先生文，謂：

公之量可以包天下，而天下不能容公之一身。公之識可以鑑一世，而舉世不能知公之爲人。世烏足以知之，徒傳誦其雄文。執其詞者惑其意，得其似者失其眞。彼好慕者且若此，又何怪乎臧倉與叔孫。

此文辭旨隱約，唏慨言外，殆潛溪生時，亦復有所如不合之感耶？抑其迹雖不然，而羣士之內心實有此內藏之隱耶？余又按罪惟錄，陳謨入逸運外臣列傳，與秦從龍陳遇楊維楨趙汸徐舫高明諸人並列，明史則入儒林傳，謂其隱居不求仕，而究心經世之務。然則海桑一集，雖違時好，獨頌新朝之功德，而豈阿譽希寵競進無恥者之所爲乎？四庫館臣謂其與柴桑東籬之志有殊，誠淺之乎其窺作者之心志矣。且元明易代，豈晉宋之比，又烏得以淵明之出處相繩？惜乎海桑一集，未獲目睹，他日若見此書，儻有傑出之見，能一洗此一時代羣士拘墟不忘胡元之惡習，亦足爲國史生光，爲興明吐氣，此余所以深致其想見之意也。

又按朱竹垞靜居志詩話云：徵君大德遺民，雖應弓招，未縻好爵。其沒也，蘇平仲輓以詩云，道德宗前代，詩書啓後人。胡光大詩云：文章漢彝鼎，聲價魯璠璵。楊東里詩云：純明程伯子，灑落邵堯夫。梁不移詩云：立志希濂洛，研精續考亭。諸公之推許若是，是亦可見其爲人矣。

（八）讀方正學集

余於明初開國諸儒，必推胡仲子爲巨擘焉。然仲子未獲向用，未能稍有所展布。求能與仲子相肩隨者，得一人焉，曰：方正學孝孺。史稱孝孺先輩胡翰蘇伯衡，亦自謂弗及，惟其年輩稍晚，非茲篇所當詳論，姑舉皇明文衡所錄兩篇，稍闡其意，以殿吾文。

正學有釋統三篇。其上篇云：

仁義而王，道德而治者，三代也。智力而取，法術而守者，漢唐宋也。强致而暴失之者，秦隋也。篡弒以得之，無術以守之，而子孫受其禍者，晉也。其取之也同，而身爲天下戮者，王莽也。苟以全有天下號令行乎海內者爲正統邪，則此皆其人矣。正統之說，何爲而立邪？苟欲假此以寓褒貶，正大分，申君臣之義，明仁暴之別，內夏外夷，扶天理而誅人僞，則不宜無辨。故謂周秦漢晉隋唐宋均爲正統，猶謂孔子墨翟莊周李聃孟軻揚雄俱爲聖人而傳道統也。嘗試論之，天下有正統一，變統三。三代，正統也。如漢如唐如宋，雖不敢幾乎三代，然其主皆有恤民之心，附之以正統，亦孔子與齊桓仁管仲之意歟？奚爲變統、取之不以正，如晉宋齊梁之君，使全有天下，亦不可爲正矣。守之不以仁義。戕虐乎生民，如秦與隋，使傳數百年，亦不可爲正矣。夷狄而僭中國，女后而據夫位，治如苻堅，才如武氏，亦不可繼統矣。

其中篇云：

正統之說立，而後人君之位尊，變統之名立，而後正統之說明。朱子之意曰：周秦漢晉隋唐，皆全有天下矣，固不得不與之以正統。苟如是，則仁者徒仁而暴者徒暴。以正爲正，又以非正爲正，而可乎？所貴乎爲君者，以其建道德之中，立仁義之極，操政教之原，斯可以爲正統。正統之君，非吾貴之。變統之君，非吾賤之也。賢者得民心，民斯尊之矣。非其類，無其德，民必惡之，故不得不賤之也。如是而後奸邪息，夷狄懼。

其下篇云：

所謂變統之制者何也，異於天子之禮也。冒爲而異其禮，蓋其所可致者勢也，不可僭乎後世者義也。勢行於一時，義定於後世。義之所在，臣不敢私愛於君，子不敢私尊於父，大中至正之道，質諸天地，參諸鬼神而不惑也。得中國之地，其民有思中國而叛之者曰起兵。以地降者曰來歸。不爲中國而反者，彼亦不得而盜賊之也，亦曰起兵。得郡則曰取某郡。正統之臣降於夷狄則夷狄之，死不曰卒而曰死。凡力能爲正統之患者，滅亡，則異文書之，以致喜之之意。正統亂亡，則詳書而屢見之，以致惜之之意。變統始一天下而正統絕，則書甲子，而分注其下曰：是爲某帝某元年。其主用兵不曰討，不曰征伐，刑其人不曰誅。天下怨而起兵，惡而起兵，不曰反。惡乎簒弑，非惡乎君也。惡乎女主，非其君，故不得以君道臨之也。士之在變統者，能安中國則書，能止暴衆除民害則書，能明道術於後世則書，有愈貴而愈賤者，有愈賤而愈貴者。故君子之於變統，外之而不親也，微之而不尊也，斷斷乎其嚴也，閔閔乎恐其久也，望望乎欲正統之復也。是何也，爲天下慮也。立變統，所以扶人極，能言抑變統者，君子之所取也。

歷史正統之辨，今之學者多疑焉，然實有不得已而不可不辨者，而尤於夷夏之大防爲然。貝淸江集有鐵厓先生大全集序，謂：

至正初，天子詔脩遼金宋三史，先生乃著正統論，凡二千六百餘言，其言以爲我朝當續宋統於世祖混一之日，不當急於繼遼繼金，正大剴切，觀者韙之。

又有鐵崖先生傳，備錄其正統論全文著於篇，大意謂：

今之君子，昧於春秋大一統之旨，而急於我元開國之年，遂欲接遼以爲統。不以天數之正，華統之大屬之我元，承乎有宋，如宋之承唐，唐之承隋承晉承漢，而妄分閏代之承，欲以荒夷非統之統屬之我元。吾不知今之君子，待今日爲何時，待今聖人爲何君也。抑又論之，道統者，治統之所在也。孟子沒，千有餘年而濂洛周子傳焉。朱子沒，而其傳及我朝許文正公。此歷代道統之源委也。道統不在遼金而在宋，在宋而後及於我朝，君子可以觀治統之所在矣。

廷臣謂論辯出，見者韙之，謂其正大光明，雖百世之下無以易。廷臣此傳，作於洪武之三年，是亦可謂明初羣士對正統觀之共同意見也。當元之時，有主張以元接遼金爲正統者，鐵崖折之以春秋大一統之義，而不知孔子春秋雖曰大一統，猶尚有夷夏之辨焉。鐵崖又以元儒上承朱子之道統，謂道統所在卽治統所在，此固似矣，然朱子上書孝宗，極申攘夷之大論，而惜乎元儒之終失此義。縱謂此可以爲元儒恕，然豈終不爲中國之道統惜乎？觀乎鐵崖之正統論，而益見胡仲子之遏乎爲不可及。能承仲子而重申正統大義於天下者，則正學也。

正學之言正統，猶仲子之言天紀。正學之言變統，則猶仲子之言地紀也。惟此兩儒，一在元末，一在明初，而同知元之不得爲正統。在當時則皆爲正人心伸大義之正論。否則元居正統，凡爲元而死者皆忠臣，凡拒明而不仕者皆義士。凡起義於民間如方國珍張士誠輩皆羣盜叛逆。而明之有天下，則惟有歸之於天命，而凡屬一時佐命協運之士，則惟有識天命三字可以爲之解脫其不忠不義以及從叛附逆之大罪。如是言之，則天命與人道兩相離。抑且天命惟在一人，則彼一人者身膺天命，自可生殺予奪惟其意，而爲之下者，將見爲牛馬雞豚之不若。方明之開國，羣士大夫則無不心尊元室爲正統，抑且無不有故君舊國之思焉，乃莫不謂明祖之登帝位，乃一出於天命，於是一切創制立法，興禮樂，明教化，選賢擇相，與民更始之大政宏綱，乃舉無本原可言。當漢高之興，人盡曰暴秦當亡。而明之崛起，爲之下者不欲言暴元，又不忍言胡元。生於其心，害於其政，名不正則言不順，當明祖之廢相而殺羣士，羣士惟有俯首聽命，雖欲隱退自全，而終無逃於天地之間。天命所在，又寧有人道之可言，此豈非元明之際成此悲劇之一主因乎？不幸而仲子既不獲顯用，正學又晚起，靖難之變，以身殉之，而文禁又嚴，其門人藏其遺文，至宣德以後而始稍傳於世，遂使明代之治之不能稍復於古，不惟不逮漢唐，抑且視宋而有媿焉，則豈不由其無儒乎？豈不以夫道統之失而不振乎？此所以余讀明初諸臣之詩文而獨於仲子正學兩集深致其拳拳之嚮往也。

正學又有與趙伯欽書，大意謂：

近代道術不明，士居位則以法律爲治，爲學則以文辭爲業，聖賢宏經要典，擯棄而不講，百餘年間，風俗汙壞，上惰下乖，以至於顚危而不救者，豈無自也哉？私誠恨之，欲有所發明損益以表著於世，而習俗卑下，學者梏於舊聞，不復知有學術。竊竊詡詡，苟且自恕。或有志而才不足有爲，或才高而沉溺不返。足下書之所陳，謂近世之文辭不能比隆於唐宋而有取於僕，僕無能之辭，足下安取乎。且近世所以不古若者，以文辭爲業而不知道術，雖欲庶乎古，不能也。聖賢之文辭，非有大過於今人，其所以不可及者，造道深而自得者遠，雖恒言卑論，亦可爲後世法。唐之諸儒，惟韓子爲近道，其他俱不若宋。宋之士，以言乎文，固未必盡過乎唐，然其文之所載，三代以下未之有，而漢何足以方之。今人多謂宋不及唐，唐不及漢，此自其文而言耳，非所謂考道德之會通而揆其實也。僕嘗謂求學術於三代之後，宋爲上，漢次之，唐爲下，近代有媿焉。斯道之盛衰，其端微矣。非明識睿達者何足以知之。

當有元之一代，可謂有文辭，無道術。流風所被，迄於明之開國，此雖正學所親受業之師景濂猶不免。又遑論乎其他。若欲會通文辭道術，則宋爲首，漢次之，而唐爲下，正學此書，誠千古之隻眼也。當其時而求能振起一世之文辭道術者，捨正學其誰屬。而惜乎靖難之變，卒以身殉，年僅四十有六，未到五十也。而其學亦及身而絕。其後明之爲文者，漸知鄙薄元儒，乃欲上祧宋而遠師漢唐，於是有詩必李杜文必盛唐之說。蓋其時，明之正位既久，羣士心理已大異於明初之時，羣知鄙薄胡元，不復欲齒及之，而宋爲元亡，乃連類而不受重視，以爲欲張大一時之文運，則必以漢唐爲渠矱，而不知其誤也。下及唐順之歸有光，始起而矯其敝，然其去正學心中之所謂文辭，求能考道德之會通而揆其實者，則仍如河漢之相遠。言明代之學術，則必溯源於曹月川與吳康齋。然此兩人，似皆偏於遯退，亦僅爲知有人紀而不知有天紀。乃亦於人紀爲狹小而不全，拘礙而不擴。此後有明一代之儒學，乃終不免於此一途。白沙無論矣，即陽明以事功顯，而其論學則仍有狹小拘礙之迹，未能大通於人紀之全以上達於天紀。此觀於王門後學之意態抱負經綸計慮而可知矣。求如正學，如梨洲學案師說所云：以生民爲慮，王道爲心，欲伊周孔孟合爲一人者，則終明之世未見其有繼。待夫明之既亡，在野諸大儒如亭林梨洲船山，學術途徑庶乎近之。然則天雖生正學於明，而有明一代卒未得正學之用！天之生大儒既不易，而世之獲大儒之用也則尤難，此我所以讀明初諸家之集而於仲子正學兩家尤不勝其低徊悱惻之情也。

余又讀皇明文衡有王紳仲縉擬大明鐃歌鼓吹曲十二首並序，其序曰：

伏覩太祖皇帝，手提三尺，取胡元，平僭亂，以肇造區夏，所以雪近代之恥，其功誠不在湯武下。

其定關陝一首云：

元德昏，政棼棼。氓戚憔，籲于旻，情上格，命明君。

其蕩胡穴一首云：

元氏有天下，腥膻我中原，垂髮裂冠冕，士效呻憂言，聖人受天命，遠續皇王傳。

其聲鏜鞳，誠不媿爲皇明一代開國之雅頌。紳、禕子，禕使雲南，抗節死，紳僅十三歲，從學於景濂，其爲此樂章，則已在洪武以後，明初諸臣，決不能有此吐屬也。

罪惟錄播匿諸臣傳載元幼主死，翰林撰祭文不稱旨，懸購能文者。錢甦擬撰云：朕之得，復我中國之故有。汝之失，棄其沙漠之本無。明祖得之大喜。此語眞切平實，應爲當時人人心中所能想，口頭所能說，而一時翰林諸臣顧不然，羣手所撰，均不能稱明祖之意，而至於懸購能文者。及明祖見甦語而大喜，斯其內心之不慊於當時諸臣者可知矣。然亦無可奈何，時風衆勢，雖貴爲天子，其亦何能爲力。惟景濂巍然爲明初文臣之首，然亦不免限於羣士心習之所同以爲然者，而不能大肆其心之所能至以招來一世之大謗，幸而有如方正學王仲縉者出其門，斯亦可以告無罪於後世矣。則景濂其誠不媿爲一代文臣之首哉！余故特以仲縉樂章附之正學一集之後，而以殿吾篇。此亦猶之曲終之奏雅，以見夫天命之終於不絕，人心之終於不死，而大道之終於久晦而復明焉。世有知道君子，其將有同感於吾文。

明初人才培養與登進制度及其演變

楊啓樵

徵引書目

明實錄
明史
明書（傅維鱗）
明太學志
明會典（萬曆）
明會要
明大政記
明大訓記
明大事記
明臣奏議
明史竊
明名臣琬琰錄
明通鑑
大明律例
皇明詔令
國朝典彙
稗史彙編
稗乘
紀錄彙編
今獻備遺
國榷
國琛集

景印本・第六卷・第二期

罪惟錄
春明夢餘錄
南雍志
南雍續志
制義叢話
書式矜義
四書文
經義考
翰林記
殿閣詞林記
續文獻通考
廿二史劄記
陔餘叢考
萬曆野獲編
日知錄

今言
治世餘聞
菽園雜記
茶餘客話
四友齋叢說
鳳洲雜編
宋文憲集
顏氏學說
涇水雜記
明夷待訪錄
蔡元培選集
西園聞見錄
日下舊聞考
帝京景物畧

目錄

上編　明初人才培養與登進制度

下編　明初人才培養與登進制度的演變

上編　明初人才培養與登進制度

引　言

一個王朝的盛衰，與它所建立的各種制度有關；而其中最重要的，莫過於人才的培養與登進制度。但制度是死的，機械的，需要活的、靈敏的人來操縱；有時很完美的制度，給奸邪者歪曲錯用，結果就會適得其反。

明祖深深瞭解用武力攫得政權，却不能用武力去鞏固——，前代蒙古王朝就是一個殷鑑。因此，他一開始就對人才的培養與登進，十分注意。爲了栽培人才，他先後建置了國子監和地方學校，又曾經擇年少俊異的舉人，入內閣進學，開創了日後設館教習庶吉士的先聲。爲了羅致人才，除了任用訓練成器的監生外，還盡量採用察舉制，洪武中，由布衣登大僚的不可勝數。此外人才尙可由科舉而進，而科舉取士的標準，又以養成「經明行修、博古通今」的實學之士爲原則。明祖創設了一套完備的制度，後世嗣主大都蕭規曹隨，不敢逾越。

可是，任何完美的制度終有漏洞，一旦給佞人利用，就會流弊叢生，全失初意。明代爲人詬病的是以八股取士，這豈是明祖創制的本意；更有人說，明祖定八股取士，爲的是腐化天下讀書的心智，這更與事實不符，凡此種種，都不得不辨明的。本文分上下兩編：上編旨在說明明初人才培養與登進制度的完善，並揭示出所以產生的背景，而以洪武、永樂間史事爲主，因爲這是制度的創立時期。下編在於闡述制度的演變，剖析它所以變質的原因及過程。

至於制度的細節，如國子監的種種學規，科舉制的考試情况，則舉大要而已。

過去，頗有討論明初人才問題的專文，但祇限於學校一端；作全面性探討的，似尚闕如。即以學校一端來說，或畧而不詳，或有錯漏，或先立定主張，爲明祖套上一頂利用、虐待文士的帽子，未免失之於偏頗與粗疏。本文作意是將這一制度的來龍去脈，作一客觀的綜合研究；如有紕誤不到之處，那是作者學力不逮的緣故。

第一章　明初國子監養士制度

一　南北二監建置本末

國子監類似古代的成均，漢朝的太學；唐設有東監、西監，在監肄業的稱爲國子生，這是國子監名稱的開始。宋、元都設有國子學，明循唐宋元之制而規模更爲擴大。

早在元順帝至正二十四年，明祖初卽吳王位時，已任命國子博士和助教，在內府教導皇子；同時選擇公卿的嫡子和民間俊秀，使伴講讀（南雍志卷一事紀一及卷十五儲養考上、稗乘本東朝記）。到第二年九月，才創辦國子學；以元故集慶路儒學改建而成（太祖實錄卷十五）。設有博士、助教、學正、學錄、典樂、典書、典饍等官（明史卷七十三職官志二）吳元年（至正二十七年）十月，定國子學官制：祭酒正四品，司業正五品，博士正七品，典簿正八品，助教從八品，學正正九品，學錄從九品，典饍省註（太祖實錄卷二十一）。仍命祭酒等官，兼在內府授經（南雍志儲養考上）。其間曾數度選民間俊秀之士入內府伴讀（太祖實錄卷二十六、明通鑑卷一）。直到洪武二年四月，才令功臣子弟與伴讀諸生出就國子學（南雍志儲養考上）。

洪武四年，中書省、戶部定文武官祿：祭酒二百七十石，司業一百八十石，典簿七十石，助教六十五石，學正六十石，學錄五十石。八年，設中都國子學於鳳陽府。十三年，改典饌爲掌饌，十四年改建國子學於南京雞鳴山之陽（南雍志事紀一），以原有的國子學爲應天府學（國榷卷七）。十五年三月，改國子學爲國子監，並更定官員品數，二十四年又更定國子監官品秩員數：祭酒一人，從四品；司業一人，正六品；監丞一人，正八品；博士五人，從八品；助教十五人，從八品；學正十人，正九品；學錄七人，從九品；典簿一人，從八品；典籍一人，從九品；掌饌二人，未入流。二十六年，罷中都國子監。建文中，陞監丞爲堂上官，革學正、學錄；成祖登位後又復舊制。永樂元年二月，初建北京國子監，設祭酒、司業、監丞、典簿、博士、學正、學錄、掌饌各一人；助教二人。後增設不常：助教至十五人，學正至十一人，學錄至七人；繼而革助教二人，學正四人，學錄二人；萬曆九年又革助教四人，學錄一人(明史職官志二)。

南監在南京城內西北七里，東至小教場，西至英靈坊，南至珍珠橋，北至城坡土山。左有龍舟山，右有鷄鳴山，南有珍珠河，北有玄武湖，離市區約十里，環境幽靜。

監內有彝倫堂，是祭酒、司業、博士等辦公所在。有率性、修道、誠心、正義、崇志和廣業六堂，每堂分十五間，是監生上課的場所。有二館，供助教、學正、學錄居住。又有會饌的大食堂二間，藏書室十四間，監生宿舍二千間，琉球官生宿舍十五間。比外，還有病房、射圃、倉庫、醬醋房、水磨房、曬麥場、菜圃等多間（雜採太祖實錄卷一百四十五、南雍志卷七及卷八規制考上下、傅維鱗明書卷六十二學校志）。

從上列狀況中，可以推想到當時國學規模的宏大。

北京國子監在都城東北隅崇教坊成賢街，它的前身是北平府學（帝京景物畧卷一太學石鼓條），也離市區甚遠，「敻隔囂會」，適合潛心攻讀。其規制與南雍畧同（皇明太學志卷一典制上）。

二　國子監官除任和職守

祭酒是監內的首長，明初都擇學行兼優者擔任，後由翰林院官遷轉，或由司業博士升任。司業由翰林院官除任，或由助教升任。祭酒和司業掌國學諸生訓導的政令：「選以明體達用之學，以孝弟禮義忠信廉恥爲之本，以六經諸史爲之業」，「有不率者，朴以夏楚；不悛徙謫之」。

監丞由助教或學正升任，職權甚大：「凡教官怠於訓誨，生員有戾規矩，課業不進，廩膳房舍不潔，並從糾舉懲治。」

博士初由助教及翰林院官充任，其後多由舉人出任。職掌分經講授，並負課考的責任。

助教由明經、舉人或進士出身的爲多；學正、學錄多由舉人擔任；他們的責職都在誨教諸生。

其他監官尚有掌饌，管饍食；典籍，管圖書；典簿，司出納文移等工作（以上見太祖實錄卷一百四十五，明史職官志二）。

三　國子生類別

凡入監肄業的，統稱爲國子生或監生。國子學剏立之初，對於入學資格的限制，並不太嚴格；洪武元年，令品官子弟及民間俊秀通文義者入學；稍後，又命府州縣生員充國子生（明史卷六十九選舉志一）。三年六月，又下令：民間俊秀子弟年十五以上願入國學者，免傜役（太祖實錄卷五十三）。四年正月，曾大規模選拔了一批民生入國學，總數有二千七百二十八名之多（南雍志事紀一）。其後有舉監、貢監、蔭監等名稱，現在分述於下：

一、舉監　舉人入監求學的稱爲舉監，始於洪武六年三月：詔擇年少舉人趙唯一等三十四人入學（太祖實錄卷八十。按：明史選舉志一說：「舉人入監，始於永樂。」誤）。十七年，詔復開科舉，以明年三月爲試期。會試下第，或未趕上禮部考試的，或中副榜不願就教職者，都命入監（南雍志事紀一）。二十六年，又下了同樣的詔：令明年會試下第舉人等入監讀書（罪惟錄志卷二十六）此辦法，嗣君們大都採用。

二、貢監　生員入監讀書的稱爲貢監，又可分爲數種：甲、歲貢，始於洪武十五年六月，詔令各處選郡縣弟子員年二十以上厚重端秀者，歲貢一人入監（南雍志事紀一、國榷卷七）。十六年二月，又榜諭天下府州縣學，自明年始，歲貢生員各一人；正月至京，由翰林院考試，中式者入監（太祖實錄卷一百五十二）。同年十一月命歲貢生中式者，送國子監，先經一次編級試，然後依成績分配到各堂肄業；接着，又命生員中式的，上等送國子監，次等送中都國子監（太祖實錄卷一百五十六）。十九年三月，歲貢生中式者共有九百五十三人；詔選成績較優的六百八十三入監，其餘則送中都國子監（太祖實錄卷一百七十七）。二十一年九月，更定歲貢生例：府學歲一人，州學二歲一人，縣學三歲一人（太祖實錄卷一百九十三）。二十五年正月，詔自今始，府學每歲貢二人，州學二歲貢三人，縣學每歲貢一人。　乙、恩貢，國家有慶典或新皇帝卽位時，就命原定明年入京的貢生，提早與這一年的貢生一齊進京，稱爲恩貢（明史選舉志一）。　丙、納貢，比例監稍優，其實差不多（同上）。　丁、選貢，弘治中，由於監生缺乏，聽從南京祭酒章懋的建議，在歲貢以外，「不分廩膳、增廣生員，通行考選，務求學行兼優、年富力强、累試優等者充貢」，稱爲選貢（同上）。

三、蔭監　這又可分爲三種：甲、官生，洪武三年六月，令京官子弟一品至九品，年十二以上者入學，這是官生（太祖實錄卷五十三）。據「南雍志儲養考上」說：「官生皆出自特恩，無敢陳乞者」「惟洪武末，故尙書吳雲子黻蔭國子生，以其死事雲南，乃卹典也。」乙、恩生，不限官品，以特恩入監的稱爲恩生。丙、功生，「各處生員有能擒斬首虜，許之入監，則曰功生。」（皇明太學志卷一）

四、例監　捐資入監的稱爲例監，這是景泰以後才開始的（詳下編）。

五、勳戚入監　洪武二年四月，令功臣子弟入學（明史太祖本紀二），五年三月，令將官子弟承襲年幼者入國學（南雍志儲養考上），十年八月，選武臣子弟入國學（太祖本紀二），十四年正月，命公侯子弟入國學（明會典卷七十八學校門）；這些功臣子弟都屬於官生一類。十六年正月，明祖防武臣子弟頑梗不守法，特命曹公國李文忠兼領監事（明史職官志二、明會要卷二十五引王圻通考。〔按：明史卷一百三十六說：「洪武十五年，罷祭酒李敬、吳顒，以李文忠兼領國子監事。」誤將二事牽連並記。）

六、土司、外夷入監　[illegible]四川、雲南等地土司，經常遣子弟入監，朝廷多予以特別優待。外夷子弟入監，始自高麗遣金濤等四人。洪武四年，濤登進士，除授縣丞，由於言語隔閡，不就，與其他三人同返國。後，琉球、日本、暹羅等地也常遣子弟來學，待遇的優渥，較土司子弟尤甚（雜見太祖實錄卷二百零一及二百零四、南雍志事紀一、皇明太學志卷一、罪惟錄紀卷一及志卷二十六）。

除了上列六大類外，尙有一、軍功生：指由軍衞子弟送入國子監的；從洪武三十年別立京衞武學後，及外衞子弟多繫籍州縣，軍功生的名就廢棄了。二、俊秀生或幼勳生：原指庶民中俊秀通文義選入監者；以後納粟入監例開後，捐貲入監的也稱爲俊秀或民生。

四　儲養生徒名數

明初，官民生在監的額數，每年多寡不一；多則近萬，少則五六百。未改名爲國子監前歷年學生額數，除洪武四年確知爲二千七百二十八名外，其餘的已無法查考。十五年改學爲監後，南雍志儲養考中還保存了一些資料，現在把洪、永兩朝各年監生在學的數字，開列如后，以見當時國學的盛況，及其發展的情勢。

洪武朝：

十　五　年　官民生許愼等五百七十七名。

十　六　年　官民生沈纛等七百六十六名。

十　七　年　官民生沈纛等九百八十名（此後五年資料佚）。

二十三年　官民生忽山等九百六十九名。

二十四年　官民生王保等一千五百三十二名（內官生四十五——自此起，每年均分別列出官生數字）。

二十五年　官民生悅慈等一千五百二十名（內官生四名）。

二十六年　官民生悅慈等八千一百二十四名（內官生四名）。

二十七年　官民生悅慈等一千五百二十名（內官生四名）。

三　十　年　官民生悅慈等一千八百二十九（內官生三名）。

永樂朝：

三　年　官民生三五良疊等三千零五十名（內官生十名）。

四　年　冠帶舉人官民生王樂孟等四千五百零八名（內舉人二十名，官生十七名，其餘爲民生——自此起，舉人下第，多送監肄業。）。

五　年　冠帶舉人官民生王樂孟等四千五百三十八名（內舉人二十名，官生十七名）。

六　年　冠帶舉人官民生王樂孟等四千八百十四名（內舉人二十名，官生十七名）。

七　年　冠帶舉人官民生郭震等六千一百九十八名（內舉人一百十五名，官生十八名）。

八　年　冠帶舉人官民生周順等六千五百五十七名（內舉人一百名，官生十六名）。

九　年　冠帶舉人官民生任用等六千六百二十九名（內舉人二十一名，官生十八名）。

十　年　冠帶舉人官民生俞昞等七千六百八十三名（內舉人十七名，官生十九名）。

十一年　冠帶舉人官民生俞昞等七千七百五十四名（內舉人十七名，官生十九名）。

十二年　冠帶舉人官民生俞昞等六千六百二十八名（內舉人十七名，官生二十五名）。

十三年　冠帶舉人官民生袁方等八千二百六十名（內舉人四十名，官生十九名）。

十四年　冠帶舉人官民生袁方等八千五百六十一名（內舉人三十九名，官生十七名）。

十五年　冠帶舉人官民生袁方等八千四百六十七名（內舉人三十八名，官生十六名）。

十六年　冠帶舉人官民生陸通等八千五百五十四名（內舉人四十六名，官生十七名）。

十七年　冠帶舉人官民生陸通等八千五百五十一名（內舉人四十六名，官生十六名）。
十八年　冠帶舉人官民生陸通等九千五百五十二名（內舉人四十六名，官生十五名）。
十九年　冠帶舉人官民生方瑛等九千八百八十四名（內舉人二十七名，官生十四名）。
二十年　冠帶舉人官民生方瑛等九千九百七十二名（內舉人二十五名，官生十四名）。
廿一年　冠帶舉人官民生方瑛等九千八百六十一名（內舉人二十五名，官生十四名）。
廿二年　冠帶舉人官民生韋廣等九千五百三十三名（內舉人十八名，官生十四名）。

由此可以看出：監生數字直線上升，從洪武十五年的五百七十餘名，到永樂二十二年的九千五百餘名，增加了八、九倍之多。洪武朝中有兩年的數字增減額相差很鉅，那是二十六年比上一年增加了六千六百餘名，到了二十七年，又回復了二十五年的數字。其原因有二：一、這一年罷中都國子監，把監生歸併到南雍，人數就大爲增加。二、這一年二月藍玉被誅，牽連到無數官僚，需要大量人才作補充，因此臨時添收監生，作速成訓練，第二年便派出去任職，因此二十七年的數字又與二十五年的相同了。

五　課程考試守則和升陟

府州縣的歲貢生，通過翰林院考試，獲准入監讀書，然後參加編級試，決定分配在哪一堂肄業。監內共有六堂：率性、修道、誠心、正義、崇志和廣業。六堂又分爲三級，它的程度是：監生通四書、未通經義的，入正義、崇志、廣業三堂上課，這是初級；初級修滿一年半後，經審察認爲文理條暢，准升入修道、誠心二堂上課，這就是中級；中級修滿一年半，經史兼通、文理俱優的，准升入率性堂，這就是高級了。至此，以積分法來審核優劣，決定出路。積分是視季試的成績而定：每逢孟月試本經義一道，仲月試論一道，詔誥表內科一道；季月試經史策一道，判語二條。每試，文理俱優的給一分，理優文劣的給半分，文理紕繆的不給分。一年之內積得八分為及格，給予出身，不及格的，依舊留在率性堂肄業。如有才學超異者，由祭酒上奏，破格擢用（南雍志事紀一及卷九學規本末、明史選舉志一）。

監生的課本是御製大誥、大明律令、四書、五經、劉向說苑、御製為善陰騭、孝順事實、五倫等書（皇明太學志卷七政事上）。

監生每日起居作息都有嚴格規定：清早，祭酒和司業升堂，屬官和六堂諸生依次而進。揖畢，或稟議事務，或質問經史（太祖實錄卷一百四十五）。日讀大誥及本經四書各一百字，熟記文詞，精解理義。如有疑難，須謙恭請問，務求明白，不許淩慢師長。如疑問未通，闕疑勿辯。每三日一背書，循序而進，不許挽越。每日習倣書一幅，二百餘字，以羲、獻、智永、歐、虞、顏、柳等帖為法，各專一家，必須端楷，不許草率。旦暮升堂，須衣冠整飭，步趨中節。上課時必須禮貌恭勤，誦讀時不得脫巾解衣，往來到班。聚餐時必須敬恭，飲食不得喧嘩。朔望給予假期各一天；屆時，先隨班謁國校東邊孔廟，然後出監。在外不得放肆，不得飲醉顛倒街巷，或與人爭鬭。一應事務，必先告本班教官，令堂長率領，告於祭酒，決定可否。如有疾病，無妻子者入病房調治。監生每晚必須在監歇宿；即使派在諸司實習者，也得回監。碰上授官及差遣辦事，由祭酒秉公選擇，不可有異言。堂宇、宿舍須保持整齊清潔。省親、畢姻回鄉，計算道路遠近，限以期日；如有違誤，謫選遠方典史，或罰充吏（太祖實錄卷二百五十

四、明史選舉志一）。

監生除文事外，還得學習騎射；監內設有射圃，給諸生弓矢等物，定期作練習用（太祖實錄卷四十二及五十二、國權卷九）。

六　國子生實習政策

明初，國子生除了在學讀書外，還不時被派遣到各地擔任行政工作。這早於洪武初年開始：元年正月，遣國子生周鑄等一百六十四人，往浙西覈實田畝（太祖實錄卷二十五）。此後不時有差遣；最多時，一次動員過監生一千二百名之多。任用監生的用意有幾點：一方面國初官多缺員，有了這些生力軍，在推進政務方面，起了很大作用；一方面監生多屬年青人，幹勁强，作事有衝力，沒有老官僚因循塞責的圓滑作風；另一方面，監生們遲早要進入政壇作事，預先給他們一個實習機會，一旦措之行事，便不會手忙脚亂。他們擔任的工作，大致有幾類，如考察土地農田：

洪武二十年二月，浙直進魚鱗圖冊；先是，分遣國子生武淳等履畝給圖（明大政記卷八）。

或出任教職：

洪武八年三月，選國子生林伯雲等三百六十六人，分教北方（國權卷六）。

或奉使外出：

洪武九年九月，遣國子生往陝西祭平涼衛指揮秦虎。尋命巡行列郡，集事之未完者，如古行人職（南雍志事紀一）。

或協辦軍政：

洪武十六年九月，命國子生分行天下，清理軍籍（續文獻通考卷一百二十二兵志二）。

或調查戶籍：

洪武二十四年八月，令監生一千二百名，往後湖查黃冊（南雍志事紀一）。

或稽考案牘：

洪武二十四年十二月，選監生練達政體者，得方文等六百三十九人，行御史事，稽覈天下百司案牘（同上）。

又：

洪武二十五年九月，分監生往各布政司，考校諸司案牘（國榷卷九）。

或督修水利：

洪武二十七年八月，遣監生分詣天下郡縣，督吏民修治水利（南雍志事紀一）。

或擔任雜務工作：

洪武九年五月，工匠乘危負重死者，令工部給棺櫝，國子生送致其家（國榷卷六）。

又：

永樂元年四月，勅中外文武羣臣心懷危疑、不安於職者凡二萬道，令監生馬宗誠等齎之（南雍志事紀二）。

又：

永樂五年，初令監生往龍山廠清查營造木料（同上）。

以上都是臨時委派的差使，另有固定的監生歷事制度。這一方面能使監生得到「觀政」的機會，一方面又可藉此考察他們的辦事能力，在歷事完畢後，給予適當工作。

監生歷事始於洪武五年，以每次考試成績優良、滿七百圈（分）的先遣出；一般的情形，一個監生須在學肄業十年，以至於二十年，才有資格被派到各司去實習政務（稗史彙編卷七十二國憲門）。歷事畢，送吏部銓選。到洪武二十九年，創立了一個新制度：諸生在監年久的，得遣出歷練政事。這與過去不同：以前，監生須成績優良，升到率性堂，才能積分，然後才有資格遣出歷事——如果成績差，一天未升入率性堂，便無分可積，更沒有歷事的希望；今改爲祇依在監年月爲序，寬嚴便大不相同。

監生被派遣到各司去實習，由各該司主管考勤後向吏部彙報。成績分勤謹、平常、才力不及、奸頑等幾項。勤謹者留在實習處辦事，一有空缺，依次補官；平常的重新歷事；才力不及的送監讀書；奸頑的充吏。建文時又制定監生考覈法，分上、中、下三等：上等的選用，中下等的再歷一年重考；重考成績如屬上等，照上等用，如屬中等，不拘品級，隨才任用，如屬下等，遣回監讀書。

歷事監生又因擔任工作不同，可以分爲下列幾種：

一、正歷——監生於各部司歷事的稱爲正歷。限期三月；滿日後，增減不一。

二、雜歷——監生於各部司擔任寫本等工作，或隨御史出巡的，稱爲雜歷，限期一年，滿日候選。

此外還有續黃、清軍、天財庫等諸色歷事監生，稱爲長差；起初以三年爲期，後改爲一年，滿日候選。在承運庫、司禮監、尙寶司、六科辦事的，稱爲短差；期限甚短，以後也改爲一年爲期，滿日候選，與長差相仿。另有隨御史刷卷，及工部淸匠的，都在事畢後候選；其屬於禮部寫民情條例、光祿寺刷卷、修齋、參表、齎俸、錦衣衛、兵部查馬冊、天財庫、正陽門、崇文、宣武、朝陽、東直、阜城、兩直、安定、德勝等門諸處者，以半年爲期，滿日候選（太祖實錄卷二百四十五、南雍志事紀一及二、明史選舉志一）。

七、國子生待遇

在學的國子生，一切生活需要，都由政府供給。住的是環境幽靜的校舍，四時衣着巾被鞋襪等物，經常由政府頒賜，饍食是師生會饌；單厨師就有一百二十名之多，據皇明太學志卷二說：「三月至十月底，日食三餐，每人日支米一升；十一月至第二年二月底，日食二餐，每人日支米八合五勺。內除朔望日不支。辦事官吏、醫生、厨役同。除食米外，每人每日還供給下列各物：

湯菜六両，醃菜三両，麪觔二両，豆腐黃豆一合，鹽三錢，醬二錢，花椒五分，香油三分，醋每四十人共一瓶，麪三日一餐，每人八両，造饅頭豬肉四両，作餡水四両，共一斤，酵糟三錢，熟肉三両五錢，菉豆乾粉一両，索爲湯，熟粉二両，湯豆一勺，乾魚三日一次，每人二両，柴每人日二斤。

由上開菜單，可見當時規制的詳盡齊備，也可見國子生待遇的優越。以上是南雍的情形，永樂初設北京國子監，二年，令會饌照南監例施行。

國子生如有父母，許三年一次，歸家省親。尙未結婚的許回家畢姻，父母喪照例丁憂，伯叔兄長喪而無子息的，也准奔喪，這規定頒於洪武十六年九月（太祖實錄卷一百五十五）。十八年，又令監生有父母年老無次丁者，許回籍侍養，妻亡子幼的，許送回鄉給予脚力。

除衣食住行都享受公費待遇外，每月發給燈油、紙箚等物（太祖實錄卷一百五十八、明會典卷二百二十國子監門）。國子生如有疾病，由公家供給醫藥，免費診療（國榷卷八）；監中病人太多時，就撥太醫院良醫來校協助（南雍志事紀一）。洪武二十一年十一月，更在監前建立了一所擁有百餘間病房的醫療所，裏面安置了灶釜床榻等設備，僱用了二十名厨司。監生患病者得入院療養，明祖曾說：

諸生去鄉土離親戚，遠來務學，日久衣必敝，或有疾者，無人給湯藥，朝廷作養之，必使之得所，然後可必其成材（太祖實錄卷一百九十四）。

逢到正旦、元宵諸令節，國子生照例能獲得鈔錠、銀兩、衣服等賞賜（明史選舉志一）。

爲了贍養監生家屬，政府特地預備了紅板倉二十餘舍，專給有家室的，月給米六斗（明史卷一百十三馬后傳——永樂十六年改爲：有家小者，月支四斗，無者三斗，並見明會典國子監門）。洪武二十二年，特命工部在監前增建屋舍，供給有家室的國子生居住（太祖實錄卷一百九十七）。差役方面，永樂三年規定：監生除復其自身外，還免其家兩丁差徭（皇明太學志卷二）。在諸司歷事未娶者，賜婚聘，又賜女衣二襲，月給米二石贍養（太祖實錄卷一百）。

外夷土司子弟入學，更能享受特別待遇，經常有錢鈔衣服等物賞賜。同時，雲南、貴州、四川土官方面貢來的諸生，特許携帶家人一名，伙食由政府供給，規定：三月至十月，日支米二升二合六勺，十一月至二月，月支米一升九合二勺三抄七撮（皇明太學志卷二典制下）。

明祖對國子生的出仕，也十分重視，洪武十一年五月，廣東左參政劉益、右參政康濟犯了罪，依法當徒；因他們都由國子出身，又曾經在武英堂學習，特命中書暫記其罪，降級任用（太祖實錄卷一百十八）。明祖又制定一條法規，說：國子生是朝廷特別培養出來的人才，初進政壇犯了法，要悔過也沒法，因此，以後國子生雖犯死罪，也三宥而後定刑。洪武二十年三月，常州府宜興縣丞張福生犯法當死，明祖因他由國子生出身，特予寬恕（太祖實錄卷一百八十一）。成祖對監生也很優待，元年三月制定了一條法規，說：

監生犯公罪，依律；犯私罪當笞者，歷刑一年，考勤謹者，准歷監事出身，平常，再歷一年，覆考之。當杖者，斷發充吏，准吏員資格出身（成祖實錄卷十六）。

八　國子生入仕之途

明初，士人入仕的途徑頗多，由國學登進就是其中的一條，明史選舉志一說：

太祖雖間行科舉，而監生與薦舉人才參用者居多，故其時布列中外者，太學生最盛。

可見當時國子生受重視的一斑。

監生登進，如照積分、歷事法，則非十餘年不可；但事實上由於明初人才缺乏，明祖時有破格選用監生之舉；往往在委派出使，或完成某種特定任務後，就予以顯職，如洪武二年：

是年，擇國子生試用之巡行列郡，舉其職者，竣事復命，即擢行省左右參政、各道按察使、僉事及知府等官（明會要卷二十五引王圻通考）。

又如洪武十年正月：

國子生試於列郡者，皆授縣丞主簿（南雍志事紀一）。

又如同年九月：

是月，召國子生分教北方者，還朝擢用之（太祖實錄卷一百十五）。

又如洪武二十六年十月：

選監生林伯雲等三百四十一人爲教諭等官（此據國榷、太學志、南雍志；明大政記卷六作二百四十一人）。

其他，如：洪武五年，以國子生王鐸爲監察御史（明會要卷二十五引王圻通考）。九年八月，以國子生李鐸等八人爲監察御史，又以國子生成德琦等七人爲諸王府伴讀（太祖實錄卷一百零八）。十年二月，以國子生范與辰攝刑部主事（太祖實錄卷一百十一）。十四年八月，以國子生茹常爲承勅郎（太祖實錄卷一百三十八）。十九年五月，擇監生千餘人，授知州、知縣等職（南雍志事紀一）。十九年十二月，以國子生李慶爲都察院右僉都御史（同上）。二十六年十月，任劉政、龍鐔等六十四人，爲布政使等從二品以次大官（明史選舉志一）。直至永樂之世，監生還時有授監察御史、給事中等官的。此外，洪、永兩朝的國子生，漸升至六部尙書、卿貳的也不少。如：由國子生累擢至吏部尙書的有翟善，至吏部侍郎的有傅友文、田炯、鄭昌、許思證。累擢至戶部書的有師逵（兼吏部）、古朴、栗架，至戶部侍郎的有王禮、李文郁、張春。累擢至禮部尙書的有金純（後改工部、又改刑部）、蔚綏（南京），至禮部侍郎的有鄒師顏。累擢至兵部尙書的有李徵、鐵鉉、茹瑺、方賓、張本（南京）、李慶，至兵部侍郎的有王政。累擢至刑部尙書的有暴昭、吳中，至刑部侍郎的有盧祥、李順、左獻。累擢至工部尙書的有陳壽，至工部侍郎的有郭璡、鄭剛、裴連、李庸。

第二章　地方教育

一　儒學

儒學就是府州縣學，若以國學比作現在的國立大學，儒學就相當於公立中等學校。它和國學保持着密切的關係，這裏所訓練出來的優秀人才，部份送出應科舉考，部份則送入國子監深造，每次保送的數目很大，洪武四年那次，國學中就容納了二千七百二十八名來自儒學的生員（南雍志事紀一）。

據明史選舉志一說，儒學始設於洪武二年。實際上應該上推十載，早在至正十九年，明祖就曾在寧越開郡學，聘請儒士葉儀、宋濂等爲教職，「喪亂之餘，學校久廢，至是始聞絃歌之聲」（太祖實錄卷七、明史卷一百四十王宗顯傳）。興辦儒學的建議，則早於洪武元年七月，就由帶刀舍人周宗提出（太祖實錄卷二十八）。醞釀一年有餘，至二年七月二十日，帝諭中書省臣，籌劃建校事宜，十天後正式頒詔，命府州縣立學校（明大事記卷八）。

生員的資格是：官員子弟及民間俊秀年十五以上讀過四書的。其名額、待遇、課程是：

府設教授，州設學正，縣設教諭各一，俱設訓導；府四、州三、縣二。生員之數：府學四十人，州縣以次減十。師生月廩食米人六斗，有司給以魚肉。學官月俸有差。生員專治一經，以禮、樂、射、御、書、數設科分教，務求實才；頑不率者，黜之（太祖實錄卷四十六、明史選舉志一、南雍志事紀一）。

但續有改變，關於名額方面，洪武十三年八月，增加過一次。定爲：在京府學生員六十人；在外，府學四十人，州學三十人，縣學二十人（明會要卷二十五引王圻通考）。二十年令增生員，不拘額數（明會典學校門）。關於待遇方面，十五年四月，改善一次，續文獻通考卷五十學校四說：

至是命府州縣田租入官者，悉歸於學，俾供祭祀及師生廩膳……每生月給廩膳米一石。

其後學生越來越多，又有廩膳、增廣、附學等名目：原由政府供生活所需的稱爲廩膳生；後來增入而沒有津貼的稱爲增廣生；額外增取、附於諸生之末的稱爲附學生。生員初進學時是附學生，此後看歲科兩次考試成績，逐漸升爲增廣及廩膳生；食廩年久，才能充歲貢。正統時設提學官，在任三年內兩試諸生，分爲六等；考取一、二等的，才能參加鄉試（明史選舉志一）。

關於學課方面，後來又增加了律、誥、禮儀等課程，並須每日臨名人法帖五百字（明會典學校門）。

明初，政府對師生的要求很嚴格，據戴望「顏氏學記」卷三說：

祁州學碑刻洪武八年頒學校格式：六藝以律、易、御、禮、律書爲一科，訓導二員教之；樂算爲一科，訓導二員教之。守令每月考試，三月學不進，訓導罰俸半月。監察御史、按察史巡歷考試；府生員十二名，州八名，縣六名；學不進者，守令、教授、訓導罰俸有差。甚多則教官革職，守令笞四十。三代後無此學政，無此嚴法，誰實壞之？

明史選舉志一也說：

洪武二十六年，定學官考課法，專以科舉爲殿最：九年任滿，核其中式舉人，府八人、州六人、縣三人者爲最，其教官又考通經，即與陞遷；舉人少者爲平等，即考通經亦不遷；舉人至少及全無者爲殿，又考不通經，則黜降……。

又大明律例卷二。有「貢舉非其人條」，說：凡貢舉非其人，及才堪時用應貢舉而不貢舉者，一人杖八十，每二人加一等罪，止杖一百。所舉之人知情與同罪，不知者不坐。若主司考試藝業技能而不以實者減二等，失者各減三等。

這是對教官另外的兩種懲罰法；對於生員，也另有措置，據續通考學校四說：

洪武二十四年七月，詔歲貢生員不中，其廩食五年者罰爲吏；不及五年者遣還讀書，次年復不中者，雖未及五年，亦罰爲吏。

又明會典學校門說：

洪武二十七年，廩膳十年之上、學無成效，增廣二十之上，不通義理者皆充吏。其託故僞訟革罷不應選者，照卷追徵，食過廩膳還官；米數實收開繳戶部知數，本生送吏部充吏。

永樂二年時，又重申前令：

詔：增廣生員入學十年，若年二十以上，魯鈍不能行文者，充吏（續通考學校四）。

吏胥是不能參加科舉試的，也就是說在一定的限期內，學不進者，就會斷送了前程，永無出頭之日，立法的苛嚴可見。洪武十五年曾頒禁例，鐫勒成臥碑，置於明倫堂左，對於生員的學業、生活行動，都有嚴格的規定，事例更爲瑣碎，（俱見明會典學校門）。

至於生員的出路，可入國子監深造，或應科舉試，此外也有破格擢用的，洪武十五年所頒禁例中有一條，說：「內有學優才贍、深明治體」「年三十以上願出仕者，許敷陳王道，講論治化，述作文詞」，赴京面試後，如果眞有才學，不待依次考選，卽行錄用（同上）。

二　社學

明代地方學校之盛，爲唐宋以來所不及，除府、州、縣學外，下邑、荒徼、山陬、海涯都設學校，稱爲社學，可以說是初級學校，學生都是民間十五歲以下的幼童。社學與儒學保持着密切關係；其中優秀分子都送入儒學去進修。

社學初設於洪武八年正月（太祖實錄卷九十六）。一度因擾民而停辦，至洪武十六年十月復設（大政記卷四）。二十年，令員生讀御製大誥，說：「爲師者率其徒能誦大誥者赴京，禮部較其其所誦多寡，次第給賞（明會典學校門）洪武三十年，各地師生來京試讀大誥的，竟有十九萬三千四百餘名之多（太祖實錄卷二百五十二）。

社學，每三十五家立一所，或五十家立一所，或每里立社學二所，都無定規。某地教育的興盛與否，要看地方官策進的力量，如方克勤任濟寧府知府，推進地方教育不遺餘力，立社學數百區（明史卷二百八十一本傳）。又如吳良守江陰時，新學宮，立社學，使民間子女多有受教育的機會（明史卷一百三十本傳）。

第三章　明初察舉制的背景和設施

一　明太祖禮遇文士

明祖出身是皇覺寺僧人，早年浪跡江湖，沒受過多大教育，他參加軍旅後，對籠絡文人的工作，做得很積極；軍務旁午之餘，努力進修。終於，勤學加上天資穎悟，使他博古通今，明達文學。現在流傳下來的御製文集中諸作（見皇明大訓記卷一），自然免不了詞臣的潤飾，但大體說來，風格很統一，語調口吻也正像他這樣雄才大畧的身份，很可能出於他自己的手筆，紀錄彙編卷十二天潢玉牒中稱他：「訓諭羣下，徵引古道，出言成文，動協典誥，自爲誥勅，頃刻而成，思如宿構，辭義森蔚，非致者所及。」如果是這樣的話，那末他的文才，已相當可觀。由於他好古右文，早在起事之初，就延聘許多文士，或作爲謀畧顧問，或作學術上的導師，或出任行政工作，如：

元順帝至正十三年（距洪武稱帝十五年），下滁州，文士范常「杖策謁軍門」，「與語合」，便「留置幕下，有疑輒問」（明史卷一百三十五本傳）。

又：

至正十五年，取太平，即置學者陶安於幕府，而以耆儒李習爲太平知府（明史卷一百三十六陶安傳）。

又：

至正十六年下集慶，得儒士夏煜、孫炎、楊憲等十餘人，以次任用（明史太祖本紀一、罪惟錄紀卷一）。同年，取鎮江，聞秦從龍宿學，命專使延聘，又親至龍江迎接。留於幕中，「事無大小，悉與之謀」。「嘗以筆書漆簡，問答甚密，左右皆不能知。又以從龍之薦，發書聘建康陳遇，引伊、呂、諸葛爲喩。遇至」，「稱先生而不名」，「與語大悅，遂留參密議，日見親信」，「坐久必侍宴」（明史卷一百三十五陳遇傳、國琛集上卷）。

又：

至正十八年，取金陵，辟儒士范祖幹、葉儀。克婺州，召儒士胡元等十三人會食省中，日令三人進講經史（太祖實錄卷六）。

又：

至正十九年，儒士許瑗、王冕至寧越求見。應對稱旨，留瑗於幕府，以冕爲諮議參軍（太祖實錄卷七）。

又：

至正二十年，下處州，徵耆儒劉基、章溢、葉琛、宋濂至建康，禮遇有加（太祖實錄卷八）。

又：

至正二十三年，置禮賢館，處諸儒（太祖實錄卷十二）。

以上祇是開國前十年間的事，由此可見明祖求才如渴的情貌。

二　明初文士不樂仕進的原因

自然，明祖所以這樣禮賢下士，主要是希望有人協助他理天下。他知道用武力獲得政權，却不能以此來治國，必須要大量經明行修、博古通今的人士，來共同推進政務。

起初，明祖以爲高官厚祿一定能收服人心，能羅致到許多才識超拔之士。事實却並不如此，元明之間文人多不願仕進。於是明祖一面用强硬手段威脅，如吳元年及洪武元年連番徵儒士秦裕伯，都沒有如願，於是明祖發出了一封信，說：「海濱民好鬬，裕伯智謀之士而居此地，堅守不起，恐有後悔。」（明史卷二百八十五張以寧傳附秦裕伯傳）。看信中的措辭，簡直是在施行無賴手段了。另一些人被明祖逼得自裁的也有，如戴良（明史卷二百八十五本傳）、伯顏子中（明史卷一百二十四本傳）等都是。

另一面，他又採用懷柔政策，禮聘學者來編纂史書，洪武二年，修元史，徵山林隱逸之士汪克寬、胡翰等十六人。同年纂輯禮書，又徵來大儒楊維楨、梁寅等十八人。三年二月，續修元史，又徵得四方文學之士朱右、貝瓊等十四人爲纂修官。書成，好些人還是堅拒作官，如汪克寬、胡翰、楊維楨、梁寅、徐一夔、趙壎等都是（明史卷二百八十二及二百八十五各本傳、紀錄彙編卷三十一皇朝本紀）。

文士不樂仕進的原因，大概有數點：

一、新王朝政權還沒有鞏固，犯不着牽涉在內，不如暫時退隱一角，冷眼旁觀。

二、元末文士多缺乏民族觀念；按理說，明祖驅逐胡元，復興漢族，凡漢人都該一致擁護。然而，當時文士們的民族思想並不強烈，——明祖於起事之初，也並不以民族革命爲口號，祇是用「明王出世」「彌勒降生」等迷信色彩。其後，由於手下謀士進策，才抬出「驅逐胡元」的大纛來。可是，當天下漸次安定後，他又把民族觀念撇開，如洪武三年六月，因臣子們上奏的捷報中多侈詞，他就對宰相說：

元主中國百年，朕與卿等父母亦預享其太平，奈何爲此浮薄之言，命亟改之（明通鑑卷三）。

又如洪武二十一年五月，下詔說：

元世祖入主中國，有恩惠及人……（明書卷三）。

以上種種，可見當時民族觀念的淡薄，無怪文士們要謝絕新王朝的徵聘了。

三、明祖有鑒於元末紀綱法度的敗壞，認爲非用重典不足以儆戒奸頑，澄清吏治，因此臣下稍有過失，就會遭殺身之禍。同時，由於人才缺乏，任官時寬於選擇，良莠不齊。一旦發現任非其人，便立即加以嚴刑，對於貪官汚吏懲戒得更嚴；州縣衙門旁都設有皮場，守令犯贓罪達六十兩的，非但要梟首，還要剝皮實草示衆，以儆效尤（廿二史箚記卷三十三）。

明祖用重典，不時以「區區小故，縱無窮之誅」（明史卷一百四十一練子寧傳語），無形中造成了恐怖的氣氛，當時解縉曾經上書說：

國初至今將二十載，無幾時不變之法，無一日無過之人。」（明史卷一百四十七本傳）。

由於以上種種原因，使士人裹足不前，逼得明祖於洪武十八年十月，立下了「寰中士大夫不爲君用」條，這一來，讀書人要退隱也不行，由此可見當時急切需要人才的情形。

三　察舉方式

明初察舉方式頗不一致。第一種是延聘，所請的都是一流人物，如劉基、宋濂、陳遇、秦從龍等；大致是先已聞名，或由親信推薦，然後遣特使聘請。第二種是徵求，往往遣派專使，向各地探聽，如遇才學出衆之士，徵召入京；如吳元年十月，遣起居臣吳琳、魏觀等，以幣帛訪四方遺賢（明史卷七十一選舉志三）；所得以二流人物較多。第三種是保舉，當政府缺乏官員時，下詔有司各舉所知，遠在元至正二十四年、明祖初即吳王位時，就下過這一類求賢詔（太祖實錄卷四）。所得人才，一般說來較之第二種又遜；舉主對於自己推薦的人，要負全責，如所舉者將來犯了貪贓等罪，舉主也要連坐，這條法規早在至正二十六年已制定（國榷卷二）。有時甚至累及舉主的親屬，如洪武十六年十二月，武英殿大學士吳伯宗，以弟三河縣知縣吳仲實薦舉失實，降爲翰林院檢討（明史卷一百三十七吳伯宗傳、國榷卷七——今獻備遺卷五作「弟仲宴」；殿閣詞林記卷一作「弟仲晏」。

四　察舉科目

察舉有許多名目，定於洪武六年二月，明史選舉志三說：

罷科舉，別令有司察舉賢才，以德行爲本，而文藝次之，其目曰聰明正直，曰賢良方正，曰孝弟力田，曰儒士，曰孝廉，曰秀才，曰人才，曰耆民，皆禮送京師，不次擢用。

實際上有些名稱，在開國之初已有，如：

一、儒士

元至正十八年十一月，上自宣至徽，有儒士唐仲實、姚璉來見（太祖實錄卷六）。

至正十九年正月，上在寧越時，儒士許瑗，王冕來見（太祖實錄卷七）。

二、秀才

牛諒，洪武元年，舉秀才，爲典簿（明史卷一百三十六崔亮傳附牛諒傳）。

洪武四年四月，以秀才丁梅爲蘇州知府，童權爲揚州知府（太祖實錄卷六十四）。

三、耆儒

克處州，徵耆儒宋濂、劉基、章溢、葉琛至建康（明史選舉志三）。

可見此等名目非始自洪武六年，但至此始資格化而已。而政府大量的擢用此等人才，則在洪武十三年後，這一年正月，丞相胡惟庸因謀反被誅，牽連一萬五千人，遂使官多缺員，需要大量人才補充，於是就採取了幾個步驟：

洪武十三年二月二十一日，舉至賢良方正、孝弟力田文學之士八百六十餘人，命禮部月結廩餼（太祖實錄卷一百三十、國権卷七）。

四月初一，命羣臣各舉所知（太祖實錄卷一百三十一）。

十四年元月初二，命新授官各舉文學、賢良方正、聰明正直、孝弟力田及才幹之士凡五等（太祖實錄卷一百三十五）。

三月十一，勅內外倉庫司，各舉賢良方正、文學才幹之士一人（太祖實錄卷一百三十六）。

四月初一，下詔求賢（同上）。

徵來的人才，大多授以官職；自洪武十三年至翌年的一歲中，共授官千餘人，其中以洪武十三年十二月授官人數最多，共八百六十餘名。職位多數爲布政使參政、參議等從三四品官，間有授從二品布政大使官的，如洪武十四年九月，以儒士張璲爲福州左布政使，王廉爲陝西左布政使，安處善等七人俱爲左布政使（太祖實錄卷一百三十九、國朝典彙卷四十吏部九）。而儒士王本、杜佑等六人竟於十三年十月被任爲四輔官之職，位僅次於都督（太祖實錄卷一百三十四、明史卷一百三十七安然傳）。

當時察舉之盛，明史選舉志三中曾作如此描述：

時上罷科舉，專用辟薦，凡中外大小臣工，下至倉庫司諸雜流，亦令推文學才幹之士。其被薦至者，又令轉薦，一時山林巖穴之士，由布衣登大僚者接跡矣。

授官過濫，結果便產生流弊，洪武十五年八月，監察御史趙仁奏：

曩者以賢良方正、孝弟力田諸科所取士，列置郡縣，多不舉職，宜覈其去留（明史卷一百三十八開濟傳）。

於是刑部尚書開濟策劃了一個考覈賢良方正等的辦法：文武大臣有才識的，應在公餘之暇，以所取的人才，一一延問。以經明行修爲一科，工習文詞爲一科，通曉書義爲一科，人品俊秀爲一科，言有條理爲一科；六科齊備者爲上等，備三科以上爲中等，不及三科者爲下等（太祖實錄卷一百四十七、明史開濟傳）。

此後來者還是絡繹不絕，洪武十五年九月，徵得經明行修之士，竟達三千七百人之多（太祖實錄卷一百四十八）。二十三年十一月，選「天下耆民才智可用者」，又有一千九百十六人（罪惟錄紀卷一）。而洪武十五年，曾泰竟以秀才而擢爲戶部尙書，更屬異數（國榷卷七）。

至永樂時，察舉人才已漸爲科舉進士所代替，但偶爾也採取薦舉制，如永樂五年十月，徵交阯人才九千名，陸續送京；自然難免濫芋充數，所以當時祇選出明經甘潤祖等十一人爲諒江等府同知之職（罪惟錄紀卷三）。

第四章　明初科舉取士制度

一　明初科舉次數考

明初，政府選拔人才的步驟是：先察舉，任用前朝遺留下來的人才；繼興學校，儲養大批新血；等到天下大定，學校訓練人才的工作已初步完成，乃有開科取士之舉。吳元年三月，先頒發一道設文武科取士的詔書，命有司預先勸諭民間秀士，以時勉學，候三年後開科之歲，充貢京師（太祖實錄卷十七）。洪武三年五月，又下設科取士詔，定這一年八月開始鄉試，明年二月會試，三月殿試（太祖實錄卷五十二）。第二年正月，又令各行省連舉三年，以後則三年一舉（太祖實錄卷六十）。洪武六年二月，因所取士不合用，下暫罷科舉之令(太祖實錄卷七十九)。

照上列四道詔書看來，到洪武六年止，鄉試應舉行了三次，那就是洪武三年（庚戌）、四年（辛亥）、和五年（壬子）；會試應舉行了兩次：洪武四年和五年。但查考實錄、正史、會要、會典、國榷等書，都漏去了洪武五年舉行鄉試和會試的事。據「宋文憲集會試紀錄題辭」說：

皇明設科，既詔天下三年一賓興，猶以爲未足，復敕有司自壬子至甲寅，三歲連貢，歲貢三百人，逮於乙卯，始復舊制。

「壬子至甲寅」就是洪武五年到七年，六年下罷科舉制，六、七兩年卽未舉行，實際上共舉行了兩次會試，和上面實錄歷年所頒詔書，可互相印證。萬曆野獲編卷十五講得更淸楚，說：

洪武三年庚戌，開科鄉試，次年辛亥會試，狀元吳伯宗在記載中久矣。乃四年京畿鄉試，以前之貢士鮑恂，與學士宋濂爲考試官。而解大紳學士文又云：「家君以洪武辛亥主考江西，則是歲鄉闈與南宮同開矣……」又臨江先哲錄云：「洪武五年八月，禮部侍郎曾魯，奉旨爲京畿考官，則是庚戌、辛亥、壬子連三年俱舉鄉試，尤奇之奇也。雖國初制典未定，而後學則未之知……」

此說與宋文憲同，也可作爲一種證明，以補正史的缺漏。野獲編另外提出了一點：認爲會試實在始於洪武三年，並非四年，說：

洪武四年辛亥，始開科取士，得吳伯宗等，此世所知也；不知先一年庚戌，以明經薦至京師者，上俱親策問之，賜徐大全等出有差。廣東番禺人李德者，以明尚書薦與焉，授洛陽典史……則庚戌實開天第一科。又蘇州錢氏世譜云：「洪武庚戌狀元安大全」，則又徐字之誤也。楊升庵又紀洪武五年壬子科會元陳忠，福建莆田人，而狀元則爲朱善。蓋三年，三賜廷對，得大魁三人，而世之知者尠。

（按：明通鑑卷四，洪武四年正月丁未條，有考異，引「宋文憲集會試紀錄題辭」，證四年正月曾頒連試三年之令，然作者又以爲「去年（三年）已下三年一舉之令，至此復令連舉三年也。」此語有誤：洪武三年實無下連試三年之令。夏氏說：「洪武三年，設科取士，其詳具載選擧志，而志中但云：『時以天下初定，令各行省連試三年。』」意謂：洪武三年頒設科取士詔後，又接着下「連試三年的詔」，其實明史選擧志二中明明把「時天下初定，令各行省連試三年」的話，載在明年（指洪武四年）會試之後，明史太祖本紀二說得更淸楚：「四年春正月……丁未，詔設科取士，連擧三年，嗣後三年一擧……」故知明通鑑以爲三年、四年都曾下「連試之令」，實誤。）

二　明初科擧取士制的標準及內容

洪武三年頒設科取士詔，說：

> 漢唐及宋，科擧取士各有定例，但求詞章之學，而未求六藝之全。至於前元，依古設科，待士甚優，而權豪勢要之家，每納奔競之人……所得資品，或居擧人之上。其懷才抱德之賢，恥於並進，甘隱山林而不起，風俗之弊，一至於此。今朕統一中國……願得賢能君子而用之，自洪武三年八月爲始，特設科擧，以起懷材抱道之士，務在經明行修，博古通今，文質得中，名實相稱。其中選者朕將親策於庭，觀其學識，品其高下，而任之以官。果有材學出衆者，待以顯擢，使中外文臣，皆由科擧而選，非科擧者毋得與官……（皇明詔令卷一初設科擧條格詔）。

這道詔書有幾點値得注意：明祖提出科擧取士的標準，不貴「詞章」，而在求「六藝之全」，中式者必須「經明行修，博古通今，文質得中，名實相稱」。如此看來，以後科擧制被指責爲敗壞人才，實非明祖始料所及。科擧制中最爲世人詬病的是八股文，明史選擧志二說：

> 科目沿唐宋之舊，而稍變其試士之法，專取四子書及易、書、詩春秋、禮記五經命題試士；蓋太祖與劉基所定。其文畧仿宋經文，然代古人語氣爲之，體用排偶，謂之八股，通謂之制義。

實際上八股文早起於明前，毛奇齡說：

世亦知八比之何所昉乎，漢武以經義對策，而江都平津太子家令，並起而應之，此試文所自始也；然而皆散文也，天下無散文而複其句、重其語、兩疊其語言作對待者。惟唐制試士，改漢魏散詩而以比語，有破題，有承題，有領比，有頸比，有腹比，有後比，而後結以收之，六韻之首卽起結也，其中四韻，卽八比也；然則試文之八比視此矣。（梁章鉅「制義叢話」卷一引）

這是說八股淵源於唐之應制詩。但也有人說始於宋，如：

制義始於宋而盛於明……（制義叢話例言）

又：

俞桐謂制義創自王安石，方望溪則謂制義昉於吳才叔，皆北宋人也（制義叢話卷三引書香堂筆記）

焦循則說八股起於金元之間：

八股入口氣代人論說，實原於金、元之曲劇；以破題開講，等於曲之引子；提比、中比等於曲之套數；夾入領題出題段落，等於曲之賓白。

或說元仁宗時王充耘創「八比一法」（見書式矜義）。總之，八股文在明前已具雛形，明以經義試士，體用八股，不過繼前朝之舊。但明初文體限制並不太嚴，直到憲宗時，才格律嚴明起來，顧亭林說：

經義之文流俗謂之八股，蓋始於成化以後，股者對偶之名也。天順以前，經義之文不過敷演傳注，或對或散，初無定式。其單句題亦甚少。成化二十三年會試，「樂天者保天下」文，起講先提三句，卽講樂天四股，中間過接四句，復講「保天下」四股，復收四句，再作大結。弘治九年會試，「責難於君謂之恭」文，起講先提三句，即講「責難於君」四股，中間過接二句，復講「謂之恭」四股，復收二句，作爲大結。每四股之中，一反一正，一虛一實，一淺一深（原注：亦有聯屬二句、四句爲對，排比十數對成篇，而不止於八股者）。其兩扇立格（原注：謂題本兩對，文亦兩大對），則每扇之中各有四股。其次第之法，亦復如之，故今人相傳，謂之八股。若長題則不拘……發端二句或三四句，謂之「破題」，大抵對句爲多，此宋人相傳之格……下申其意，作四五句，謂之承題，然後提出夫子（原注：曾子、子思、孟子皆然）爲何而發此言，謂之原起。至萬曆中，破止二句，承上三句，不用原起，篇末敷演聖人，言畢自攄所見，或數十字，或百餘字，謂之大結……

（日知錄卷十六試文格式條）。

由此可知，試士文體變成公式化，以致產生無數弊端，是明祖以後的事。復次，八股文也有其可取處，所謂「破題」「承題」「原起」相當於出問題；「起講」「分股」「承轉」是討論問題，加以發揮；然後作出結論。教師以此訓練初學，使作文有規矩可循，不致漫無頭緒；試官閱卷以此爲標準，容易辨別優劣，不致在衆多卷子中，取捨無由。蔡元培氏就曾經這樣說過：

八股文的作法，先作破題，止二句，把題目的大意說一說。破題作得合格了，乃試作承題。承題作得合格了，乃試作起講，大約十餘句。起講作得合格了，乃作全篇。全篇的作法是：起講後先作領題，其後分作八股（六股亦可），每兩股都是相對的。最後作一結論，由簡而繁，確是一種學文的方法（蔡元培選集頁三二八至三二九「我在教育界的經驗」一文）。

如此說來，世傳明祖爲了腐化士人心智，才創造出八股文來的話，是不正確的。

設科取士詔中，另外一點要注意的是，詔上說：「使中外文臣，皆由科舉而選，非科舉者毋得與官」，這與事實不符，當時雖詔設科舉，同時依舊採察舉制，四方人才因此而進的仍很多，如洪武三年六月初一日：

命有司訪求通經術、明治道者（明史太祖本紀二）。

三日後又下詔：

命有司訪儒士（太祖實錄卷五十三）。

這是開科前的事，開科後也如此，洪武四年四月十八：

召陝西儒士趙晉、浙江儒士張羽至京，所言合上意，晉授秦府說書（太祖實錄卷六十四）。

洪武四年六月十六日：

以儒士趙新爲開封府知府，梅琰爲北平府知府，于炳爲濟南府知府（太祖實錄卷六十六）。

洪武六年二月，罷科舉，專任察舉，太祖實錄卷七十九說：

上諭中書省臣曰：「朕設科舉，以求天下賢才，務得經明行修、文質相稱之士，以資任用。今有司所取，多後生少年。觀其文詞，若有可取，及試用之，能以所學措諸行事者甚寡。朕以實心求賢，而天下以虛文應朕，非朕責實求賢之意也。今各處科舉宜暫罷，別令有司察舉賢才。必以德行爲本，而文藝次之，庶幾天下學子知所响方，而士習歸於務本。」（太祖實錄卷七十九）。

明祖初開科舉，爲了求賢才，而來者都非實學之士，不免感覺失望，遂斷然下罷科舉之令，而命有司察舉有德行的賢才，這更可證明他並無腐化天下士人心智的用心。此外，可從明初考試內容及方法上來證明，明會典卷七十七貢舉門說：

> 洪武三年，詔設科取士，以今年八月爲始……京師及各行省鄉試，八月初九日試初場，又三日試第二場，又三日試第三場。初場經義二道，四書義一道。第二場論一道，第三場策一道。中式者，後十日復以騎、射、書、算、律五事試之。

設科取士詔說：

> 騎觀其驅馳便捷，射觀其中之多寡，書通於六義，算通於九法，律觀其決斷……眞所謂求實用之士者矣（皇明詔令卷一）。

如此說來，明祖理想中的人才，非特是「經明行修、博古通今」，且還是允文允武的全才，後來讀書人專務時文，實非明祖始料所及。

三　應試者資格

明初，應試者份子很廣，洪武四年七月，中書省奏定：凡州縣學生員，民間俊秀子弟等皆得應試——惟吏胥心術已壞，不許應試（太祖實錄卷六十七）。十七年，重開科舉，凡「國子學生及府州縣學生員之學成者，儒士之未仕者」，皆可應試；祇有吏胥、學校訓導、罷閑官吏、娼優之家與父母居喪者，並不許入試（太祖實錄卷一百六十）。據此，明史選舉志一所說「科舉必由學校」「入國學者乃可得官，不入國學，不可得也」並不正確。惟一般說來，應試者多出身學校，科舉考試的項目，也是學校所習的一套。國子生有些由歷事出身，也有好些人是應科舉試的，明初進士中，讓這些人佔了多數，明史卷一百三十七宋訥傳說：

十八年復開進士科，取士四百七十有奇；由太學者三分之二。再策士亦如之，帝大悅，製詞褒美。

國子祭酒宋先生墓志銘中也說：乙丑、戊辰兩科得士大率三天下之二，而龍頭魁選博在太學（名臣琬琰錄卷九）。

這樣，學校與科舉密切配合，不斷將優秀的新血，輸送到政府各部門去，實是一項非常理想的制度。

四 舉子入仕之途

野獲編說洪武三年，是開天第一科，「賜徐大全等出身有差」，究竟授何官職，沒有說明，但從與徐氏同對策的李德僅授典史看來，想來大全也不會授什麼顯職。洪武四年，是正史上記載的所謂辛亥第一科；這次登第者共有一百二十名，而狀元吳伯宗僅授員外郎之職（太祖實錄卷六十二、明史選舉志二），其他及第出身者都授縣丞，會元也授縣丞（鳳洲雜編卷四）。十八年復開科舉，第一甲丁顯等三人，都授翰林院脩撰之職，二甲馬京等爲編脩，吳文爲檢討，這是進士入翰林之始（太祖實錄卷一百七十二、明史選舉志二）。洪武二十一年三月，策貢士，「賜任亨泰等進士及第出身有差」，至此才定制：一甲第一人授脩撰，二、三授編脩，其他或授給事、御史、主事、中書、行人、評事、太常、國子博士，或授府州推官、知縣等官（同上）。於是進士就漸漸地被看重。

所謂翰林院脩撰、編脩、檢討等都屬史官，品秩雖不高，然而望榮地密，從容中祕，得對古今典章沿革制度得失，恣意探討，以備一旦大用，實是淸華之選；而天順後，更造成了「非進士不入翰林，非翰林不入內閣」的局面，宰輔十九由此而出（明史選舉志二）。至此，進士，遂非其他出身可比。

至於考不取進士的落第舉人，一部份令入國子監肄業，以待後科。也有舉人未經會試，就除官職的，如洪武四年十二月，詔令這一年所取舉人，都免會試，赴京任用（太祖實錄卷七十）。又如六年正月，以舉人蔣學、閻鈍爲起居注，傳宗巖、崔萃爲給事中，趙震、殷哲爲翰林應奉（太祖實錄卷七十八），這因當時缺官的緣故。洪武六年，又任命舉人張惟等爲編脩，令入文華、武英兩堂肄業（同上），那是一時異典，由於罷科舉令已下，而舉人却已進京待考，一時沒處發落，就選其中英敏者令入文華堂肄業；不使之入國學，是表示恩遇稍厚於落第舉人。以後庶吉士入翰林院進學，就脫胎於此（詳後）。

此外，未選入國學的落第舉人，如果三次會試不中，就許赴吏部就職（陔餘叢考卷十八），多授小京職、府佐及州縣正官，或教職（明史選舉志二）。

第五章　庶吉士進學制度

一　庶吉士源起

翰林院官歷來被視為清華美職，在明代，翰林院更是儲才養望之地，尤其是庶吉士進學制度，更是教育英俊、啓廸後進的一個好制度。黃佐「翰林志」卷十九上說：

今之涵養莫如翰林，所聞者聖賢之言，所習者聖賢之行，諸凡錢穀簿書之事，機械變詐之巧，一無所動於中，而其養純矣，故前後自翰林出者，率非尋常可及。

治世餘聞下篇卷三也說：

翰林院素稱清貴，無簿書之擾，舊有語曰：「一生事業惟公會，半世功名在早朝。」所謂清者如此。

庶吉士起初不專屬於翰林院，六科都有庶吉士（陔餘叢考卷二十六）。進士之為庶吉士，明史選舉志二說：始自洪武十八年，但沈德符認為還在其前，說：

……十八年乙丑科，而一甲三名丁顯、練子寧、黃子澄俱授翰林院脩撰，此鼎甲得翰林之始也……然讀大誥，又載承敕庶吉士廖孟瞻以受賂誅，事在十八年前，則不始於乙丑矣（野獲編卷十）。

如果要追尋本源的話，還要上溯到洪武六年，當時政府選擇年少俊異舉人張惟等，入文華、武英兩堂肄業，稱為小秀才，予以極優越的待遇：

……詔太子贊善宋濂等爲之師。上聽政之餘，輒幸堂中，取其文親評優劣。命光祿寺日給酒饌；每食，皇太子、親王迭爲之主。冬夏賜衣，時賜白金、弓矢、鞍馬，寵遇甚厚（太祖實錄卷七十八、稗乘本聖君初政記）。

又如洪武十四年六月，於國子諸生中，選才學優等、聰明俊偉之士三十七人，命「博極羣書，講明道德經濟之學，以期大用，稱之曰『老秀才』」，「恩遇甚厚」（太祖實錄卷一百三十七）。這都是後來考選庶吉士的先聲。又從「時賜弓矢、鞍馬」方面看來，前文所謂明祖志在造就允文允武的人才，更獲得一旁證。

庶吉士進學制再往上追溯，可說昉自元代：元世祖至元七年，命中書左丞許衡爲國子祭酒，以教公卿大夫之子弟，後來那些人多做了大官。洪武初，文華、武英開館時，明祖曾對教習宋濂、桂彥良等說：「昔許魯齋（許衡）諸生多爲宰相、卿其勉之」（翰林記卷四），這就是一個證據。

二　庶吉士的考選及待遇

庶吉士都從每科進士中選拔，明初多選文學優等或善書者充任（明史職官志二）。或由內閣自選，或由禮部會同選，以及每科選額多寡，都不一定。自洪武十八年至永樂二十二年，每廷試錄取進士後，必選庶吉士，一連選了十六科；以後或停或選就無定例。

選庶吉士的用意是：要使那些初入政壇的進士，先在諸司觀政，予以出身、祿米，等到諳練政體後，加以擢用，便不至有無所措手的毛病。這正與國子監的歷事監生相同，兩者都是藉實習而瞭解公務；政府也能從個別庶吉士或監生實習的成績上，作爲將來任職的參考。

庶吉士的命名，採自書經中的「庶常吉士」的意義，所以有時也稱爲「庶常」。起初，「觀政進士」在翰林院、承敕監等近侍衙門的，都稱爲庶吉士，在六部諸司的仍稱爲進士（太祖實錄卷一百七十二）。永樂二年，擇一甲曾棨、周述、周孟簡三人，及二甲五十人，另加善書者十人，都爲翰林院庶吉士，從此，庶常就專屬於翰林院了（明史選舉志二）。

這一科庶吉士有內閣進學之舉：

（上）命學士解縉等，選才資英敏者（按：即自六十餘名庶常中），就學文淵閣。縉等選脩撰棨，編脩述、孟簡，庶吉士相等共二十八人，以應二十八宿之數。庶吉士周忱自陳年少願學，帝喜而俞之，增忱爲二十九人（同上）。

（按：明史述永樂二年選庶吉士，把文淵閣進學之事牽連並記；其實根據弇山集、翰林志，文淵閣進學，事在三年正月。）

這二十九人都受到異常優渥的待遇，翰林志卷三、卷四畧謂：

命司禮監月給筆墨紙，光祿寺給朝暮饍，禮部月給膏燭鈔人三錠，工部擇近第宅居之。且命（解）領其事，上親教之，數召諸人至便殿，問以經史諸子故實，或至抵暮方退。五日一休沐，使內臣導之，校尉備騶從，人莫不歆其榮艷。上時搜奇書僻事以驗所學，棨等多對誦如流。上甚喜之，多所獎賚，恒顧羣臣曰：「秀才輩性子直，可親近。」

這可說是非常之舉，庶吉士中選後，再在其中選出部份優秀者，入內閣進學。這種隆遇，此後祇有宣德、景泰年間各有過一次，然禮遇大不如前，皇帝連閣門都不進一步，更談不到親自教導、時加考驗那種認眞、親切的態度了。

庶吉士與選者稱爲館選，三年學成，成績優良的留翰林院爲編脩、檢討；其餘授給事中、御史等職，或出爲州縣官。天順以後，進士權重，庶吉士初進時已羣目爲儲相，日後內閣大學士均由此輩中出（明史選舉志二、職官志二）。

所謂三年學成是指正統以後的事，在明初，尤其是洪、永兩朝，庶吉士與選後，少則四五年，多則八九年，也有近十年才授官職的（翰林志卷三）。

下編　明初人才培養與登進制度的演變

明初，人才的培養有國子監，有地方學校，又有庶吉士進學制度；取才則察舉、監生與進士參互錯用，不限一格，所以人才大盛。洪武以後，人才多由科舉進，社會上很少有遺賢。察舉漸次銷沉，成祖時間有破格擢用之舉，如永樂十八年，擢人才布衣馬麟等十三人爲布政司參議等官。（明史卷七成祖本紀三——按：四友齋叢說史四說：成祖「夜夢十三人共扶一殿柱，又一馬偏身生鱗，明日引見，其數正合，而麟居首，故有是命。」這顯然是附會之論，不可信。）又如陳濟以布衣召修大典，書成授右贊善。其後又有陳繼、楊翥等，以布衣擢顯職。天順以後。漸拘資格；編脩馬昇、檢討傅宗不由科目，吏部尚書李賢「皆出之爲參議，布衣無得預館閣者」（明史卷一百五十二陳濟傳）。

宣德以後，雖仍行察舉，但必須赴吏部考試，才得銓職（國朝典彙卷四十吏部九）。如成化十九年，召廣東舉人陳獻章至京，令就試吏部，屢辭不赴，最後才授翰林院檢討而歸。又如萬曆十六年，南昌知府范涞薦鄧元錫、劉元卿等數人，得旨有司起送部試（俱見明史卷二百八十三儒林傳二陳獻章傳及鄧元錫傳）。這與國初聞賢才，往往親自迎迓的隆遇，有霄壤之別。

至於學校教育，洪、永後也逐漸頹靡；人才多由科舉進，而科舉制又產生流弊，因此，明祖所刱立的一套人才培養與登進制度，逐漸破壞，再不能起什麽作用。此下專討論學校教育與科舉制的演變。

第一章　明代學校教育由盛而衰的經過和原因

一　國子監的頹靡

國學是薰陶人才的一個重要機構，明初辦得十分出色：有寬敞、幽靜的校舍，完整的設備，豐厚的廩餼，博學老成的師儒，嚴密的教規，實用益智的課程，加上積分、歷事那套精密公平的入仕法，一個監生處在這樣的環境中，即使是中平之材，經過年深月久的磨練，也能陶冶成器，更毋論卓越英才了。

但這祇是洪、永兩朝的盛舉，以後國學逐漸走下坡路，原因大概有幾點：

甲、積分歷事制的敗壞

明初，規定監生須循序由廣業堂升至率性堂，然後視成績給予分數，滿分後撥出歷事，歷事期滿，才至吏部銓注。在長期教育下，無不鍛鍊成材；出任官職，都有政績。然而六堂考績法早停於洪武末年，雖然陸續有人提議恢復原制，也無效果（洪武二十九年四月，祭酒吳啓提議過一次，見太祖實錄卷二百四十五。隆慶三年九月，祭酒姜實又提議過一次，見南雍志事紀三）。直到崇禎二年，復行積分法，但「監規頹廢已久，不能振作」（明史選舉志一）。積分法既廢，祇有歷事方得出身。撥歷有一定的程序，南雍志卷十六儲養考下說：

坐班每於月終，自計支饌月日，計幾年，書之紙，名曰序單，呈送本堂揭查，通知簿覈實，乃赴繩愆廳監丞總爲扣算，仍發典籍廳查實，背訖監規，典簿廳查支饌年月不差，然後類呈東廂房看驗，查算曠日，參對相同，批定，乃通以序簿記之，仍榜其名於門外，謂之上序……

這一連串的手續看來很嚴密，實際上「中有虛曠，弊端萌矣」（同上）所謂「虛曠」，是指不在監的日子，這是一筆頗不易計算的糊塗賬：最初監生丁憂回家，不算缺課。有些人借此留在家中，一躭就是七八年，及至返監，照撥歷的次序，剛輪到他，即能迅速地獲得官職。這實在太不像話，於是正統時，祭酒陳敬宗和李時勉奏定：以後監生資歷深淺，一律以實在坐監日子計算（明史選舉志一及卷一百六十三陳敬宗傳）。但這辦法沒有生效，後又增了依親、省親、成婚、送幼子歸鄉等名目，規定這些不作曠課論，而監生之間依舊有爭執：有人以爲先入監的該先派出歷事，有人以爲該以在監的實在日子爲準，成化六年（明史選舉志一誤作五年），發生過一次兩批監生爭資次的事，雙方援引科條，各不相下。結果，禮部議定：「諸生撥歷，須一一精覈；仍計地理遠近，水程日月爲準」（憲宗實錄卷八十一）。但問題還沒有徹底解決，因「文移往來，紛錯繁揉，上下伸縮，弊端甚多，卒不能劃一」（明史選舉志一）。所以史稱：「中葉以還，流品稍雜，撥歷亦爲具文」（明史卷一百六十三贊）。總而言之，當時的監生，泰半心粗志卑，一心盼望早得美職，有偏門可走則盡量走，早入仕途一天是一天。政府方面也把監生歷事的日期給縮短了，原因是監中人數越來越多，想藉此疏通一下，然而這就削減監生受教育的機會，陸續有大臣反對，弘治八年，禮部尚書倪岳說：

天順以前，監生作養十年以上，方得撥歷。後因積滯人多，將撥歷歲月量減，以便疏通，遂使在監監生，視教養爲虛文，惟知挨日月以撥歷，目國學如傳舍，但知圖僥倖以出身……（南雍志儲養考下）。

另一方面，將監生在政府各部門歷事日期減少，憲宗實錄卷四說：

天順八年四月（時憲宗已即位），監生楊倫奏：「各衙門監生，舊例：歷事一年，送吏部選用。近蒙恩詔，已減半年，惟清軍、續黃、寫誥監生就歷三年，乞依歷事例，量減年月……」上命減爲半年。

又南雍續志卷二說：

嘉靖十三年九月，吏部言：「先年，監生……三年乃得上選，今……歷事僅一年，即得上選，皆相沿姑息之弊。

如此，便造成了在吏部候選者多，坐監者少，明史選舉志一說：

弘治中南京祭酒章懋言：洪永間國子生以數千計，今在監科貢止六百餘人。

憲宗實錄也說：

吏部奏：「國子監生不能出仕願告回家者，給與冠帶閒住。奈何監生之中安於恬退者少，本部記名聽選者見有八千餘名……」

嘉靖時，在監人數更少得可憐，一方面由於下第舉人不願入監（明史選舉志一），一方面在監者往往託故外出，國朝典彙卷六十四說：

嘉靖十年二月，時國子生在班者不及四百人……

春明夢餘錄卷五十四說：

祭酒呂柟言：「舉人在監，本以觀光皇極，薰陶德性。今查在監實數，天下之廣，僅二三十人，蓋自會試之後，支稱他故回籍，荒廢學業。及至試期，方迫監簿，計水程，用規撥歷，未仕如此，居官可知……」

其情況與洪、永時，不啻雲泥之別。

乙、開捐貲入監之風

中葉以來，國子生量的方面，固然不如國初，即質的方面，也大爲減退；尤其是例監一開，賢不肖相混，使國子監更加頹靡不振。

例監始於景泰時，當時由於邊事孔棘，禮部右侍郎鄒濟，與右僉都御史王竑建議：生員如能納粟、納馬，准入監讀書，限期四載，規定總數不得超過一千（明史選舉志一及卷一百五十二鄒濟傳、國榷卷二十九），此後，國家才有非科貢而進的監生。這不過是一時權宜，但例子一開，就不容易停止，成化元年，又詔生員能納糧、納草的入監讀書（南雍志卷四事紀三）。人數越來越多，成化二年，禮部尚書姚夔曾說：

太學乃育才之地，近者直省起送四十歲生員及納草、納馬者動以萬計，不勝其濫。且使天下以貨爲賢，士風日陋。帝以爲然，爲却守臣之議（明史選舉志一）。

所謂「却守臣之議」，實際上沒有做到，據憲宗實錄卷二十八說：

成化二年閏三月，移文江西、浙江幷南直隸儒學，廩膳生能備米一百石，增廣一百五十石，運赴缺糧處上納者，許充南京國子監生。

這以後「或遇歲荒，或因邊警，或大興工作，率援往例行之，訖不能止」（明史選舉志一）。成化二十年，山西、陝西大饑，民相食，又開納粟入監的例子，雖然限期祗有一年，却已收納了六、七千名生員。這些人多志不在求學，政府也無意栽培，入監兩月，就令放歸原籍依親；如要寄監讀書，得自備薪米（皇明太學志卷一典制上）。以後資格竟公開以金錢買賣，成化二十一年，詔：廩膳生納銀二百五十兩，增廣生三百兩，附學生三百三十兩，准入監肄業（憲宗實錄卷二百六十五）。

由於國學內驟然增添大批援例生，把科貢監生的撥歷權分佔了，成化二十二年九月，令「兩途人數多寡，酌量平均相兼撥歷」，使科貢監生不致淹滯，然而還是吃了很大的虧，因爲當時援例生共有四千六百七十餘名之多（憲宗實錄卷二百八十二）。

成、弘之世，納粟、納銀等還止限於生員，到正德時，民間子弟都可捐貲入監，這些人大多文化水準低，又不肯向學，這可爲難了教官，隆慶三年正月，祭酒姜寶在奏疏中發了一次牢騷，說：

景泰年間，以邊境多虞，國家財力十分缺乏，故不得已而從權宜之策如此耳。然其時所許止及生員，所限猶有名數，非若近年以來，不問生員、民生，盡許上納，而濫收一至此也。夫民生者或曰發社生，或曰附學生，或曰附學名目，或曰俊秀，甚者併商家子弟，亦開例收納矣，其實皆白丁也。白丁生心不通文義，目不知書史，見在走班者，臣等亦嘗用心教之；教以背書寫字，講孝順事實，併日記故事等書，冀令稍知向上，則紛紛然以爲難堪，而託故告出矣，即令作養，實難成才，又安望其堪以效用於將來也……（南雍續志卷三事紀三）。

更壞的還有些不法之徒，混跡在內。隆慶三年六月，禮部議處民生入監事宜，說：

……臣等切照民生納監雖爲冒濫，而若使資質可進，身家淸白，則入貲就學，需次授官，似亦無不可者；但中間或有曾犯奸贓詐僞等罪，或有出自娼優隸卒之家，或係生員、監生開革除名，或係吏書手緣事歇役，以致卑賤厮養之輩，逃刑亡命之徒，皆得雜然並進，貽玷賢關……其弊誠當痛革（同上）。

明季的國子監，竟然潛入了無賴之徒，以此等人來協辦政務，其後果當然不堪設想。

丙、良師缺乏

自洪武末開始，國學教官質素漸不如前，洪武三十年申明國學教規時，明祖曾感喟地說：「近者師道不立，學規廢弛」（太祖實錄卷二百五十四）。及至成祖之世，這種現象有增無減，永樂六年六月，庶吉士沈升奏疏中曾提到：「天下士子雖有向學之心，而師範庸常，往往不副其所望，故難以成材（成祖實錄卷五十六）。永樂二十二年十二月，仁宗剛卽位，諭吏部道：「師範之職，不可濫授」「比來國子生務實學者少」「亦由師範失職所致」（仁宗實錄卷五上）。

國子監教官好多由儒學教官升任，而當時儒學教官也有才難之嘆，問題就在這來源上。明初都以下第舉人充任，而這些人多是「稍能行文，大義未通」者（成祖實錄卷五十六）。同時下第舉人多不願就教職，一則由於位卑職冷，所謂「仕者一爲教官，旣老於學校，有志用世者，多不樂就」（宣宗實錄卷四、明史選舉志一）。因此「就職者多非有學識之士」（憲宗實錄卷二百八十七）。一則由於要求過嚴，例如教官考課法，專以科舉爲殿最，要教出來的學生大多能中式，自己又考取通經才能升遷，否則就要黜降（見上編第二章第一節）。關於後者教官因考不通經而受罰，還屬有理，關於前者，在限期內必須有若干名學生中式，這就未免失之過嚴；教官祇能負教育的責任，怎能保證教出來的學生，必定中舉？

舉人不願就教職，降而求其次，以歲貢生充任：洪熙時，有一年，天下教官共缺一千八百員，就命歲貢生擔任教職。中葉以後，成爲常例，言官不止一次地諫阻過，如成化元年二月，巡撫湖廣左僉都御史王儉說：

近年教官之選，往往以歲貢生充之，此輩既無學識，安能教人……（憲宗實錄卷十四）。

又成化十三年十二月，監察御史胡璘說：

近年以來，天下儒學教官率多歲貢生，其言行文章不足以爲人師範（憲宗實錄卷一百七十三）。

又嘉靖時，余珊疏稱：

聖祖立國之初，最重師儒之職……故師道尊嚴，一時得人，於斯爲盛。近年以來，進士滋多，不以是職爲重，每强甲科下第舉人任之。有不願就者，止以一種無學術、無節行歲貢老生充位而已。上司每以奴隸待之，師之云乎……（西園聞見錄卷四十五）。

到晚明，教官質素更差，明史竊卷一百零三中評道：

（洪武）時教官位秩雖微，而有司重之，諸大夫、國人敬之，愛之，稱美職焉。若以論於今日，則大不然矣：其最下者皆出於歲貢邁年之老措大，精力倦於鼓舞，而學術尤多紕繆……至有歲時之禮餽、贄見之束修少，不得其歡心，掀髯以待，盛氣以臨，可令有道之士見哉！若以舉人選授，乃亦甘心下與爲伍，無能自拔於流俗……大都今日之教官，天下同出一型也。

史竊作於崇禎之世，所謂「今日」是指明季言。府州縣的教職，淺薄庸俗如此，他日以次升補，至國子監任教，自然不能有良好的教育効果；國學頹靡，這也是原因之一。

丁、國子生地位日趨低落

明初，監生受到相當的重視，政府一面竭力培養，一面不時授以實際工作，如覈田畝、督水利、稽案牘、查戶籍等，公畢返京，往往得擢美職，洪武二十六年，一下子任命六十四位監生爲布政使等大官。至於積分撥歷出身的，雖然歷時較久，但一旦出仕，內而臺諫，外而藩臬等官都有份。而反觀科舉出身的進士，起初並未遭到重視，如洪武四年辛亥科狀元，僅授五品禮部員外郎之職，十八年復開科舉，授一甲三人爲脩撰，進士才漸被看重。然而脩撰位不過從六品，是一清華之選而已；至於造成「非進士不入翰林，非翰林不入內閣」的情勢，已是天順以後的事。

永樂以後，進士地位漸高，監生地位却相反地在降低。永樂二十二年九月，有七名在中軍都督府歷事已畢的監生，照例該送吏部，循次授官。時仁宗初卽位，說：「爲士豈止習吏事而已……自今監生歷事考稱者，仍命還監進學，俾由科舉進。」（仁宗實錄卷二上）這是第一個破壞國子生歷事授官的皇帝，他太强調科舉的効力；從此，監生的地位日降，再不能與進士相頡頏，明史選舉志一說：

一再傳之後，進士日益重……舉貢日輕，雖積分、歷事不改初法，南北祭酒陳敬宗、李時勉等加意振飭，已漸不如其始，衆情所趨向，專在甲科，宦途升沉，定於謁選之日，監生不獲上第，卽奮自鏃礪，不能有成，積重之勢然也。

明會要卷二十五引王圻通考也說：

自制科既重，太學生成材者與天下賢士盡入蒐羅。於是內外重要之司皆歸進士。而舉貢所稱監生者則有遺賢，銓入高等，不過授以省、府幕僚、郡佐、州正。而臺諫、藩臬則必待其歷官有譽而後得之，然亦千百而什一耳。

所謂「銓入高等」的「遺賢」，還是其中的幸運者，好些人淹滯監中，年齒已長，還不能得到一官半職，成化時巡撫陝西副都御史馬文昇說：

由進士舉人出身者往往得人，由監生除授者多不稱職。揆其所自，監生出身，年多五十之上，志氣昏倦……（憲宗實錄卷七十一）。

實際上監生中不乏人才，他們被壓抑着無法伸展，偶有一二脫穎而出，也要受到同僚們的排擠，日知錄卷六進士得人條說：

明初辟薦之法既廢，而科舉之中尤重進士，神宗以來遂有定例：州縣印官以上、中為進士缺，中、下為舉人缺，最下乃為貢生缺。舉貢歷官雖至方面，非廣西雲貴不以處之，以此為銓曹一定之格。間有一二舉貢受知於上，拔為卿貳大僚，則必盡力攻之，使至於得罪譴逐，且殺之而後已。於是，不繇進士出身之人，遂不得不投門戶以自庇，資格與朋黨二者牢不可破，而國事大壞矣。

由於出身不同，黨同伐異，竟至如此，此非亭林過激之語，萬歷時副都御史邱橓奏議，可作旁證，他說：

薦舉糾劾所以儆有司也。今薦則先進士，而舉監非有憑藉者不與焉。劾則先舉監，而進士縱有訾議者罕及焉。晉接、差委專計出身之途，於是同一官也，不敢接席而坐，比肩而行；諸人自分低昂，吏民觀瞻頓異，助成驕縱之風，大喪賢豪之氣……（明史卷二百二十六邱橓傳）。

監生受到這樣不公平的待遇，有志之士誰願入監？國學不振這是一大原因。

二　儒學和社學的衰微

明代的地方教育，在洪、永以後，也漸次衰微了，早在永樂三年七月，成祖就下詔戒諭，說：

……比來學校廢弛，所司又不督勵，虛縻廩祿，爾禮部宜申明舊規，俾師教無闕，士學有成，庶幾國家得賢才之用（新刊皇明政要卷十三）。

中葉以後，現象更壞，菽園雜記卷十三有如此的評論，說：

作興學校本是善政，但今之所謂作興，率不過報選生員、起造屋宇之類……振作士氣，敦厚士風，奬勵士行，今皆忽之，而惟末是務。其中起造屋宇，尤爲害事，蓋上官估費動輒銀幾千両，而府縣聽囑於旁緣之徒，所費無幾，侵漁實多，是以虛費財力而不久復敝，此所謂害事也。況今學舍屢修，而生徒無復在學肄業；入其庭不見其人，如廢寺然，深可嘆息……

作者陸容爲成化朝人，這是當時地方學校的寫照。所以造成頹靡的原因，大概有幾點：

一、生員額數過濫。洪武初，廩膳生有定額，以後人才衆多之地，准許酌量增加，人數便越來越多。正統十二年，又令軍民子弟願入學的，提調教官考選俊秀待補，候增廣生有空缺時，一律考送應試，稱爲附學生，於是生員大增，宣德七年，據統計有七萬餘名。中葉以後，名額更濫，遐陬下邑，也有生員百名之衆。

二、生員質素不佳。量的方面，生員名額在逐年增加，而質的方面，却相反地在退步：一是缺乏良好師資（見本章第一節丙）。二是課程、考試等都粗疏不精，提調學官一味敷衍塞責，三是教規漸趨寬弛。洪武時曾規定：生員食廩五年，考不中及犯過失者，罰爲吏；後改爲十年，生員累試不第，年踰五十，可預告退閒。政府給與冠帶，免其徭役。景泰時又開納粟入學例，於是無心向學者更肆無忌憚。四是科舉制盛行，生員們祇把精神貫注在時文上，棄經書於不顧；而且國學有納貲入監的捷徑可走，又何必發奮苦讀？因此到明季，天下充滿了這些游手好閒的生員，其中惡劣者，還「把持上官，侵噬百姓，聚黨成羣，投牒呼譟」。崇禎末年，開門迎賊的，縛官投僞的，多爲這些生員。至此，學校教育可謂徹底失敗了（以上雜採明史選舉志一、明會典學校門、日知錄卷六生員額數條）。

第二章　科舉取士制的流弊

一　科目偏狹和進士權重

明初，人才登進的途徑不一，科舉制祇是其中之一。由於收羅不到眞才實學之士，一度曾經停止，整整隔了十年才恢復；然而，授職方面還是進士、監生與薦舉參互錯用。永樂、宣德以後，進士才一枝獨秀，然而不由科舉而擢臺省顯職的仍多。直到弘治、正德時，才嚴格地拘泥資格，進士成爲天之驕子，監生固然不能相比，即同爲科目出身的舉人，也是「軒輊低昂不啻霄壤」（明史選舉志三）。中葉以來，陸續有人抨擊這種偏頗不公的制度，嘉靖時給事中陸粲道：「資格獨重進士，致貢舉無上進階」（明史卷二百零六本傳）。霍韜也說：「國初用人，薦舉爲重，貢舉次之，科舉爲輕；今則科舉爲重，貢舉次之，薦舉不行矣。故有行同盜跖，心劣商賈者，能染翰爲文，自隸仕籍，此士風所以益偷也（西園聞見錄卷四十四）。

隆慶時閣臣高拱奏疏，剖析更露骨，他說：

> 今布列中外，自州縣正官而上，大較皆科目中人……國初，進士舉人並用……厥後進士偏重，而舉人甚輕，至於今則極矣。其非進士出身者則衆薄之，甚至以功爲罪……至於保薦，則進士未必皆賢，而十有其九，舉人未必皆不賢，而十曾其無一也。至於陞遷，則進士治績之最下者，猶勝於舉人治績之最上者……遂使進士

氣日虛，舉人氣日怯，盈者日驕，每襲取而寡廖，怯者日沮，率隳惰而恬汚……（明臣奏議卷二十九議處科目人才疏）。

在這樣情形下，「民生奚由得安」，舉人都不願意出來做官，一味寄望於會試中式，直到「年邁學荒，淪落已甚」，不得已才出來就選，偶有一二壯年出仕的，也都是爲了家貧求溫飽（同上）。萬曆時，特詔撫按官：「有司賢否，一體薦劾，不得偏重甲科」，然而積重難返（陔餘叢考卷十八）。崇禎時，烈帝有厭薄進士之意，故意將下第舉人與進士盡留特用（日下舊聞考卷六十七引雜記）偶而「推一二舉人如陳新甲、孫元化者，置之要地」，「用武舉陳啓新爲給事」，這幾個人沒有把事務幹好，於是論者有了藉口，說不該超擢，仍循資格出身爲是。（明史選舉志三）。

任官重科舉，科舉重進士，而進士科目又十分窄；以唐代而論，除了進士、明經等歲舉常選外，還有天子自詔的制舉，以待非常之才，據困學紀聞載，其目有八十六種之多。因此，應試的士子，可以作多方面的抉擇。而明代却祇有進士一科，一中式即擢美職，犯了「取士嚴、用士寬」的毛病，明夷待訪錄取士篇下說：

古之取士也寬：古者鄉舉里選，士之有賢能者，不患於不知。降而唐宋，其爲科目不一：士不得與比，尙可轉而從事於彼，是其取之之寬也……唐之士及第者未便解褐入仕，吏部又復試之……宋雖登第入仕，然亦祇是簿尉、令錄；榜首纔得丞判，是其用人之嚴也。寬於取則無枉才，嚴於用則少倖進。今也不然，其所以程士者止有科舉之一途，雖使古豪傑之士若屈原、司馬遷、相如、董仲舒、楊雄之徒，舍是亦無由而進，取之不謂嚴乎？一日苟得，上之列於侍從，下亦寘之郡縣……用之又何其寬也……嚴於取則豪傑之老死邱壑者多矣，寬於用此在位者多不得其人也……

二 科舉難得實學之士

科舉不能獲得人才，永樂後迭有人提出，如六年六月，翰林院庶吉士沈升上書說：

……近年各布政司、按察司不體朝廷求賢之盛心，苟圖虛譽，每鄉試之時，但求其數之多，更不論其實學，有稍能行文、大義未通，皆領鄉薦，冒名貢士。及至會試下第，其中文字稍優者得除教官，其下者亦得入國子監，以致天下之士競懷僥倖，不務實學（成祖實錄卷五十六）。

洪熙元年四月，鄭府長史俞廷輔也說：

……近年賓興之士，率記誦虛文，爲出身之階，求其賢才，十無二三……（仁宗實錄卷九下）。

宣宗初，雙流縣知縣孔友諒也說：

科舉所以求賢，必名副，非徒誇多而已。今秋闈取人動一二百人，弊既多端，僥倖過半，會試下第十有八九，其登第者實行或乖……（明史卷一百六十四黃澤傳附孔友諒傳）。

三 八股文敗壞人才

以上就科舉制的外在原因而論，至於說到它的內容，流弊更多。洪武初開科，原以網羅碩學之士爲目標，所謂「制科取士」「一以經義爲先」（明史卷二百八十二儒林傳序）。而且，除了試經、書、論、策等外，還試以騎、射、書、算、律等實用之學（見上編第四章第二節）。洪武十八年復開科舉，先一年頒科舉成式：第一場四書義三道，經義四道；未能者許各減一道。第二場論一道，詔誥表內科一道，判語五條。第三場經史策五道。這一來，「文辭增而實事廢，蓋與初詔求賢之法稍有不同」（日知錄卷十六十八房條）。

然而這還不算是太大缺點，如臬應試者都能認眞照「科舉成式」中的標準做，最少也能造成個通經博學之士——事實上洪、永間的士子，大體還能照此原則，腳踏實地用功夫；後來人以爲科舉試有機可投，於是羣趨不學，以致造成學術空虛的局面。

明代以八股文取士，其制雖始於洪武，但到成化時才嚴格地講究格律（見上編第四章第二節）。明祖專以經義爲試文之體，實由重視宋儒講學而起，希望獲得如朱陸一般的大儒，以矯古科目專尙詞賦的流弊。時文初起時，原以「明理爲主，不以脩詞相尙」後來「愈遠而愈失其宗，亦愈工而愈遠於道」（制義叢話卷一）。方苞「四書文」凡例中也說：「洪武初定科舉法，兼用經疑，後乃專用經義；其大旨以闡發理道爲宗。厥後其法日密，其弊亦日生。」茶餘客話卷十六中，針對明中葉後之文風，作如此批評：

八股文壞文風、文運。明初科舉，詔令舉子經義無過三百字，不得浮詞異說……百餘年後，文漸冗長，凡千百餘言，庸陋支離，無惡不備：破題謂之「馬籠頭」，處處可用也；又「舞單鎗鬼」，一躍而上也；又「八寸三分帽子」，無不可合也；起語數十百言爲「彗星」，頭長而虛空也；其篇中例用存乎某、存乎某……謂之某、謂之某……謂之拚命索。不問何題，篇篇相襲，文風安得不壞！文運安得不衰！

明季，制科文字更趨於奇詭之途，萬曆十四年，禮部尙書沈鯉奏疏，指出應試者由正道而轉入歧途的過程，說：

近年以來，科場文字漸趨奇詭，而坊間所刻，及各處士子所肄業者，更多怪異不經……國初舉業有用六經語者，其後引左傳、國語矣，又引史記、漢書矣，史漢窮而用六子，六子窮而而用百家，甚至佛經道藏摘而用之，流弊安窮（明臣奏議卷三十請正文體疏）。

以今天的眼光來看，作文引用六子、百家、甚至內典、道藏亦無不可。問題是應試者抱着出奇制勝的心理，容易走入邪道，而對於經書反棄而不顧。至於經學之廢，始於永樂十三年頒四書、五經大全於天下學宮時（日知錄卷十七四書五經大全條）。此二書爲翰林學士胡廣等奉敕所修，把「前儒成編，雜爲抄錄而成，而去姓名」（朱彝尊經義考）。原來的意思，要把「諸家說優者采入」（鄭曉今言卷一第三十條），使變成一部經書精華，此後讀書人奉「大全」爲圭臬，注疏可以盡棄而不讀，造成明代經術的荒陋，明史儒林傳序上有如此的感嘆：

> 科舉盛而經術微，二百七十餘年未聞以此名家者。

顧亭林也說：

> 自八股行而古學棄，大全出而經說亡……洪武、永樂之間，亦世道升降之一會矣（日知錄卷十八書傳會選條）。

又說：

> 秦以焚書而五經亡，本朝以取士而五經亡。今之爲科舉之學者，大率皆帖括熟爛之言，不能通知大義者也（日知錄卷一朱子用易本義條）。

到晚明，應試者還有許多投機取巧的方法，捨經書不讀，而以房稿爲課本；所謂房稿，是分閱五經的十八員同考官的制義。第一部房稿是萬曆二十年刻的「鈞玄錄」。當時士子把那些房稿揣摸熟了，就有中式的機會，因此房稿大盛，一科刻有數百部之多，「天下人惟知此物可以助功名，享富貴；此之爲學問，此之爲士人，而他書一切不觀……」（日知錄十八房條）。

比這更壞的是倩人捉刀，預先擬作：原來明代鄉、會試各有三場，初無輕重之別；後來士子精力專注在初場經義上，「以爲經義旣通，則策論可無俟乎習」（明臣奏議卷十王鏊制科議）。而閱卷官也以初場爲取錄標準，不再深求二、三場。初場所試之四書、一經，可出的題目有限，富有之家往往延請名館，先擬題一二百道，使子弟和俊慧童奴，記誦熟習，入場命題，十符八九。將所記之文抄謄上卷，便可僥倖中式。發榜之後，便成爲貴人；其中年少貌美的，可選入翰林院爲庶吉士。於是，天下之人靡然從風，連本經也可以不讀了（日知錄卷十六三場條及擬題條）。

至於第二場考判五道，更可以强記在心；五尺之童，費旬日之力就行（日知錄卷十六判條）。

以上還算是在考試的方法與內容隙縫中取巧，更惡劣的則是挾帶抄襲。雖然考試時有專負搜查的官員，可是道高一尺，魔高一丈，士子們會挖空心思，想出種種作弊的方法，涇水雜記有這樣的記載：

隔年募善書者，細頭書簿紙上，每千篇厚不及寸；或藏筆管，或置硯底，更有半空水注，夾底草鞋；又或用藥汗書於青布衣袴，壁泥糝之，拂拭則字見，名曰「文場備用」。

科舉制有如許流弊，毋怪顧亭林憤慨地說：

八股之害等於焚書，而敗壞人材，有甚於咸陽之郊（日知錄擬題條）。

結論

從以上各章所舉史實中，大致可作出這樣的結論：

明代人才的培養與登進，一般說來，可分爲兩個時期：一是開國之初——尤其是洪武、永樂兩朝，是制度的初創時期。期間，一方面盡量羅致天下賢才，察舉、監生與進士參互錯用，不拘一格；一方面竭力栽培新血，使他們陸續參加政府各部門，以起新陳代謝的作用，這時期人才特盛。二是洪熙、宣德以後——尤其從天順時開始，制度已經確立，人才的登進漸拘泥於資格，察舉制形同虛設，監生不爲世重，進士處於絕對優越的地位。而科舉制本身却有許多缺點，不學之徒容易混跡而進，因此，中外臣工中賢不肖參半，吏治就不如明初。及至明季，科舉制更產生了種種流弊，影响所及：使天下讀書人廢棄經書而專務八股；此等人一朝登第，高則盤踞津要，低則把持地方，國事便頹靡而不可收拾。至於培養人才的國子監與地方學校，中葉以後，也是漏洞百出，徒存虛名，明初人才培養與登進的善法，至此破壞無餘，再起不了什麽作用。

要說明的是，洪、宣後漸拘資格，也是一種自然趨勢：當社會上不再有遺賢存在的話，朝廷祇能限定資格來取士；雖有俊異之士，格於資格，也祇能擯之於廟堂之外。

所謂人才的優劣，也祇從大體來分；並非明初的臣僚個個都學博才優，此後就不再產生卓異之士。

總而言之，明代的盛衰，與人才有關，人才的賢愚，繫乎培養與登進的制度，制度除其本身有良善與否之別外，還要看操縱這制度的人如何運用。明祖雖確立了一套完美的人才培養與登進制度，後人沒有好好利用，而且逐漸變了質，終至於流弊叢生，全失初意了。

明代土司制度設施與西南開發(下)

黃開華

目錄

明代土司制度設施與西南開發(下)

七、兩大土司火併下的貴州闢置

貴州古爲羅施鬼國，漢爲西南夷牂牁武陵諸傍郡地。元時置八番順元諸軍民宣慰使司以羈縻之。至正二十五年，思南宣慰司暨思州宣撫司，以懾於明太祖克陳友諒之威，率先歸附。迨洪武五年，而貴州諸部均已相繼納款。時帝方北伐中原，未遑經理南荒，均令以故官世襲。且思南宣慰使田仁智等歲修職貢，又最恭順，故僅以衞指揮僉事顧成築城以守，不置郡縣，賦稅聽自輸納。其時貴州地屬於四川者，有貴州宣慰使司，都勻安撫司等處；原屬雲南而旋隸四川者，有安順府；屬於湖廣者，有思南、思州、鎭遠、銅仁，黎平、石阡等處。其各部長官司之設置，除極少數因元置設外，大多數均爲洪武年間新設。而其諸長官僅部分授其原有土酋、其餘往往以從征軍官立司授職、而予世襲（見讀史方輿紀要）。故明代初期對此等地域，雖表面一貫採取羈縻政策，然其下層早已奠定向化基礎，具建省之條件矣。至貴州建省之近因，則由於思南思州兩田氏之交相搆殺而致。初思南宣慰田宗鼎凶暴，與其副使黃禧搆怨，奏訐累年，朝廷改禧爲辰州知府。未幾思州宣慰田琛與宗鼎爭砂坑地有怨，禧遂與琛結圖鼎，率兵攻思南，宗鼎絜家走，琛殺其弟，發其墳墓，並戮其母屍，宗鼎訴於朝，屢敕琛禧赴闕自辨，皆拒命不至，因遣行人蔣廷瓚召之。根據明田汝所載：

吳元年，田仁智納土歸附，詔立思州宣慰司，以仁智爲宣慰使。其族人田茂安者，據沿河婺州以獻僞夏明玉珍。洪武五年，明玉珍敗，茂安乃降，立爲思南宣慰使。琛仁智子也、嗣立，與茂安之子宗鼎爭砂坑，日尋以兵。宗鼎復禁其民不得從華風、瓦屋樹秔稌，子弟不得讀書，民大疾苦。永樂初，遣行人蔣廷瓚往勘之，琛自言願見　上白事，廷瓚遂以入覲。琛言思南故思州地，當歸思州。　上曰：「思南判歸僞夏，何不徑取屬汝耶？畫土分疆，是朝廷事，汝安得擅有安之！」琛復訐鼎諸不法事。　上曰：「過惡在彼，汝何與焉！弟安分守土，再犯吾磔汝矣。」琛叩首受諭而還，與宗鼎搆殺如故。十一年十一月，　上乃遣旗校數人，同日潛入二司，執琛宗鼎去，城中闃無知者。頃之，忽一官開黃榜諭諸夷曰：「首惡既禽，餘無所問」。於是諸夷怗然。琛宗鼎至京師，咸斬之。乃諭兵部尚書金忠等曰：「思南思州之民，苦田氏久矣，其滅之以爲府治」。遂建貴州布政司。（行邊紀聞）

又明史載：

命鎮遠侯顧成以兵壓其境，執琛禧械送京師，皆引服………帝命刑部正其罪，諭戶部尚書夏原吉曰：「琛宗鼎分治思州思南，皆爲民害。琛不道，已正其辜，宗鼎滅倫，罪不可宥。其思州思南三十九長官司地，可更郡縣，設貴州布政使司總轄之。」遂分其地爲八府四州，貴州爲內地自是始。兩宣慰廢，田氏遂亡。

（土司傳貴州土司）

按此兩大土司火併結果，遂有貴州行省之闢置。設貴州布政使司，而以長官司七十五分隸之，屬戶部；置貴州都指揮使司，領十八衞而以長官司七隸之，屬兵部；府以下參用土官，土官之朝貢信符屬禮部；承襲吏部；領州兵者屬兵部。其後府並爲六，州仍爲四，長官司或分或合，釐革不一。淸谷應泰曰：

「……二田授首，處分郡縣，爲布政司者一，爲府者六，爲州者四，爲安撫司者一，爲衞十五，而黔中一省，儼然進明堂……自古開疆廓宇，又未有若斯之易者也。」（明史紀事本末卷十九）（按其所言範圍，不包括貴州宣慰司地在內）

下附貴州苗蠻種類及其散佈之處：

（一）盧鹿——卽羅鬼，亦卽水西安氏所轄之四十八部族，族衆而地廣。

（二）狆家——（本作仲），其種有三：一曰補籠，一曰卡尤，一曰靑狆。貴陽、定番，廣順皆靑狆，而安順，鎭甯，頂營，則補籠卡尤也。

（三）生苗——可分爲：

(1) 谷藺苗——居於定番境。

(2) 九股苗——居於興隆、淸平，偏橋等地。

(3) 紫姜苗——居於都勻境。

(4) 九名九姓苗——居於夭壩境。

(5) 黑苗——居於鎭遠境。

(6) 紅苗——居於銅仁境。

(7) 陽洞苗——黎平境。

(8) 羅漢苗——黎平境（註）

(9) 峒人——黎平境。

（以上7、8、9三種爲患最烈）

（四）宋人——新貴境。

（五）蔡家——威淸、平境。

（六）八番土人——定番境。

（七）陽保——龍泉境。（或遷或土著之舊民）

（八）東苗——新貴境。

（九）西苗——新貴境。

（十）花苗——廣順境。

（十一）牯羊苗——廣順境。

（十二）白苗——龍里境。

（十三）短裙苗——貴定、思南境。

（註）：羅漢苗——淸陸次雲云：「苗童之未娶者，曰羅漢：苗女之未嫁者，曰觀音。」（小方壺齋輿地叢鈔第八帙峒谿纖志）二說各異，未知孰是，今姑存疑。

(十四)白猓——永甯、慕役境。

(十五)犵狫——平伐、平遠境。

(十六)木老——都勻，黔西境。

(十七)龍家——康佐，會竹，甯谷，西堡等壇內。

(十八)羊獷——都勻，石阡，黎平等境。

(十九)蠻人——新添，石阡境。

(二十)僰人——普安境。

以上所錄貴州苗蠻種類，係以淸人田雯所著之「黔苗蠻記」爲準據。(小方壺齋輿地叢書第八帙)

茲將貴州各土司表列於後：

貴州土司一覽表

名稱	設置情形	土官姓名	朝貢次數	改流存廢及所屬	現今所在地	備註
程番長官司	洪武五年三月置，編戶一里。	自洪武時起，土長官程谷祥，程谷秀，程永平，顧雄(副長官)，程旻，程漢等	共十八次	隸定番州	在今貴州定番縣(今更名惠水縣)	
小程番長官司	元爲小程番安撫司。明洪武六年正月改置，編戶十里。	土長官程受孫(洪武時)程英(弘治時)	共八次	同前	在惠水縣西北五里。	

韋番長官司	元爲韋番蠻夷長官司。明洪武十五年六月改置，編戶十里。	土長官韋四海（洪武時）韋勝祖（元末明初安撫）	共十一次	同前	在惠水縣南五里	
方番長官	元爲方番河中府安撫司。明洪武五年改置，編戶，一里。	土長官方德用（元爲安撫，明初歸附），方文康	共十二次	同前	在惠水縣南八里。	
洪番長官司	元爲洪番永盛軍安撫司。明洪武六年正月改置，編戶一里。	土長官洪姓	共十次	同前	在惠水縣西十里。	
盧番長官司	元爲盧番靜海軍安撫司。明洪武六年改置、編戶一里。	土長官盧朝俸（洪武時）	共十次	同前	在惠水縣北五里。	
上馬橋長官司	洪武十五年六月置，編戶一里。	土長官方谷富，方勇、方永壽、李慶等。	共十五次	同前	在惠水縣西北二十里。	
臥龍番長官司	元爲臥龍番南寧州安撫司。明洪武五年改置、編戶里。	土長官龍得壽（洪武時）龍祖慶，龍智保，李赤長（副長官）龍保地(宣德)	共十三次	同前	在惠水縣南十五里。	
小龍番長官司	元爲小龍番靜蠻軍安撫司。明洪武六年正月改置，編戶一里。	土官龍世榮，龍泉（二人皆元末安撫），龍慶福等。	共十一次	同前	在惠水縣東南十五里	
大龍番	元爲大龍番應天府安撫司	土官龍舜昌（元安撫，明	共十	同前	同前	

長	。明洪武五年改置，編戶十里。	初歸附）	次			
金石番長官司	元為金石番太軍安撫司。明洪武五年改置，編戶里。	土官石良玉（元為安撫，明歸附）石愛，石承隆，石顯榮，文保大（副長官）	共十二次	同　前	在惠水縣東二十五里。	古今地名大辭典長官作金姓
羅番長官司	元為羅番大龍遏蠻安撫司。明洪武五年改置，編戶一里。	土官龍世映（元為安撫，明歸附授長官）	共九次	同　前	在惠水縣南三十里	
盧山長官司	元為盧山等處蠻夷軍安撫司，明洪武六年正月改置，編戶一里	土官盧經保	共十次	同　前	在惠水縣南七十里。	
金筑安撫司	元為金竹府。明洪武四年改置金筑長官司，十年升安撫司。	自洪武時起，土安撫使密定，德弟、得榮、得珠、金鏞、金徵、金彬，金大章等。	共十四次	正統十年，直隸貴州布政司。成化十一年，改屬程番府，隆慶二年改屬貴陽府。萬曆四十年改為廣順州，置流官，其裔金大章為土知州世襲但不管州事。	今貴州廣順鎮。舊	
木瓜長官司	元為木瓜等處蠻夷軍民長官司。洪武五年改置，編戶一里。	長官石蓋，副長官顧宸（二人均洪武時），石保。	共十二次	洪武五年屬貴州衛，正統三年屬金筑安撫司，成	在今貴州惠水縣南七十里。	

				化十二年屬程番府萬曆十四年三月屬定番州。		
麻嚮長司官司	明洪武七年六月置，編戶一里。	長官得雍（洪武時）	共六次	同前	在惠水縣西七十五里。	
大華長官司	元爲大小化等處蠻夷軍民長官司。明洪武七年改今名，編戶一里。	長官不詳、或爲流官。	共七次	同前	在今貴州羅甸（羅斛）縣西北	
貴州宣慰使司（水西安氏）	元以順元路軍安撫司改置。明初因元置。	自洪武時起，土官宣慰使靄翠，靄暉，奢香（女）安勻，安的，安卜葩，安中，安聚，安隴富，安觀，安貴榮，安佐，安萬鍾，安萬鈞，奢播（女），安萬鎰，安萬銓，安仁，安國亨，安疆臣，安堯臣，奢社輝（女）安位等。	共一百一十三次	洪武五年屬四川行省，九年屬四川布政司，永樂十一年二月屬貴州布政司。	故治在今貴州省黔西縣。	
貴州宣慰使司（水東宋氏）	同前	自洪武時起，土官宣慰使宋欽，（即宋蒙古歹）宋誠、宋斌，宋昂，宋然，宋儲，宋夔，宋一清，宋德懋等。	共三十四次	同前	故治所在今貴陽市	

水東長官司	元爲水東寨長官司。明洪武五年改置，編戶一里。	土長官向四（洪武時）副長官胡文英。	共四次	屬貴州宣慰使司。	在今貴州龍里縣東北	
中曹蠻夷長官司	元爲中曹白納等處長官司。明洪武五年改置，編戶一里。	洪武時土官謝石寶，副長官劉竟賓，劉鐸，（弘治時）。	共六次	同前	在今貴州貴陽縣南十五里。	
青山長官司	元爲青山遠地等處蠻夷軍長官司。明洪武五年改置，編戶一里。	洪武時土長官蔡割，副長官劉士眞，劉子恭（宣德時）。	一次	後廢（原屬貴州宣慰使司）。	在今貴州修文縣境	本司明史地理志未見
剳佐長官司	元爲落邦剳佐等處長官司。明洪武五年改置，編戶一里。	土長官宋文忠（洪武時）。	不詳	屬貴州宣慰使司。崇禎三年改爲敷勇衛屬貴州都司。	在今貴州修文縣南	剳佐亦作札佐
龍里長官司	元爲龍里等寨長官司。明洪武五年改置，編戶一里。	土長官何有善（實錄作何友善）（洪武時）何九住，何慶祿等。	共三次	屬貴州宣慰使司	在今貴州龍里縣西北	
白納長官司	元爲茶山白納等處長官司。明洪武五年倂入中曹司。永樂四年復置，編戶一里。	土長官周可敬，副長官起仲祖（二人皆洪武時）周冕	共三次	同前	在今貴州貴陽縣南七十里。	
底寨長官司	元爲底寨等處長官司。明洪武五年改置、編戶一里。	洪武時土長官蔡永昌，副長官梅忠、蔡文昇。	共三次	同前	在今貴州修文縣北。	

乖西蠻夷長官司	元爲乖西軍民府。明洪武五年改置，後廢，永樂元年復置。編戶一里。	洪武時土長官楊文眞，副長官劉海，楊暹（宣德時）劉宗正（曆時）。	共六次	同前	在今貴州紫江縣東北六十里	
養龍坑長官司	元爲養龍坑宿徵等處長官司。明洪武五年改置。編戶一里。	土長官蔡普化，副長官謝文直，蔡承郎，蔡昇。	共四次	同前	在今貴州息烽縣北	
寧谷長官司	洪武十九年置。	副長官顧興仁（洪武時）長官安受（永樂時）長官顧雄（正統時）顧鏈（天順時）。	共三次	屬安順軍民府	在今貴州安順縣西南三十里。	
西堡長官司	同前	土長官卜却（洪武時）阿德、阿傍、阿者必登（上二人皆判誅）阿健，溫林	共六次	同前	在今貴州普定縣西北。	
十二營長官司	同前	土長官阿佐（洪武時）阿宇，蕭賢（副長官，洪熙時）色鳩（女）。	共九次	屬鎭寧州	在今貴州鎭寧縣北三十里。	
康佐長官司	同前	長官薛福壽（洪武時）副長官于成、于鑑。	共四次	同前	在今貴州鎭寧縣四十里	
慕役長官司	同前	長官阿夷、禮福海、杜宣（副）適由（女）。	共六次	屬永寧州	在今貴州關嶺南六十里。	

頂營長官司	洪武四年置	阿庸、阿光繼（均爲長官）程士貴、程受（均爲副長官）。	共五次	屬永寧州	在今貴州關嶺縣南一百五十里。	
都勻長官司	元爲上都勻等處軍民長官司。明洪武十六年改置，編戶一里。	副長官吳賴（洪武時）吳貴、吳琮、吳正（景泰時授爲長官）吳欽（正德時）	不詳	屬都勻府	在今貴州都勻縣南七十里。	
邦水長官司	元爲中都雲板水等處軍民長官司。明洪武十六年改置，編戶一里。	土長官吳姓，副長官袁姓、袁銓。	不詳	同前	在今貴州都勻縣西二十里。	
平浪長官司	洪武十六年置，編戶一里。	土副長官王應銘（洪武時）王阿重（宣德時）王連（正德時）王仲武	一次	同前	在今貴州都勻縣西五十里。	
平州六洞長官司	元爲六洞柔遠等處蠻夷軍民長官司。明洪武十六年改置，編戶一里。	土副長官楊平（洪武時）楊進雄（嘉靖時）	一次	同前	在今貴州都勻府舊境	
麻哈州	元爲犵狫砦長官司。明洪武五年改置麻哈長官司。弘治八年升爲州。	土長官宋姓，升州後改爲土同知；實錄載有長官蒲成其人。	一次	屬都勻府	今貴州麻江縣。	
樂平長官司	洪武二十四年五月置，編戶一里。	土副長官宋姓、宋眞（宣德時）。	二次	屬麻哈州	在今貴州麻江縣北四十里。	

平定長官司	洪武二十二年置編戶一里。	土官吳姓。	不詳	同	前	在麻江縣北一百里	
合江洲陳蒙爛土長官司	洪武十六年置,編戶一里。	土副長官張勉、張鏞。	二次	屬獨山州		今貴州三都縣地。	
豐寧長官司	洪武二十三年置,編戶一里。	土副長官楊震、楊泰。	一次	同	前	(註)	
凱里長官司。	本爲安撫司。明嘉靖八年二月分播州宣慰司地置宣撫司,萬曆三十五改置。	宣撫楊友、楊張,土長官楊燧(萬曆時)楊世蔚(天啓時)	不詳	屬平越軍民府		在今貴州鑪山縣東四十五里	
楊義長官司	元爲平月長官司地,明洪武十四年置司,編戶一里	土官楊姓	不詳	同	前	在今貴州平越縣東三十里。	古今地名大辭典作土官金姓
潭溪蠻夷長官司	洪武三年因元置,後廢。永樂元年復置,編戶三里。	土長官石文煥(洪武時)	一次	屬黎平府		在今貴州黎平縣西南三十里	
八舟蠻夷長官司	元爲八舟軍民長官司。明洪武五年改置,後廢,永樂元年正月復置,編戶二里。	土長官吳金骨(洪武時)吳從萬(宣德時)	二次	同	前	在黎平縣北二十里	
洪舟泊	元爲洪舟泊里等洞蠻夷軍	長官李德輿(洪武時)副	不詳	同	前	在黎平縣	

里蠻夷長官司	民長官司。明洪武五年置今司，編戶四里。	長官林平秀（宣德時）				東一百五十里。
曹滴洞蠻夷長官司	元爲曹滴等洞軍民長官司。明洪武五年置今司，編戶六里。	土長官楊都（洪武時）	不詳	同前	在黎平縣南三十里。	
古州蠻夷長官司	元爲古州八萬洞軍民長官司。明洪武五年置今司，後廢。永樂元年復置，編戶二里。	土長官楊秀茂（洪武時）楊政賢（宣德時）	一次	同前	在今貴州榕江縣	
西山陽洞蠻夷長官司	洪武初置，後廢。永樂五年復置，編戶二里。	土長官韋方魁（洪武時）韋萬木（正統時）韋萬魁（副長官）韋昌金（嘉靖時）。	一次	同前	在今貴州黎平縣東南一百六十里。	
湖耳蠻夷長官司	元爲湖耳蠻夷軍民長官司。明洪武三年置今司，後廢。永樂元年正月復置，編戶二里。	土副長官歐景甫（永樂時）楊秀榮（洪武時）	二次	同前	在今貴州錦屏縣	
亮寨蠻夷長官司	元爲八萬蠻夷長官司，洪武三年置今司，後廢。永樂元年正月復置，編戶一里。	土長官龍政中（洪武時）	不詳	同前	在貴州黎平縣北一百里。	
歐陽蠻夷長官司	洪武三年因元置，後廢。永樂元年正月復置，編戶一里。	土長官楊再仲（洪武時）	不詳	同前	在貴州黎平縣北九十里。	

新化蠻夷長官司	洪武三年因元置，後廢。永樂元年復置，編戶一里。	土長官歐陽萬（洪武時）歐霖（宣德時）	共四次	同前	在今貴州黎平縣西北六十里
中林驗洞蠻夷長官司	洪武初置，後廢。永樂元年正自復置，編戶一里。	長官楊盛賢（洪武時）楊相（萬曆時）	二次	同前	在黎平縣西北一百里。
赤溪湳洞蠻夷長官	同前	長官王必恕（永樂時）王顯章，（副）楊通諒，楊福，楊國威。	一次	同前	在今貴州錦屏縣境
龍里蠻夷長官司	同前	長官楊光福（洪武時）	共四次	同前	在今貴州黎平縣西北九十里
水德江長官司	洪武初因元置水特姜長官司，二十二年改今名。	土長官張乾福（洪武時）張沂、張源、張輅轄，楊潮海（永樂時副長官）	一次	屬思南府，萬曆三十三年改流爲安化縣。	今貴州安化縣
蠻夷長官司	洪武十年十月置，編戶一里。	土長官安輝世（洪武時）安逸，安洛，安國臣。	共四次	屬思南府	在貴州印江縣東南
沿河祐溪長官司	洪武七年十月置，編戶三里。	土長官張文龍，副長官由文安（二人皆洪武時）張珏（正統時）。	二次	同前	今貴州沿河縣地
朗溪蠻	洪武七年十月置，編戶三	土長官田榮（洪武時）田	一次	同前	在印江縣

夷長官司	里。	任泰、田稷、田慶嘉。			東南八十里	
都坪峨異溪蠻夷長官司	洪武六年置，二十五年省，永樂十二年三月復置編戶四里。	土長官何夢霖（洪武時）二土長官周斌（永樂時）二姓並世其職。又實錄載有土長官本土及黃勳二人。	二次	屬思州府	在今貴州思縣城內	
都素蠻夷長官司	永樂十二年置，編戶二里。	土副長官周源（正統時）	不詳	同前	在貴州思縣西九十里	
施溪長官	元爲施溪樣頭長官司。明洪武五年改今名，編戶一里。	土長官劉道忠（洪武時）	不詳	同前	在貴州思縣四十里	
黃道溪長官司	洪武初因元置，編戶一里。	土長官劉貴，副黃文聰（二人皆洪武時）、	不詳	同前	在貴州思縣東北一百二十里	
偏橋長官司	元爲偏橋中寨蠻夷軍民長官司。明洪五年改置，編戶二里。	土長官安德（洪武時），安衡（宣德時）左右副長官皆楊姓。(方輿紀要)。	二次	屬鎮遠府	在今貴州施秉縣東	
邛水十五洞蠻夷長官司	元爲邛水縣。明洪武五年改置，編戶五里。	土副長官袁誠本（洪武時），又實錄載有長官楊光春，楊勝武。	二次	同前	在今貴州邛水縣	

臻剖六洞橫波等處長官司	元爲臻剖、六洞、橫波三長官司，明洪武二十二年置。	不詳	不詳	同前	在貴州舊鎮遠府境	
省溪長官	元爲省溪壩場等處蠻夷長官司。明洪武五年改置今司，編戶一里。	土長官楊氏，副載氏	不詳	屬銅仁府	在今貴州銅仁縣南	
提溪長官司	元爲提溪等處軍民長官司。明洪武五年置今司，編戶一里。	土長官楊秀纂、副張秉仁。	不詳	屬銅仁府	在今貴州江口縣西北	
大萬山長官司	元爲大萬山蘇葛辦軍民長官司，編戶一里。	土長官楊政華（洪武時）楊光慶、楊顯祖。	一次	屬銅仁府	在今貴州銅仁縣南五十里	
烏羅長官司	元置烏羅龍於等處長官司。明洪武五年改置今司，編戶四里。	土長官楊世雄（洪武時）冉興祖（永樂時）冉文質	二次	同前	在今貴州松桃縣西	
平頭著可長官司	元爲平頭著可通達等處長官司。明洪武五年改置今司，編戶一里。	土官楊氏，副田氏，又實錄載有土長官者懷印其人。	一次	同前	在今貴州松桃縣西北	
石阡長官	元爲石阡等處軍民長官司。明洪武五年改置今司，其城周三里有奇。	土長官楊正德（洪武時）永樂時安景文爲長官楊氏副之。	一次	屬石阡府	在今貴州石阡縣西北	

苗民長官司	洪武七年十月置，編戶二里。	土長官汪得英（建文初）。	不詳	同	前	在今貴州石阡縣西北八十里	
葛彰葛商長官司	明初因元置，編戶二里。	長官安寧，安民（宣德時）趙世忠（萬曆時）	二次	同	前	在石阡縣西百里。	
大平伐長官司	洪武十九年置，編戶四里。	土長官宋隆豆（洪武時）宋英、宋應。	共八次	屬龍里衛軍民指揮使司	前	在今貴州貴定縣南三十里	
新添長官司	洪武四年置，編戶十里。	宋亦鄰（元末安撫）土長官宋仁貴（洪武時）宋質，宋能。	共八次	屬新添衛軍民指揮使司	前	在貴定縣東北	
小平長官司	元爲雍眞乖西葛蠻等處長官司。明洪武十五年改置今司，編戶六里。	土官的那，土長官宋斌保（洪武時）	共九次	同	前	在貴定縣西南五十里	
把平寨長官司	洪武十五年六月置，編戶二里。	土長官蕭仕誠（洪武時）（方輿紀要作蕭任成）	一次	同	前	在貴州境未詳細址	
丹平長官司	洪武三十年置，後廢，永樂二年復置，編戶四里。	土長官莫谷送（洪武時）	不詳	同	前	在今貴州貴定縣西南一百里	
丹行長官司	洪武三十年置，後省，永樂二年復置，編戶五里。	土長官羅海（洪武時）羅奇（萬曆時）	一次	同	前	在今貴州都勻縣西	

〔註〕豐寧長官司有二：

（甲）豐寧上長官司——在獨山州南一百二十里、元為都雲安撫司地。明洪武二十三年，改置豐寧長官司、隸都勻衛，永樂十七年、屬布政司、尋還屬衛。宏治八年，改屬獨山州。本朝為豐寧上長官司。長官楊姓。

（乙）豐寧下長官司——在獨山州南一百四十里，元為都雲安撫司地。明初改置、本朝因之，長官楊姓。（二說均見自大清一統志卷五百二）

又讀史方輿紀要卷一二一作在西南七十里未知孰是。

八、廣西羈縻府州縣及土司狀況的改觀

廣西之地、元時置廣西兩江道宣慰使司、隸湖廣行中書省。至正末、改宣慰使司為廣西等處行中書省。明洪武初因之、並置廣西都衛。九年六月，改行中書省為承宣布政使司。惟其境內情形，諸般殊特，統治極為不易，而以田州泗城，尤難制服。明史載：

廣西猺獞居多，盤萬嶺之中，當三江之險，六十三山恃為巢穴，三十六源踞其腹心。其散布於桂林、柳州、慶遠、平樂諸郡縣者，所在蔓衍，而田州泗城之屬、尤稱强悍。種類滋繁，莫可枚舉，蠻勢之衆，與滇為埒。（土司傳廣西土司一）

由於此一實況，故自秦置桂林郡以來，歷代統轄，多因地制宜，其不能置流官之處，悉以羈縻政策行之。明因

數，亦甚駭鉅，此其所以異於其他西南土司者也。茲將廣西各土司表列於后：

廣西土司一覽表

名稱	設置沿革	土官姓名	朝貢次數	改流存廢及所屬	現今所在地	備考
南丹州	元爲南丹州安撫司，大德初，併入慶遠路。洪武七年復置南丹州，二十八年廢，改置南丹衛，正統十年復置州，編戶十九里。	自洪武時起，土知州莫金，莫祿，莫禎，莫必勝，莫繼恒等。	共十四次	屬慶遠府，其治佐以流官吏目。	今廣西省南丹縣	
東蘭州	元爲東蘭州。明洪武十二年因元置，編戶十二里。	自洪武時起，土知州韋富撓，韋錢保（冒替）韋亮（或作目），韋質、韋濟民、韋甌、韋思銘、韋若、韋祖鋐、韋應龍、韋文第等。	共十二次	屬慶遠府	今廣西省東蘭縣	
那地州	元因宋制爲那、地二州。明洪武二年併爲那地州，編戶二里。	自洪武時起，土知州羅黃貌、羅志通、羅文愈、羅廷鳳、羅謙福等。	共八次	屬慶遠府，其治佐以流官吏目。	在今廣西省東蘭縣之北六十里。	

忻城縣	洪武初設，置流官，弘治中，革流官專任土官，編戶一里。	土知縣莫保（洪武時）莫敬誠（正統時）	不詳	屬那地州	今廣西省忻城縣	民國十七年始改土歸流。
永順長官司	弘治五年析宜山縣地置。	自弘治時起，土長官鄧文茂。	不詳	屬那地州	今屬廣西省宜山縣	
永定長官司	同前	自弘治時起，土長官韋槐	不詳	同前	同前	
永安長官司	弘治三年九月由永安州改設，後罷流官，旋復爲州。弘治九年復增設長官司。	自弘治時起，土長官韋萬妙，土副長官有韋全保、韋公利、覃應塤三人。	不詳	屬慶遠府	今廣西省蒙山縣	
上思州	洪武初廢，二十一年正月復置州，屬思明府，弘治十八年改今屬，編戶二十里。	自洪武時起，土知州黃威慶、黃中榮、黃智永、黃瑛、黃熊兆等。	共八次	弘治十七年十二月因紹嗣爭襲改土歸流，屬南寧府。	今廣西省上思縣	
歸德州	洪武二年屬田州府，弘治十八年改屬，編戶一里。	自洪武時起，土知州黃隍城、黃碧、黃高、黃通等。	共四次	屬南寧府，其治佐以流官吏目。	今爲廣西省果德縣之一部。	
果化州	洪武二年屬田州府，嘉靖九年改屬（方輿紀要作宏治十八年改屬（編戶一里。	自洪武時起，土知州趙榮、趙應貴、趙英等。	共五次	同前	同前	

忠州	洪武初廢，二十一年復置，屬思明府，萬曆三年九月改屬（方輿紀要作隆慶三年改屬）編戶一里。	自洪武時，土知州黃中謹、黃雄、黃智、黃賢相、黃有翰等。	共八次	屬南寧府	今爲廣西省綏淥縣轄地。	民國五年始改土歸流。
下雷州	明初因失州印，廢爲峒，屬鎮安府，嘉靖四十三年改屬，萬曆十八年升州，編戶一里。	自洪武時起，世襲峒長許永通、許世烈、許國仁、許宗蔭、許自萬曆時起、土知州許應珪。	不詳	屬南寧府，自升州時起，其治佐以流官吏目。	今廣西省雷平縣轄地。	民國十七年始併入。
崇善縣	洪武初，因元置。嘉靖十九年，遷入廓內，編戶十六里。	土知縣趙暹	不詳	宣德間，趙暹以亂誅，改流官，屬太平府。	今仍爲廣西省崇善縣。	
左州	洪武初，因元置，編戶四里。	自洪武時起，土知州黃勝爵、黃榮、黃性徹等。	共四次	成化十三年，因子孫爭襲，改爲流官，更名爲同正州，仍屬太平府。	今廣西省左縣	
養利州	洪武初，因元置，編戶二里。	自洪武時起，土知州趙日泰、趙芳、趙武高、趙文安。	共七次	宣德三年因土知州趙文安侵掠鄰境伏罪，改爲流官（明史土司傳謂萬曆二年改流）宣德七年改同正州，仍屬太平府。	今廣西省養利縣	

永康州	洪武初，因元置同正縣，萬曆二十八年爲州，編戶一里。	自洪武時起，土知縣楊榮賢、楊武高、楊璚、楊雄傑。	共二次	成化八年因楊雄傑之亂，改流官，其後升州仍屬太平府。	今爲廣西省同正縣	
上石西州	明初併入思明府，永樂二年復置，編戶一里。	明初土官爲趙姓。其後更趙、何、黃三姓，何士弘即其時土知州之一。	共二次	成化十五年因三姓絕而改置流官，萬曆二十八年，改屬太平府	今爲廣西省明江縣地	
太平州	洪武元年因元置，編戶四里。	自洪武時起，土知州李以忠、李圓泰、李穀。	共四次	屬太平府，其治佐以流官吏目。	今爲廣西省崇善縣境	
思城州	洪武元年因元置，編戶二里。	自洪武時起，土知州趙雄傑（或作趙斗清）	共二次	同前	在今廣西田州舊州北二五〇里	
安平州	洪武初，因元置，編戶五里。	自洪武時起，土知州李郭佑、李貴、李華、李森。	共七次	同前	今廣西省雷平縣轄地	民十七年改土歸流
萬承州	洪武初，因元置，編戶四里。	自洪武時起，土知州許郭安、許祖俊、許永誠、許永銘、許奎等。	共十四次	屬太平府，其治佐以流官吏目。	今廣西省萬承縣	民國十八年改設
全茗州	洪武初，因元置，編戶一	自洪武時起，土知州李添	共四次	同前	故州治在今	民國五

	里。	慶；又土官許式堅、許望			廣西省龍茗縣東北三十里。	年與茗盈龍英二土州合併，改爲龍茗縣
鎮遠州	洪武初，因元置，編戶一里。	自洪武時起，土知州趙勝昌、趙士能、趙得茂、趙德興、趙富穀等。	共十次	同前	今爲廣西省鎮結縣轄。	與結倫、結安、都結地合併而爲鎮結縣
思同州	洪武初，因元置，編戶四里。	自洪武時起，土知州黃克嗣，黃崇廣、黃志灝、黃大錫。	共六次	萬曆二十八年，因大錫嗣絕，併入永康州，其原治佐以流官吏目，屬太平府。	在今廣西省同正縣西南十五里。	
茗盈州	洪武初，因元置，編戶一里。	土知州李鐵釘（洪武時）	共九次	屬太平府，其治佐以流官吏目。	今爲廣西省龍茗縣之一部。	見全茗州
龍英州	洪武初，因元置，編戶二里，並割上懷地益之。	自洪武時起，土知州李世賢；又土官趙敬、趙文榮（見自實錄）羅輔（亦見自實錄）	共十三次	屬太平府，其治佐以流官吏目。	同前	同前

結安州	洪武初，因元置，編戶一里。	自洪武時起，土知州張在榮、張伯通、張高等。	共四次	同前	今廣西省鎮結縣之一部	同鎮遠州
結倫州	同前	自洪武時起，土知州馮萬傑、馮志威、馮郎黃、馮永高等。	共七次	同前	同前	同前
都結州	同前	自洪武時起，土知州農威烈、農武高（或作龍）農安（或作儂，二者均見自實錄）	共五次	同前	同前	同前
上下凍州	同前	自洪武時起，土知州趙從、趙慶隆等。	共四次	同前	今爲廣西省龍津縣（舊龍州縣）之一部，在縣治西四十五里。	
思明州	洪武初，因元置，屬思明府，編戶一里。	自洪武時起，土知州黃鈞壽、黃志銘、黃忠、黃泰、黃思隆、黃拱極、黃拱聖等。	共三次	萬曆十一年，改屬太平府。	今廣西省思樂縣。	
陀陵縣	洪武初，因元置，編戶四里。	土知縣黃富（洪武時）	不詳	屬太平府，其治佐以流官典史。	在今廣西省同正縣西南六十里。	

羅陽縣	洪武初，因元置，編戶一里。	土知縣黃宣（洪武時）	不詳	同前	在今廣西省同正縣之南	
思恩軍民府	洪武二年屬田州府，後屬雲南廣西府。永樂二年八月，直隸廣西布政司。正統四年十月升府。六年十一月升軍民府。編戶二十里。	自洪武時起，土知州岑永昌，土知府岑瑛、岑鐩、岑濬。	共十五次	弘治十八年，岑濬謀亂，敗死，改同正府，設流官。	今廣西省武鳴縣。	
鎮安府	元爲鎮安路，洪武二年改爲府。編戶二里。	自洪武時起，土知府岑添保、岑志綱、岑永壽、岑元氣、岑鉅、岑金、岑、岑眞保、岑緣等。	共二十四次	直隸布政司，其治佐以流官，首領。	治所今爲廣西省天保縣。	方輿紀要作岑天保
歸順州	明初爲歸順峝，隸鎮安府，宏治九年，升爲州。編戶一里。	自洪武時起，土峝長岑永綱（方輿紀要作岑永福）、土知州岑瑛、岑璋、岑𤩽、岑代等。	共二次	嘉靖初，改隸布政司。其治佐以流官。吏目。	今廣西省靖西縣。	
思明府	元思明路。明洪武六年七月爲府。編戶三里。	自洪武時起，土知府黃忽都、黃廣平、黃廣成、黃鈞、黃道、黃承祖、黃應聘。	共二十六次	隸布政司，其治佐以流官。	今廣西省思樂縣。	民國始廢入。
下石西州	元屬思明路。明初因置。編戶一里。	自洪武時起，土知州黃閉賢。		屬思明府。其治佐以流官。	今爲廣西省憑祥縣之一部。	民國十六年始併入。

田州	元爲田州路。明初改爲田州府。編戶十里。	自洪武時起，土知府岑伯顏、岑堅、岑永通、岑祥、岑紹、岑鑑、岑鏞、岑溥、岑猛、土判官岑邦祖、岑芝、瓦氏（女）岑大祿、岑懋仁。	共四十次	嘉靖初，以岑猛亂敗伏誅，五年改爲流官，降府爲州。直隸布政司。	今爲廣西省之百色、恩隆、恩陽三縣。	土夷考作岑伯賢。
上林縣	元屬田州路。明洪武二年因置，編戶一里。	自洪武時起，土知縣黃嵩、黃永高、黃瓊等。	共四次	屬思恩軍民府。其治佐以流官典史。	今爲廣西省恩隆縣轄地，在恩隆縣之東六十里。	
恩城州	元屬田州路。明初屬田州府。編戶六里。	土知州岑欽（成化時）岑桂佩。	共五次	宏治末，桂佩黨於岑濬作亂，伏誅，州廢。	故治在今廣西省恩隆縣舊田州北。	
上隆州	元屬田州路。明初屬田州府。編戶四里。	自洪武時起，土知州岑永通、岑瓊、岑鐸、陳氏（女）	共十次	成化三年州廢	同前	
泗城州	元屬田州路。明初移州治於古磡峝，仍曰泗城。編戶二里。	自洪武時起，土知州岑善忠、岑振、岑瑄、盧氏（女）、岑豹、岑應、岑接、岑施、岑承勳、岑紹勳、岑奇鳳、岑雲漢等。	共二十八次	直隸布政司	民國廢	
利州	洪武初，因元置。編戶二里。	土知州岑顏（宣德時），岑志良。	共五次	嘉靖二年併入泗城州直隸布政司。	故治在今廣西省凌雲縣西南六十里。	

奉議州	元因宋爲奉議州。明洪武五年省入來安府，七年復置，二十八年改爲奉議衛，尋罷，復置州，編戶二里。	自洪武時起，土知州黃志威、黃嗣隆、黃宗允，（實錄作黃宗蔭）	共五次	弘治中土官知州死，皆以土判官掌州事。明末仍存州，直隸布政司。	今廣西省奉議縣。
向武州	明初因元置，洪武二十八年改置向武軍民千戶所，三十二年，復改爲向武州。編戶七里。	自洪武時起，土知州黃世鐵、黃彧、黃謙昌、黃仲金等。	共十二次	直隸布政司	今爲廣西省向都縣轄地。
富勞縣	明初廢，洪武二十五年復置，編戶二里。	土知縣黃姓，名不詳。		隸向武州。	今名勞甲，在向都縣東北六十五里。
都康州	明初州廢，建文元年，復置都康州，編戶二里。	土知州馮斌（洪武時），馮智（正統時）	共八次	直隸布政司。其治佐以流官吏目。	今廣西向都縣之一部。
江　州	洪武元年，因元置，屬思明府，編戶二里。	自洪武時起，土知州黃威慶、黃中立、黃智斌、黃能政、黃恩等。	共八次	洪武二十五年，改隸布政司。迄明世以流官吏目佐之。	今屬廣西崇善縣。
羅白縣	元屬江州，洪武初因元置。編戶一里。	土知縣梁敬賓（洪武時），梁復昌、梁福里。		屬江州	在今廣西崇善縣東南。
思陵州	元屬思明路。明洪武初省	自洪武時起，土知州韋延	共六次	直隸布政司	今爲廣西思

	入思明府，二十一年，復置州。編戶二里。	壽、韋成、韋昌等。			樂之一部。
龍州	元升州為萬戶府。明洪武初，復為龍州，隸太平府。編戶五里。	自洪武時起，土知州趙怗堅、趙宗壽、趙仁政、趙源、趙相、趙燧、趙煖、趙楷、趙賚、趙匡等。	共十四次	洪武九年，直隸布政司。以流官吏目佐治。	今為廣西省龍津縣。
憑祥州	洪武十八年，置憑祥鎮，永樂二年升為縣，屬思明府，成化十八年，又升為州，編戶二里。	土巡檢暨土知縣李昇（洪武時），土知縣李應清（永樂時），李成，土知州李廣寧、李珠、李珍、李佛等。	共五次	升州後直隸布政司，以流官吏目佐治。	今廣西省憑祥縣。
上林長官司	元因宋為上林峝。明永樂七年建上林長官司，管十六甲。	自永樂時起，土長官岑子成、岑世榮、岑志威、黃娘召（女土長官）	共十四次	嘉靖初，嗣絕，以流官吏目掌司事。直隸布政司。	故治在今廣西省西林縣東一百九十里。
安隆長官司	元置安隆砦，屬泗城州。明永樂元年，置安隆長官司。編戶一里。	自永樂時起，土長官岑子得（土夷考作子德），岑聰。	共七次	直隸布政司	今廣西省西隆縣治。

九、土司特色中的女土官

西南土官與一般流官最大不同之處，厥為官位世襲之制度。而此種制度中，最足表徵其特色者，則為特殊承襲下女土官之出現。此種女土官權位之性質，與一般君主世襲國家女后聽政或正式登極，大致相似。在朝廷中女后女皇當政，固有優劣，在土司中女土官之掌印，亦未嘗無良惡之影響。此蓋世襲制度中鮮能避免之現象，而西南女土官遂亦應運而生，從而形成土司中之獨具特色。正統二年二月辛酉朔戍，雲南曲靖軍民府晏毅言四事，中有云：

土官承襲，或以子孫，或以兄弟，或以妻繼夫，或以妾紹嫡，皆無預定，多致臨襲爭奪。……（英宗實錄卷二十七）

此爲土司中極普遍之承襲現象，實際並不止此。土司中以女繼父或繼母者有之，以母襲子者亦有之。舉觀西南土司中，除湖廣諸土司無女土官外，其餘各區女土官比比皆是。毛西河云：

大畧諸蠻，……多女子爲政，其襲替多女土官，異於他族。如建昌知府師克，武定知府商勝，東川知府勝古，烏撒知府實卜，皆洪武中女土官也。（蠻司合志卷二）

此不過舉數人而已。實際洪武一朝，尙有其他土司夫死以妻署事者多人。茲按貴州，雲南，廣西，四川諸土司之順序，敍述各該區女土官之優劣事蹟，及其有助於開發西南大業者於後：

甲、貴州女土官

適爾：

明初貴州最先出現之女土官，爲普定府女總管適爾。

明史載：

洪武五年，普定府女總管適爾及其弟阿甕來朝，遂命適爾爲知府，許世襲。（土司傳貴州土司）

按洪武五年，乃貴州宣慰靄翠宋蒙古歹等歸附時期。此二人爲當時貴州水東之實際領袖，而普定府則以境地密邇，隨之納款，亦女中之識時務者也。

奢香：（劉淑貞附）（蠻司合誌作劉贖珠，今從土司傳）

奢香爲貴州宣慰使靄翠之妻。靄翠之後，以安爲姓。貴州宣慰司之地，安宋二氏分地而治。洪武十四年，宣慰宋欽靄翠相繼死，欽妻劉淑貞隨其子誠來朝，以誠襲職，已則每主司事。而奢香則以子幼代襲靄翠。二婦和衷共濟，於明初西南開發，頗有貢獻。明史載：

時都督馬曄，欲盡滅諸羅，代以流官，故以事撻香，激爲兵端。諸羅果怒欲反，劉淑貞聞止之，爲走愬京師。帝既召問，命淑貞歸招香，賜以綺香。十七年，奢香率所屬來朝，並訴曄激變狀，且願效力開四鄙，世世保境。帝悅，賜香錦綺珠翠如意冠，金環襲衣，而召曄還，罪之。香遂開偏橋水東，以達烏蒙，烏撒及容山，草塘諸境，立龍場九驛。（土司傳貴州土司）

明初底定西南之最大困難，厥爲土司閉塞地區之交通問題。今奢香感朝廷恩德自效，督諸苗蠻披荆斬棘，開山闢險，修道置驛，直通窮僻，上有助於政令徵調之便靈，下有助於蠻夷向化輸誠之進度。從而有無相通，經濟繁榮，功績殊不可泯。其後香死，朝廷遣使致祭，用意雖多在懷柔，然亦所以旌其功也。

此後水西安氏，有安萬鍾妻奢播宣慰事，過渡時期，了無可述。迨萬曆四十一年，宣慰安堯臣死，子位幼，朝命其妻奢社輝攝事，卒因婦人孺子，爲安邦彥挾制而叛，致西南大局，覆地翻天。及至奢安之亂平，而庸懦之安位未幾亦死，水西安氏遂趨衰微。此外普安州尙有女土判官適察其人，以事不詳，僅一提及。

乙、雲南女土官

商勝：

商勝為元末明初之武定府女土官。明史載：

洪武十四年，雲南下，武定女土官商勝首歸附，十五年改為軍民府，以勝署府事。（土司傳雲南土司二）

按商勝本身，固無事蹟可述，而其首先歸附，則有其價值與作用。揆之雲南當時局勢，殊不易迅即平定，而商勝以一府之地，倡附於前，則相應者必不鮮矣。其後武定裔孫數有叛起，貽禍一方，而朝廷猶不欲絕鳳氏者，正以其祖導先歸附之功故也。至若嘉靖十六年，瞿氏以母襲子（鳳詔），至嘉靖四十二年，始因老而舉素林（鳳詔妻）自代，其間雖乏善可述，然二十餘年間，武定安靜如恒，亦殊可稱道。其後素林失事姑之禮，致瞿氏大恚，因收異姓兒繼祖謀襲鳳氏職，釀成大亂，索林一再抱印出奔，兩相搆殺，荼毒生靈，此瞿氏姑媳自招禍尤而不可貸者也。

他如永樂間，楚雄府土同知設剳坤成之以妻襲夫（高政），宣德初，高思弄之以女襲母，雖位處僚佐，未見作為，然思弄之朝聖闕，跨象入城，萬人空巷，爭覩蠻女儀飾，亦當時之美談也。至若畫家為繪之「蠻女貢象圖」，尤極一時之珍。

至若霑益州女土官安素儀，雖嘗有從征功績，然其守身不淑，竟因私情為亂賊者繼榮一時利用，致染穢名。而其身後乏嗣，爭襲搆殺，禍起蕭牆，良足遺憾。

丙、廣西女土官

瓦氏：

瓦氏爲廣西田州土官岑猛妻屬。猛反，長子邦彥爲都指揮沈希儀所敗斬。猛亂平後，朝命以次子邦相署州事。而邦相有子芝，依大母林氏瓦氏居官給養田。其後邦相削二氏食田，且與盧蘇交惡，謀並芝誅之，事覺，芝奔梧州，蘇遂以兵圍邦相宅，誘邦相出，乘夜與瓦氏縊殺之，請以芝職襲職，將以功贖罪。嘉靖三十二年，芝死，子大壽方四歲，事多主自瓦氏。時東南倭警甚急，遂有瓦氏從征之事。明史載：

三十四年，田州土官婦瓦氏，以狼兵應調至蘇州剿倭，隸於總兵俞大猷麾下。以殺賊多，詔賞瓦氏及其孫男大壽大祿銀幣，餘令軍門獎賞。四十二年，以平廣西猺獞功准岑大祿實受知州職。（土司傳廣西土司二）

按瓦氏剿倭之功，應列於貸贖前罪。其後平獞猺之功，始可謂爲純正。然狼兵，天下之勁旅也，瓦氏率之，其建功概可想見。

他如宣德年間，泗城州女土官盧氏，雖兩度襲職，終爲其劣姪岑豹所侵奪，攻城掠殺，三十餘年，卒未正其辜而從容自死。又如宣德間，上隆州土官岑瓊卒，無後，陳氏以母襲子，亦替襲中所不多見。

丁、四川女土官

西南土司中，其女土官最多者，首推四川。其中劣者固夥，然一二健者，其於國家貢獻之鉅，及其心地忠節之純，實爲土司堅一優良楷模，爲女土官放一異彩。今就該區女土官優劣實況，分述於下。

實卜：

實卜爲烏撒之女土官，且爲元之右丞，其聲勢於烏蒙東川芒部三部中，頗具領導性。其後雖爲大軍克服歸附，然其桀驁不馴，殊爲難制。明史載：

時征南將軍傅友德已分遣都督胡海洋等帥師五萬，由永寧趨烏撒。復自率師由曲靖循格孤山而南，以通永寧之兵擣烏撒。時元右丞實卜聞海洋兵至，乃聚兵赤水河以拒之，及聞大軍繼進皆遁。友德令諸軍築城，版牐方具，蠻寇大集，友德屯兵山岡，持重以待，既知士勇可用，乃縱兵接戰，有芒部土酋率衆來援，實卜兵與合，鋒甚銳，大軍鼓譟而前，其酋長多中槊墜馬死……實卜率衆遁。（明史土司四傳川土司）

諸部經此次抗禦失敗，均已紛紛降附，然朝廷仍敕征南將軍傅友德曰：

烏蒙、烏撒、東川、芒部諸酋長雖已降，恐大軍一還，仍復嘯聚。符到日，悉送其酋長入朝……今宜於實卜所居之地，立司以便控制。（見同前）

由此可見當時實卜地位之重要，及其桀驁之一斑。未幾烏撒果叛，經大軍再次征服以後，十六年實卜等酋長來朝，因命實卜爲烏撒土知府。

祿慶妻安氏：

明史載：

嘉靖三十九年，命勘東川阿堂之亂。初東川土知府祿慶死，子位幼，妻安氏攝府事，有營長阿得革，頗擅權，謀奪其官，因先求烝安氏不得，乃縱火焚府治，走武定州爲土官所殺。得革子堂奔水西，賄結烏撒土官安泰，入東川，囚安氏，奪其印。（土司傳四川土司一）

按阿堂之亂，本因其父謀奪府權，求烝安氏不得而起，禍雖牽連甚廣，然安氏之攝事府，非特無過尤，且其節志足可爲女土官榜範。

他如鎮雄（即芒部）女土官者氏，雖因所立阿固不爲夷衆推服，然卒從衆議而立賢長之阿卜，以獻其印，公正寬讓，頗足稱許。

至若烏撒土官安效良之妻，以效良死代爲土官，則頗有可議者。按效良之妾設白，本有子二人，長曰其爵，次曰其祿。第以二婦不相能，初尚彼此相安，繼則安氏絕其爵，其爵則以兵襲安氏，終則安氏迎雲南霑益州土官安邊爲婚，擬授之烏撒，以拒其爵，致兵連禍結，荼毒一方，而烏撒城陷賊八年，其爵始克歸襲父職，亦殊可慨！

師克：

師克爲洪武中之女土官，已見前述，然其爲國報効之功，則應於此指出。明史載：

洪武二十一年，建昌故土官安思正妻師克等來朝，貢馬九十九匹。詔授師克知府，賜冠帶襲衣文綺鈔錠，因命師克討東川芒部及赤水河叛蠻。（土司傳四川土司一）

建昌安氏，本爲西南大姓，明初西南底定，猶諸多倚重，假以征討。其後以月魯帖木兒，普習，賈哈喇之亂平，因復置建昌衛，改安氏爲世襲指揮使，不給印。此後女官署事者，亦有多人。

鳳氏，瞿氏，祿氏：

此三人皆相繼爲建昌女土官。明史載：

西南土官，安氏殆爲稱首，配（安配）六世孫安忠無後，妻鳳氏管指揮使事。鳳氏死，族人安登繼襲，復無子，妻瞿氏管事，以族人世隆嗣，繼妻瞿氏管事，世隆死，以族姪安崇業嗣，崇業與祿氏不相能，因養那固爲假子，其奴祿祈從臾搆難，歲仇殺，鎮巡官勦之，殺那固而戍祿祈，事遂平。（土司傳四川土司一）

此處可見建昌安氏宗脈，至此已奄奄欲息，而承襲諸女土官，均皆無所能爲，聊延殘局而已。且宗枝一再旁按，正脈實同絕斷。

奢蘇，奢爵，奢祿，奢世統，奢世續：

永寧女土官甚夥，且皆爲奢姓，以上數人，皆其顯著者。按宣德九年，女土官宣撫奢蘇，奏授永寧監生李源爲儒學訓導。又正德末，芒部土舍隴壽與庶弟隴政及兄妻支祿爭襲仇殺，致其部婈蠻阿又磉等乘機倡亂流刼，爲永寧女土官奢爵所討平。明史載：

貴州參政傅習，都指揮許詔督永寧宣撫司女土官奢爵等，討禽阿又磉等四十三人，斬一百十九級，事乃定。（土司傳四川土司二）

永寧土兵，本爲强旅。迄明世，其土官歷次從征，屢建功績。今女土官奢爵能率衆平亂，並非偶然致此。又女土官奢祿復因貢獻而獲誥命之賜。明史載：

嘉靖二十五年，永寧宣撫司女土官奢祿獻大木，給誥如命。（土司傳四川土司二）

又萬曆間土官宣撫奢效忠死，其妻世統無子，妾世續有幼子崇周，世統以嫡欲奪印，相仇殺，事已。朝議予二婦以冠帶。以下言石砫女土官事：

覃氏：

萬曆二十二年，石砫女土官覃氏行宣撫事。其屬土吏馬邦聘謀奪其印，與其黨馬斗斛斗霖等集衆數千圍覃氏，縱火焚公私廬舍八十餘所，殺掠一空。覃氏上書言：

臣自從征疊茂，擊賊大雪山，斬首捕寇，皆著有成勞，層膺上官奬賞。今邦聘無故虔劉孤寡，臣豈不能出一旅與之角勝負，誠以非朝命不敢也。（土司傳四川土司二）

按覃氏本有智略，屢建功績。今觀此奏言，尤知大義。惜其與播賊楊應龍情通，致愛子千駟，助紂爲虐，事敗伏誅，良可歎息。然石砫女土官繼覃氏之後，名垂史冊，流芳百世者，則爲其媳女土官秦良玉也。

秦良玉：

良玉爲宣撫使馬千乘之妻。萬曆二十四年，播州楊應龍逆焰甚熾，良玉夫婦率兵三千餘人從征，大敗賊衆，爲南州路戰功第一，而良玉口不言功。其後千乘爲部民所訟，瘐死雲陽獄中，良玉因代領其職。明史載：

良玉爲人饒膽智，善騎射，兼通詞翰，儀度嫻雅，而馭下嚴峻，每行軍發令，戎伍肅然。所部號白桿兵，爲遠近所憚。（明史列傳第一百五八秦良玉傳）

良玉既有此威望，故朝廷亦極爲重視。泰昌元年援遼之役，其兄秦邦屏渡渾河戰死，弟民屏突圍出，良玉遂自率精卒三千以赴。時兵部尚書張鶴鳴言：「渾河血戰，首功數千，實石砫酉陽二土司功」。並議再徵兵二千，良玉與民屏應命馳還，抵家甫一日，而奢崇明反。崇明婿樊龍遣使齎金帛結援，良玉斬其使，即發兵討賊。時諸土司皆貪賊賄，逗留不進，獨良玉鼓行而西，解成都圍。蜀賊底定，復以援貴州功，數賚金幣，而官軍諸將竟忌之。良玉乃於天啓三年六月上言：

「臣率翼明拱明提兵裹糧，屢奏紅崖墩諸捷，乃行間諸將未覩賊面，攘臂誇張。及乎對壘，聞風先遁。敗於賊者，唯恐人之勝，怯於賊者，唯恐人之强。如總兵李維新渡河一戰，敗衄歸營，反閉門拒臣，不容一見。

以六尺軀鬚眉男子，忌一巾幗婦人，靜夜思之，寧不愧死！」帝優詔報之，命文武大吏，皆以禮待，不得疑忌（秦良玉傳）

其後流賊竄蜀，良玉扼羅汝才於巫山，屢敗其衆，奪其大纛，擒其渠副，賊勢漸衰。是時川撫邵捷春提弱卒二萬守重慶，所倚惟良玉及張令二軍。未幾張獻忠屢破官軍，張令爲賊所殪，良玉趨救不克，轉鬥復敗，所部三萬人畧盡。乃單騎見捷春請曰：「事急矣，盡發吾溪峒卒，可得二萬，我自廩其半，半餼之官，猶足辦賊」。而捷春以倉無見糧，謝其計不用，良玉歎息歸。其後復數獻守蜀之計，上官卒因無兵可發而置。迨獻忠入蜀良玉衆寡不敵潰。及全蜀盡陷，良玉慷慨語其衆曰：

「吾兄弟二人，皆死王事。吾以一孱婦，蒙國恩二十年。今不幸至此，豈敢以餘年事逆賊哉！」悉召所部約曰：「有從賊者，族無赦」。乃分兵守其境，賊遍招土司，獨無敢至石砫者。後獻忠死，良玉竟以壽終。

（見秦良玉傳）

按晚明多事之秋。良玉以一婦人，職僅土官，竟能爲國効勞，屢建大功；且忠貞志節，至死不渝，流風所及足可啓導西南蠻夷之向化。淸李心衡於金川瑣記中載：

崇化屬之獨角寨屯，千總肯朋死，子幼，其妻板登爾濟攝職，撫治番民。歲時隨各屯弁參謁，服男子頂帶，畧無怍色。嘗閱秦良玉傳，秦本重慶儒家女，嫁石砫土司馬千乘，馬死，秦襲職。時值明季荒亂，賊渠李自成張獻忠羅汝才之屬，出沒川省，攻陷郡邑，草薙乘間竊發無虛日。秦親率士兵數千名，削木爲梃，所至立功，保護數郡，時號白桿兵，賊不敢過。明愍帝賜詩二章，有「從此麒麟添韻事，丹靑先畫美人圖」之句，

則土司亦有婦人爲之者矣。……（小方壺齋輿地叢鈔第八帙）

按此一段記述，其原意所指，則爲邊屯員之妻，亦有因夫死而權宜攝事，略無遜色。然板登爾濟嘗閱秦良玉傳，則秦良玉之生平事蹟，影響板登爾濟之大概可想見，而千百世之後，其影響力豈可量耶！

此外四川土司中，尚有邛部女土官沙氏，以淫於族人阿祭，印爲人所奪。又黎州安撫馬祥妻瞿氏，以祥死掌司事，取撫瞿姓子，有異志，司印亦爲祥姪興兵奪去，此皆無可稱述者，姑不多敍。

下附二逆婦：

狡婦曩罕弄：

明史載：

曩罕弄者，故木邦宣慰罕揲法之女。嫁其孟密部長思外法。地有寶井，罕揲法卒，孫落法嗣。曩罕弄以尊屬，不樂受節制，嗾族人與爭。景泰中，叛木邦，逐宣慰，據公署，殺掠鄰境隴川，孟養，兵力日盛，自稱天娘子，其子思柄自稱宣慰。黔國公琮（沐琮）奏委三司官往撫，曩罕弄驕蹇不服，且欲外借交阯兵，逼脅木邦八百諸部。（土司傳雲南土司三）

此事逆變結果，閣臣萬安副都御史程宗竟惑其厚貢，准其所請，爲設孟密安撫司，以思柄爲使。而孟密據寶井之利，資爲結納，木邦常爲所侵，積弱難報，屢訴于朝，竟不得直。

賊婦米魯：

明史載：

弘治十一年，普安州土判官隆暢妻米魯反。米魯者，霑益州土知州安民女也。適暢，被出居其父家。暢老，前妻子禮襲，父子不相能，米魯與營長阿保通，因令阿保諷禮迎己，禮與阿保同烝之。暢聞怒，立殺禮，燬阿保寨。阿保挾魯與其子阿鲊等攻暢，暢走雲南。時東寧伯焦俊爲總兵官，與巡撫錢鉞和解之，魯於道中毒暢死，遂與保據寨反……名所居寨曰承天，自號無敵天王，出入建黃纛，官兵不能制。……發十衞及諸土兵萬三千人分道進，責安民殺賊自贖，民乃攻斬阿保父子……陰資魯兵五百，襲殺適烏（暢妾）及其二子，據別寨殺掠……貴州副使劉福陰索賂於魯，故緩師，賊益熾，官兵敗於阿馬坡，都指揮吳遠被擄，普安幾陷。……（土司傳貴州土司）

此次逆亂，禍延其廣。後由巡撫王軾，巡按陳金，都指揮李政等統兵進剿，魯竄馬尾籠，官兵圍之，就擒伏誅，事遂平。

總之，明代西南女土官事蹟，優劣參半。其柔懦者，則往往引起爭襲之亂，或則大權旁落而無所作爲，苟延殘局而已；其剛勁者，復易分成二途，非積極日謀貢獻於國家，即常自相牽連搆殺，而濟之以淫行。至於石砫女土官秦良玉之勳績彪炳，忠義奮發，中國有史以來，以一土職婦人而克致此者，殆僅見也。

十、西南土司大姓的微滅與倖存

中國民族自周秦以迄今世，其生存活動之趨向，於北方則多取守勢，於南方則每有開展。此固由於自然氣候有以促致，然歷代統一政府，多亦循此規律而作人爲之努力。其努力目標，或兩面同時進行，或片面單獨規劃。其成功失敗之過程，雖變化無常，然其最後命運，靡不納入此軌跡。明代此種兩面政策，最爲明朗而具體，且就其大局形勢而論，亦可謂同時進行。其於北方者，則有禦遼及九邊之備。茲以非本文範圍所及，姑不贅述；其於西南者，則有土司制度之設施，而每以龐大武力爲之後盾。歷代以來，用兵於西南爲數最多，而又廣及數省者，當以明代爲之最。趙翼云：

> 明邊省凡有攻剿，兵數最多。蓋皆就近調用民兵土兵，故餉省而兵易集，非悉用官兵也。考永樂中征安南，用兵八十萬（張輔傳）；正統中征麓川，用兵十五萬（王驥傳）；景泰中討都勻苗也富架，用兵八萬（顧溥傳）；成化中韓雍討大藤峽，先以兵十六萬，破修仁荔浦賊巢（韓雍傳），王越奏起兵搜套須兵十五萬（王越傳）；宏治中，閔珪討永安猺，用兵六萬（閔珪傳）；正德中，思恩府岑濬，與田州岑猛相讐殺，總督潘蕃討之，用兵十萬（潘蕃傳）；嘉靖中，岑猛謀亂，總督姚鏌討之，用兵八萬（姚　傳）；是時欲征安南，用兵十三萬二千人（毛伯温傳）；元江土舍那鑑亂，巡撫鮑象賢討之，用兵七萬（鮑象賢傳）；吳桂芳令俞大猷討韋銀豹，用兵十四萬（俞大猷傳）；曾省吾令劉顯討都掌蠻，用兵十四萬（劉顯傳）；李錫討府江猺，用兵六萬，討古田猺，用兵十萬（李錫傳）；殷正茂討藍一清，用兵四萬（張元勳傳）……（廿二史劄記卷三十四）

觀此可知明代於邊省用兵之多。而用兵之地，靡一非西南地域。可見其於西南開發事業，具有極大持久之決心，非一時權宜征討可比。今再以明代將領於征討時期，佩征南，征蠻，征西，平羌，征夷，平蠻，平夷等正副將軍印，及其征討時間，一並列舉，以資佐證。

征南將軍：

湯和吳元年，胡廷瑞同上，傅友德吳元年，洪武十四年，二十一年。廖永忠洪武元年，周德興三年，鄧愈五年，鄧鎮十六年，楊文二十八年，顧成二十九年，韓觀永樂時，（見劉儁傳），沐晟洪熙元年正統三年，沐昂正統四年，陳懋正統十三年。

征南副將軍：

吳禎、何文輝、廖永忠皆吳元年，朱亮祖洪熙元年，周德興，吳良五年，藍玉，沐英十四年，沐英，陳桓二十一年，韓觀，宋晟二十八年。

征西將軍：

湯和洪武四年，馮勝五年，鄧愈五年十年，沐英十一年，耿炳文三十年，梁銘洪熙元年。

征西副將軍：

周德興，廖永忠洪武四年，沐英十年，郭英三十年。

征西前將軍：

鄭亨洪熙元年。

征蠻將軍：

王瑾嘉靖初，歐信天順。

平蠻將軍：

蔣貴正統六年，八年。，宮聚十三年，王驥十四年，梁珤景泰元年，陳銳成化初，俞大猷嘉靖。

平蠻副將軍：

李安，劉聚正統六年。

平羌將軍：

丁鈺洪武十年，何福二十四年，李景隆二十七年，甯正同上，齊讓三十年，宋晟永樂初，費瓛洪熙元年，陳懋正統初。

平羌副將軍：

蔣貴，趙安正統二年。

征夷將軍：

朱能永樂四年，張輔同上，沐晟五年，李彬十五年，王通宣德元年，顏彪天順五年，李瑾成化三年。

征夷副將軍：

左，右副將軍沐晟，張輔永樂四年，韓觀九年，仇鸞嘉靖十六年，柳珣十九年。

平夷將軍：石彪天順二年。

（以上錄自明會要卷四十二）

又征蠻前將軍：楊文洪武二十九年。（見自大清一統志卷四九九）

上列諸將，僅指征討西南苗蠻羌夷獞猺地區時，佩將軍印者而言，且多屬於嘉靖以前人物。實際明代征討西南諸役，其著名督撫總兵官指揮游擊等文武大員，如韓雍，殷正茂，姚鎮，李錫，陳金，王守仁，翁萬達，戚達光，方政，方瑛，劉綎，李化龍，郭子章，朱燮元等人，尤爲諸役中之著名將領。

由於明代對西南整頓之堅決，則凡與此開發大業稍有阻撓者，必化服之或剷除之。此種阻撓勢力，表面概括言之，則爲一般未開化之苗蠻。實際言之，乃西南豪强大族從中左右而阻撓之也。此種强豪大族，在土司地域中，則爲累世承襲雄據一方之土官。此種土司大姓，藉其傳統之地位，與其地方之武力而自重。其聽命於朝廷，則境內怙然；其輕慢朝廷，則侵據爭殺，一方糜爛。職是之故，則大軍於歷次征討之後，西南土司大姓中，其有覆滅與衰微者，自屬意料中事。今先將西南土司著姓簡錄於后，從而論其微滅與倖存。

甲、湖廣土司著姓：

彭氏——計有永順，保靖二軍民宣慰使司，兩江口長官司，南渭州等土官。

覃氏——計有施南宣撫司，東鄉五路安撫司，忠路安撫司，金峒安撫司，散毛宣撫司，石關洞，盤順，鎮南，唐崖等長官司等土官。

田氏——計有施溶州，容美，忠建二宣撫司，忠孝，龍潭，大旺，忠峒，高羅五安撫司，木冊，田家洞，五寨三長官司，隆奉，東流，臘壁洞三蠻夷官司等土官。

向氏——計有搖把洞，上愛茶洞，臘惹洞，驢遲洞四長官司等土官。

此外尚有譚氏，黃氏，秦氏，張氏等，多爲副貳土官，或僅一二正印，故不列舉。

乙、四川土司著姓：

安氏——計有馬湖府，烏撒軍民府，建昌衛指揮使等土官。

隴氏——鎮雄（卽芒部軍民府，懷德，威信，歸化，安靜四長官司等土官。

祿氏——東川軍民府土官。

奢氏——永寧宣撫司土官。

馬氏——計有石硅宣慰司，黎州千戶所等土官。

冉氏——酉陽宣慰司，麻兎長官司等土官。

楊氏——計有安寧宣撫司，天全六番招討司副使，石耶洞，邑梅洞，平茶洞，溶溪芝麻子坪四官司等土官。

王氏——計有泥溪，平夷二長官司土官。

高氏——天全六番招討司土官。

此外有少數土司無固定姓氏者，及有姓氏而不甚顯著者，姑畧不及。

丙、雲南土司著姓：

安氏——霑益州土官。

刀氏——計有鎮沅府，車里，八百大甸，老撾三軍民宣慰使司、雲州，南甸、千崖二宣撫司，孟艮、孟定二禦夷府，威遠、灣甸、鎮康三禦夷州，孟璉、里麻，者樂甸三長官司，芒市禦夷長官司等土官。

阿氏——計有鄧川，蒗蕖二州，革甸、香羅甸，瓦魯之三長官司等土官。

木氏——麗江軍民府土官。

猛氏——順寧府土官。

高氏——計有楚雄府，鶴慶，姚安二軍民府，北勝、通安，姚三州，大姚縣等土官。

陶氏——景東府土官。

段氏——計有鎮南、雲龍二州土官。

罕氏——計有木邦軍民宣慰使司，耿馬安撫司等土官。

儂氏——廣南府土官。

普氏——計有阿迷州，寧州、納樓茶甸長官司等土官。

思氏——計有孟養軍民宣慰使司，孟密，蠻莫二安撫司等土官。

此外姓氏未固定及先後不同者，以及不顯著之少數正印土官，均未列入。

丁、貴州土司著姓：

安氏——貴州宣慰使司，偏橋，葛彰葛商，蠻夷長官司等土官。

宋氏——貴州宣慰使司，麻哈州，樂平，箚佐，太平伐，小平伐，新添五長官司等土官。

楊氏——計有平州六洞，豐寧，凱里，楊義，提溪，省溪，大萬山，烏羅，平頭著可，邛水十五洞，石阡十一長官司；乖西，曹滴洞，古州，歐陽，中林驗洞，龍里六蠻夷長官司等土官。

龍氏——計有臥龍番，小龍番，大龍番，羅番四長官司；亮寨蠻夷長官司等土官。

程氏——程番，小程番二長官司土官。

蔡氏——計有青山、底寨、養龍坑三長官司土官。

此外韋氏，石氏，何氏，羅氏，劉氏，謝氏，張氏，阿氏，方氏，顧氏，盧氏等，均爲長官司之長官。

岑氏——計有思恩軍民府，鎭安府，歸順州，田州，恩城州，工隆州，泗城州，利州，上林，安隆二長官司等土官。

戊、廣西土司著姓：

黃氏——計有思明府，上思州，歸德州，忠州，左州，思明州，思同州，陀陵縣，羅陽縣，上林縣，奉議州，下石西州，向武州，江州，富勞縣等土官。

韋氏——計有東蘭，思陵二州，永定，永安二長官司等土官。

莫氏——計有南丹州，忻城縣等土官。

趙氏——計有果化，養利，思城，鎭遠，龍英，上下凍，龍州七州及崇善縣等土官。

李氏——計有太平，安平，茗盈，憑祥四州土官。

許氏——計有下雷，萬承、全茗三州土官。

此外尚有馮氏，楊氏，羅氏等，亦爲當時土官，因屬少數，故畧而不列。

觀上列土司著姓，迄明季雖倖存仍多，然其中覆滅者，非當時桀驁難制，自作暴殘，即根深蒂固，易爲後患者也。田汝成引諺語云：「思播田楊，兩廣岑黃」（見自行邊紀聞），此皆西南土司著姓而實力雄厚者也。又「西南土司，安氏殆爲稱首」之語，（見土司傳四川土司一）乃言水西建昌諸安氏之强大也。至於大理段氏，乃元以前有國者也；麓川思氏，百夷巨酋而桀驁叛服不常者也。今朝廷決心開發西南，則此等盤根阻力，苟不乘其叛隙而剷除之，則日後國衰，必將一反故常而前功盡棄。基此之由，故明代於西南土司大姓、其惡貫滿盈或叛逆彰著者，多相機誅滅之。其叛跡未明而足堪爲患者，則因其情勢而致其覆滅，其方式，有自始卽不承認其本土地位，而遷職他處者；有因絕嗣而改流其地者，有因土司間自相搆殺，而致其同歸於盡者。茲就諸土司覆滅衰微之經過，分別綜述於后：

大理段氏：

大理唐葉榆縣地。開元末，蒙詔皮羅閣建都於此，是爲南詔，後經改爲大理國。至五代晉時，段思平得之，更號大理國。元憲宗取雲南至大理，段智興降附，雖去國號，然受封爲摩訶羅嵯管領八方。迄元末段寶時，段氏有大理已十世矣。寶聞太祖開基江南，遣其叔段眞由會川奉表歸款。迨十四年大軍克雲南，授段明爲宣慰使，明遣都使張元亨貽征南將軍傅友德書曰：

大理乃唐交綏之外國，鄯闡實宋斧畫之餘邦，難列營屯，徒勞兵甲。請依唐宋故事，寬我蒙段，奉正朔，佩華篆，比年一小貢，三年一大貢。

友德怒辱其使。明再貽書曰：

漢武習戰，僅置益州；元祖親征，祇緣鄯闡，乞賜班師。

友德答書曰：

大明龍飛淮甸，混一區宇，陋漢唐之小智，卑宋元之淺圖，大兵所至，神龍助陣，天地應符。汝段氏接武蒙氏，運已絕於元代，寬延至今，我師已殲梁王，報汝世仇，不降何待。（以上各節見土司傳雲南土司一）

觀此往還公札之內容，可知明廷滅段氏之策已決，故遂有翌年藍玉沐英之攻破大理，段世就禽（世與明皆段寶之子），而移其二子一作永昌衛鎮撫，一作雁門鎮撫。置大理府，段氏數百年之根據地，至是遂亡。

思州思南二氏：

思南卽唐思州。宋宣和中番部田祐恭內附，世有其地，元改宣慰司。明洪武初，析爲思南思州二宣慰司，由田氏分轄，屬湖廣。永樂十一年，以兩司爭地搆殺連年，遂並滅二田，而以其地合貴州宣慰司地闢置貴州布政使司。其滅亡經過，本文第七章業已備述，茲不贅。

播州楊氏：

播州秦爲夜郎且蘭地，漢屬牂牁。唐貞觀中改爲播州。乾符初，南詔陷播，太原楊端應募復其城，爲播人所懷服，歷五代子孫世有其地。宋大觀中，楊文貴納土，置遵義軍。元世祖授楊邦憲宣慰使，賜其子漢英名賽因不花，封播國公。明洪武四年，宣慰使楊鏗（或作鑑）因諭來朝歸附，詔仍置播州宣慰使司，鏗仍舊職。其後子孫多能克修職守，迄萬曆中，計朝貢竟達一百十四次。初期多宣慰躬自赴京，迨後除宣慰親赴外，漸以安撫使長官之屬代爲朝貢，而驕蹇心理，遂日漸萌生。茲將楊鏗以後各宣慰使臚列於后，並以各所遣朝貢之安撫使暨長官姓名分附之。

（一）楊鏗（鑑）

（二）楊昇——曾遣安撫猶恭，長官鄭釗、楊威、馮添祺、楊勝宗、副長官陳恕等，各朝貢一次。

（三）楊欽——曾遣長官李欽朝貢一次。

（四）楊烱——曾遣安撫宋忠誠，長官夏大成，韓仁壽等各朝貢一次。

（五）楊綱——曾遣長官張謹朝貢一次。

(六)楊輝——曾遣長官楊勝宗，楊鎮、令狐昂、程善，張淵、蔣信，夏琛等各朝貢一次。

(七)楊愛——曾遣長官蔣輔，鄭旭、張楷、何恒、鄭鋆、馮俊、李鏡、楊淵等，各朝貢一次。

(八)楊斌——曾遣安撫猶鏞，長官劉斌，都勳，趙本等各朝貢一次。

(九)楊相——曾遣長官韓晞，令狐爵、馮俊、孫煥、楊寵等各朝貢一次。

(十)楊烈——曾遣長官韓晞朝貢一次。

(十一)楊應龍——曾遣長官趙鳳鳴，楊正芳，趙仕賢、何邦卿，何漢良等各朝貢一次。

按播州楊氏，本自恭順，守土安民，剿撫有功，朝廷每多嘉錫。惟自楊輝以後，則大不如前。輝有二子，其嫡名愛，其庶名友。輝喜友而冀其承襲，第以部屬苦爭，不得已而立嫡，乃誣其所屬夭壩干地灣溪等處部苗叛擾，合官兵平之，請設安寧宣撫司，畀其庶子楊友，後經改爲凱里安撫司。自是友愛二人時相謀殺，延及數世，時稱「參商播凱」。迨萬曆中而有楊應龍叛起。先是萬曆元年，楊應龍襲職。十四年，應龍獻大木材美，賜飛魚服，復以都指揮使銜授應龍。十八年，貴州巡撫葉夢熊疏論應龍兇惡諸事，

巡按陳效歷數應龍二十四大罪。十九年，夢熊主議播州所轄五司（見第五章），悉屬重慶，與四川巡按李化龍意見相左，化龍遂引嫌求斥。應龍本雄猜阻兵嗜殺，所轄五司七姓悉叛離。嬖妾田氏，屠妻張氏並及其母。妻叔張時照與所部何恩宋世臣等上變告應龍反。二十年，應龍詣重慶對簿，坐法當斬，請以二萬金贖，旋復以征倭自請，詔釋之。兵啓行，復報罷。巡撫王繼光嚴勘應龍，應龍抗不出。二十一年，繼光與總兵劉承嗣等，分兵三道進剿，應龍以苗兵敗官軍。會繼光論罷，遂無功撤兵。二十三年，應龍次子可棟代應龍羈死重慶，應龍遂置關據險，利用

諸苗，掠殺抗命，侵據鄰境各地，極其淫酷。二十七年，總督李化龍巡撫郭子章調東征諸將劉綎，麻貴，陳璘，董一元等剿賊。二十八年春，官兵分八哨進，每哨約三萬人。是年六月四日，官兵破應龍所居屯，應龍縊且自焚死，弟兆龍子朝棟被獲磔於京。播州自唐入楊氏，傳二十九世，共八百餘年，至應龍而亡。

水西安氏：

安氏之有水西，爲時最早。自蜀漢時火濟從諸葛亮南征有功，封羅甸國王。五十六代至宋普貴，復傳至元阿畫，世襲不絕。明初宣慰使靄翠其裔也。後改姓安氏。洪武間，都督馬曅欲激滅之未果，反爲靄翠妻奢香所訴，轉遭大刑。其後安氏子孫多驕蹇不受節制，至安貴榮時益較顯著，且謀併宋氏地，陰唆宋氏部屬爲亂，而佯爲未悉。時王守仁謫居龍場驛，致書責貴榮云：

……使君與宋氏同守土，而使君爲之長，地方變亂，皆守土者之罪，使君能獨委之宋氏乎……且安氏之職，四十八支更迭而爲，今使君獨傳者三世，而羣支莫敢爭，以朝廷之命也。苟有可乘之釁，孰不欲起而代之乎？（王文成公全書卷二十一）

由此一段，可看出安氏有水西而綿延不絕者，並非一線單傳，乃係部族支派更迭而任，故能傳之久遠。此次貴榮雖遵守仁之意，出師平宋氏內亂，然安氏尾大不掉之弊，此後正與日俱增。迨天啓初，安邦彥之亂起，西南半壁，受害極鉅。其後奢安亂平，宣慰使安位旋亦死絕。總督朱燮元因奏以其地化整爲零，使其勢力分散，安氏遂衰。茲以事見第七章，故不詳敍。

以上所述，均西南盤根大姓，而足以左右西南大局者也。乃明代一一相機除抑，絕其後患。至若其他著姓中，以叛逆伏誅自取滅亡者，有四川龍州薛氏，永寧奢氏，雲南武定鳳氏，順寧猛氏等；以殘暴受誅而滅亡者，有四川馬湖安氏，雲南鶴慶高氏；以叛逆討誅而旁遷苟延者，有雲南麓川思氏；有因叛逆討誅而子孫衰微者，有廣西田州岑氏；有因宗脈一再旁續而致衰弱不振者，則有四川建昌安氏，黎州馬氏。

此外土司著姓中，除一般勢小恭順而倖存者外，尙有部分大姓屹立，以終明世。如湖廣永順，保靖州兩宣慰司之二彭，四川酉陽之冉氏，石柱之馬氏，皆屬土司著姓，其所以得能保祿守位者，以其於國事貢獻不絕，而勳績昭著之故耳。

十一、土司地帶儒學之興起

明代土司政策，本文第三章已析其大致。然其足爲此後開發西南之基礎者，則爲土司地帶儒學之提倡與設施。中國歷代以來，對西南羈縻地域，甚少推行文教，久之蠻夷與內地人民智識差別尤殊。因之隔閡日深，向化日難，一旦中原變亂，則蠻夷盡皆背棄朝廷。今明代獨能於此二三百年間，逐漸開設儒學，施行教化，變夷爲夏，要亦非偶然致此，實乃有一因素以先導之。明會典載：

洪惟我太祖高皇帝，以至聖之德，驅胡元而有天下。凡一政之舉，一令之行，必集羣儒而議之。遵古法，酌時宜，或損或益，燦然天理之敷布，神謨聖斷，高出千古，近代積習之陋，一洗而盡焉。（明會典序言）

又趙翼云：

明祖初不知書，而好親近儒生，商畧今古。……嘗謂聽儒生議論，可以開發神智。蓋本不知書而睿哲性成，驟聞經書奧旨，但覺聞所未聞，而以此施之實政，遂成百餘年清晏之治，正德以前，猶其遺烈也。（廿二史劄記卷三十六）

可見明代開國之主，早自雅重儒學，並付諸實踐，則其影響於後朝之大，自無庸疑。且明代政教制度，每重祖法，朝臣奏議中，動輒以「祖法」二字，爲其持論之盾牌。由此可見明祖之重儒，實已構成土司儒學發展之基因。

今將明初儒學設施步驟，採錄如下：

洪武二年，詔天下府州縣皆立學。十三年改各州學正爲未入流。二十四年，定儒學訓導位雜職上。三十一年，詔天下學官改授旁郡州縣。正統元年，始設提督學校官，又有都司儒學（洪武十七年置，遼東始）行都司儒學（洪武二十年置，北平始），衞儒學，（洪武十七年置岷州衞學，二十三年置，大寧等衞始）以教武臣子弟，俱設教授一人，訓導二人，河東又設都轉運司儒學，制如府。其後宣慰安撫等土官俱設儒學。（明史卷七十五，志五十一）

以上諸般措施中，已正式有設置土司儒學之規定，則土司儒學之興起，自不難成爲事實。今專就土司儒學發展過程，綜述如后：

洪武十五年六月戊寅朔辛卯，雲南北勝州酋長高策甫七歲，率所部降。後十年入朝送太學，及長還爲土官，令所歷土官視效之。蒞事之日，即禁通把事毋置田宅，以漁愚民。邊境賴之以寧。（國榷卷七）

高策以幼冲之年，首先爲雲南儒學豎一榜樣，使朝廷於發展蠻夷儒學更具信心，使蠻夷本身益加向服。因此明初若干土司，多遣子弟入國子監就讀。明史載：

洪武二十一年，播州宣慰使司並所屬宣撫司官，各遣其子來朝請入太學，帝敕國子監官善訓導之。（土司傳四川土司二）

又：

二十三年，建昌土官安配遣子僧保等四十二人，入監讀書。

永樂二年，天全招討使高敬讓來朝，遣其子虎入國子學。（土司傳四川土司一）

明初不僅優待土官子弟進入太學，且對此等遠夷監生時有賞賜，此尤足顯示提倡蠻夷儒學及愛護遠夷之旨。實錄載：

洪武二十三年九月庚寅朔辛卯，雲南（應作四川）烏蒙芒部二軍民府土官，遣其子以作捕駒等請入國子監讀書，賜以衣鈔。（太祖實錄卷二〇四）

又：

洪武二十四年二月戊午朔庚申，賜國子監雲南生楊仕賢等十一人衣鈔。（太祖實錄卷二〇七）

又：

洪武二十四年三月戊子朔乙卯，賜國子監生僧保等五十四人夏衣各一襲。僧保等皆雲南建昌土官子也。（太祖實錄卷二〇八）

又：

洪武二十九年冬十月乙酉朔辛丑，賜國子監雲南生冬衣。（太祖實錄卷二四七）

迨至成祖年間，優待蠻夷監生猶不稍衰。實錄載：

永樂三年二月丁卯朔辛卯，賜國子監雲南天全六番招討司等處官民生高虎等五十人夏衣。（成祖實錄卷三十三）

又：

永樂五年五月甲寅朔己未，賜國子監琉球國及雲南生石達魯等並其從人夏衣。（成祖實錄卷四十九）

又：

永樂十一年五月己卯朔丙午，賜國子監琉球雲南四川生懷得等六十人夏衣等物。（成祖實錄卷八十八）

其後各朝對遠夷監生，雖偶有賜與，然不似明初頻繁。觀此可知明初對土司儒學之提獎與扶掖，實不遺餘力。

以上皆爲土司子弟入京師太學之情形。至土司地方儒學，亦皆先後設施，而其教育對象，開始多注重一般土官子弟教育。實錄載：

洪武二十八年六月癸亥朔壬申，戶部知印張永清言：「雲南四川諸處邊夷之地，民皆囉囉。朝廷予以世襲土官，於三綱五常之道，懵焉莫知。宜設學校教其子弟」上然之。諭禮部曰：「邊夷土官，皆世襲其職，鮮知禮義，治之則激，縱之則玩，不預教之，何由能化？其雲南四川邊夷土官皆設儒學，選其子孫弟姪之俊秀者，使之知君臣父子之義，而無悖禮爭鬥之事，亦安邊之道也」。（太祖實錄卷二三九）

繼此詔諭未及數月，復有大臣奏設多處儒學，較前奏更爲具體，且限於土官子弟。實錄載：

洪武二十八年九月壬辰朔甲辰，監察御史裴承祖言：「四川貴播二州，湖廣思南思州宣慰使司及所屬安撫司州縣，貴州都指揮使司，平越、龍里、新添、都勻等衛，平浪等長官司諸種苗蠻，不知王化，宜設儒學，使知詩書之教，立山川社稷諸壇場，歲時祭祀，使知報本之道」。從之。（太祖實錄卷二四一）

此除設立儒學之外，尚立山川社稷諸壇場，以作歲時祭祀之用，則教化當更爲推廣普及。同時有等土司則設有社學。明史載：

宣德時，翺巡按四川，奏州縣及土司偏設社學。（王翺傳）

至於山川社稷諸壇場之歲時祭祀，雖有教化之意，然猶不及祭孔之意義重大，故永樂初亦開始推行於雲南地域。實錄載：

永樂五年六月癸未朔壬寅、巡按雲南監察御史顧斌言：「雲南所屬郡縣皆有儒學，而春秋釋奠 先師，惟雲南府學行之。請令各府州縣學，皆行釋奠」。從之。（成祖實錄卷五十）

此條所載、已見出雲南儒學已甚普及，且進一步推行祭奠 先師之禮矣。由於此種風氣薰被，其蠻夷地區未設儒學者，亦恥居人後，而由所在官奏請設立之。實錄載：

永樂十二年春正月丙子朔戊戌，烏撒軍民府經歷鍾存禮言：「府故蠻夷地，久霑聖化，語言漸通，請設學校置教官教民子弟，變其夷俗」。從之。（成祖實錄卷九十一）

又：

永樂十五年二月戊午朔壬戌，雲南鶴慶軍民府順州知州王義言：「州雖係蠻夷，然歸附以來，霑被聖化三十餘年。聲教所及，語言漸通，子弟亦有俊秀，請設儒學教育，庶幾人材可成」。從之。（成祖實錄卷一〇四）

觀此兩節所載，均及「語言漸通」之事。蠻夷鴃舌之人，聲語各隨方土而異。今能漸通中土語言，且所在官爲請設儒學，教育一般平民子弟，足見當時文教廣被之力。

至其語言教學上仍有困難者，則朝廷又可暫時因地制宜而教育之。實錄載：

宣德九年十二月甲辰朔，以監生李源爲四川永寧宣撫學訓導。源本永寧儒學生，以選貢入監，宣撫沓蘇奏：「本司儒學生員，俱土獠夷人，朝廷所授教官，語言不通，難以訓誨。源質資敦厚，文學頗曉，乞如雲南鶴慶軍民府儒學事例，授源教職，訓誨諸生，庶有成就」。上從其言。（宣宗實錄卷一一五）

當時朝廷於土司地帶，設立儒學，多能適應當地環境需要，並非一意濫設。倘其地向化尚淺，頑梗時見，雖已有儒學設置，亦必暫時停罷。實錄載：

洪武二十六年春正月丁未朔戊辰，罷廣西荔波縣儒學。時本縣言：「自洪武十七年詔置縣治，其地界乎雲南，因蠻寇作亂，焚燬學舍，其後大軍克復，雖已重建，然生員皆苗蠻猺獞鴃舌之徒，教養無成，不堪選貢，徒費民供，無益國家，乞罷其學」。從之。（太祖實錄卷二二四）

又：

洪熙元年四月庚子朔乙丑，革四川烏撒軍民府儒學。（仁宗實錄卷九下）

此種罷設，於土司地域尚不多見。然亦實因環境使然，朝廷亦姑遷就事實。

觀乎土司儒學之能順利發展之故，其中最重要之關節，厥爲土官子弟之承襲，必須先入儒學始可獲准。實錄載：

正統九年閏七月戊寅朔辛丑，命各處土官衙門應繼男兒，俱照軍生例，遣送官學讀書鄉試，其相離地遠者，有司計議或二衛三衛設學一所，從貴州思南府經歷李驥言也。（英宗實錄卷一一九）

又明會典載：

凡土官入學，成化十七年令，土官嫡子，許入附近儒學。（明會典卷七十八）

由於以上二節規定，則已形成土司地域儒學之自我需要。二者相輔爲用，則其地儒學之發展，乃係必然之趨勢。又弘治十年，湖廣巡撫閻仲宇巡按王約等，請以前後奏章下兵部都察院議定中有云：

……以後土官應襲子弟，悉令入學，漸染風化，以格頑冥，如不入學者，不准承襲。（土司傳湖廣土司）

按湖廣土司地域，終明世極少設立儒學。此處所言土官子弟必須入學，始准承襲，意極明確嚴峻，然恐係送入附近流官之府州縣衛學就讀，其土司本身固鮮設儒學也。如正德時永順軍民宣慰使彭明輔，卽係辰州府學生員出身。顧炎武記云：

正德初，有明輔者，以辰州府學生嗣宣慰使，從征十餘次，頗以禮法自守，諸峝翕然嚮慕。（天下郡國利病書卷七十七）

由此可見，土官子弟入學，實足以改觀蠻夷風化，且已由被動逐漸而轉爲自動嚮慕矣。

以下述及土官子弟入學之年齡限制問題，以見其日益具體而嚴格。實錄載：

弘治十二年六月己丑朔壬子，巡撫貴州都御史錢鉞奏：「貴州土官，漸被聖化百三十餘年，汚俗已變，但應襲子孫，年十六以上者，俱送宣慰司學，充增廣生員之額，使之讀書習禮。有願習舉業者，比軍職子孫補廩充貢出身，至襲職之時，免委官保勘，止取親管並學官結狀；其不由儒學讀書習禮者，不聽保襲，庶可變夷俗之陋，杜爭奪之源。……」兵部覆奏謂：「……土官應襲子孫，宜視近例。十歲以上，俱送附近宣慰司或府州縣學。至襲授時，則如鉞所擬，其補廩充貢，請下禮部更議」。從之。（孝宗實錄卷一五一）

按此一奏議內容，大致有三：一爲土官應襲子孫入學年齡問題；一爲土官子孫習舉業之優待；一爲土官子孫其入儒學者，得享受承襲手續上之利便。而兵部之覆奏，僅同意其原擬之第三項。至第一項年齡問題，則改定爲十歲以上。觀此三項，無一而非提倡土司儒學之舉。尤其十歲以上之入學年齡標準，已與內地學童相差有限，足見蠻夷向化之速，而朝廷始能有此之嚴格規定。至於土司應襲土舍入學之年齡，復有最高之規定，以補其早年未入儒學之缺限，而優待如例。嘉靖元年，貴州巡撫湯沐上治苗三議中有云：

嚴飭士學，凡土舍應襲者，年三十以上，俱飭令入學習禮，否則不許起送襲替，其族子孫願入學者聽。凡一切補廩科貢，與軍民武生一體，則禮教可行，夷俗可變」。（蠻司合誌卷三）

此節除補救土官子孫入學年齡上之缺限外，並對土官子孫補廩充貢問題，已有統一建議。實際土司地域貢舉，於明初業已開始。明會典載：

永樂元年令廣西、湖廣、四川土官衙門生員，照雲南例選貢。（明會典卷七十七）

至於取士之額，除貴州一省外，其餘土司地域，於洪熙元年，早有名額之頒定。實錄載：

洪熙元年九月丁酉朔乙卯，行在禮部奏定科舉取士之額。先是　仁宗皇帝以爲近年科舉太濫，命禮部翰林院定議額數。至是議奏：「凡鄉試取士，南京國子監及南直隸共八十人，北京國子監及直隸共五十人，江西布政司五十人，浙江福建各四十五人，湖廣廣東各四十人，河南四川各三十五人，陝西山西山東各十人，貴州所屬有願試者，附湖廣就試。禮部會議，所取不過百人。（宣宗實錄卷九）

在此頒定以前，洪武三年已有最初一次，此次爲第二次，以後並屢有調整。今就 賓四師國史大綱中所列「明列朝鄉試額數表」，摘舉如下：

	湖廣	四川	雲南	廣西	貴州
洪武三年	40			25	
洪熙元年	40	35	10	20	
正統五年	55	45	20	30	
景泰四年	85	70	30	55	
嘉靖十四年			40		
嘉靖十九年	90				25
嘉靖二十五年					30

表中洪武三年頒定額中，其四川，雲南，貴州三省無額原因，乃係四川克復於洪武四年，雲南底定於十四年，而貴州建省於永樂十一年故也。此後歷次額數，除廣西偶有減少外，其餘各省屢有加增。惟貴州迨至嘉靖十四年始有定額，此蓋因闢置伊始，向化較遲，直至弘治十三年始有補廩科貢之議，而其先時皆附科湖廣故也。至若湖廣、四川、廣西三省，一向數額居多，甚至湖廣於後期竟增至九十名，實因三省早多爲流官地帶，始克致此。至雲南貴州二省額數之逐漸加多，實爲土司向化日深之顯徵。賓四師於此表中所附「兩廣雲貴西南人文之激進，亦可注意」

之言，誠屬不謬。此種人文激進，可以土司儒學生員貢期縮短爲證。明會典載：

弘治十三年奏准，土官及都司學各照先年奏准事例，三年二貢。（明會典卷七十七）

又：

嘉靖二年，貴州宣慰司儒學生員，一年一貢。（同前）

由於土司地帶儒學發展過速，故其文化基礎，並非一如內地之穩厚。蓋其初，朝廷本提倡之旨，於此等地帶之補廩科貢，多放寬尺度錄取，而其地亦每自動請求降低標準。實錄載：

宣德二年冬十月乙卯朔庚午，貴州新化蠻夷等六長官司奏：「貴州各府學校新立，諸生皆自童蒙入學，蠻性未除，學業難就，若此內地府學，每歲選貢，實無其人，請比縣學，三年一貢」。（宣宗實錄卷三十二）

按內地一般地區，每逢選士，多爭取額多，而此等地帶，則自動請求減額，實亦蠻夷向化初期之必有現象也。

又：

宣德七年冬十月丙戌朔己亥，雲南太和縣儒學生段聰歲貢至京，兩考不中當充吏。聰奏：「臣本夷人，性資愚魯，乞仍歸讀書，以俟再試」。行在禮部言：「充吏今之定例」。上曰：「夷人難比內郡學者，姑令歸進學」。（宣宗實錄卷九十六）

按當時規定，各地貢生兩考不中，例應充吏，然夷人則可因請求得獲例外，此亦可見寬待之一斑。又如：

成化十七年，貴州程番知府鄧廷瓚奏：「本府學校中，有土人子弟在學者，宜分別處置，以示獎勵。上曰：「蠻夷向化，其意可嘉，既已建置生徒，有同內地，則一體相視，原無分別，祇科舉文義，未易猝辦。先應

歲貢生員一人，俾觀光上國，相勸于學，以稱立賢無方之意」。諸蠻大悅。（蠻司合誌蠻二）

朝廷於貴州夷生選貢初期，令先行觀光上國，循序漸進，使其樂於接受教化，不致倉卒疑恐生惡。因此蠻夷向學者日進，而學校亦不能不爲增額。實錄載：

嘉靖三十一年七月辛己朔丙午，增貴州宣慰司儒學額四十名，從巡按御史黃威奏也。（世宗實錄卷三八七）

由於貴州儒學學額及貢額之諸般放大，竟有外地人士冒籍附試之事。如：

嘉靖三十四年十月壬戌朔己卯，先是貴州開科附以湖廣五衞，無何又以四川永寧宣撫司學附焉，未嘗限其名數。由是四方遊食逋罪生儒，皆冒五衞永寧籍求試，貴州生儒亦既憎之。其後雲南廣西學校近貴州境者，且復求附科試。至是御史孫褰請行禁止，部覆報允，令貴州鄉試不得復請附科，五衞永寧中式，勿得過三名。（世宗實錄卷四二七）

此種禁止附科考試，旨在保護貴州儒學，不致受外境學額混入，影響其本身正常之發展。

關於土司補廩充貢，暨增附學額與禁止冒籍之事，續通考有如下之記載：

弘治嘉靖間……其孔顏孟三氏及京學衞學都司土官川雲貴諸遠省按年充貢之法，亦間有增減。（續文獻通考卷四十七）

又：

成化十七年，詔凡土官嫡子，許入附近儒學。至世宗嘉靖二十六年，命土官子孫照例送學食廩讀書。神宗萬曆四年，詔廣西雲南四川凡改土爲流州縣，及土官地建有學校者，提學官嚴加查核，果係土著之人，方准考

充附學，不許他處士民，冒籍濫入。（續文獻通考卷五十）

觀此記載，亦多為提倡與保護之意。西南土司儒學，經明代之極力提倡與推行，成效已頗卓著，此於鞏固國本暨促進文化一端，貢獻實鉅且偉。今畧舉數節，藉資佐證。如：

舊志貴州所轄夷人，種類非一，曰羅羅，曰宋家……習俗各異。同上諸姓，舊皆澆邪之俗。本朝儒教漸興，而冠婚喪祭之禮，皆效慕中國，間有嚮意詩書登科出仕者矣。（大明一統志卷八十八）

按其時土夷登科出仕，確屬難能可貴，而國家優待之隆，亦可想見。至若土官如曾中鄉試，其在職薪俸，亦例為增加。如：

嘉靖三年，鎮遠土推官楊載青以土舍襲職。嘗中貴州鄉試，巡撫楊一渶請如武舉襲廕例加陞一級，以為遠人向學之勸。吏部執不可，謂土司設額原有定員，且俱已在任，有何加陞，但於本衞量加俸給，著為例。報可（蠻司合誌卷三）

又有土民儒生，導化土官馴服，致蠻民向學者。如：弘治初，提學毛科以文試土生，倣廷瓚（鄧廷瓚）意，多獎勵。會土官鐵氏負固，其姻家有毛氏土生入試，科優禮之，取高等，譬以大義，令諭鐵氏使歸順。鐵氏大感，與毛氏相約納賦稅入貢，……其後蠻民亦稍稍有向學者。（蠻司合誌卷三）

又有雲南土官，感受儒學教育，深明大義，不惟躬自興辦儒學，尤於邊夷土官意圖乖離朝廷之際，正氣殊至凜然，足使頑廉懦立。如志載：

龍上登，三部（即教化三部）長官司。性嗜學，穎悟警敏，萬曆間至京師，遍訪名宿，歸至家而學問益進，始興學校，建　文廟，朔望禮拜，愚夷化之。時沙定洲父沙源與上登聯姻，覘交國武兵兵勢甚盛，屢爲邊患約上登附武氏，上登厲聲叱之。（嘉慶重修一統志卷四百八十六）

諸如此類事蹟，亦偶有散見他籍，舉一反三，當知明代土司儒學之興起，其於此後開條西南之大業，實奠定永固不拔之基礎，此一代教化之功，殊不可磨滅者也。茲將西南土司地帶之元明儒學，列表比較於後：

表例說明

（一）本表取材於大明一統志，嘉慶重修一統志，明實錄，湖北通志，湖南通志，國榷，明史地理志等書。

（二）土司儒學設置時間及學址，各籍紀載屢有不同，故本表每條均註明出處。

（三）各籍所載設之儒學，以其所紀年月較詳者，爲採用準則。

（四）各籍所載設時間，在實錄紀載前者，從實錄；在實錄後而相鉅時間不長者，則兩是之。蓋實錄所載，多爲詔設之時間也。

（五）自萬曆時起，所設儒學，大明一統志未備者，從嘉慶重修一統志。萬曆以前，嘉慶重修一統志所載，有同於大明一統志者，則以大明一統志註其出處。

（六）同一儒學，而各籍所載時間學址不同者，如無合理之鑑別，則分別錄存。蓋其中每有改建，重修或遷建之情形也。

西南土司地域元明儒學發展比較表

甲、湖廣土司儒學

儒學名稱	學址	興建經過 元代	興建經過 明代	所屬	備攷
施州衞學	在衞城南門內		洪武十八年遷南門外，後遷於治北。景泰中，僉事沈慶，守備任忠復遷回南門外。成化六年，指揮使李清修。弘治中參議林鑛，僉事鄭岳再遷於南門內之右，即今址。崇禎十三年撫彝同知宋洪泰修，後燬。（湖北通志卷五十七）	施州衞軍民指揮使司	入清重修，改爲恩施縣學（見同上）
五寨司學	在司治		萬曆間建，崇禎末燬於兵。（湖南通志卷六十五）	保靖州軍民宣慰使司之五寨長官司	入清改爲鳳凰廳學（見同上）

乙、四川土司儒學

儒學名稱	學址	興建經過 元代	興建經過 明代	所屬	備攷
馬湖府學 播州宣慰司學	在府治東 在宣慰司北舊鄉學基	至元末建	永樂十年重建。（大明一統志卷七） （一）洪武二十八年九月壬辰朔甲辰詔設。（太祖實錄卷二四一） （二）洪武三十三年（即建文二年）建，爲播州長官司學。永樂四年升播州宣慰司學。（大明一統志卷七十二）	屬馬湖府 播州宣慰使司	

眞安州學	在州治西		萬曆三十年。(清嘉慶重修一統志卷五百十一)	屬遵義府	入清改爲正安州學(見同上)
永寧宣撫司學	在司治西南	至元間。(大明一統志卷七十二)		永寧宣撫司	入清改爲敍永廳學(清嘉慶重修一統志卷四百十八)
九姓長官司學	同前		(一)洪武四年建。(大明一統志卷七十二) (二)洪武三十年二月甲申朔丙午，立四川永寧宣撫司九姓長官司儒學。(太祖實錄卷二五。)		
永寧衛學	在永寧縣東		正統八年建。(清嘉慶重修一統志卷四百十八)	永寧衛	入清改爲永寧縣學(見同上)
松潘衛學	在衛治東		景泰三年建。(大明一統志卷七十二)	松潘衛軍民指揮使司	入清改爲松廳學(見同前書卷四一九)
雜谷司學	在司治西		洪武中建。(清嘉慶重修一統志卷四二。)	雜谷安撫司	入清改爲雜谷廳學(見同上)
疊溪守禦軍民千戶所學	在所治東		景泰三年建。(大明一統志卷七十二)	疊溪守禦軍民千戶所	

建昌衞學	在都司治西南	元建	洪武十九年重修。（大明一統志卷七十三）	建昌衞軍民指揮使司	入清改爲西昌縣學（清嘉慶重修一統志卷四〇〇）
會川衞學	在衞治西		洪武二十九年建。（見同前）	會川衞	入清改爲會理州學（見同前）
鹽井衞學	在衞治南		同　前	鹽井衞	入清改爲鹽源縣學（見同前）
寧番衞學（嘉慶重修一統志作平番衞學）	在衞治東北		洪武二十八年建。（見同前）	寧番衞	入清改爲寧縣學（見同前）
越巂衞學	在衞治北		同　前	越巂衞	入清改爲越巂廳學（見同前）
茂州學	在州治南		宣德八年建。（嘉慶重修一統志卷四百十五）		
汶川縣學	在縣治南		嘉靖二年建。（見同前）		
西陽宣撫司學	在城西半里		永樂六年夏四月己卯朔甲辰設。（成祖實錄卷五十六）		入清改爲西陽州學（清慶重修一統志卷四百十七）
西寧衞學			洪熙元年五月庚午朔辛未設。（仁宗實錄卷十）		

儒學名稱	學址	興建經過 元代	興建經過 明代	所屬備攷
烏蒙軍民府學			宣德八年三月甲寅朔戊午設，置教授一員，訓導四員。（見自宣宗實錄卷一百）	入清府地隸雲南，府學不詳。
烏撒軍民府學			永樂十二年春正月丙子朔戊戌設。（成祖實錄卷九十一）	府學後革廢。（仁宗實錄卷九下）
烏撒衛學	在烏撒城東南		正統八年建，天啓三年爲烏酋所燬，崇禎二年改建於城內。（清嘉慶重修一統志卷五百九）	入清改爲威寧州學（見向上）隸貴州。
鎮雄府學	在府南門內		嘉靖中建。（嘉慶重修一統志卷四百九十）	入清改爲州學（見同上）隸雲南。

丙、雲南土司儒學

儒學名稱	學址	興建經過 元代	興建經過 明代	所屬備攷
雲南學府	在府治五華山右	至元中，中慶路總管張立道等建。（見同下一）	（一）洪武中因舊址建府學。沐英勒周子太極圖並朱子白鹿洞規於碑。（大明一統志八十六） （二）洪武十七年秋七月丁酉朔壬子設。（太祖實錄卷一六三）	崇禎末遷於長春觀（嘉慶重修）
宜良縣學	在縣治西		天啓四年徙建。（嘉慶重修一統志卷四百七十六）	
嵩明州學	元在州治	至正八年	嘉靖二十八年建。（見同前）	

	西，明在州治北，黃龍岩。	建		
晉寧州學 呈貢縣學	在州治南 在縣治東北		洪武十六年建，正統元年徙建。（見同前） 宏治七年建。（見同前）	
安寧州學	在州治北	大德中建	明重建。（大明一統志卷八十六）	
昆陽州學	在鳳儀山左		永樂元年建於月山左，萬曆中遷，天啓六年遷今址。（嘉慶重修一統志卷四百七十六）	
昆明縣學	在縣治東		明建。（大明一統志卷八十六）	
羅次縣學	在縣治西		萬曆二十一年建。（嘉慶重修一統志卷四百七十六）	
祿豐縣學	在縣治北		隆慶元年建。（見同前）	
易門縣學	在縣治東		萬曆中建，後改建南，尋復舊所（見同前）	
五華書院	在昆明縣西北		嘉靖中建。（見同前）	屬昆明縣
大理府學	在府治南	至元二十二年建。（嘉慶重修一統志	洪武十五年夏四月戊戌朔置。（太祖實錄卷一四四）	

		卷四百七十八）			
趙州學	在州治西		洪武十八年建。（大明一統志卷八十六）		
玉泉書院			嘉靖中建。（嘉慶重修一統志卷四百七十八）	屬趙州	後廢（見同上）
鄧川州學	在州治西		洪武十七年建。（見同趙州）		
象山書院			嘉靖中建。（見同玉泉書院）	屬鄧川州	後廢（見同上）
賓川州學	在州治南		嘉靖中建。（見同趙州）		
太和縣學	在縣治東		洪武二十七年建。（見同前）		
蒼山書院			宏治中建。（嘉慶重修一統志卷四百七十八）	屬太和縣	後廢（見同上）
源泉書院			嘉靖中建。（見同前）	同前	同前
桂林書院			同前	同前	同前
雲南縣學	在縣治南		洪武十八年建。（大明一統志卷八十六）		
青華書院			正德中建。（嘉慶重修一統志卷四百七十八）	屬雲南縣	後廢（見同上）
五雲書院			嘉靖中建。（見同前）	同前	
浪穹縣學	在分司署		洪武十七年建。（大明一統志卷八十六）		宏治中遷建於分

	址				署址（嘉慶重修一統志卷四百七十八）
寧州書院			正德中建。（嘉慶重修一統志卷四百七十八）	屬浪穹縣	後廢（見同上）
龍華書院			宏治中建。（見同前）	同前	
雲龍州學			永樂十七年六月甲戌朔丁亥設。（成祖實錄卷一百一十三）		
秀峯書院	在賓川州治		嘉靖中建。（嘉慶重修一統志卷四百七十八）	屬賓川州	
臨安府學	在府治西	元建。（嘉慶重修一統志卷四百七十九）	洪武十六年建。（大明一統志卷八十六）		
建水州學	附府學內		萬曆四十三年建。（嘉慶重修一統志卷四百七十九）		入清改爲建水縣學（見同上）
石屏州學	在州治東		洪武二十二年建。（大明一統志卷八十六）		
阿迷州學	在州治東北		同前		
寧州學	在州治東		（一）洪武二十三年建。（大明一統志卷八十		

			六）（二）洪武二十六年建。（嘉慶重修一統志卷四百七十九）		
通海縣學	在縣治南		洪武二十五年建。（大明一統志卷八十六）		
河西縣學	在縣治南	泰定中建（嘉慶重修一統志卷四百七十九）	洪武二十九年建，在縣治東。（大明一統志卷八十六）		
嶍峨縣學	在縣治東		永樂十一年建。（見同前）		
蒙自縣學	在縣治東南		洪武二十七年建。（見同前）		
崇正書院	在建水縣西門外		嘉靖間建。（嘉慶重修一統志卷四七九）	屬建水縣	
龍泉書院	在石屏州治		萬曆間建。（見同前）	屬石屏州	
楚雄府學	在府治西		洪武十七年秋七月丁酉朔壬子設。（太祖實錄卷一六三）又：嘉慶重修一統志卷四八〇作嘉靖六年建。誤。		
鎮南州學			（一）永樂四年六月己未朔戊辰設雲南鎮南州		

			儒學，置學正訓導各一員（成祖實錄卷四十三） (二)永樂五年正月丙辰朔乙亥，雲南鎮南州奏言：「洪武中有命建學，時以民力未敷，暫於城隍廟聚生徒訓之，因循已久，今請別建學舍。從之。（成祖實錄卷四十八） (三)永樂七年建，在州治東。（大明一統志卷八十六） (四)永樂七年建，在州治南。（嘉慶重修一統志卷四八〇） 按：州學設置時間，應以後二者爲確，惟學址所載不一，未知孰是。		
南安州學	在州治東		洪武二十七年建。（大明一統志卷八十六）		
楚雄縣學	在府城西		永樂元年建。（見同前）		泰昌元年遷建於西門外鳳山之麓。（嘉慶重修一統志卷四百八十）
廣通縣學			(一)在縣治南，正統間建。（大明一統志卷八十六） (二)在縣治東，嘉靖二十五年建。（嘉慶重修一統志卷四八〇） 按：二者相距時間甚遠，後者恐係遷建。		
定遠縣學	在縣治東南		嘉靖二十六年建。（嘉慶重修一統志卷四八〇）		

姚安軍民府學	在府城南		永樂初建。(大明一統志卷八十七)		入清改爲姚州學(嘉慶重修一統志卷四八〇)
大姚縣學	在縣治東		嘉靖初建。(見同前)		
黑井司學	在司治東南		天啓中建。(嘉慶重修一統志卷四八〇)		
琅井司學	在司治東		同　前		
白井司學	在司治北		崇禎間建。(見同前)		
楝川書院	在姚安府		正德中建。(見同前)	屬姚安府	
日新書院	在大姚縣		嘉靖中建。(見同前)	屬楚雄縣	
龍泉書院			同　前	同　前	後廢(見同前)
南峯書院			同　前	同　前	同　前
龍岡書院			同　前	同　前	同　前
南中書院			萬曆中建。(見同前)	屬姚安府	同　前
汲泉書院			同　前	屬南安州	同　前
澂江府學	在府治西	大德間建	洪武十六年重修。(大明一統志卷八十六)		

新興州學	在州治西		明建（見同前）		
江川縣學	在縣治南		明建（見同前）		
河陽縣學	在府治西北		天啓六年建。（嘉慶重修一統志卷四八一）		
路南州學	在州治東關外		嘉靖三十一年建。（見同前）		
澄心書院	在縣東		隆慶中建。（見同前）	屬河陽縣	後廢（見同前）
點蒼書院	在縣西		嘉靖中建。（見同前）	同　前	同　前
順寧府學	在府治西南		明建。（嘉慶重修一統志卷四八三）		
曲靖府學	在府城東南		（一）洪武十七年建。後燬。（嘉慶重修一統志卷四八四）（二）永樂二年建。（大明一統志卷八十七）		入清改建於府城東北閘口（見同上一）
南寧縣學	附府學		洪武十七年建。（見同前）		
霑益州學	在州治南		弘治間建。（大明一統志卷八十七）		
平夷衛學	在衛治東北		嘉靖中建。（見同前）		入清改爲縣學。（嘉慶重修一統志卷四八四）

陸涼州學	在陸涼衛左		嘉靖二十一年建。(嘉慶重修一統志卷四八四)		
羅平州學	在城北		萬曆十五年建，後燬。(見同前)		入清遷建(見同上)
馬龍州學	在州治南		嘉靖二十一年建。(見同前)		
興古書院	在南寧縣東東山寺右		天啓間建。(見同前)	屬南寧縣	
尋甸軍民府學	在府治西北		(一)正德十二年四月丙午朔丁卯設。(武宗實錄卷一四八) (二)弘治十八年正月丁亥朔甲寅增設雲南尋甸軍民府儒學。(孝宗實錄卷二二〇) (三)正德九年建，在府治東，嘉靖十一年遷州治南。(嘉慶重修一統志卷四八四) 按：正德九年建恐誤，今從實錄。		入清改爲州樂。(見同上三)
鶴慶軍民府學	在府城南		(一)洪武中建。(大明一統志卷八十七) (二)正德十一年建。(嘉慶重修一統志卷四八五) 按：鶴慶所屬之順州學於永樂中已建，府學應建於州學之先。今從大明一統志所載。		入清改爲州學。(見同上二)
順州學			永樂十五二月戊午朔壬戌設。(成祖實錄卷一〇四)		

劍川州學	在州治南		洪武二十三年建。（嘉慶重修一統志卷四八五）		
復性書院	在府治南		隆慶間建。（見同前）	屬鶴慶府	
金華書院	在州城西門外金華山		同　前	屬劍川州	
元江軍民府學	在府治東北		（一）洪武二十五年十二月丁未朔戊辰設。（太祖實錄卷二二三）（二）洪武二十六年開設。（嘉慶重修一統志卷四九三）		入清改爲州學。（大明一統志卷八十七）
新平縣學	寄府學內，後附峨縣學。		明建。（嘉慶重修一統志四九三）		
北池書院	在府治北		嘉靖中建。（見同前）	屬元江府	
永昌軍民府學	即金齒司學。舊在府城中正坊西。		正統九年移置策勳坊東，嘉靖中升府學。（大明一統志卷八十七）		
騰越州學	在州治東		嘉靖中建。（見同前）		入清改爲騰越廳學。（嘉慶重修一統志卷四九八）

保山縣學	在縣治北		嘉靖十一年建。(嘉慶重修一統志卷四八七)		
永平縣學	在縣治南		嘉靖間建。(大明一統志卷八十七)		
保山書院	在府學明倫堂左側		嘉靖間建。(嘉慶重修一統志卷四八七)	屬永昌府	係知府楊朗所建
永保書院	在府治內		同　前	同　前	知府徐木僊建
見羅書院	在保山縣治		萬曆間建。(見同前)	屬保山縣	
博南書院	在永平縣學前		萬曆間建。(見同前)	屬永平縣	
廣西府學	在府境東北隅鍾秀山麓。		萬曆中遷建東門外。(嘉慶重修一統志卷四九一)		
師宗州學	在州城東		崇禎三年建。(見同前)		入清改爲縣學。(見同上)
彌勒州學	在州南		明建。(見同前)		
武定府學	在府治東北		隆慶三年建。(嘉慶重修一統志卷四九二)		入清改爲州學。(見同上)
元謀縣學	在縣治東		天啓三年建。(見同前)		

祿勸州學	在州治西		崇禎三年建。（見同前）		入淸改爲縣學。（見同上）
文峯書院	在祿勸州南		萬曆中建。（見同前）	屬祿勸州	
武陽書院	在祿勸州西		萬曆中建。（見同前）	屬祿勸州	
鎭沅府學	在府治		明建。（嘉慶重修一統志卷四九四）		入淸改爲州學。（見同上）
景東衞學	在衞城泰安門外		（一）正統七年建。（大明一統志卷八十七） （二）正統十一年四月戊戌朔乙丑設。（英宗實錄卷一四〇） 今從實錄。		
景東府學	在府城南三里錦屛山下。		萬曆十五年遷建景東衞學，二十四年改爲府學。（嘉慶重修一統志卷四九五）		入淸改爲景東廳學。（見同上）
新城書院	在景東府治		萬曆中建。（見同前）	屬景東府	
蒙化府學	在府城東南		（一）洪武十五年夏四月戊戌朔置雲南大理府及蒙化州學。（太祖實錄卷一四四） （二）景泰時改爲府學。（嘉慶重修一統志卷四九六）		入淸改爲蒙化廳學。（見同上）

明志書院	在府城外西北隅		宏治中建。（見同前二）	屬蒙化府	
北勝州學	在州城東北		明建。（嘉慶重修一統志卷四九七）		入清改爲永北廳學。（見同上）

丁、貴州土司儒學

儒學名稱	學址	興建經過 元代	興建經過 明代	所屬	備考
貴陽府學	在府治東北		(一)隆慶三年建。（大明一統志卷八十八） (二)萬曆二十一年建，在府治東。（嘉慶重修一統志卷五〇〇） 按：二說時間隔遠，第二說恐係遷建。		
貴州宣慰司學	在城東北隅	元建。舊在今都司之北。（大明一統志卷八十八）	(一)洪武二十六年改建於此，有新造大成殿記。（見同上） (二)洪武二十五年十一月戊寅朔癸卯置，設教授一員，訓導四員。（太祖實錄卷二二二） (三)洪武二十八年九月壬辰朔甲辰詔設。（太祖實錄卷二四一） 按：第三說與前二說相矛盾，似不應於事後再有詔設之理，此當係實錄錯誤處。		

新添衞學	在衞西北		（一）正統九年建。（大明一統志卷八十八） （二）成化十八年建。（嘉慶重修一統志卷五〇〇） 二者時間不同。		入清改爲貴定縣學。（見同上二）
龍里衞學	在衞南		宣德八年建。（見同前）		入清改爲龍里縣學。（見同上）
敷勇衞學	在衞北		崇禎二年建。（見同前）		入清改爲修文縣學。（見同上）
定番州學			舊爲程番府學，嘉靖十五年改建於中峯書院故址。萬曆十四年改爲州學。（見同前）		
平浪衞學			洪武二十八年九月壬辰朔甲辰詔設。（太祖實錄卷二四一）		
平浪長官司學			同　　前		
陽明書院	在貴陽府城內巡撫署左		隆慶五年建。（嘉慶重修一統志卷五〇〇）	屬貴陽府	
漁磯書院	在府城南		嘉靖中建。（見同前）	同　前	
龍岡書院	在修文縣境		正德中建。（見同前）	屬修文縣	爲王守仁所建。（見同上）

中峯書院	在定番州治北		宏治中建。（見同前）	屬定番州	後廢
安順府學	在府治東		洪武中建。（嘉靖重修一統志卷五百一）		
普定衛學	在州城內東		（一）宣德八年建。（大明一統志卷八十八） （二）洪武二十七年春正月辛丑朔壬寅置。（太祖實錄卷二三一） 今從實錄。		
鎮寧州學	在州治東舊爲安莊衛學		正統八年建安莊衛學。嘉靖十二年改州學。（嘉慶重修一統志卷五百一）		
普安州學	在州治南		（一）永樂十四年建。（大明一統志卷八十八） （二）永樂十五年六月乙酉朔甲辰改貴州前普安安撫司儒學爲普安州學。（成祖實錄卷一〇六） 按：永樂十四年所建之儒學，應爲普安安撫司儒學。		入清改爲安廳學。（嘉慶重修一統志卷五百十四）
平壩衛學			（一）宣德八年建在衛城內西。（大明一統志卷八十八） （二）萬曆中建在衛城東北。（嘉慶重修一統志卷五百一） 按：第二說或係遷建。		
威清衛學			（一）宣德八年建在衛城東。（大明一統志卷八十八） （二）洪武中建，在衛西。（嘉重修一統志卷五		入清改爲清鎮縣學。（見同上二）

			○一） 按：明史地理志載該衛置於洪武二十三年，第二說之時間恐不確。		
都匀府學			(一)洪武二十八年九月壬辰朔甲辰詔設都匀衛學。（太祖實錄卷二四一） (二)成化中建。（大明一統志卷八十八） (三)宣德八年建都匀衛學，宏治六年改爲府學。（嘉慶重修一統志卷五○二） 按：明史地理志載都匀府置於弘治七年五月，第二第三兩說恐不確。今衛學設置期應從實錄，府學改置應從地理志。		
清平衛學	在衛治北		(一)宣德七年建。（大明一統志卷八十八） (二)正統八年建。（嘉慶重修一統志卷五○二） 二說未知孰是。		入清改爲清平縣學。（見同上二）
南皐書院	在府學右		萬曆中建。（嘉慶重修一統志卷五○二）	屬都匀府	鄒元標講學處。（見同上）
鶴樓書院	在府城東		嘉靖中建。（見同前）	同　前	
赤水衛學	在衛治西北		正統五年建。（大明一統志卷七十二）	直隸都司	
鎮遠府學	在府治東		(一)永樂十二建。（大明一統志卷八十八） (二)嘉靖二十三年建。（嘉慶重修一統志卷五○三） 按：第二說恐係改建。		

鎮遠縣學	舊附府學		明建。(見同前二)		
偏橋衛學	在衛城西北		明建。(見同前)		入清改爲施秉縣學。(見同上)
興隆衛學	在黃平州治西		明建。(見同前)		入清改爲黃平州學。(見同上)
紫陽書院	在府城東北		嘉靖中建。(見同前)	屬鎮遠府	清廢
開化書院	在天柱縣城東		萬曆中建。(見同前)	屬天柱縣	清廢
平越府學	在城西南		(一)正統中建衛學。(大清一統志卷八十八) (二)宣德中建衛學。(嘉慶重修一統志卷五百十二) (三)洪武二十八年九月壬辰朔甲辰詔設。(太祖實錄卷二四一) 按：應以第三說爲確。改府學時，應在播州改流後。		
黎平府學	在城東南隅		永樂十一年建。(大明一統志卷八十八)		
五開衛學	在衛城東		明建。(嘉慶重修一統志卷五〇八)		入清改爲開泰縣學。(見同上)

銅鼓衛學	在衛城東北		明建。（見同前）		入清改爲錦屏縣學。（見同上）
畢節衛學			（一）正統三年建，在衛治東。（大明一統志卷八十八） （二）萬曆十八年建於衛城南。（嘉慶重修一統志卷五百九） 按：第二說恐係遷建。		入清改爲畢節縣學。（見同上）
安南衛學	在衛城西		嘉靖十八年建。（嘉慶重修一統志卷五百十）		入清改爲安南縣學。（見同上）
思南府學			（一）永樂十二年建於府治北。（大明一統志卷八十八） （二）永樂十三年建於府治東北。（嘉慶重修一統志卷五〇四） （三）洪武二十八年九月壬辰朔甲辰詔設思南思州二宣慰司學。（太祖實錄卷二四一） （四）永樂五年五月甲寅朔丁已設湖廣思南思州二宣慰司儒學。（成祖實錄卷四十九） 按：（三）（四）兩說恐未實行，應從第二說較爲合理，因此時思州思南二田已因橫逆伏罪，始改流建貴州省。（行邊紀聞五十七頁）		
婺川縣學	在縣治南		嘉靖間建。（嘉慶重修一統志卷五〇四）		
印江縣學	同前		萬曆中建。（見同前）		

大中書院	在府治中和山		同前	屬思南府	
爲仁書院	在府城內		明建。(見同前)	同前	
斗坤書院	在府城東		隆慶中建。(見同前)		後廢(見同上)
石阡府學	在府治南		永樂十三年建。(大明一統志卷八十八)		
明德書院	在府城南		隆慶六年建。(嘉慶重修一統志卷五百五)		
文瀾書院	同前		明建。(見同前)		入清改爲屏山書院。(見同上)
思州府學	在府城內北		永樂十六年建。(大明一統志卷八十八)		
平溪衛學	在衛治南		正德中建。(嘉慶重修一統志卷五百六)		入清改爲玉屏縣學。(見同上)
銅仁府學	在府治東		永樂十三年建。(大明一統志卷八十八)		
銅仁縣學	附府學		永樂十三年建。(見自嘉慶重修一統志卷五百七)		
銅仁書院	在府治東北		成化中建。(見同前)	屬銅仁府	

戊、廣西土司儒學

儒學名稱	學址	興建經過 元代	興建經過 明代	所屬	備考
上思州學			(一)正德十一年八月庚戌朔戊午設。（武宗實錄卷一四〇） (二)嘉靖中建州於治東。（嘉慶重修一統志卷四七一） 今從實錄。		
敷文書院	在府治北		嘉靖七年王守仁建。（見同前二）	同前	明末燬。入清重建。（見同上）
永寧州學	在州治西北		萬曆八年建。（嘉慶重修一統志卷四六一）	屬桂林縣	初曰古田縣復沒於猺蠻隆慶中置州。
思恩府學	在府治東		(一)萬曆六年建。（嘉慶重修一統志卷四六五） (二)正統十二年建於府治南。（大明一統志卷八十五） 今從後說。		
太平府學	在府城北		洪武三十年建。（大明一統志卷八十五）		
養利州學	在州治南		嘉靖中建。（見同前）		
左州學	在州治東		同前		

永康州學	在州治南		萬曆三十年建。（嘉慶重修一統志卷四七二）		
肇化書院	在府城內北門右		嘉靖二十一年建。（見同前）		
思明府學			萬曆三十三年十一月設。（國榷卷八十）		
河池州學	在州治東		宏治十七年建，崇禎末燬。（嘉慶重修一統志卷四六四）		按：該州係於弘治間由河池縣升州改流，故附及之。（土司傳廣西土司二）

上表所得元代儒學，廖廖無幾，且多爲流官所治之地；而明代儒學，則獨盡全篇，其中雖有不少爲流官之地，然大部分均爲土官所轄治也。至於所列儒學地域，除湖廣、四川、廣西三省僅以土官轄地列入外，而雲南、貴州儒學，則無分流官土官轄地，均以全境錄載，蓋以二省苗蠻雜夷種類繁多，治況尤爲複雜殊特者也。今列此表兩相比較，可見明代對西南儒學之興倡，其普遍與成效爲前此歷代所未有。

十二、走向改土歸流之路

土司傳統之政治、其實質來源，雖不盡與古代封建諸侯政治相似，然其爲一種地方勢力之盤結，則無庸疑。苟國家欲長治久安，政教劃一，鞏固邊防，則此種特殊勢力之存在，可暫而不可久，乃顚撲不破之定理。

明代之開發西南土司地帶，實卽基於上述理由，而決定其步驟與政策。明初此種政策顯示最爲明朗之處，厥爲大理段氏之破滅經過（見本文第十章）。其後對各土司政策運用過程，雖各有曲折不同，然大要言之，則不外軍事，政治，文化三方面。初期多爲軍事上之威服與征討，繼則授其土酋職銜，使管領其地，而定其貢賦，從而稍稍設儒學以導化之。其後三者相輔爲用，逐漸强固統治基礎，以走向土司政治改革之途。

所謂「土司政治改革」，簡言之，卽「改土歸流」。此在人事制度上，以流官代土官，在地域名稱上，以府州縣千戶所等稱謂，代替其相當等級之土司，或則以其地劃入原有流官區域，俾其納入國家正規體系之建制。然此種改流措施，非可猝然而致，必須在政教上有長期之準備，視其某一因素所造成之時機成熟，然後郡縣其地，代以流官。惟明代撫邊諸臣，對改土歸流之事，每抱不同見解，甚或將經已順利改流之地，復更土官，以就一時之便，遺後世之累，良可歎息！今請先引述改流與否之利害論據，以明此一政治措施之正確意義與價值，然後再綜述明代初步改流之經過。清王履階云：

> 苗疆犬牙相錯於數省中，惟與四川雲貴毗連者，獨多膏肥之地。四隅準測，幅員幾及二千里。籍戶口，區土地，扼險要，建城池，踞其險，彼失所恃，駐以兵，使有所憚，以地形言，宜改者一；峻嶺矗層霄，箐深窮百里。輪囷大木，生自鴻荒，竹箭琅玕，一望蒼碧，此中土美利也，彼等視爲蒸薪之物，不甚愛惜，苟能節取，則材木不可勝用，宜改者二；天地精英所聚，久則必宣，山川淸淑之華，積而必發。苗鐵固推重一時，銅銀備國用，藥餌資養生，他省珍寶視之，彼民泥沙賤之。徵其物產，亦少助庫藏於微芒，宜改者三；至信可格豚魚，盛德可感異物，苗雖頑，同是人耳，人同此心，心同此理，父兄亦知親，長上亦知戴，悉意撫

綏，忍自甘化外哉！宜改者四；苗俗雖悍，苗情則直，官吏於正供外，不取絲毫，亦知感戴之不能忘……能數年潛移默化，詎天良之不發於中哉！宜改者五也。若夫不改之害，官司之威，赫於彊吏，土目之暴，甚於官司。上徵一而土目取十取百，下供一而土目先盈十盈百。一年四小派，三年四大派，小計錢而大計兩，苛斂之害，有如是者；殺人者死，常刑也，土民有罪被殺，其親族必輸數十金，謂之墊刀金。其他被寃者不敢伸雪，被刑者剝膚炙骨，慘酷之狀，口不忍言，其刑有如是者；良苗恒爲土目魚肉，而悍苗爲之爪牙，苦役則當之，美差則匿之，國家或大徵，召檄土司撥充兵役者，皆良苗富苗也，而悍苗則糾奸民從中生事，其弊端有如是者；喜慶恒事也，官司與土目有喜慶，民並竭資財以供之，雖糜費不知惜。民若有事，則官司土目主持之，竭力奉承而不知顧。甚至土司一取子婦，則土民三載不敢婚，其難言之隱又如是。因其便，除其害，彼狃於積習者猥曰，未爲得也哉！（小方壺輿齋地叢鈔第八帙改土歸流說）

根據此一透闢議論，藉可瞭解「改土歸流」，確爲政治上之進步措施，且爲土民造萬世之福。明代於土司統治，雖較前此歷代均有成效，然以蠻夷積習難除，土官土目勢力根深蒂固。故土司地域正式改流者，仍屬少數，且多爲因勢乘便之舉，非如淸代專意改流而主動用武者也。茲將明代於土司改流前之準備措施，與各種因素下之改流，縷述如下。明史載：

太平領州縣以十數，明初皆以世職授土官，而設流官佐之。（土司傳廣西土司二）

按佐治之流官，即所謂「吏目」。如：

太平州……洪武元年，土官李以忠歸附，授世襲知州，設流官吏目佐之。（見同前）

明初於廣西土司地域，設置流官佐貳甚夥。計土州設吏目者，有那地，歸德，歸順，果化，下雷，太平，鎮遠，茗盈，安平，萬承，思同，全茗，結安，龍英，結倫，都結，上下凍，思城，下石西，忠，江等二十一州；土縣設典史者，有上林（屬思恩府）、羅陽二縣。太祖此種部署，用意殊爲深遠。一則可增進遠夷與朝廷間之關係，以流官佐貳輔助土官，辦理文墨，處理政務；一則此種流官佐貳更替往來，無形而爲朝廷耳目，因之朝廷於遠人動態，可洞悉無餘，有利於掌握及統治政策之改進。迨永樂年間，多能師其旨意，於其他土司地域，予以擴大部署，遂成改土歸流之探試先鋒。實錄載：

永樂二年冬十月己巳朔辛未，置雲南木邦，孟養，麓川平緬，老撾、緬甸，八百大甸六軍民宣慰使司經歷都事各一員，孟定府經歷知事各一員，威遠州吏目各一員。上以雲南各處土官，不識中國文字，遇有奏報，不諳禮體。命吏部各置首領官，擇能書而練於字事者，往任之。（成祖實錄卷三十一）

按此等地帶，已接徼外。其文化低落，自古已然。今成祖以土官不識中國文字，派員官臨其地，一則佐治，一則觀察，實爲土司政策之上乘。此後復以吏目一官，廣爲推設於中下級之土司。實錄載：

永樂四年六月己未朔庚申，詔各處安撫司首領官皆定爲吏目。時吏部言：「職掌內安撫司俱從五品，設首領官知事一員，而洪武中設有吏目者」，奏請定制，故有是命。（見自成祖實錄卷四十二）

此一官職，經定制後，未幾即施行於一般土司。惟宣撫司以上所設之流官僚屬，仍以經歷知事爲其職銜。實錄載：

永樂四年六月己未朔癸亥，置湖廣容美，忠建，施南，散毛四宣撫司經歷知事各一員；龍潭，忠峒，高羅三

安撫司，唐崖、木冊並雲南剌次和、瓦魯之、革甸、香羅，孟璉七長官司流官吏目各一員。（成祖實錄卷四十三）

按湖廣諸土司，地不甚遠，其土官非似雲南遠夷土官不識中國文字者可比。今同樣派置流官佐貳，其意概可想見。又實錄載：

永樂七年九月庚午朔己卯，置貴州宣慰司古州，曹滴洞，八舟，洪舟泊里，中林驗洞，福祿，永從，潭溪，歐陽，亮寨，湖耳，龍里，新化，西山陽洞十四蠻夷長官司流吏目各一員。（成祖實錄卷六十六）

貴州地區苗蠻最悍者，厥爲古州等蠻夷長官司一帶，今各設流官吏目一員，實大有助於控制。他如：

永樂八年秋七月丙寅朔辛未，置湖廣施南宣撫司之金峒、忠路、忠孝、東鄉五路四安撫司流官吏目各一員。（成祖實錄卷七十一）

又：

永樂八年十一月癸亥朔甲申，置四川（應作湖廣）施州衞鎮南長官司吏目一員。（成祖實卷七 十三）

又：

永樂九年二月壬辰朔壬寅，置湖廣容美宣撫司之水盡源通塔坪，石梁下洞二長官司流官吏目各一員。（成祖實錄卷七十四）

又：

永樂九年八月庚寅朔乙卯，置廣西上林長官司流官吏目一員。（成祖實錄卷七十八）

又：

永樂十九年三月癸亥朔丙戌，置車里靖安宣慰使司流官經歷都事各一員。（成祖實錄卷一一九）

又：

永樂二十一年十二月戊申朔辛酉，置雲南鎮遠府（應作鎮沅府）祿谷寨長官司流官吏目一員。（成祖實錄卷一二七）

以上所舉各土司流官佐貳，均係洪武永樂兩朝所設。西南土司建劃規模，實由此兩朝予以奠定。其後雖亦嘗設土司之流官吏目，然已爲數不多。實錄載：

弘治九年九月甲辰朔壬子，……增設永安長官司，仍隸慶遠府。授土人韋萬妙爲正長官，韋全保，韋公利，覃應塡爲副長官，並置流官吏目一員。（孝宗實錄卷一一七）

又：

嘉靖十五年六月甲申朔戊子，增置湖廣施州衞盤順長官司吏目一員。（世宗實錄卷一八八）

此外改流先期之另一步驟，厥爲土司之原有隸屬關係。此種措施，固多以便於統轄爲前提，然亦可藉以訓練土民服從政令之心，使其以後遇有改變動，不致惶惑有所不安。實錄載：

正統三年八月癸丑朔，改貴州金筑安撫司並鎮寧州，永寧州，安順州俱隸貴州布政司；上馬橋等十二長官司隸金筑安撫司；十二營康佐二長官司在城稅課司安莊驛隸鎮寧州；慕役頂營二長官司，盤江巡檢司查城驛隸永寧州；寧谷寨，西堡二長官司普利驛隸安順州。增置金築安撫司流官同知一員。（英宗實錄卷四十五）

觀此改屬統轄，一則調整隸屬系統，層層節制，最後上隸於貴州布政使司；一則分散土司勢力，使之均勻搭配流官治下，納入州郡版籍，便於控制及徵調差發。至於金筑安撫司雖係土官主管，然增置流官同知一員，亦足以見督治之意。其他諸如此類措施，不勝枚舉。以下敍述改土歸流前，定土吏考滿更爲流吏之事。明會典載：

凡雲南貴州，四川土吏，洪武年間不與出身，考滿後，仍發原衙門著役。

宣德元年奏准，土吏考滿到部，發本布政司改調別衙門。

成化四年詔，雲南土吏，兩考役滿，免送赴部，就於本布政司給由，照例調用。十五年，奏革貴州土吏。

弘治十三年，奏革四川永寧，龍州二宣撫司，泥豁、平夷、蠻夷、沐川，九姓五長官司，並各司所屬驛站巡檢司土吏，各添設流吏。（明會典卷六）

按土吏本無出身，其優劣標準，殊難確認。今以考績定其進遷，則事功效率，自可增高。其土司原有土吏者，則可因考滿而更調他處爲流吏，其施政上有必要者，則另添設流吏。如此輾轉因襲，循序漸進，則土司之全部改土歸流，自不難實現。以下敍述改土歸流之演進。

甲、改流不果例引：

宣德四年秋七月乙亥朔己酉，行在兵部奏：「湖廣保靖軍民宣慰司舊有二宣慰，一人爲所殺，一以殺人今當死，其同知副使僉事皆缺，請命流官往治之」。 上曰：「蠻夷之性難馴，流官不諳土俗，治之尤難，必其同類，乃能相安。其令都督蕭授就土人中擇其素有恩信，衆所推服可任用者，具名奏來。」（宣宗實錄卷五十六）

又王守仁奏報田州思恩平復疏中有云：

……乞憐憫岑猛原無反叛情罪，存其一脈，俯順夷情……自臣奉命而來，沿途詢諸商賈行旅，訪諸士夫軍民，莫不以爲宜從夷俗，仍立土官，庶可永久無變。……（王文成公全書卷十四）

今所錄保靖田州二地改流未果，皆爲地方特殊環境所限，倘不審情度勢，一意改設流官，實足以啓亂由。今爲下例以明辨之。

乙、革流復土例引：

嘉靖九年四月庚申朔乙丑，革鎭雄府流官知府，復授芒部土舍隴勝爲通判署府事。初芒部自隴壽隴政平後，守臣勘稱隴氏已絕，故改土爲流。未幾夷目沙保奉壽孽子勝叛，攻鎭雄破之，累討累叛，於是御史戴金言：「芒部夷六地不可守，乞俯順夷情，復立土官，……統束四長官司，仍選流官經歷如舊。……」故有是命。（世宗實錄卷一一二）

又：

弘治九年十月。初廣西宜山縣蠻民弗靖，割其地屬思恩府，土人不服，數倡亂。總督都御史鄧廷瓚奏置永順永安二長官司，俾土官領之。忻城縣有流土二知縣，權不相統，廷瓚復奏革流官，土人韋保爲內官陰主之，遂獨任土官。自是宜山東南棄一百八十四村，西南棄一百二十四村，忻城亦棄之蠻，議者以爲失策。（明紀卷二十三）

觀此二節，前者以不諳眞況，遽爾改土爲流，造成禍本，致屢討屢叛，終於復歸隴氏；後者設置流官數十餘年，偶因地方不靖，或權不相統，邊臣輒奏另設土司或專任土官，棄地入地，是前後二者皆處置失當也。至若雲南寧州以夷方地狹，革流復土，遂致久安，則亦未可厚非。

丙、流土兼治例引：

弘治七年……鄧廷瓚討平都勻苗……言都勻清平舊設二衛九長官司，其人皆世祿，自用其法，恣虐激變苗民，亂四十餘年。今元凶就除，非大更張不可。請改爲府縣，設流官與土官兼治，庶可久安。因上善後十一事，帝悉從之。（明紀卷二十三）

此處所謂流土兼治，並非同等官署有同等級流土二主官，乃係陞設流官於上，而佐以土官，並兼管土司之謂。**此事實錄有明確記載：**

弘治七年五月戊子朔戊申，開設貴州都勻府，陞九名麻哈二長官司爲獨山麻哈二州，並改清平長官司爲清平縣，皆屬于府，帶管都勻，邦水，平州，平浪四長官司，其爛土豐寧二長官司，獨山州領之。縣及平定樂平二長官司，麻哈州領之。府設知府，推官，經歷，司獄各一員。獨山州設知州一員，流官土官同知各一員，吏目一員；麻哈州設知州一員，流官同知及土官吏目各一員；縣設知縣典史各一員。（孝宗實錄卷八十八）

此種流官土官混同治理，係平亂以後之權宜現象。且土官非副貳地位，即低級職銜，稍稍向後發展，則與完全改土歸流，殆相等矣。

丁、**誅滅改流例引：**

永康縣，……土官楊姓。成化八年，其裔孫楊雄傑糾合嵩賊二千餘人，入宣化縣刼掠，且僞署官職。總兵官

趙輔捕誅之，因改流官。（土司傳廣西土司二）

又：

馬湖府……弘治八年，土知府安鰲有罪伏誅，……遂改馬湖府為流官知府。（土司傳四川土司一）

此外以誅滅改流者，有雲南順寧府，武定府，鶴慶軍民府，大侯州；廣西左州，養利州等土司，茲不贅引。

戊、革罷改流例引：

弘治七年六月戊午朔丁丑，改貴州思南府印江長官司為印江縣，設知縣典史各一員。原土官正長官張鶴齡以有罪革罷，其副長官楊德勝改調為隨府辦事土官，不許干預縣事。（孝宗實錄卷八十九）

此種改流方式，必須有充分統治權力，始能從事，否則將有不良效果。

己、絕嗣改流例引：

上石西州……至萬曆三十八年，改屬太平府。州吏土官趙氏、何氏、黃氏，凡三姓皆絕，始改流官。（土司傳廣西土司二）

又：

宣德六年，改永從蠻夷長官司為永從縣，置流官，以土官李瑛絕故也。（土司傳貴州土司）

按絕嗣改流，最為自然。其他土司因絕嗣改流者甚多，此為命數所致，非人力所能挽回。故此種改流方式，土民亦無反對。

庚、請求改流例引：

弘治十年，改鎮遠金容金達長官司爲鎮遠州，設流官。時土官何倫父子罪死，土人思得流官，守臣以聞，報可。（貴州土司傳）

又：

萬曆四十年，吏部覆巡胡桂芳奏，金筑安撫土舍金大章乞改土爲流，設官建制，欽名州名，鑄給印信，改州判爲流官，授大章土知州，予四品服，不許管事，子孫承襲，隸州於貴陽府，遂改金筑安撫司爲廣順州。（見同前）

土人與土司自動請求改流，實乃榮譽之改革。金筑安撫司改流後，雖仍有土知州名銜，然已不再管事，子孫僅承襲受贍養而已。

明代土司政策，逐步加强改進。始則增設流官佐貳，或更土吏爲流吏，或調整隸屬關係；繼則因勢利導，誅討不法；終於走向改土歸流之路，循序漸進，多能符合人情法理，而爲此後土司政策畧之寶鑑。其他土司地區改土歸流者仍有之，玆因篇幅有限，僅先提出部分例證，以論其發展之方向爲已足。

十三、結　語

要之，明代土司地域範圍，以永樂年間爲極限；土司設置規模，以宣德年間稱全備。至於明代土司政策之宏大及其步驟之穩妥，亦當以洪武，永樂，宣德三朝爲最可觀。

明初土司自相侵殺，每受朝廷徵討。思南思州二田之滅，爲例最顯，而麓川之役，亦良由南甸投訴思氏侵畧故也。其後朝政漸衰，土司相互搆兵者，朝廷多以勸諭調解爲已足。久之土官輕慢政令，日尋干戈，毫無忌憚。其仇殺動機，非起於爭襲，即出於侵併。且土官自謂世職，長官莫如之何，遂致驕縱滋蔓，尾大不掉，肆屠虐而不悛，玩法紀若罔聞。又復恃險負固，從而叛逆漸萌，終致造亂。雲南，如思氏父子孫裔，阿資，鳳繼祖，阿克，者繼榮，安銓，那鑑，普名昇，吾必奎，猛廷瑞，莽應龍，沙定洲等；貴州，如米魯，安邦彥等；四川，如薛兆乾，楊應龍，奢崇明等；於廣西者，如岑豹、岑猛、盧蘇等。往往一夫作難，全省震蕩，其甚者則影響整個西南。因之朝廷不得不作最後制裁，加以剿討誅滅，究其原因，實由於寬容不得其當所致。然自其正面視之，則朝廷對於叛逆土司之歷次撻伐，或平倭援遼，亦每賴恭順土司從征之力。如永順保靖二彭，酉陽冉氏，石砫女土官秦良玉，廣西女土官瓦氏，均能奮勇殺敵，完成使命。即如上列諸叛逆土官土酋之父兄先祖，乃至其本身之前期，亦多曾參與從征行列者，此又爲明代於西南用兵策畧，較諸前此歷代爲進步者也。

明初於湖廣土司中施州衞所轄諸土司，授職最濫。故其中難免假冒故元土官銜號，以奇名怪姓藉朝貢求職，因之洪武末年，頗多革廢，且有無下落者。至於僞造土司印文，藉資朝貢領賞，或沿途勒索擾民情事，亦時有所見。其尤著者，爲容美宣撫司於嘉靖初年每次朝貢，竟率衆逾千，所過擾害。故終明之世，湖廣土司中，以永順保靖二宣慰司於國最具勳勞而施州衞屬下諸土司，如施南，忠建，散毛，容美宣撫司等部，鮮見功績，誠以其頑也。

湖廣土司儒學發展，反落於西南其他諸土司之後，殊堪惋惜！此殆永保二彭勤於治安，而疏於民間之文教歟？

四川石砫土司於明季聲譽極隆。按四川固多女土官，而石砫之秦良玉又爲女土官中之唯一巾幗英雄，惜乎石砫儒學終未設立，似有美中不足之憾。至若廣西田州，泗城之儒學缺如，蓋以其地搆亂連年，不暇生息，未遑及此，固未足怪者也。然大致言之，明代土司地帶儒學發展之速度與成效，實爲前此所未有。尤以雲貴二省之普及與進速，更爲驚人可喜，關於此點，已於前章元明儒學比較表中，示之頗詳。

改土歸流，乃係土司政治之徹底改進。建此議者，爲鎮守雲南世臣沐琮，且渠已行於雲南少數地區，夷民頗樂其便。惟明代邊臣督撫，乃至少數君主，間持不同見解。雖明初於改流先期部署，尚稱完美，然其後種種措施，甚多曲折迂迴，不循固定方式，甚至聽其自然演變；雖其中有部分以誅滅改流，然多由於情勢造成，初未嘗預爲籌劃也。惟時遷日異，一般趨勢，已邁向此一正途矣。

總之，明代土司制度設施，於西南蠻夷初期開發大業，極能發揮作用。不論於軍事剿撫，政治改進，文化培植，交通開闢，農業屯墾，經濟繁榮諸方面，均有顯著成效，而開此後中國之新基運。

西遊記祖本考的再商榷

杜德橋

引　言

自從魯迅、胡適開始作中國小說考證的工作以來，研究西遊記的人常常討論到百回本西遊記的祖本問題。魯迅中國小說史畧第十六篇首先使大家注意到民間流行的四遊合傳中的西遊記傳，該書四卷四十一回，題「齊雲楊志和編，天水趙景眞校」（以下畧稱「楊本」。）他以爲這本四十一回的小說是吳承恩一百回本西遊記以前的一種「祖本」。

一九三一年，胡適寫了一篇跋四遊記本的西遊記傳，提出了相反的意見。第一，他認爲：

「是一個妄人刪割吳承恩的「西遊記」，勉强縮小篇幅，湊足四遊記之數的。（見胡適文存，第四集，四〇九頁）

理由是：

此書前十五回和吳本的前十四回相同，已佔了全書的一小半了。可見刪書的人起初還不敢多刪。到了後來，爲篇幅所限，他只好橫起心腸，胡亂刪削，吳本的後八十五回被他縮成二十六回，所以竟不可讀了。（同上）

第二，亦卽是他所謂的「鐵證」：他指出唐僧和孫悟空等接受到心經的那段文字中有：

行者聞言冷笑，那禪師化作金光，徑上烏窠而去。（見楊本第十八回）

以前並沒有提及甚麽禪師：「所以有尾無頭，不成文理。」（見上引文，四一〇頁）。因此胡氏的結論是：楊本是吳承恩著西遊記以後的「節本」。

魯、胡兩位的結論可以代表後來研究西遊記的人對於楊本的兩種不同看法。

此外，孫楷第日本東京所見小說書目對若干有關西遊記較早的版本曾作了一番敍述和分析的工作。其中最重要的，是提到幾種明刊一百回西遊記的版本，最早的乃明金陵唐氏世德堂刻本，及唐三藏西遊釋厄傳，署名「後學庠生冲懷朱鼎臣編輯」（以下畧稱「朱本」）。朱本雖然不分回，然而構造很像楊本。孫楷第校勘後，認爲：

「與明諸百回本比，除陳光蕊事此有彼無外，餘僅繁簡之異，西行諸難，前後節次，以及精怪名稱，故事關目，無一不同。」（日本東京所見小說書目，一九五八年再版，八三頁）

他的結論是：「此書似節本」（中國通俗小說書目，一九五七年再版，一六六頁）。

鄭振鐸亦曾寫一篇西遊記的演化（見中國文學研究，第一冊），更仔細地研究朱本及楊本的問題。他雖然駁斥胡適所提及的「鐵證」，但依然贊成兩本爲節本的說法，理由是：

「朱鼎臣之刪節吳氏書爲西遊釋厄傳，當無可疑。其書章次凌雜，到處顯出朱氏之草草斧削的痕跡。」（見中國文學研究，一九六一年再版，上冊，二八一頁）。

他對「楊本鈔朱本」情形的看法是：

「爲了較晚出，故遂較爲齊整；不像朱本那麽樣的頭太大，脚大細小。」（同上引文，二八六頁）

以上簡畧地介紹過去對西遊記祖本問題各種最基本的看法。最近，柳存仁先生在新亞學報第五卷第二期裏又以四遊記的明刻本爲題，討論到楊、朱、吳三本西遊記的關係。他一面介紹了倫敦英國博物院裏發現的幾本明刊四遊記故事的單行本，另方面再分析楊、朱兩本的文字。他贊成魯迅早期的說法，認爲楊本大概明朝已經有了。同時，他反對胡適提出的兩個證據與楊本爲一百回西遊記節本的說法。（註一）關於楊本與朱本的關係，他說：

> 這些地方（指他以上引的例子）。我以爲我們可以下一個斷語說，是西遊記傳（即楊本）刪削釋厄傳（即朱本）的。（見新亞學報，五、二、三五八頁）

最後，他提出吳承恩利用楊、朱兩本來寫自己的一百回本西遊記的見解。

筆者雖同意孫、鄭等的觀點，但覺得他們缺乏具體和可靠的例證。柳氏提出的例證雖較具體，其所提的若干證據的本身，尚有商榷的餘地。本文的目的希望能從分析楊、朱、吳三本的文字着手，來重新研究西遊記祖本和節本的問題。

但是，目前有關版本年代，作者生平等「外證」的材料，仍嫌不足。諸如：（一）作者吳承恩的問題。目前吳氏爲百回本西遊記的作者一節，已爲大家接受；不過，能支持這種說法的有力證據，祇有一兩件而已。（見劉修業吳承恩詩文集中所收的吳承恩著述考，二三三頁。）其次，即使吳氏確爲西遊記的作者，我們亦只能知道一百回本大約在萬曆十年（即公曆一五八二年左右）以前完成的。至於吳氏何時開始撰寫，依然是一個無法解決的問題。說不定，這本小說可能是遠在萬曆年間以前問世的。（二）我們可以假設編輯「釋厄傳」的朱鼎臣，大概是萬曆年間的人（見孫楷第日本東京所見小說書目，八二頁）；按理，吳承恩固然還來得及看到他的唐三藏西遊釋厄傳，然後立即把它演變成百回本小說；但相反地，朱鼎臣亦可能將萬曆以前完成的一百回西遊記簡化而成釋厄傳。（三）至於楊志和，除了他在一五六六年左右依然在世的說法以外（見張默生談西遊記，西遊記研究論文集，七五頁），其他生平未詳。他的西遊記傳雖然做四遊記中之西遊記，但此事並不能幫助我們解答各本書年代的前後問題，因爲四遊記中其他三種遊記的單行版本中，最早的好像是英國博物舘發現的南遊記，說是「辛未歲」的版本，卽明隆慶五年或崇禎四年（見柳文，三四六頁）。這也離萬曆初年很近，而可能簡直是第二個辛未年，卽崇禎四年，才出現的。換句話說，卽使明朝末年已經有了楊本西遊記傳，亦不一定就是萬曆以前的作品。（四）一百回西遊記現存最早的版本（卽世德堂本，萬曆二十年出版的），也不是西遊記最早的版本。據此，可知現存的資料如此模糊凌亂，實不足以解決各本成書年代及其前後次序等問題；所以本文由「內證」着手探討。等到將來發現更多的外證材料，再分別綜合內證外證來討論。

楊本的根據

從柳存仁氏四遊記的明刻本一文，可以知道，研究楊本的文字不是一件簡單的事情。胡適、鄭振鐸所引的是嘉慶年間出版的楊本，若干地方文字上有着毛病，例如第十八回，烏窠禪師的故事（見上文）；但現在普通坊間所流行的版本，文字就寫得比較通順和有系統。因此，柳氏認爲至少有兩種不同的楊本存在，較後出的一種，文字是經過整理的。（見柳氏前引文，三三八頁）。本文所引的楊本，以一九五六年上海古典文學出版社出版的四遊記本爲主（以下畧稱「古典本」），再參照劍橋大學校本部圖書舘與中文系圖書舘所藏的兩個不同版本，似乎都是淸朝的坊間本。雖然錯字甚多，却都保留着嘉慶本同樣的毛病，顯示出可能淵源於較早的楊本。古典本出版說明中有：「底本根據的是解放前出版的石印小字本，同時也參照了一兩種排印本。西遊記一部分曾參照百回本校改了一些錯字」等語。除了若干錯字以外，文字方面似經後人整理，是淵源於較晚的坊間流行本。

第一回有樵子所唱的歌，文字與百回本西遊記（姑且畧稱「吳本」）有出入。例如，最後幾句，楊本作：

晤談長生，相逢處，仙與道靜坐講黃庭。（劍橋一本「與」字作「卽」），

吳本却作：

…淡恬廷生。相逢處，非仙卽道，靜坐講黃庭。（見世德堂本第一卷第九頁a）。

單看兩種不同的文字，很難說誰是誰非；但過了幾行、楊本有：

猴王道：「你不是神仙處，何說出「相逢處非仙卽道靜坐講黃庭」？」

一句。猴王所引的與前面所引的歌詞不同，却與吳本的歌詞一樣。楊本這種前後不一致的情形，似乎只有開始抄寫歌詞的時候，將它省畧，但到了再引時，忘了以前曾將它省畧，又根據吳本照抄才會產生。（註二）。

第十二回裏有一段很重要的文字，卽是當唐太宗開水陸大會和玄奘的出現時，曾有幾句話將他的身世的情形簡畧地介紹給讀者。這段記載利用當時流行的江流兒故事。這個故事的大意是說：陳光蕊赴京投考，考中狀元，娶丞相殷開山的女兒爲妻，然後赴官，途中被水手劉洪謀殺，妻子殷小姐忍辱，隨從劉洪赴官，生了陳光蕊的遺腹子，劉洪欲斬草除根，要把那孩子害了，殷小姐只得趁劉洪不注意時把兒子放在木板上，棄江中，任其飄流，結果孩子隨木板飄浮到金山寺，被和尚救起，他就在佛寺長大，找了母親，替她報仇等等。這段記載，在較早的西遊故事中

也可以找到。例如：元末明初的西遊記雜劇第一本，就有「賊劉洪殺秀士，老和尚救江流，觀音佛說因果，陳玄奘大報仇」的故事。其次，宋周密齊東野語卷八，也有類似的故事，祇不過與唐玄奘沒有關係。此外，元末明初有戲文陳光蕊江流和尚一種，專講玄奘出生的故事（註三）。用箱、籃、木板一類之物把嬰兒拋到水上，使他浮到安全的地方，這類的故事，不但中國，就在西方的神話中也常常出現。許多例子可以使我們懷疑神話中，超人的出生往往會牽連到「籃中浮江」的故事。

楊本第十二回，雖然提及玄奘的出生，却偏偏缺少這個故事。文中說：

此人是誰？諱號金蟬，只爲無心聽佛說法，神歸陰府。後得觀音保護，送回東土，當朝總管殷開山小姐，有胎未生之前，先遭惡黨劉洪霸佔，父親陳先被害，留下小姐，正值金蟬降生，洪欲除根，急令逼死；小姐哀告再三，將兒入匣裏，着人送至金山寺去，遷安和尚收留。自幼持齋把素，因此號爲江流兒，法名喚做陳玄奘，削度出家，得常供母食，脫身修行……（註四）

既無浮江的故事，而居然說「因此號爲江流兒」。這種情形，眞如胡適所謂「有尾無頭，不成文理」。

將此一段對照朱本、吳本，就可發現此處兩本文字是有出入的。朱本第四卷很詳細地描寫玄奘的出生，但和楊本一樣，並無浮在江中那一節的記載。雖然現存明刊的吳本都缺少了陳光蕊的故事，然第十二回却有一篇介紹玄奘的七言詞話，其中有：

出身命犯落紅(應作「江」字)星，順水隨波逐浪泱，海島金山有大緣，遷安和尚將他養。（見世本，第三卷第十二頁b）

吳本西遊記原來是否有相當於現在第九回的一段文字，這個問題很難決定，以後再提；但是，從上引的幾句詞話可以證明吳本也是根據傳統的浮江故事而撰寫的。其次，從楊朱兩本均將原來有系統的故事弄成「有尾無頭」的情形，可以看出兩本之間的若干關係。（朱本第四卷中其他矛盾，以下再提）。至於兩本之中誰先誰後的問題，筆者當在討論朱本的根據時，再加以分析。現在祇能說，楊、朱兩本，講江流兒出生的文字上俱有矛盾，似乎不能算是文學上純粹的創造；兩本中之一是受到第二種版本的影響的。

楊本第十四回有唐僧起程以後，墜入地坑裏，被一個魔王抓到的故事。楊本雖然介紹魔王所請的兩個客人的名字，並沒有將魔王本身的名字交代淸楚，一直到老頭子來救三藏時那一節的唐僧會話中，才有：

「貧僧二從人，已被寅將軍，熊山君，牛處士食……」（劍橋一本「寅將軍」作「寅付庫」，「牛」作「將」，疑「特」誤字，見下）

的一段文字，始提及寅將軍的名字。嚴格地說，唐僧不應該知道這個名字。朱本、吳本都較楊講得詳細：在魔王請客的一段文字中，兩本都有下列一段的對話：

熊山君道：「寅將軍，一向得意，可賀，可賀。」特處士道：「寅將軍豐姿勝常，眞可喜，眞（朱本無第二個「眞」字）可喜。」（見世本第三卷第二十九頁a；朱本第六卷第二十六頁a、b）。

很自然地介紹魔王的名字。楊本，因爲寫得忽畧，沒有沿襲本來的會話，故缺少幾句必須交代的文字，遂產生了前後文字不相聯貫的情形。

第十七回亦有類似的情形。唐僧、孫悟空在觀音禪院的時候，有一個黑大王把唐僧的綿繡袈裟偷去了。孫悟空到黑風山去找他，但不能抓到他，故去南海請觀音菩薩幫忙。直到此時，書中對這妖怪所稱的祇有「黑大王」、「一個黑漢」、「黑風山怪」等三種名稱，並未說明他是甚麽妖精。但當孫悟空見到觀音時，却說：

「我師父投院借宿，却被熊精偸了袈裟……」

從楊本前文的述敍，孫悟空不應知道他是一個熊精。吳本第十七回將這件事情交代得比較早些。當孫行者還在找黑大王的時候，碰到一個小妖怪，拿着一個匣兒，裏面有一封請帖，說：

「侍生熊羆頓首拜，啓上大闡金池老上人丹房……」（見世本第四卷第二十一頁a）。

後來，見唐僧的時候，孫行者說：

「你看那帖兒上，寫着侍生熊羆，此物必定是個黑熊成精。」（見世本、同上、第二十三頁b）。

最後，去拜訪觀音菩薩時，他就能很自然地說：

「我師父路遇你的禪院，你受了人間香火，容一個黑熊精在那裏鄰住，着他偸了我師父袈裟…（世本第四卷第二十五頁a）

朱本在敍述唐僧袈裟被偸的一段時，文字上亦犯了楊本同樣的矛盾。因此，似乎祇有楊氏或朱氏根據吳本，在撰寫時又不够細心，而楊、朱兩本中間必定有着承襲的關係存在，才能够說明這種複雜牽連的情形。

上面所舉的幾個證據，可使我們相信楊本一定是有根據的，並不是文學上純粹創造的作品；其中有一些地方還可以作楊本抄朱本的解釋。鄭振鐸的西遊記的演化一文就會證明楊、朱兩本有直接的關係，尤其是最後幾卷；他說：

文字雷同者也幾在十之九以上，連標目也是全襲之於朱本。（見鄭氏前引文，二八六頁）

他的結論是：

這都顯然可見楊本是較晚於朱本…（同上）

鄭氏也注意到楊本有而朱本無的幾種故事（見前引文，二八二至二八四頁），認爲它們都是楊本根據吳本而插入的。可是，朱本比楊本寫得較晚，將楊本的材料加以刪削，這種說法，似是一樣可信的。筆者在討論朱本的根據時，再將這些故事加以分析，希望可以找到一些材料，對此有進一步的認識。

以上所舉各點，都是根據楊本中文字上的矛盾或者顯然講得不通的地方。至此，我們可以得出兩種結論：

（一）楊本是刪節別人作品而成的。其所根據的作品似乎是吳氏百回本小說的某一種版本。

（二）它有的地方似乎是沿襲朱本，但朱本受到楊本的影響，似乎也是可能的。

朱本的根據

關於朱本，我們已有四種基本的認識：第一，它不但是與楊本類似的作品，而且有很多地方，兩本的文字是一樣的，甚至達到一字不差的相同程度。第二，它跟吳本也有同樣密切的關係，尤其在前半部。第三，它的第四卷與汪憺漪本的第九回，文字很接近。第四，在小說的後半部，有一些故事吳本楊本有而它沒有的。與吳本對照，就可發現朱本和吳本不但篇幅長短不同，若干地方更有着明顯的矛盾存在。文字上有許多地方朱本和吳本一樣，可以證明兩本有密切的關係，其中較後的一本必定是一面沿襲祖本的文字，一面歪曲本來的故事而撰寫的。今試再舉幾個具體的例子，來解決兩本先後的問題。

研究楊本的時候，所舉的第一條證據是第一回中樵子所唱的歌詞。朱本中樵子歌詞（見第一卷，十頁b）有如下四句：

相逢處，非仙卽道，靜坐處，去講黃庭。

與楊、吳兩本文字均異。但是，再過了幾行，孫悟空引的，有：「靜坐講黃庭。」又與吳本原來的文字相同。朱本上這種矛盾，只有對照吳本才可以獲得解釋。似乎顯示了朱本在鈔寫吳本時的一些痕跡。

西遊歷難中，一共有六個故事楊本有而朱本沒有的：乃烏雞國王一節（見楊本第三十回），收青毛獅子怪一節（楊本第三十一回），車遲國及沉在通天河兩節（楊本第三十三回），花（或魚）籃觀音救唐僧及老黿背他渡通天河一節（楊本第三十四回），在金平府看燈，遇到「三尊佛」一節（見楊本第三十九回）。我們不能據此就肯定朱本是一個節本，但如果能進一步去分析，可以找到幾個值得注意的地方，且可發現一個有力的證據。第一，金平府的一段，楊本作：

又到金平府妙雲寺住，正值正月十五日，本寺僧人留三藏觀燈。是夜同三徒與本寺僧人，遊至一橋，那橋名金燈橋，橋上有三盞大燈，其香異常。

過了幾行，敍述天竺國的公主之故事，又有：

走到布金寺借歇，吃齋已畢，夜同本寺一位尊長，在後堂坐下。三藏忽聞悲哭之聲，問僧人曰：「何處有哭聲？」

這兩個故事，雖然文字與吳本不同，但所述故事發生的地名與吳本相同。朱本却作：

數日來到金平府慈雲寺借歇，吃齋已畢，夜同本寺一年尊長老在後堂坐下。三藏忽聞悲哭之聲，問僧曰：「何處有哀聲？」（卷十第二〇b至二十一頁a）。

值得注意的是，雖然吳楊兩本上，天竺國公主的故事開始在布金寺，朱本上却在金平府慈雲寺開始。吳楊兩本上，在金平府開始的故事（即「三尊佛」一節），朱本全無。好像是朱氏寫到金平府一段，受到了篇幅上的限制，無法沿襲「三尊佛」的故事，故一躍就寫到天竺國公主在佛寺中悲哭的情形。楊本，雖然最後幾回上的文字與朱本幾乎一樣，但依然根據吳本的層次，一一撰寫的。

第二，老黿渡通天河一段。朱本沒有；但是第十卷中，唐僧等取了三藏佛經後，正在回到長安時，觀音菩薩知道第八十一難還沒有經過，就使他在通天河的西岸上停留：

行者道：「來時得老黿渡過，正在此河邊。」（第二十六頁a）。

顯然地可以證明，朱氏一定是根據一個祖本，删掉了原先老黿渡河的故事，等到第十卷時，似乎忘記了原先故事已經被自己删去，無意地又沿襲所根據的祖本，將其中孫悟空講起上一次到通天河的話錄了下來。更應注意的是朱本這段文字依然非常接近楊本。在討論楊本的時候，本文曾提及楊本可能受到朱本影響的假設。但是，上述種種的發現使我們感到應該重新來研究這個假設的準確性。假若楊氏抄朱本，他怎會想到把「三尊佛」等等故事插進去？除非他一面抄朱本，一面參考吳本撰寫。比較近於情理的解釋好像是——朱本開始沿襲吳本（朱本前半部文字的確與吳本很接近）到了後來，就專靠楊本的文字，偶然刪掉某些情節。

楊朱兩本孰先孰後的問題，因爲現存材料的有限，還沒有完全解決。等到發現明刊四遊記之後，方能作進一步的探討。目前，最模糊的方面是玄奘出生的故事。這個故事，不但和楊、朱、吳諸本孰先孰後的次序有關，且對西遊記本來面目的探討，也是很有價值的材料。

研究這個故事在吳本中的地位，有一種特別的困難。因爲普通流行的版本（即根據明代以後出版的西遊證道書等）第九回有「陳光蕊赴任逢災，江流僧復讐報本」的一段文字，然而現存的明代版本都沒有。加之，現存明版第九至第十二回的分回情形和淸代各版本不同。到了十二回才有一段韻文，畧畧地講玄奘的出身(見上文，某頁)。淸代的版本，雖把「陳光蕊」一回插入，仍然沿襲明代版本第十二回的那篇詞話。結果，淸代版本中，第九回和第十二回的詞話有矛盾。譬如，救出小孩子的老僧，第九回叫他做法明長老，第十二回却作遷安和尙，等等（見孫楷第日本東京所見小說書目，七九頁）。淸人把第九回插入西遊記，爲何有這種矛盾產生？關於這個問題，汪憺漪評西遊證道書是一種很重要的材料。在第九回末，汪氏有如下的一段：

童時見俗本竟刪去此回，杳不知唐僧家世履歷，渾疑與花果山頂石卵相同。而九十九回，歷難簿子上，劈頭却又載遭貶、出胎、拋江、報寃四難，令閱者茫然不解其故。殊恨作者之疎謬。後得大畧堂釋厄傳古本，讀之。備載陳光蕊赴官遇難始末。然後暢然無憾…………

有人指出西遊記各本第一回以前的一首詩，有：

欲知造化會元功，須看西遊釋厄傳

兩句，好像西遊記小說本來的名字是西遊釋厄傳，跟汪憺漪所用的古本及朱本一樣。此外，汪氏在第一百回末，對大畧堂本有更詳細的交代：

笑蒼子與憺漪子，訂交有年，未嘗共事筆墨也。單閼維夏，始邀過蜩寄。出大畧堂，西遊古本，屬其評正。笑蒼子於是書，固童而習之者。因受讀而歎曰：古本之較俗本，有三善焉：俗本遺却唐僧出世四難，一也。有意續凫就鶴，半用俚詞塡湊，二也。篇中多金陵方言，三也。而古本應有者有，應無者無，令人一覽了然。豈非文壇快事乎。

這段評文，雖然孫楷第等沒有注意到，却是很重要的材料，因爲有了它，我們才知道大畧堂本與所謂俗本有什麽不同之處。其書名雖與朱本書名相似，而性質不會相同：一則大畧堂本「應有者有，應無者無」，而朱本上遺漏及矛盾頗多；二則朱本較世德堂等明本更爲通俗。至於方言的問題，也很値得研究。證道書謂「俗本」篇中多金陵方言，而淸人吳玉搢却說：

考西遊記舊稱爲證道書，謂其合於金丹大旨；元虞道園有序，稱此書係其國初邱長春眞人所撰。而郡志謂出先生（卽吳承恩）手，天啓時去先生未遠，其言必有所本。意長春初有此記，至先生乃爲之通俗演義，如三國志本陳壽，而演義則稱羅貫中也。書中多吾鄉方言，其出淮人手無疑。（見孔另境中國小說史料引山陽志遺）。

吳玉搢所指的顯然是汪憺漪本——因爲書名叫做證道書，又有虞氏序。邱長春所著西遊記不是一本講唐僧取經的小說。這一點過去已經有人證明過。但是，吳氏以爲那有方言的俗本原是吳承恩的作品，且把書中的淮河一帶的方言用來作旁證。現存的明刊諸俗本究竟屬那一種方言，這個問題尙待考證。

大畧堂本不一定就是吳承恩原來的文字，但它在西遊記的演變中仍然佔有很重要的地位。

研究這大畧堂釋厄傳大概的性質，只須把汪憺漪根據大畧堂本所寫的第九回來與朱本第四卷比較一下，就可發現三種很重要的差異：

(1)朱本第四卷比汪本第九回篇幅較長，故事講得比較詳細，但若干地方，兩本的文字却又相差不多。

(2)朱本沒有拋江的故事，汪本有。

(3)朱、汪兩本俱提到法明的名字，和吳本第十二回、楊本第十二回的遷安和尚不同。

朱本其他九卷，雖然偶而有幾句話或幾首詩在吳本看不到的，但大抵上不如吳本詳細，只有第四卷比汪本西遊證道書的第九回詳細。朱本前七卷中，平均所包括的故事相等於吳本的二十九頁所述的故事（現在流行的商務印書館版）。只有第四卷，汪本所用的篇幅特別少，只有了十頁就將朱本第四卷所述的故事講完了。這個情形使我們懷疑本來有一個比朱、汪兩本更長的江流僧故事，被朱汪兩氏加以刪改。

第二，前節已經提及，朱本江流兒故事的本身有矛盾。小孩子出生以後，殷小姐夢見太白金星，勸她：「將此子遠避」；醒了，她看見一個和尚，把小孩子的危險告訴他，和尚說：

「小姐但可放心。此子貧僧領去，待汝撫養（疑字有誤），長大之時教他來尋汝。」小姐就寫下血書一紙。書內父母姓氏，跟脚緣由備細載在書上。小姐勉强就將此子付與和尚。珠淚雙垂，大哭干地。那和尚得了此子，領了血書，出了私衙，化一道清風而去。原來這和尚是誰？迺是上界南極星君。觀音娘娘的法旨教來輔佐，不可損害，仍着南極君變個和尚，將子往金山寺，與那長老撫養，好生教育。（見第四卷第十一頁b至十二頁ａ）。

這一段文字當然一點不像抛江的故事。不過，到了朱本第六卷，跟吳本西遊記第十二回一樣，也有介紹唐玄奘的那一篇詞話，其中依然有：

出身命犯落紅星，順水順波逐浪淚，

托孤金山有大緣，法明和尚將他養。

四句（第六卷第十三頁ａ）。最後一句仍然是：「法名喚做陳玄奘」（第十三頁ｂ）。顯然有矛盾，因爲所述故事中沒有提及長江，而第六卷却有「落紅（按「江」誤字）星」，「順水順波」等語。第四卷（第十二頁ａ）說：

其子年長一十八歲，那長老就與他取個耳名，叫做江流，後因削髮修行，又取法名，取名三藏。

（一）未曾經歷浮江之險的人，那有理由叫做江流？（二）第四卷法名既作三藏，第六卷法名居然又叫做陳玄奘。這也是朱本第一次提及「玄奘」兩字。

此外，到了三藏知道他的出生有問題的那一段故事時，朱本說：

三藏就跟着法明師父直到方丈。三藏仍然跪下，苦苦哀告。那法明長老見他不是個忘本之人，就指重梁之上，取下一個小匣兒。打開一看，取出血書一紙，汗衫兒一一（疑衍字）件。那三藏當法明長老跟前將血書拆開讀曰……（朱本，卷四，第十三頁ａ）。

後來，在母子彼此重逢時，却有：

小姐答曰「……有何憑據事熟可疑？」那三藏聽說是他，雙膝跪在地下，哀哀大哭；「老婦若不信，見有血書，汗衫為證。」溫嬌接過一看，果是眞也。（第十五頁b）。

本來，殷小姐打發她的小兒子的時候，只寫了一封血信，沒有加上甚麽汗衫。居然，到了三藏長大的時候，一件汗衫出現了。這是第二種矛盾。後來，第十八頁a，又說：

殷小姐只見那大脚上無了一個大脚指頭，先年托孤於金山寺法明長老處，故此咬下脚指為記。就在香囊內取出元咬下脚指門在那脚指上面，仍然安住，並無痕（即「痕」字）跡。

對照上面所引的那段文字，可以知道本來托孤時，並沒有咬下一個脚指。這是第三種矛盾。

上述三種矛盾，汪本都沒有發生，因為汪本開頭就將故事講得很淸楚：

但恐難以識認，即咬破手指，寫下血書一紙，將父母姓名，跟脚原由，備細開載；又將此子左脚上一個小指，用口咬下，以為記驗：取貼身汗衫一件，包裹此子，乘空抱出衙門。

這一段話，另方面也可以說明汪、朱兩本在文字上有些地方是很接近的。

上列各項實例可以證明：（一）朱本是根據另外一個版本而加以改寫的；因此，歪曲了本來的面目，且因歪曲得沒有系統，故產生了這類前後矛盾的情形。（二）其所根據的版本，可能比朱本第四卷更為詳細，所根據的古本（權且把它視為大畧堂釋厄傳），大概是採用法明和尚的名字，後為朱、汪兩氏所沿襲。汪本十二回用遷安，可能是受到明代俗本的影響，而這個名稱顯然和明朝陳光蕊江流和尚南戲有關係。（註五）。

結論

以上用「吳本」兩字，指的當然是現存明刊各種一百回本，大抵都屬一類西遊記的本子，暫且視爲吳承恩的著作。明萬曆二十年的世德堂本已可斷言不是百回本小說的最早版本（註六）。所謂大畧堂「古本」與原來的吳本關係如何，這問題尚待考，因爲該書現在失傳。

將朱鼎臣唐三藏西遊釋厄傳及楊志和西遊記傳來與現存百回本比，可發現朱、楊兩種都不是純粹創造的作品，一定是根據前一種祖本，似乎就是吳本，而加以省畧及改寫的。同時，朱本第四卷好像有跟汪憺漪證道書一樣的底本——即大畧堂釋厄傳那種版本。朱本也有省畧楊本的痕跡。因此，那些認爲吳承恩根據朱、楊兩本撰寫西遊記，開始是極其嚴謹地逐句照抄，到了後來用自己意見將本來的故事擴大的說法，不但說得很勉强，而且根本不能成立。

上面的幾點結論，似乎恰與柳存仁先生的意見相反。他認爲三本當中，朱本是最早的作品，後來楊氏西遊記傳「刪短釋厄傳的文字」（見新亞學報，五，二，三六一頁）；最後，吳承恩百回西遊記：「對釋厄傳及西遊記（此處似缺「傳」字）實際上也都有所承襲，而皆出它們之後」（上引文，三六二頁）。

因爲柳氏所用的證據與本文所引用的有些不同，所以應該把它們畧畧地加以說明與比較，以供讀者參考。

①他以爲朱本之所以比吳本簡短，理由是：朱本爲早期民間文學的作品。這實在是一種似是而非的說法，因爲

柳氏對爲何朱本頭幾卷文字很接近百回本，甚至於有幾段文字句句與吳本相同，到了第九、第十卷，才開始較百回本爲簡畧的事實，始終沒有適當的解釋。

②以爲楊本西遊記傳是朱氏釋厄傳的畧本，理由是：

> 它（楊本）的內容有絕大部分的文字，都和釋厄傳相同，其不同的部份，情節方面也沒有多大的差異，可是文字簡畧，不及釋厄傳的周密。（前引文，三六一頁）。

可是，本文提出的六個楊本有而朱本無的故事，顯然指出兩本不同之處，一方面使柳氏「沒有多大的差異」的說法站不住脚，且使我們注意到吳本影響楊本的可能性。此外，他引用太宗從地獄出來的那段，將楊本、朱本作了比較：

> 兩者之間文字完全相同之處，這裏還是有的，但凡是它不同的地方，意思却無大出入，只是釋厄（傳）較詳細，記傳嫌簡畧罷了。這些地方，我以爲我們可以下一個斷語說，是西遊記傳刪削釋厄傳的。（前引文，三五八頁。）

柳氏這個例證也很牽强，因爲吳本十一回與朱本相當的地方，文字幾乎相同，只是吳本更爲詳細一些。所以，朱、楊兩本獨立地去刪削吳本，也是合理的解釋。

柳氏又指出朱本第六卷中的兩首詩：

> 第二首詩眞是太拙樸了一點，到了西遊記傳第二十九回（回目文字悉同已見前引）， 老實不客氣祇剩下頭一首了。這也不免是刪書人的成績。（前引文，三六二頁）

此說也很容易找到相反的例證，像朱本第九卷，「唐僧收伏沙悟淨」一則結尾，沒有一首詩；而楊本二十一回「唐僧收伏沙悟淨」回末，却有：

木吒徑回東洋海，三藏上馬却投西，悟淨從人遵佛教，師徒同心見阿彌。

四句。此外，三十五、三十八、三十九、四十、四十一諸回，每回回末楊本均有四句或八句詩作結尾，而朱本則無。由此可知，朱楊兩本回末引詩互相省益，這種現象似不能用來作爲某本沿襲或刪削某本的證據。

③爲了確定吳承恩是根據朱本的文字，柳氏先舉出吳本上唐太宗離開地獄的那一段（見上）。他說：

百回本增加了的描寫固然較多，刪削釋厄傳之處也不是沒有。（前引文，三六三頁）

這個說法也有問題。假如能仔細將朱吳兩本對照來看，可以知道，若干文字吳本有而朱本沒有，但朱本有的吳本全有；這種情形如何能證明吳本一定是刪削朱本的？

④柳氏又用朱本中的三首詩及止浮圖表一篇以後加上「誠惶誠恐，冒死見奏」八個字等例子，認爲朱本中若干材料既然在吳本中找不到，因而斷言吳本是刪削朱本而寫的。但只要我們一看到柳氏所引的這些材料，就會明白這種詩句很可能是朱氏自己添插進去的。因爲：三首詩都是朱氏最喜歡亦最習用的一種韻文，多半是闡明較爲簡單的道德理論的。他把吳本原來比較複雜或深奧的詩文，改爲程式化的詩，或者把吳本的幾首完全刪掉，自己在別處插進兩三首，也是可能的事。至於上浮圖表以後加上的字，只不過是兩句程式化的文字，和本來的意思沒有關連的，非常容易插進去。故亦不能據此證明吳氏一定是刪削朱本而成的。

⑤柳氏謂朱本卷六「摩呵立祖」四字被吳氏改成比較正確的「摩訶五祖」，也不能算是很有力的證據。因爲，

又可能是吳氏本來寫四個正確的字，經朱氏抄錯而成「摩呵立祖」。關於吳本中「羅蔔」一名，朱本用民間比較盛行的「羅卜」一節，也不能解釋兩本孰前孰後的問題，因爲古今民間的文學，包括敦煌變文及今天在華南流行的木魚書，俱用「羅卜」，說明了無論是在吳本西遊記以前或者以後的作品，都有引用「羅卜」的情事。加之，朱本常常用簡體字；「卜」字既然比「蔔」字簡畧，很可能朱氏爲了方便寫成民間盛行的「卜」字。（以上俱見柳氏前引文，三六四，三六五頁）

⑥柳氏認爲朱本卷六中，（一）描寫袈裟的一段韻文，較吳本少四十多句；（二）「開時新叠」一句吳本作「閑時折叠」；（三）「紅霓」兩字吳本作「虹霓」等例證，可以確定吳氏修改朱本中的若干毛病。其實，這些情形同樣地可以作兩個相反的解釋：既可說爲吳氏將朱本加以修改及加工，亦可說爲朱氏刪削吳本，在無意中鈔錯原來的文字而成。如此模稜兩可的例子也不能用來作爲證據。

⑦柳氏利用朱本卷六，太白金星救三藏後送四句「揭言」，說：

百回本……又沒有釋厄傳那種「又聽下回分解」之後還可以詩文並茂的體例，莫奈何迫得只有把原有的「書上四句揭言爲證」改爲「書上四句頌子，頌子云……」這樣才接得下去。（前引文，三六七頁）

但事實上，吳本將這一段放在十三回的中間，並無「又聽下回分解」的需要，自不必按照回尾例言撰寫。此外，它這種句法，不但在此處用得很自然，且在他處，也曾引用，例如二十一回：「只是路傍邊（疑應作「遺」字）下一張簡帖，上有四句頌子云：」（世本第五卷第十一頁a），及二十三回：「沙僧急去取來與師父看時，却是八句頌子云：」（世本第五卷第三十八頁b）；都不能算是吳本中的毛病，看不出甚麼不適合或勉強刪改的痕跡。相反地，這些例子

The Development of Ideas of Heavenly Mandate (T'ien-ming) since the Ch'in Dynasty

秦漢以後天命思想之發展

T'ang Chün-I (唐君毅)

This article is a continuation of my paper, which was published in Vol. II, No. 2 of the *New Asia Journal*, about the development of ideas of Heavenly Mandate before the Ch'in (秦) Dynasty. In this article, six-teen different theories about Heavenly Mandate since the Ch'in Dynasty are discussed in histoical order by means of a comparative study about the central ideas of these theories. Generally speaking, the theories which flourished in Han Dynasty belong to the first group which emphasizes the idea of Heavenly Mandate as external to, and transcending the action of man. The theories which flourished in the Wei-Tsin (魏晉) period belong to a second group which conceives Heavenly Mandate as immanent in the vision of man. The theories which flourished in the Sung and Ming Dynasties belong to a third group which holds the view that Heavenly Mandate is continuous or identical with human nature. The theories since the end of the Ming Dynasty as propounded by Yen Yüan, Chiao Hsün and Juan-Yüan belong to a fourth group which regards Heavenly Mandate as external limitation imposed on man.

In the conclusion of this article, all Chinese ideas of Heavenly Mandate are combined and regrouped into five types. In my explanation of these five types, I refer to them in the following terms: *ming* as above, *ming* as below, *ming* as inner, *ming* as outer, and *ming* as in the middle.

The Growth of Chinese Influence under the Alien Rules of Toba Wei, Northern Ch'i and Chou Dynasties

元魏北齊北周政權下漢人勢力之推移

By Su Ch'ing-pin（蘇慶彬）

Subsequent to Shih Lê's（石勒）capture of Lo-yang（洛陽）in the fifth year of the Yung-chia（永嘉）period of the Tsin（晉）dynasty (311), North China fell under the alien rule for almost three hundred years until Yang Chien（楊堅）, a *Han* Chinese (漢人), took over the throne from the Emperor Ching-ti（靜帝）of the Northern Chou and became the Emperor Wên-ti（文帝）of the Sui（隋）dynasty. Although father-in-law of the Emperor Hsüan-ti (宣帝) of the Northern Chou, Yang Chien had rendered no brilliant service to the state. That he was able at a stroke to overthrow the House of Northern Chou was due principally to the general growth of the power of *Han* Chinese under foreign regimes.

This article is designed to trace the development of such influences under the various Tartars（諸胡）from the Tobas down to the Northern Chou. It will show that from the middle period of the Toba regime the ruling Tartars in North China had to rely politically on eminent Chinese families. By the time of the Northern Ch'i and the Northern Chou, military commands also passed into the hands of *Han* Chinese. This is why Yang Chien succeeded in seizing power.

A Study on the State Examination System of the Northern Sung (Part II)

北宋科舉制度研究(下)

By Chin Chung-shu (金中樞)

Although mistakes made by Wang An-shih (王安石) (1021-1086) in his new syllabuses for state examinations aroused opposition to his measures during the Yüan-yu (元祐) period (1086-1093) of the Emperor Chê-tsung (哲宗), this opposition had its root in the political dissensions between the "Reformers" (新黨) and the "Conservatives" (舊黨). However, even among the "Conservatives" the Lo Faction (洛派) with Ch'êng I (程頤) (1033-1107) as its leader held views on these matters similar to those of Wang An-shih and his followers. Both valued classical thought and may be called the "Classicists" (經術派). Another group of "Conservatives", mostly disciples of Ssŭ-ma Kuang (司馬光) (1019-1086) among whom Liu Chih (劉摯) was most prominent, formed the Shuo Faction (朔派) which may be called the "Historical School" (史學派). A third "Conservative" group, the Shu Faction (蜀派), led by Su Shih (蘇軾) (1036-1101), admired the mysticism of the Yellow Emperor and Lao-tzŭ (黃老) and the "Peripatetic" diplomacy (縱橫家言) of the Warring States period. It was the Shuo and Shu Factions which opposed the use of Wan An-shih's syllabuses in state examinations, whereas the Lo Faction did not join such agitators. On the other hand, Ssŭ-ma Kuang and the Shuo Faction belittled the "New examination in the knowledge of law" (新科明法) but introduced "Selection according to Classical scholarship and exemplary conduct" (經明行修科) in line with traditional emphasis on Con-

fucian rituals and morals. The Shu Faction, however, opposed these measures, and their differences with the Shuo Faction over these matters sharply distinguished the two groups.

Upon the death of the Grand Empress Dowager, the Emperor Chê-tsung personally took over the government of the state. Thereupon the "Reformers" clamoured for re-introduction of Wang An-shih's reform measures. This was a politcal movement, known in history as *shao-shu* (紹述), in which poetry, parallel prose (賦) and history were deleted from state examination syllabuses and candidates were examined exclusively on the Classics. This was in fact a rebuff to the Shu and Shuo Factions. State examinations came to be conducted along "Reform" lines with all the abuses this entailed.

Next, the practice of scholars being sponsored by prefects and magistrates was abolished. Instead, candidates were exclusively nominated from schools and colleges. This change together with the replacement of "selection according to Classical scholarship and exemplary conduct" by "selection according to virtues of eight categories" (八行科), in effect resuscitated and extended the former systems of the Hsi-ning (熙寧) and Yüan-fêng (元豐) times (1008-1085). The new regulations required sound moral conduct not vaunting political ambition and thus led to the preferment of poor scholars to sons of influential families. These were certainly two outstanding features of the state examination system of the Sung.

Unfortunately, as time went on abuses were creeping in and academic honours were gradually awarded indiscriminately. As a result, scholars, who prized their own talent, came to shun the state examination itself and preferred to live as recluses. Thus the fortunes of the Sung dynasty also gradually declined.

Impressions gained from the Literary Works by Officials of the Early Ming

讀明初開國諸臣詩文集

By Chi'en Mu (錢穆)

Ever since the T'ang (唐) dynasty background had come to count less in Chinese society; more and more commoners had risen through state examinations. Meanwhile, with the invention of printing more and more books had become available. The result was a steady increase in the number of intellectuals.

Although for a time Mongolian conquest dealt a severe blow to Chinese life, the intelligentsia soon recovered and its potential influence was growing, if rather imperceptibly, even more briskly than before. Politically, Chinese intellectuals lost their traditional importance in the community. Socially, however, their favourable economic conditions continued to afford them a higher status than ordinary people. As a rule these intellectuals valued cultural traditions and had a sense of moral responsibility while the change of dynasty seemed to be a matter of little importance to them. They were in face not particularly anatagonistic to the alien rule of the Mongols.

When the Ming dynasty was founded, the First Emperor (太祖) was eager to enlist scholars who, however, mostly prized themselves as recluses and declined offices.

Subsequent generations have come to regard the political change-over to the Ming as a national revolution which succeeded in driving out the Tartars and recovering lost territories. But if contemporary scholars had feelings of this kind, they did not reveal them. This may well have been one of the reasons why

the First Emperor of the Ming dynasty massacred so many scholars.

The present article, which is based on collected works of poetry and prose of many officials of the early Ming, analyses the psychology of the intellectuals of the time. All who want to find out the facts of that period should find these references worthy of note, since most of them do not appear in official histories.

Educational and Civil Service Institutions in the Early Ming and their Subsequent Decline

明初人才的培養與登進制度及其演變

By Yang Ch'i-ch'iao (楊啓樵)

Having founded the dynasty, the First Emperor (太祖) of the Ming immediately took steps to enlist capable men to help him govern the empire as well as to soften their resistance to the new regime. This opened up roads to political and administrative careers; sponsored by reginal head officials, numerous commoners rose to high offices of the state. During the Hung-wu (洪武) period (1368-1398) state examinations were periodically held and candidates were judged by the standards of their classical and practical learning. As scholars were eager in pursuit of these goals, many capable men were selected. In the mean time, schools and colleges were established throughout the country, and were graded from those in rural areas (社學), through those in cities (儒學), up to the highest "National Institue" (國子監) in the capital. Scholars from the "Institute" were given official appointments on a strict basis of genuine ability. In

addition, *han lin* scholarships (庶吉士) were created for advanced studies and subsequent appointments.

From mid-Ming onwards, however, these educational and civil service institutions gradually deteriorated; the schools and colleges existed merely in name and the artificial "eight-legged" (八股) essay became virtually the only subject of state examinations. Hence the sharp fall of candidates, standards, which in turn hastened the decline of the Ming empire itself.

The Institution of Tribal Authorities and the Development of Southwest China during the Ming Dynasty (Part II)

明代土司制度設施與西南開發(下)

By Huang K'ai-hua (黃開華)

Hereditary tribal officials (土官) had long existed among the aborigines in Chinese southwest frontier regions. But it was only in Ming times that a complete system of the titles, ranks, jurisdiction and succession of these tribal authorities (土司) was established. In view of the economic and cultural backwardness of these outlying areas the central regime of the Ming introduced such measures as would effectively achieve its purpose in opening up the Southwest. Briefly the policy was: militarily to wipe out by force native obstacles to the central rule; politically to set up the system of tribal authorities to meet local circnmstances and contemporary rquirements, gradually leading on to the road of changing those hereditary posts into appointed ones (改土歸流); in the field of communication to make road to break down geographical barriers so as to enhance understanding between racial groups; and culturally to found Confucian academies to

raise the educational standards of these aboriginal people under the tribal authorities, thus fusing all elements of the Chinese nation into a harmonious whole.

The Problem of 'Hsi Yu Chi' and its Early Versions: a Reappraisal.

西遊記祖本考的再商榷

By G. Dudbridge.

The relationship between the one-hundred chapter novel 'Hsi Yu Chi' attributed to Wu Ch'eng-en and the two shorter versions of the story associated with the names Yang Chih-ho and Chu Ting-ch'en is an issue long discussed by students of the Chinese novel. In a recent issue of New Asia Journal (Vol. 5, no. 2) Dr. Liu Ts'un-yan raises it anew and suggests, as a definitive solution, that the longer novel derives from the other two.

The author of the present article, on a re-examination of the three texts, has concluded that the opposite is in fact the case: the short versions are the demonstrably derivative. As evidence, this article cites omissions and non-sequiturs in the texts that clearly point to careless transcription and abridgement. Dr. Liu's original evidence is reconsidered in detail. Here, too, for the first time appears some new material relevant to the early history of the 100-chapter text, and in particular to the position occupied by the lost Talüeh T'ang edition.

神（一作禪）歸陰山。后得觀音保拔「一作獲」，送歸東土。當朝總管殷開山小姐將脇未生之前，先遭惡黨，爲洪驚散。父親陳光蕊故犯，小姐正值金蟬降生，洪欲除根，急令奩死，小姐再哀告，將見（一作兒）入匣悝工貳住念山寺去，遷安和尚奏成。自幼持齋把素，因此號爲紅流兒，法名喚做陳玄與他拜幸得劉供母食，脫身修行。

註五：按錢南揚宋元戲文輯佚及趙景深元明南戲攷畧中所錄的陳光蕊江流和尚戲文，有「永團圓」一曲、其中有：「那時若沒龍神救，豈想道有今日。若還不遇遷安的，也葬在魚腹內。」（錢本第二行作：「怎能夠有今日。」）

四句。此處提到遷安，意義很大。但問題在於「遷安」兩字是不是人名？從他們的標點看來，好像錢氏認爲是人名而趙氏則否。假若本來是人名，這就是一個很好的例子，可以證明這個名字在明朝初年已經有了，對後來的百回本西遊記一定有着直接或間接的影響。

註六：見幾種明刊本中，陳元之氏序中有：「舊有序，余讀一過，亦不著其姓氏作者之名」的一段文字。

× × × ×

我很感謝錢師賓四給我一個機會，能在新亞研究所作爲期一年的研究進修。一年中蒙錢師賓四、謝師佑禹、牟師潤孫的教益與鼓勵很多。本文的材料取理與撰寫，則賴張師心滄、潘師石禪的悉心指教與鼓勵，同時又獲得黃養志學長的從旁協助，這些都是我所要特別表示謝意的。

的解釋，好像是朱鼎臣大概沿襲大畧堂釋厄傳或類似的本子，因而產生了這種前後不相聯貫的情形。

⑪柳氏提出明刊百回本中，九至十二回的回目承襲朱本的說法，也有商榷的必要。我認爲還是孫楷第所提出的意見比較可靠：

此四回目爲「西遊」舊本原文，殆無疑義。（日本東京所見小說書目，八十三頁）

只是世德堂等本及朱本俱承襲所謂「舊本原文」，可能就是大畧堂釋厄傳。

關於玄奘報仇以後有沒有「面君授官之事」（見柳氏前引文，三七三頁），這無法解決——朱本第四卷最後一頁不見了（見美國國會圖書館所製的顯微片），所以我們不能知道它究竟有無這個節目。第六卷中的插圖說：「江流和尚拜受官職」，可能是畫工誤會下面所引的那段詞話而致的。

附註：

註一：按魯迅自己，看到鄭氏著西遊記的演化時；把他本來所提出的「祖本」說法改變成「節本」的說法。見秦績「有關西遊記的一個問題」一文，收在西遊記研究論文集中，一九五七年出版，一七八頁。

註二：朱本這首歌也有矛盾，見下文。

註三：見錢南揚宋元戲文輯佚，一九五六年出版，一六五頁；及趙景深元明南戲攷畧，一九五八年出版，六九頁。

註四：劍橋兩本中，這段文字有很多錯字；文字如下：此人是誰。諱號金理（一作禪），只爲無心聽佛畜法，

却亦可以解釋爲朱本改吳本而致。

至於雙行夾字的「那長老」及「這馬兒」兩處在朱本及世德堂本俱有的證據，證據本身也屬兩可解釋的；儘可以說是朱本承襲世本那一路下來的版本所致的。

⑧朱本卷九，「孫行者五庄觀內偷菓」一則的回末有一首詩是朱本有而吳本沒有的，但吳本相當的地方之一首詩中，有一句跟朱本那首中的一句一樣。柳氏認爲：

這一句是從釋厄詩（疑應作「傳」字）那首七言詩刪剩下來的文字。（前引文，三六八頁）

柳氏這個證據，依然可以相反地說，朱本中的那一句是從吳本的那首詩而來的。

⑨柳氏又引朱本卷九中的一首詩，把它跟現在流行的楊本及世德堂本西遊記相當的詩比較，發現吳本上，最後一句每字與朱、楊兩本不同，認爲：

這大約是爲了押韻的關係。祇有文人學士的刪改文章，才會着眼於這些地方的⋯」（前引文，三六八頁）

但假如我們作進一步思考，這種情形也可以解釋爲：吳氏本來能作很正確的詩，但經楊、朱等人抄寫的疏忽，因而抄錯或隨意改變原文。這並不是不可能的事情。例如，把玄奘的法名及出生拋江等故事弄錯一節，顯然就是朱楊隨意改變原文所致。

⑩最後，柳氏提到唐僧出身的故事，根據吳本十二回中那篇介紹唐僧的詞話，認爲：

這一段詞話，並不是百回本的創作，却是從釋厄傳卷六沿襲而來的。（前引文，三七一頁）

但是，上文已經證明這段韻文不可能是朱鼎臣的創作，因爲跟他自己以前所講的三藏出生故事頗有出入。唯一合理

Acknowledgement

The Research Institute of New Asia College, Hong Kong, wishes to acknowledge with cordial thanks to the Harvard-Yenching Institute for the generous contribution of fund towards the publication of this Journal.

一九六四年八月一日初版

新亞學報第六卷・第二期

定價 港幣十元 美金二元

編輯者 新亞研究所
九龍新亞書院

發行者 新亞書院圖書館
九龍農圃道六號

景印本・第六卷・第二期

THE NEW ASIA JOURNAL

Volume 6 *August 1964* *Number 2*

THE NEW ASIA RESEARCH INSTITUTE